中央编译局文库出版工作领导小组（编委会）

主　　任：贾高建

副 主 任：俞可平　魏海生　陈和平　柴方国　杨金海

委　　员：崔友平　沈红文　杨雪冬　季正聚　陈家刚
　　　　　赖海榕　郗卫东　张文成　刘明清

中央编译局文库出版工作领导小组办公室

主　　任：薛晓源

成　　员：徐向梅　苗永姝

中央编译出版社文库编辑中心编辑小组

刘明清　薛晓源　谭　洁　董　巍　贾宇琰
冯　章　曲建文　苗永姝　邓　彤　杜永明
盛菊艳　李媛媛　薛迎春　董　妍

国家"十二五"重点图书

马克思主义研究资料

第31卷

主　编　杨金海
副主编　冯　雷（常务）　薛晓源

马克思恩格斯列宁生平与事业研究 I

本卷主编　李义天

《马克思主义研究资料》顾问委员会

贾高建　俞可平　宋书声　殷叙彝　詹汝琮　张钟朴
李洙泗　冯文光　赵家祥　严书翰　梁树发　郭建宁

《马克思主义研究资料》编辑委员会

主　编：杨金海

副主编：冯　雷（常务）　薛晓源

编　委（按姓名拼音排序）

陈喜贵　冯　章　黄晓武　江　洋　李百玲　李义天
李媛媛　林进平　刘仁胜　刘　英　刘元琪　吕增奎
马　瑞　苗永姝　彭萍萍　盛菊艳　史清竹　武锡申
姚　颖　苑　洁　郑　锦　郑天喆　周艳辉

参加本卷编辑出版工作的有

苗永姝　李天枢　曲建文

总　序

呈献给读者的这套《马克思主义研究资料》丛书，旨在服务于我国正在实施的马克思主义理论研究和建设工程，积极吸收和借鉴国外马克思主义研究成果，对改革开放以来中央编译局编译的有关国外学者研究马克思主义的成果，以及少量相关的国内学者的研究成果整理出版，为我国马克思主义研究提供基础性的参考资料。本丛书计划出版37卷，三年内陆续完成编辑和出版工作。

编译国外学者关于马克思主义的研究成果，并对相关问题展开深入探讨，是马克思主义经典著作编译研究的基础性工作。中央编译局作为马克思主义经典著作编译研究的专门机构，历来十分重视这项工作。20世纪50年代以来，特别是改革开放以来，中央编译局的同志们编译了大量国外学者关于马克思主义的研究文献，也发表了不少自己的相关研究成果。这些成果曾经在中央编译局编辑的《马列著作编译资料》、《马列主义研究资料》、《马克思主义与现实》等刊物公开发表，或在内部刊物《马克思恩格斯研究》、《列宁研究》等刊载。这些成果对于推进马克思主义经典著作的编译和研究工作发挥了重要作用，时至今日，一些学者仍然把它们当做研究马克思主义的珍贵资料。

然而，随着近年来中央实施马克思主义理论研究和建设工程的深入推进以及马克思主义学科建设的快速发展，这些研究资料的留存情况已经远远不能适应形势发展的需要了。《马列著作编译资料》和《马列主义研究资料》早已停止出版，很多人难以找到原有资料；《马克思恩格斯研究》等内部刊物刊载的文章没有公开面世，也难以为人们广泛使用；而新编译的文献资料又很零散。因而，希望中央编译局提供马克思主义研究资料的呼声越来越高。

为了继承前辈的事业，适应学界的需要，尽可能全面系统地收集整理中央编译局近几十年来编译的国外学者关于马克思主义的研究成果以及相关的国内学者的研究成果，中央编译局专门成立了《马克思主义研究资料》丛书课题组，并对该项工作提供了基金资助。课题组不仅在局内组织力量进行工作，而且争取到社会力量的支持。经过课题组同仁两年多努力，已经形成一批编辑成果，还将继续补充、完善并陆续推出。这套《马克思主义研究资料》丛书就是这些成果的集中体现。

本丛书力求体现如下四个特点，这也是丛书编辑工作所力求遵循的四条原则：第一，保证文献性。本丛书主要收集改革开放以来中央编译局刊物发表的有关马克思主义理论编译和研究方面的成果，这些刊物包括公开出版的《马列著作编译资料》、《马列主义研究资料》、《马克思主义与现实》、《当代世界与社会主义》、《经济社会体制比较》、《国外理论动态》等，也包括内部刊物《马克思恩格斯研究》、《列宁研究》、《斯大林研究》、《马克思恩格斯列宁斯大林研究》等；少量收集其他杂志发表的中央编译局学者编译或撰写的有关文章；个别收集与中央编译局长期合作的其他学者的相关文章；对所收商榷性文章涉及的其他学者的成果，也作为附文收入，以示对相关学者的尊重，也便于读者在阅读正文时参考。收集整理这些学术成果的目的主要是为学界研究马克思主义提供参考资料，同时帮助人们了解马克思主义研究的历史进程和思想脉络。因此，本丛书所收文献力求保持其历史原貌，包括其中的人名、地名、术语、引文等，都不作改动，以便读者进行文献考证之用，只对个别错漏文字等进行校正，对于文中可能产生歧义的地方，以"本丛书编者注"的方式加以说明。其中读者特别应当留意的是译名、术语的不统一问题，例如关于《马克思恩格斯全集》历史考证版，就有多种表达方式：原文版、国际版和MEGA版，其中，往往又以"老"、"新"、"MEGA^1"、"MEGA^2"、"MEGA1"、"MEGA2"等来区分历史考证版第1版和第2版。第二，突出编译性。本丛书所收文献中，以国外学者的成果为主，包括国外学者关于马克思主义经典作家的著作、思想、生平事业，乃至书信往来、工作生活等方面的研究文献，凡比较有资料价值的，均在收集之列。如上所述，国内学者的相关考证性成果，包括经典著作翻译、版本、传播、重要术语考据等文献，凡具有资料价值的，也一并收入，但这部分内容所占比例较小。第三，力求系统性。上述几十年来形成的这些编译研究资料繁茂芜杂，十分零散，使用起来很不方便，编辑整理就更为困难。为把这些宝贵文献整理面世，使之更好地发挥作用，编辑人员下了很大功夫。在收集整理中，我们力图分门别类，尽可能将同类资料按照一定逻辑顺序编排，使之呈现一定的系统性，以便读者全面掌握有关资料。第四，力争权威性。本丛书力争选编国内外在相关研究领域具有一定权威性的专家学者的具有代表性和影响力的文献。为保证文献的权威性和准确性，我们对文献的引文进行了校订，特别是对有关马克思主义经典著作的引文进行了原版原文核对，并对注释尽可能地作了规范化处理，以便读者更准确地了解引文及其出处。

基于上述考虑，本丛书的编排体系大体分四个部分。第一部分是经典著作研究，包括关于《共产党宣言》、《资本论》等手稿、创作、版本、传播诸方面的研究文献；第二部分是基本理论研究，包括哲学、政治经济学、科学社会主义以及政治学、法学等方面的研究文献；第三部分是版本和传播、编译以及生平事业研究；第四部分是国外马克思主义研究。每一部分包括若干卷。每一卷都有本卷编辑说明，对本卷编辑的思路、内容和有关技术问题作简要交代。各卷内容按照逻辑顺序进行编排，在此基础上再按照时间顺序编排。各卷内容一般要作分类，并加分类标题，以便读者阅读研究。

需要说明的是，由于本丛书是整理编辑已有的文献，而且主要限于整理编辑中央编译局学者编译和研究的部分成果，这就决定了本丛书不可避免地存在一些缺憾。一是这些文献中有的观点不一定正确。选编这些文献并不意味着编者赞同其中的观点，我们的目的仅仅在于为人们研究马克思主义提供参考资料，其中正确的思想成果可以作为我们研究借鉴的思想资源，而错误的观点可以作为我们研究批评的对象。例如，对有关马恩对立论的观点，我们是不赞成的，但为了让研究者了解、研究和批评这种观点，也收入了相关文章。所以，谨请读者在使用这些文献时注意辨别是非。二是这些文献存在质量参差不齐的情况。由于这些文章的作者、译者水平不同，写作时间、背景、针对的问题、产生的影响以及发表的刊物等不同，其质量也就有一定差别。例如，有的概念和译文在今天看来不一定科学、准确，有的文献曾经很有价值而在今天看来最多只有学术史的价值。在选编过程中，我们尽量收入那些分量较重、影响较大的文献，但为了比较全面地反映学术史的原貌并提供尽可能详细的研究参考资料，也收入了一些篇幅较短、影响不大但有一定资料或史料价值的文献。另外，有少量比较重要的文献，由于作者或译者不同意收入，也不得不忍痛割爱。三是这些文献的系统性、规范性不太强。尽管我们努力按照上述编辑原则工作，对这些文献进行了分类整理，力求全面系统地提供给读者相关方面的文献资料，但由于这些资料十分繁杂，彼此之间的关联性不强，有的方面资料较多，有的较少，且发表的刊物、时间等不同，体例也很不统一，整理起来难度极大，加之各位编者的研究角度不同，水平各异，所以，每一卷书的结构、篇章、内容、观点等都不尽相同，其规范程度也不尽一致。对本丛书存在的以上不足或缺憾，谨请读者鉴谅；对其中可能存在的疏漏和错误之处，谨请读者批评指正。

本丛书在编写和出版过程中，得到了各个方面的大力支持。中央编译局对此项工作高度重视，始终给予鼎力支持。国家出版基金将本丛书列入2013年度资助项目。中央编译出版社为本丛书申报国家出版基金项目并最终立项，以及为丛书出版做了大量工作。本丛书所收文献的译者、作者和出版者，凡已联系上的，均给予我们大力支持，同意使用这些文献；对尚未联系上的，我们将尽力联系，也请相关同仁主动联系我们。丛书顾问委员会的专家对丛书的编写工作给予热情指导，编委会成员和课题组同仁为丛书的编写付出了辛勤劳动。在此一并致以衷心的谢意！

《马克思主义研究资料》

编辑委员会

2013年12月10日

编辑说明

本丛书将关于马克思、恩格斯和列宁的生平与事业研究的文献编为 4 卷，包括第 31 卷至第 34 卷。

本卷收录了这方面的历史文献和研究资料 29 篇，内容上分为两个部分。第一部分是"同时代人的回忆和记述"，共 10 篇文章。通过亲身经历和观察，同时代人讲述了他们同马克思恩格斯列宁的交往过程，刻画了马克思恩格斯列宁在他们眼中的鲜活形象。第二部分是"生平事业研究（上）"，共 19 篇文章。其中，除了前边 3 篇是整体性地描述马克思的生平和历史地位之外，其他篇章都是从具体事件或角度出发，讨论马克思恩格斯在青年时代以及 1848 年之前的革命活动，反映了马克思恩格斯早期的社会交往情况与思想发展轨迹。

为保持文献性，本丛书的注释尽量保持原貌，不作改动；但对原注释有错误或有遗漏的，我们尽可能查阅了有关文献，作了必要的规范和完善；对有些查找不到的，保留原来的内容和格式。

目　录

同时代人的回忆和记述 ……………………………………………… 1

 弗里德里希·恩格斯 ……………………………………………… 3

 马克思的委托

  〔奥〕阿·迈斯纳 ……………………………………………… 9

 平常的会见

  〔俄〕德·伊·李希特尔 ……………………………………… 15

 和马克思在一起进午餐 …………………………………………… 18

 我的回忆

  〔俄〕罗·马·普列汉诺娃 …………………………………… 21

 耶森市长谈马克思和恩格斯 ……………………………………… 26

 回忆恩格斯 ………………………………………………………… 29

 格·亚·洛帕廷回忆马克思

  格·亚·洛帕廷谈他同马克思的会见 ……………………… 49

 写于1872年的马克思传记

  〔民主德国〕英·吉斯豪艾尔 ……………………………… 57

回忆列宁
　　〔苏〕弗·德·邦契-布鲁也维奇 ·················· 66

生平事业研究（上） ························· 91
卡尔·马克思（摘译）
　　〔法〕M.吕贝尔 ································· 93
作为历史学家的卡尔·马克思
　　〔德〕汉斯-彼得·哈斯蒂克 ················· 119
"世界公民"马克思
　　王栋华 ··· 140
恩格斯在中学时代对古希腊历史和文学的研究
　　〔苏〕Л.A.韦利昌斯卡娅 ····················· 156
青年恩格斯和早期工人运动（1840—1842年）
　　〔民主德国〕沃尔弗冈·麦瑟尔 ············· 177
青年恩格斯在德国
　　〔德〕A.康拉第 ································ 205
卡尔·马克思与荷兰的关系
　　M.C.维辛 ······································ 227
马克思生平事业年表中若干日期的考证（1841—1842年）
　　〔民主德国〕埃哈尔德·基恩施姆 ··········· 238
"主编"还是"编辑"？
　　——马克思在《莱茵报》任职释疑
　　张念东 ··· 257

恩格斯和宪章运动
　　陈慧生 ·················· 262
恩格斯在《北极星报》上的通讯
　　И. Н. 希卡扬 ·················· 283
恩格斯与宪章派报纸《北极星报》
　　〔苏〕И. Н. 施卡尼扬 ·················· 285
1842—1846年期间马克思同青年黑格尔派的斗争（一）
　　〔苏〕М. Я. 科瓦尔宗 ·················· 313
1842—1846年期间马克思同青年黑格尔派的斗争（二）
　　〔苏〕М. Я. 科瓦尔宗 ·················· 347
关于马克思和恩格斯1845—1846年在布鲁塞尔期间同莫泽斯·
　赫斯的关系（一）
　　〔苏〕雅·罗基扬斯基 ·················· 378
关于马克思和恩格斯1845—1846年在布鲁塞尔期间同莫泽斯·
　赫斯的关系（二）
　　〔苏〕雅·罗基扬斯基 ·················· 392
共产主义者同盟——马克思和恩格斯为无产阶级政党而斗争的
　一个阶段
　　〔俄〕索菲娅·列维奥娃 ·················· 412
马克思在十九世纪四十至五十年代亲自宣传自己的经济学理论的观点
　　〔苏〕Л. Р. 米西克维奇 ·················· 457
关于马克思、恩格斯和他们的战友们在1848—1849革命期间的
　活动的新材料
　　〔苏〕С. З. 列维奥娃 ·················· 459

同时代人的回忆和记述

弗里德里希·恩格斯[*]

一

恩格斯，弗里德里希，1820年11月28日生于巴门。曾从事商业，从1837年到1841年，最初在巴门，而从1838年起在不来梅营业所里见习。1841年至1842年作为志愿兵服役一年之后，1843年进入他父亲在曼彻斯特开的商行，在那里工作到1844年。1845年到1848年，他有时住在布鲁塞尔（同卡·马克思一起），有时住在巴黎；1848年到1849年5月，在科伦的《新莱茵报》工作。1849年6月和7月，他作为维利希志愿部队的副官参加南德起义。然后，他再次短时间地逗留伦敦，1850年返回他父亲在曼彻斯特的商行工作，最初是当职员，从1864年起当股东。1869年他永远退出了商界。从1870年9月起居住伦敦。

在他的著作中我们列出以下数种：

---

[*] 本文选自《马列主义研究资料》1985年第2辑。

原题注：这里译出的是德文《政治学手册》1892年第3卷（《Handwörterbuch der Staatwissenhaften》）和《布罗克豪斯百科全书》1893年第6卷（《Brockhaus' Konversation-lexikon》）中所设的人物条目——《恩格斯，弗里德里希》。两个条目均经过恩格斯本人审阅，对后一条目他还作了补充。

《政治经济学批判大纲》 ［载于卢格和马克思出版的《德法年鉴》1844 年巴黎版（第 1 和 2 期）第 86—114 页；1890—1891 年《新时代》第 9 年卷第 1 卷第 236 等页转载］。

（与卡·马克思合著）《神圣家族，或对批判的批判所做的批判。驳布鲁诺·鲍威尔及其伙伴》。弗·恩·和卡·马·。1845 年美茵河畔法兰克福版。

《英国工人阶级状况》。1845 年莱比锡版（1887 年纽约英文版）。

（与卡·马克思合著，未署名）《共产党宣言》。1848 年伦敦版（还有法文版、西班牙文版、意大利文版、丹麦文版、俄文版、波兰文版、英文版）。

［1848—1849 年科伦的《新莱茵报》和 1850 年伦敦的《新莱茵报。评论》的编辑之一和主编（代替马克思）］

（未署名）《波河与莱茵河》。1859 年柏林版。

（未署名）《萨瓦，尼斯与莱茵》。1860 年柏林版。

《普鲁士军事问题和德国工人政党》。1865 年汉堡版。

《德国农民战争》。（据《新莱茵报。评论》排印）共出三版，1875 年在莱比锡出最后一版。

《论住宅问题》。三个分册，1872 年莱比锡第 1 版，1887 年苏黎世第 2 版。

《论俄国的社会问题》。1875 年莱比锡版。

（未署名）《德意志帝国国会中的普鲁士烧酒》。1876 年莱比锡版。

《行动中的巴枯宁主义者。关于西班牙起义的札记》。1873 年莱比锡版。

《欧根·杜林先生在科学中实行的变革》①。1878 年莱比锡第 1 版，1886 年苏黎世第 2 版。

《社会主义从空想到科学的发展》。1883 年在苏黎世出第 1、2、3 版，1891 年柏林正在印制第 4 版（还有法文版、俄文版、波兰文版、意大利文版、西班牙文版、罗马尼亚文版、荷兰文版、丹麦文版）。

《家庭、私有制和国家的起源。就路易斯·亨·摩尔根的研究成果而作》。1884 年苏黎世版，1889 年斯图加特第 3 版（还有意大利文版、罗马尼亚文版、丹麦文版；法文版正在付印）。

《路德维希·费尔巴哈和德国古典哲学的终结》。1888 年斯图加特版。

《俄国沙皇政府的对外政策》（载于 1889—1890 年《新时代》第 8 年卷第 2 卷；还有俄文版、英文版、法文版、罗马尼亚文版）。

关于法兰西内战②（载于 1890—1891 年《新时代》第 9 年卷第 2 卷第 33 等页）。

《布伦坦诺 contra 马克思。关于所谓捏造引文问题。事情的经过和文件》。1891 年汉堡版。

除此之外，他还为下列著作写了序言和前言：

I. 用德文写的：

卡·马克思《资本论》。第 1 卷 1883 年第 3 版；1890 年第 4 版（关于布伦坦诺的序言）。《资本论》。第 2 卷（关于洛贝尔图斯的序言）1885 年版。

---

① 《反杜林论》。——译者注
② 即《〈法兰西内战〉一书导言》。——译者注

卡·马克思《哲学的贫困》。伯恩施坦和考茨基的德译本1885年斯图加特版（关于洛贝尔图斯的序言）。

卡·马克思《在科伦陪审法庭面前》。（1849年）1885年苏黎世版（序言）。

卡·马克思《揭露科伦共产党人案件》。（1852年）1885年苏黎世版（引言：《关于共产主义者同盟的历史》）。

威·沃尔弗《西里西亚的十亿》。1886年苏黎世版（导言：《沃尔弗传》和《关于普鲁士农民的历史》）。

西·波克罕《纪念德意志极端爱国主义者》。1888年苏黎世版（引言：波克罕的传记）。

卡·马克思《雇佣劳动与资本》（导言）。1891年柏林版。

II. 用英文写的：

卡·马克思《资本论》。赛·穆尔和爱·艾威林翻译。弗·恩格斯出版的1887年伦敦版（译文审阅和作序）。

卡·马克思《自由贸易》。1848年在布鲁塞尔的演说。弗·凯利－威士涅威茨基夫人翻译。1888年波士顿和伦敦版（关于自由贸易的序言，用德文载于《新时代》）。

弗·恩格斯《1844年英国工人阶级状况》。弗·凯利－威士涅威茨基夫人翻译。1887年纽约版（序言和附录，后者还出版单行本；《美国工人运动》；《美国工人运动》1887年用德文在纽约发表；1887年用英文在伦敦转载。还用德文转载于《新时代》）。

（原载百科辞典《政治学手册》1892年耶拿版第3卷）

二

恩格斯，弗里德里希，社会主义者，1820年11月28日生于巴门的殷实的工厂主家庭，原来准备进入商界，但在青年时代就通过撰文和演讲，宣传各种激进的和社会主义的思想。他在巴门当了一段时间的商行职员，1842年作为志愿兵在柏林服役，尔后到曼彻斯特工作了两年，他的父亲是那里的一家纺纱厂的股东。1844年，为阿·卢格和卡·马克思在巴黎出版的《德法年鉴》撰稿，同年返回巴门。1845年出席莫·赫斯和古·克特根在爱北斐特组织的共产主义者会议演讲。直到1848年，轮流地居住布鲁塞尔和巴黎，1846年同马克思一起加入后来的国际的前身——秘密的共产主义者同盟，并代表巴黎支部参加1847年在伦敦召开的两次同盟代表大会。受同盟的委托，和马克思共同起草致"全世界无产者"的《共产主义宣言》①，二月革命②后不久便问世（1872年莱比锡新版）。1848年和1849年，恩格斯在马克思于科伦主编出版的《新莱茵报》工作，该报被禁后，他在1850年还为《政治经济评论》③写文章。他曾参加爱北斐特、普法尔茨和巴登的起义并作为维利希志愿部队的副官进行了巴登—普法尔茨进军。巴登起义被镇压后，恩格斯作为政治流亡者回到英国并于1850年再次进入他父亲在曼彻斯特的商行。脱离这个职业（1869年）之后住在伦敦。他支持自己的朋友马克思为发展从1864年登上舞台的国际工人运动和社会民主主义宣

---

① 马克思恩格斯《共产党宣言》。——译者注
② 法国1848年二月革命。——译者注
③ 《新莱茵报。政治经济评论》。——译者注

传而进行的活动。**恩格斯在国际总委员会中担任意大利、西班牙和葡萄牙的书记**①。他代表马克思的共产主义，反对"小资产阶级的"蒲鲁东主义，以及虚无主义的巴枯宁无政府主义。他的主要著作是《英国工人阶级状况》（1845年莱比锡版；**1892年斯图加特新版**），这部著作虽有片面性，但具有无可争辩的科学价值。《欧根·杜林先生在科学中实行的变革》（1886年苏黎世第2版）是他的较大的论战性著作。后来还出版下列著作：《路德维希·费尔巴哈和德国古典哲学的终结》（**1888年斯图加特新版**），《家庭、私有制和国家的起源》（1892年斯图加特第4版），《社会主义从空想到科学的发展》（1891年柏林第4版）。除此之外，恩格斯还为卡尔·马克思的《资本论》第2卷、第3卷和第1卷的第3版和第4版的出版做了准备工作，他还是《新时代》上许多文章的作者。

[原载百科辞典《布罗克豪斯百科全书》莱比锡和维也纳第14版第6卷（1893年）]

（孙魁 译 闻文 校）

---

① 用黑体的地方，都是恩格斯作的补充。——译者注

马克思的委托[*]

〔奥〕阿·迈斯纳

我和马克思、弗莱里格拉特在一位好客的英国人,《每日新闻》的基恩①先生那里度过了新年的夜晚。② 那次谈话时的激动情景,我至今还历历在目。我们手里端着酒杯,一起回忆维也纳人和匈牙利。③

在我去找弗莱里格拉特的时候,他正好从写字台后面起身。他正在写《匈牙利新年之歌》。我们还为未来的勇敢口号碰杯祝贺,可见,我没有因为1848年到处以镇压革命而结束感到气馁。最初,我们还认为这种镇压只是一种表面现象。而事实的力量毕竟是强大的,是无可争辩的。我曾经觉得,似乎真理只是为了不立足于世才来到世间,而权利只是为了毁灭才出现;激情和奋发的火焰又好像是为了反映出群众是多么

---

[*] 本文选自《马列主义研究资料》1984年第6辑。

阿尔弗勒德·迈斯纳(1822—1885)是奥地利民主派作家,四十年代为"真正社会主义者",后为自由派。这个片断摘自他写的《我的生活经历》(1884年维也纳—德森版第2卷)中《1848年总结》和《重返巴黎》两章。这里记述了一些很少为人所知的马克思同意大利革命家联系的事情。标题为译者所加。

① 基恩是英国新闻工作者,1849年《每日新闻》驻科伦通讯员。
② 1849年。
③ 指1848年10月维也纳的起义和1848—1849年匈牙利的革命。

迟钝和守旧才迸发；在我看来，似乎革命的目的只是为了让那些当别人舍生忘死的时候躲在角落里的人去掌权［……］

科帕街贫民区的一个意大利人

在我离开科伦的那天早晨，卡尔·马克思很早就来找我。他从外套里掏出一个相当大的不透明灰色纸包，而且还封上了火漆印。

他说："真凑巧，你今天就要去巴黎。我想请您把这纸包放在您的手提箱里。您会为我们和我们的事业效劳。尽管我们相识不久，您为人正直，做事谨慎，我是完全信任的。"

我表示愿意为马克思效劳，他接着说：

"只是您要当心，纸包不要落在不可靠的人手里。您也知道，法国正在实施战时法。最好把它藏在内衣的中间。路易·拿破仑先生的政策同任何一个君主政体时期是一样的，所以，您要小心！一个四天前离开里窝那的人把这包东西交给我们，让我们转交。他说的是一个叫萨尔皮的先生，意大利人，——他的地址就写在这张纸条上，您必须保存好。在巴黎这包东西不要放在您那里太久。您要选择晚上的时间送去，这样比较不引人注意。如果说，收件人不在，您就说：La verrue de Tom disparaîtra au bout d'une quinzaine［再有两个星期汤姆的赘瘤就会脱落］。

— 用这个'芝麻'，① 您面前的门就会立刻打开。"

---

① 借用《一千零一夜》中阿里巴巴和四十大盗的故事的一句咒语："芝麻，开吧！"

我把这包东西完整无缺地带到了巴黎，整天把它带在身边。但是，它简直使我焦灼不安，终于有了把它送去的适当时机。我刚告辞海涅，就立即着手完成委托给我的这件事。

八九点钟的时候，从圣马德连教堂到圣马丁门的林荫道上是喧嚣的集市，总是聚集欢乐的人群。灯台上的煤气灯的火舌就好像是黄里带红的盛开的郁金香，一望无际，时隐时现，又好像一大群一大群的萤火虫在成千盏的马车灯旁飞舞。闪烁着灯光的商店好像神奇的城堡，地毯、毛毯、铜器、花瓶和闪亮的珠宝首饰一直堆到顶楼。在剧院和咖啡馆前面的人行道上拥挤着人群，这是一个暖和的冬夜。

我离开那里，穿过古城曲曲弯弯的街道，走过塞纳河上的桥去完成托付我的任务。我按照马克思给我的地址来到了最边缘的郊区孟索。沿着圣雅克街往上走，经过万神殿，它那用许多柱子支撑的圆屋顶在冬天的雾气中微微地闪现出白光，我很快到了巴黎最脏乱的地区。这里的小巷越来越窄，黑得可怕，好像陡峭的山谷；从这里只能看到一条狭窄的黑灰色的天空。我到了摩弗塔尔街，进入了贫民区。这是一个奇异的世界！周围满都是人，好像他们说的是一种自己的语言，每一座房子就像被翻动过的蚂蚁窝。这里你不会看到大礼服，到处都是穿短衫的，男人们散乱的黑发上歪戴着无边软帽。戴着难以想象的包发帽的妇女们吵骂着、喊叫着；衣衫褴褛的孩子们在排水沟边玩闹。透过酒店窗帘的暗淡的灯光照在潮湿的路面上，从酒店里听到喧闹声和唱歌声，空气里散发出酒和焦煳的气味。门上挂着灯，灯下飘动着写满了数字的纸条：这里出售掺水的酒，每公升两苏或四苏。每所房子里摆着各种奇里古怪的商品；在这些贫民窟里堆聚着旧铁罐、旧衣服、各种各样难以想象的用具。打补丁的破衬衣就挂在窗户上。到处有不太新鲜的水果和肉出售。

11

在街中间聚集了许多人，大部分男人显得粗野，黑头发、黑胡子。点着灯火的窗户里妇女和女孩子们做工，直到深夜。这里所有的人都是穷人，但是没有一个人伸手乞讨。这就是那个声名狼藉的地区。任何一次起义，这里都派人参加，起义一"开始"，工人就扛上使用铅弹或钉子的旧式枪出动。

什么时候再敲起战鼓？——我一边向科帕街拐角的一座房子走去，一边这样想。好不容易找到了那所房子。我找的那位意大利人住在三楼。外面的门原来没有闩上，但穿堂里黑得伸手不见五指。我划了火柴，顺着一些台阶已被踏坏的很陡的窄楼梯上楼。我好像置身于矿场的井筒里。

到了第三层，我终于摸到了门把手。敲了几下，进到一间厨房。迎着我走出来一个戴着白色包发帽的老女仆。

——萨尔皮先生在这里吗？——我问。

——不知道这个人。——她回答说。

——很遗憾，不过，再有两个星期汤姆的赘瘤就会脱落。

——啊，这样！那就请进。

女仆敲了一下隔壁的门。

从房子的外表看，我预料，我将进入一个最简陋的住所，可是，实际上却不是这样。我站在一间舒适而清洁的房间里。那里有黑色的安乐椅和铺着苏格兰毛毯的沙发；墙上挂着一面镜子。一张堆满了书报和各种稿子的桌子上点着一盏灯，桌旁坐着我要找的那位意大利人，在写东西。

他欠了一下身子。这是一个面貌端正、四十岁上下的男子，长着黑而密的大胡子。一眼看去他的脸一点没有值得注意的地方，表现出很严肃和爱思考的神情。我把纸包交给他。萨尔皮先生把它在手里稍稍掂量了一下，看看是否有差错……

"您是直接从科伦来的吗？"——他边问边打着手势请我坐在沙发上。

——直接从那里来。

——这纸包放在科伦很久吗？

——据别人告诉我，它刚由一位从里窝那来的人送到。

看来，萨尔皮先生非常满意，而且重复了几次说："谢谢您，谢谢您！"这时他调皮的微笑表明了他在想："年轻人，这一次你也可能会碰上硬钉子的！"

在他的白衬衫里闪亮着一个钻石小别针。

他有礼貌地，但有点心不在焉地探问基恩先生和卡尔·马克思的情况。我的答话他未必听进去。我看出，他迫切希望知道放在写字台上的那个纸包里装的什么东西。显然，他不想在我在场的时候把它打开。

为了结束这个尴尬的局面，我告辞了。

当我走出这个可怕的地区时，我顿时感到轻松愉快。

这件猜不透裹着什么东西的纸包，我几乎已经忘记了，突然有一次我又重新回忆起这个夜晚。

在罗马，罗马议会正在进行选举。1848年12月，不管在加埃塔的教皇庇护九世如何反对，教皇区的众议院决定召开制宪国民议会。激进的里窝那地区选出朱泽培·马志尼作为代表。他在罗马宣称，而且人们不久便知道了，他同萨费、阿尔美利尼一起作为独裁者在罗马执政。

当画报登出罗马三执政的第一张画像时，我非常惊讶。无疑，我找过的那位意大利人的容貌与马志尼的画像相像。这就是说，马志尼在巴黎的时候,叫萨尔皮先生,而那时候大家都认为他躲在德森州。我也可能会弄错,但我几乎深信,那天晚上我跟一位伟大的社会安宁的扰乱者谈过话。他的秘密活动奠定了新意大利的基础。

(原载《回忆马克思恩格斯》1983年莫斯科版第2卷第114—118页)

(禾子 译)

平常的会见*

〔俄〕德·伊·李希特尔

我住在莱比锡,只从事《前进》杂志的工作。在莱比锡,我主要是和当地的社会民主党人威·李卜克内西、奥·倍倍尔等人交往。因《前进》杂志的事务,我必须经常去伦敦。有一次在伦敦,我遇见了从彼得堡来的列夫·萨维利耶维奇·金斯堡①。金斯堡转告编辑部,说可以经过斯德哥尔摩运送《前进》杂志。编辑部的某成员建议我组织这项工作。这必须事先搞到去斯德哥尔摩的介绍信。为此,我和彼·拉·拉甫罗夫一起去卡·马克思那里。彼得·拉甫罗维奇认识马克思。

马克思住在伦敦北部地区。离《前进》杂志编辑部的房子不太远。我们快到马克思的寓所的时候,遇见他的女儿②,一个非常漂亮的姑

---

* 本文选自《马列主义研究资料》1984年第6辑。

德米特里·伊万诺维奇·李希特尔(1848—1919)——俄国统计学家、经济学家和地理学家;十九世纪七十年代住在德国,为彼·拉·拉甫罗夫在伦敦出版的《前进》杂志撰稿。这里发表的片断是李希特尔的回忆录的一部分。标题为译者所加。

① 列夫·萨维利耶维奇·金斯堡(1851—1916)——俄国革命运动的参加者,职业是医生。

② 马克思的小女儿爱琳娜·马克思。

娘。她很有礼貌地问候彼得·拉甫罗维奇,说她爸爸在家,他很高兴接待我们。马克思的确在家,他正按自己的习惯坐在书房里。他的书房是一间有三四个窗户的大房间,窗户临街,陈设很简朴:靠墙放着书架,几乎在屋子的正中间放着一张不大的很平常的写字台,还有几把安乐椅和椅子。我甚至已记不清屋子里是否有沙发,墙上是否有画或是画像。唯一引起我注意的是,在壁炉上摆着用普通镜框镶的尼·加·车尔尼雪夫斯基的相片。这是大家所知道的他在流放之前拍的照片的复制品。后来,马克思告诉我,这是他的一个俄国朋友送给他的礼物,大概是格·亚·洛帕廷送的。

马克思本人的外表不能不给人留下深刻的印象:中等身材、相当壮实的上了年纪的人(当时他已五十七岁),略带斑白的头发从黑毛帽子下面露出。

马克思非常亲切地迎接了我们。看来,他对自己的俄国同志请求的事很乐意协助。他在斯德哥尔摩没有熟人,他甚至讲不出那里有什么社会主义的组织。但马克思还是为我写了一封给哥本哈根的丹麦社会民主党的领导人的信,这位领导人是丹麦国会议员,职业是律师,马克思还说他将尽力为我想办法。

马克思用红葡萄酒款待我们,看来这是马克思的习惯,因为当我第二次到他那里去的时候,他也这样款待我。马克思同我们交谈。同拉甫罗夫谈一部科学著作,同我谈莱比锡的"青年"同志们,即当时已经五十岁的李卜克内西和倍倍尔(四十岁左右)。

第二次我单独去马克思那里。马克思谈起俄国的熟人。后来恩格斯也来了,马克思给我介绍了恩格斯。马克思和恩格斯在谈起俄国的熟人时,对他们的反应是不同的。对一些人,如格·亚·洛帕廷、尼·弗·丹尼尔逊(他们同后者只是通信中认识)体贴入微,在某种程度上对彼·拉·拉甫罗夫也是如此。他们二人，特别是马克思对拉甫罗夫有点宽容。显然，他们俩惊叹他知识的广博，但对他的天资没有特别高的评价。而且，他们当中有一个人称他是折衷主义哲学家。

(原载《回忆马克思恩格斯》1983年莫斯科版第2卷第20—21页)

(晓林 译 禾子 校)

和马克思在一起进午餐[*]

1879年2月1日

夫人殿下：

上次我荣幸地拜见您时，您曾偶尔表露出对卡尔·马克思的好奇心，并且问我是否认识他。因此，我决定一有机会就跟他结识，但是，直到昨天我才有了这个机会，我和他在午宴上相遇，并且在一起待了三个小时。

他是一个相当矮小的男子。头发和络腮胡子已经灰白，唇上的髭须仍是黑色的，形成很奇怪的对照。脸庞有些圆，前额长得很匀称，显得非常充实。目光相当冷峻，但整个表情令人感到愉快，决不像一个习惯于吞食襁褓中的婴儿的人——我敢说这就是警方对他的看法。

他的谈话表明他不仅见闻广，而且学识渊博。他对比较语法很感兴趣，这曾经使他从事对古斯拉夫语和其他怪僻学科的研究。他又喜欢用

---

[*] 本文选自《马列主义研究资料》1983年第6辑。

原题注：这封信写于1879年2月1日，写信人是英国格莱斯顿政府的大臣格兰特·达夫，收信人是维多利亚女王的长女维多利亚－阿黛拉伊德－玛丽－路易莎，当时她已嫁给德国皇帝弗里德里希三世。从这封信可以看出，当时德国统治阶级已开始感到由马克思和恩格斯的拥护者所领导的工人运动日益壮大对他们构成的威胁。这封信原来刊登在伦敦《马克思纪念图书馆季刊》上，美国《每月评论》1982年10月号转载了它，本译文是根据后者译出的。——译者注

古雅的措词，并且掺杂一些一本正经的幽默，因此谈话显得很有风趣。例如，他在谈到海泽奇尔著的《俾斯麦传》一书时，为了同布什博士的书进行比较，总是称它为《旧约全书》。

他的谈话一直是非常**积极的**，略带嘲讽的味道，没有流露出任何激情，谈得很有意思。我认为情况往往是这样，当谈论过去和现在时，他的看法非常正确，但是，当话题转到未来时，他的看法就很模糊，不能令人满意。

他认为不久的将来俄国会发生一场大崩溃，这并不是没有道理的。他认为，这场崩溃从自上而下的改革开始，这幢破旧不堪的房子将经受不住这种改革而完全倒坍。至于什么东西将取而代之，他显然没有明确的概念，只是说俄国将有很长一段时间不能对欧洲施加任何影响。

其次，他认为这场运动将扩展到德国，在那里采取的形式将是反对现存军事制度的叛乱。

我问他："你怎么能指望军队会起来反抗指挥官呢？"他回答说，你忘记了，现在的德国军队与国民几乎是一回事。你所听说过的那些社会主义者像其他人一样，是受过训练的士兵。你不能只想到常备军，你必须考虑到德国的战时后备军，而且即使在现役军人中也存在着许多不满。一个军队里由于严格的军纪而引起如此之多的自杀事件，这是从未有过的事。从对自己开枪到对自己的军官开枪，这一步并不太远，而且只要这种例子一开，马上就会被效法。但是我说，假如欧洲的统治者们彼此之间达成一项可以大大减轻人民负担的裁军谅解，那么你指望总有一天要发生的革命又该怎样呢？

他的回答是：他们做不到这一点。种种恐惧和猜忌将使这一点成为不可能。负担将随着科学的进步而越来越沉重，因为**毁灭艺术**的改进将与科学的进步并驾齐驱，每年都将拿出越来越多的钱用于昂贵的战争机器。这是一种无法逃避的恶性循环。我说:"除非有真正极大的苦难,不然永远也不会有真正的人民起义。"他回答说,你根本不知道,德国最近五年来正在发生多么可怕的危机。

我说,就算是你的革命已经发生,你们也建立了你所设想的共和国政府,要实现你本人和你的朋友所特有的理想仍然是很遥远的。他回答说:这是毫无疑问的,一切伟大的运动都是缓慢的。就像你们的一六八八年革命一样,这不过是向好的方面迈进了一步,是前进路上的一小步。

上述情况将使殿下清楚地看到他脑子里关于欧洲不久将来的想法。这些想法太不切实际,没有什么危险,而疯狂的军费开支这一情况显然无疑是危险的。

不过,倘若今后十年没有来自企图革命的威胁,欧洲的统治者们就找不到对付这种邪恶的办法,那么,至少是我,至少对这块大陆上人类的未来将要感到绝望……

(铁鸽 译　劳徒 校)

我的回忆[*]

〔俄〕罗·马·普列汉诺娃

那时，格奥尔基·瓦连廷诺维奇孜孜不倦地工作着，他在鲍日那个地方写他的关于《洛贝尔图斯·亚格措夫》[①]的著作，他钻研马克思的著作，但是手头上没有导师的某些著作，他想，如果在大城市，在图书馆里是会找到的。我记得他想找到《神圣家族》和《批判》[②]……离开鲍日到大学城去，这是他和我所想望的。

格·瓦连廷诺维奇一直惦记马克思，很想同他会晤，同他交谈。早春的时候，我们得到消息说，马克思病了，可能他要离开致人死命的伦敦，到日内瓦湖畔的蒙特列或克拉莱恩去疗养。

想象着见导师和同他交换意见的情景，使我们十分高兴而又激动。格·瓦连廷诺维奇经常谈论着这幸福的时刻，还有他希望导师帮助他弄清楚的一些问题。

---

[*] 本文选自《马列主义研究资料》1984年第6辑。

原题注：这里发表的罗·马·普列汉诺娃回忆录两个片断是她的长篇手稿《我的一生》中的一部分，标题为译者所加。

① 指普列汉诺夫的著作《卡尔·洛贝尔图斯·亚格措夫的经济理论》。

② 指卡·马克思的《政治经济学批判》。

4月1日①来到了，维·伊·查苏利奇和列·格·捷依奇②决定跟格·瓦连廷诺维奇开个无情的玩笑。他们从方塔尼凡来到鲍日他的住所说，马克思已经来了，他们可以与他见面，他正在某某旅馆等着他们。格·瓦连廷诺维奇正忙得不可开交，埋头于工作，以至于顾不上注意是几月几号了，他相信了他们，以为他所盼望的这一天来到了：他可以见到导师，可以同他交谈社会主义的理论和实践的各种问题。不仅是他，而且连我和泰奥菲利娅③也想不到这两位亲密的朋友会想出同他开这样无情的玩笑。我们兴致勃勃地等待着格·瓦连廷诺维奇和我们的朋友在这意外的令人抱有很大希望的会晤后回来。

格·瓦连廷诺维奇穿上他最体面的衣服，在朋友的伴随下出门了。他在途中提到许多他打算同导师交谈的问题，据我记得，其中格·瓦连廷诺维奇最关心的是关于俄国村社问题：如果村社一开始不受破坏而被保存下来，那么它能否成为将来社会主义组织的基本的经济因素呢？在去他们一伙人应该见到导师的那个虚构的旅馆这一路上，由于格·瓦连廷诺维奇提出的许多问题而显得十分有趣。可是，真没想到！快到目的地时，朋友们不得不告诉格·瓦连廷诺维奇，跟他开了一个4月1日④的玩笑。自然，我本人非常气恼，泰奥菲利娅也生了气，只有格·瓦连廷诺维奇心平气和，自己嘲笑自己……

---

① 可能是1882年。
② 列甫·格里哥里也维奇·捷依奇（1885—1941）是俄国民粹派的成员，后来参加社会民主主义运动。1883年参加组织"劳动解放社"。
③ 波拉克（波利亚克），泰奥菲利娅·瓦西里也芙娜（1855—1882）——十九世纪七十年代末俄国民粹主义运动的参加者，1881年流亡国外。
④ 4月1日是西方的愚人节。

在那个时候，——法国政府方面产生了极大的误会。法国政府借口格·瓦连廷诺维奇是危险的无政府主义者，把他驱逐出境，其实在1894年年中，也就是在他胜利地而又可笑地路过法国之前几个月的时候，他的那篇给无政府主义迎头痛击的著作《无政府主义和社会主义》① 在社会民主党的刊物《前进报》上刊登了。

这篇著作引起了轰动，取得了巨大的成就，在1895—1896年间被译成欧洲所有的文字，而且还译成犹太文。那时，也就是在1895年，爱琳娜·马克思-艾威林把它译成英文，而且刊登在《时代与回声周报》上。爱琳娜给格·瓦连廷诺维奇写信说，她得到这部著作感到非常满意；她说，在这部书里她看到了"la ferule de mon père"["我父亲的手笔"]。同年5月这篇著作又用法文刊登在社会主义杂志《社会发展》上②。尽管这篇著作已经问世了，关于把普列汉诺夫驱逐出法国国境的命令过了许多年才取消。法国政府对格·瓦连廷诺维奇在1893年苏黎世国际代表大会上的发言③迟迟不予宽恕。在这一次发言中，格·瓦连廷诺维奇对共和制的法国同俄国专制君主结成同盟，即进行过"伟大的法国革命"的法国同俄国的专制政体结成同盟表示愤慨。

---

① 普列汉诺夫的著作《无政府主义和社会主义》是为德国社会民主党《前进报》出版社用法文写的。1894年出版单行本。在单行本出版之前，最初刊登在1894年《社会民主党人报》第20—25期上。

② 1894年8月8日爱琳娜·马克思-艾威林致格·瓦·普列汉诺夫的信中谈到《无政府主义和社会主义》一书的翻译工作。爱·马克思-艾威林写了序言的英文版本于1895年在伦敦出版。1895年5月《社会发展》杂志没有发表这部著作。

③ 指格·瓦·普列汉诺夫关于社会民主党人在战时立场的总结报告。这个报告是在1899年8月6—12日在苏黎世举行的国际社会主义工人代表大会上作的。

格·瓦连廷诺维奇关于维拉·查苏利奇、谢尔盖·克拉夫钦斯基的生活，与恩格斯、爱琳娜·马克思－艾威林以及恩格斯家庭的一些成员的会晤的谈话引起我们很大的兴趣。他当时同弗赖贝格尔医生及其妻子，以前的路易莎·考茨基住在一起。恩格斯对待后者像慈父一样。马克思的这位挚友对人的关心和慈爱使格·瓦连廷诺维奇深为感动。恩格斯对维拉·查苏利奇也表现出父亲般的慈爱，他多方面关心她的健康和饮食，让弗赖贝格尔医生检查她的肺，并为其治疗。他常向格·瓦连廷诺维奇打听，她是否需要物质上的帮助，他愿意解囊相助。① 关于这件事，他跟格·瓦连廷诺维奇说过，也写过信。

他对爱琳娜·马克思的慈父般的爱，使格·瓦连廷诺维奇惊叹而钦佩，而爱琳娜本人也给人留下深刻的印象：聪明、有教养、工作积极，她在伦敦进步的知识界人士中颇得好评，而在工人中也深受爱慕。格·瓦连廷诺维奇讲过，爱琳娜在码头工人罢工②时，不顾危险，同"救世军"的妇女一起深入到海边的贫民窟，用她募集的钱、食品、衣服支援罢工工人，了解他们的情况和需要。

1894年，格·瓦连廷诺维奇被迫在伦敦住了一整年③，虽然生活条件困难，气候潮湿而寒冷，但在精神上却得到很大的鼓舞。与恩格斯进行的有关马克思主义的理论和实践问题的谈话在普列汉诺夫的心上留下

---

① 见恩格斯与格·瓦·普列汉诺夫、维·依·查苏利奇的通信。

② 1889年8月12日—9月14日发生的伦敦码头工人罢工是十九世纪末英国工人运动中最大的事件之一。关于这次罢工，参看恩格斯写的《关于伦敦码头工人的罢工》一文（《马克思恩格斯全集》第1版第21卷第438页）。

③ 这里写得不确切。格·瓦·普列汉诺夫于1894年夏季从法国被驱逐以后在伦敦居住了大约三个月（9月—11月）。在这期间他多次与恩格斯会晤。1894年11月底他获准返回日内瓦。

了不可磨灭的印象。而据我们从维拉·伊万诺夫娜那里得知,格·瓦连廷诺维奇的智慧和广博的知识也给导师留下非常好的印象。当时,恩格斯曾对他亲近的人和普列汉诺夫本人说过:"就我所知,只有两个人理解和掌握了马克思主义,这两个人就是梅林和普列汉诺夫。"

(原载《回忆马克思恩格斯》1983年莫斯科版第2卷第99—102页)

(禾子 译)

耶森市长谈马克思和恩格斯*

1888年11月,我作为哥本哈根工会联盟的代表参加由英国工联召集的伦敦国际代表大会。

这对我来说不止在一个方面是一个难忘的事件。我第一次访问了世界最大的城市,会见了许多世界知名人士。我只想提到少数几个人:俄国公爵**克鲁泡特金**,英国人**威廉·莫里斯、海德门、约翰·白恩士、汤姆·曼、布罗德赫斯特**、英国工联议会委员会书记兼主席**希普顿**①,比利时人**爱德华·安塞尔**,德国人**爱德华·伯恩施坦**,英国女教士**安娜·贝赞特**和卡尔·马克思的幼女**爱琳娜·马克思-艾威林**。所有这些人都被看作政治运动和工会运动的积极参加者。

---

* 本文选自《马列主义研究资料》1986年第3—4辑合刊。

原题注:这篇回忆录原载1918年5月5日哥本哈根出版的《社会民主党人》。这一号是纪念卡尔·马克思诞生一百周年的。作者J.耶森是丹麦社会民主党和丹麦工会的干部。中文是根据德国统一社会党马列主义研究院出版的《马克思恩格斯研究论丛》第19期登载的德文转译的。

① 乔治·希普顿1871—1896年为工联伦敦理事会书记,亨利·布罗德赫斯特是1875—1890年工联代表大会议会委员会书记。

但是，在我被邀请的会晤和会见的场合，我总是想着一个人的名字，那就是卡尔·马克思的老朋友和长期合作者**弗里德里希·恩格斯**。我向英国和德国的党内同志打听他，他们当然知道他的名字，可是不知道他住在哪里；有些人认为他去美国了。有一天，我了解到，恩格斯住在伦敦北部自己的住宅里，身体很健康，而且乐意接待外国的社会民主党人。有一天晚上，我到了他的住处。我记得，当时有三个丹麦人、三个比利时人，其中一个就是安塞尔，还有爱德华·伯恩施坦，他当时侨居伦敦，由于非常法，德国社会民主党的主要机关报《社会民主党人报》在那里编辑和印刷，然后偷运到德国去。伯恩施坦是报纸的主编，他来到伦敦，为的是不至于同整个编辑班子一起被驱逐出苏黎世。

恩格斯非常友好地接待了我们，我们在他那里度过了难忘的几个小时。他的住宅像是一个大图书馆。放满书籍的书架挡住了墙壁，一直从地面到天花板，桌子和墙架上全是著作、手稿和清样。主人给我的印象完全不是我所想象的。瘦高个子，蓄着浓密的德国教授的胡须，一双和善而活泼的眼睛，浓浓的眉毛，尽管举止谦逊，可是充满活力和对整个世界的兴趣，并显露出对来访者的各国的情况具有令人惊讶的知识。

我原先以为将见到一位学究，他非常清楚地了解社会生活的规律及其现象，对此他的著作提供了无与伦比的证明，然而我看到的却是这样一个人，他决不是待在屋里的博学者，他心情开朗、十分幽默，并很快感染了我们大家。我们马上感到像是老相识和老朋友了。

在恩格斯的工作室里，只有一小块墙没有被书架占据，那里挂着卡尔·马克思的一张大照片。我们赞赏这张人像漂亮生动，恩格斯说，这是马克思名片上相片的放大，那是在他逝世前几年照的。

在告别时，他把那张原来的照片送给我，今天《社会民主党人报》头版上登的就是这张相片。我那时把它拿去放大，挂在我的房子里；而恩格斯给我的那张相片，我保存了起来，作为首次访问伦敦的最珍贵的一种纪念，也用来纪念这样一位伟人，他本人就是奠基者，但总是十分谦虚，强调他的朋友是科学的社会主义的创始人。

我还想提到表明恩格斯非常谦逊的一个插曲。

1893年在苏黎世召开国际工人代表大会。大会结束时，瑞士党的同志邀请我们在苏黎世湖上乘汽船游览。我们上船时，感到十分惊讶的是发现了恩格斯。他几天前就来了，但没有出席代表大会，如果他到会，肯定会受到全世界社会民主党工人的大集会的颂扬了[①]。

这是他有意避开的，为此，他利用美好的湖上游览与大伙一起重温个人的回忆。当我上岸向他告别时，他说可能访问哥本哈根。此事未成，两年以后他去世了。

我怀念他，这位如此无私地捍卫自己的朋友和战友卡尔·马克思的人。

(原载《马克思恩格斯研究论丛》第19期)

(马兵 译)

[①] 恩格斯参加了苏黎世国际社会主义工人代表大会1893年8月12日的最后一次会议，在会上用英语、法语和德语发表了一个简短的演说，并受主席团的委托宣布代表大会闭幕（参看《马克思恩格斯全集》第1版第22卷第479—480页）。

回忆恩格斯[*]

格·瓦·普列汉诺夫回忆恩格斯[①]

1889年，我在参观了巴黎国际博览会后去伦敦会见恩格斯[②]。我有幸在差不多一周的时间内就各种实际和理论问题同他进行了长谈。有一次，我们顺便谈起哲学问题。恩格斯严厉地指责说，施泰恩所谓的"**自然哲学唯物主义**"是极**不恰当**的。我问道："那么，按照您的意思，斯宾诺莎老头说**思维**和**广延**不过是同一个实体的两个属性是正确的啰？"恩格斯回答说："当然，斯宾诺莎老头是完全正确的。"

---

[*] 本文选自《马列主义研究资料》1985年第2辑。

① 这个片断是格·瓦·普列汉诺夫首次发表在《新时代》杂志1898年第44期上的《伯恩施坦和唯物主义》一文的一部分。这篇文章1906年首次用俄文发表在普列汉诺夫《我们的批评家的批评》一书中；现已收入《格·瓦·普列汉诺夫全集》第11卷和《哲学著作选集》(1956年莫斯科版第2卷)。

② 在《新时代》上这第一句是这样刊印的："1889年，我在巴黎国际社会主义代表大会后同巴维尔·阿克雪里罗得一起到伦敦去会见一个多年来被赞誉为十九世纪最深刻和最光辉的革命思想代表的人。"

如果我的回忆没有欺骗我的话，参加我们谈话的有著名化学家肖莱马；当时在场的还有巴·波·阿克雪里罗得。肖莱马现已去世，但我们的谈话者当中另一位还健在，如果有必要，他当然不会拒绝证实我的报告的准确性。

（原载《回忆卡·马克思和弗·恩格斯》1983 年莫斯科版第 2 卷第 65 页）

罗·马·普列汉诺娃回忆恩格斯①

这是法国政府的一次极大的误会。法国政府借口格奥尔基·瓦连廷诺维奇是有害的无政府主义者，把他驱逐出境。其实在 1894 年中，即在他隆重而又可笑地游历法国前几个月，他的著作《无政府主义和社会主义》②已经在社会民主党刊物《前进报》上发表，给了无政府主义理论当头一棒。

这一著作引起轰动，取得了巨大的成就，在 1895—1896 年间被译成欧洲所有国家的语言，还被译成犹太语。这时，即 1895 年，爱琳娜·马克思－艾威林把它译成英语，并于同年发表在《每日新闻和回声报》上。爱琳娜在给格·瓦连廷诺维奇的信中谈到这一著作给她带来的

---

① 这里发表的罗·马·普列汉诺娃回忆录中的片断，是她保存在普列汉诺夫档案馆里的《我的生活》的大量手稿的一部分。

② 普列汉诺夫的著作《无政府主义和社会主义》是他用法文为德国社会民主党出版社"前进"撰写的，1894 年出版了单行本（见《格·瓦·普列汉诺夫全集》1925 年莫斯科版第 4 卷第 169—248 页）。出书前，首次发表在 1894 年 6 月 14 日、21 日和 28 日，7 月 5 日、12 日和 19 日《社会民主党人报》第 20—25 期上。

快乐，说她从这个著作中看到了"我父亲的手笔"。同年5月又用法文发表在社会主义杂志《社会发展》①上。尽管这一著作已经发表，但是把普列汉诺夫驱逐出法国的命令过了许多年才撤销。法国政府没有很快宽恕格·瓦连廷诺维奇1893年在苏黎世国际代表大会上的讲话②。在这篇讲话中，格·瓦连廷诺维奇对共和政体的法国和俄国专制暴君，对发生过"伟大的法兰西革命"的法国和俄国专制制度结成同盟表示愤怒。

格·瓦连廷诺维奇讲述的维拉·查苏利奇、谢尔盖·克拉夫钦斯基的生活情况以及恩格斯、爱琳娜·马克思－艾威林和恩格斯家庭的某些成员会见的情况，引起我们的浓厚兴趣。当时恩格斯和弗赖贝格尔医生及其妻子、以前的路易莎·考茨基夫人住在一起。恩格斯对待后者就像慈父一般。马克思的这位挚友的关怀和慈善使格·瓦连廷诺维奇感到折服。他的父亲般的慈善还表现在维·伊·查苏利奇身上，他百般关怀她的健康，设法让她吃得好一些，派弗赖贝格尔医生给她检查肺部并进行治疗，询问格·瓦连廷诺维奇，她是否需要钱，并准备从自己的财产中拿出她所需要的款数③。关于这一点，他曾和格·瓦连廷诺维奇谈过，并给他写过信。

---

① 1894年8月8日爱琳娜·马克思－艾威林通知格·瓦·普列汉诺夫说，她正翻译《无政府主义和社会主义》一书（见《马克思家庭成员和俄国政治活动家通信集》1974年莫斯科版第124—126页）。1895年这个著作的英译本在伦敦出版，附有爱·马克思－艾威林写的序言。1895年5月《社会发展》杂志没有刊载这一著作。

② 指格·瓦·普列汉诺夫在1893年8月6日到12日在苏黎世举行的国际社会主义工人代表大会上就社会民主党在战争中的立场所作的闭幕词（《格·瓦·普列汉诺夫全集》1925年莫斯科版第4卷第329—332页）。

③ 见恩格斯和格·瓦·普列汉诺夫及维·伊·查苏利奇的通信（《卡·马克思、弗·恩格斯和革命的俄国》1967年莫斯科版第719—724页）。

恩格斯对爱琳娜·马克思慈父般的爱护，使格·瓦连廷诺维奇感到惊奇和敬佩。爱琳娜本人也给人以深刻的印象：聪明、能干、知识渊博，她在伦敦进步知识分子当中博得好感，而在工人中也受到崇拜。格·瓦连廷诺维奇讲到，在码头工人罢工时①，爱琳娜如何跟"救世军"的妇女一起，冒着危险，深入到边远的沿海贫民窟，用自己募集的金钱、食品、衣物来支援罢工工人，了解他们的处境和贫困。

1894年全年被迫逗留伦敦②，尽管生活条件艰苦，气候潮湿、寒冷，但格·瓦连廷诺维奇的情绪非常振奋。和恩格斯讨论马克思主义理论与实践问题，在普列汉诺夫的思想上留下永不磨灭的痕迹。我们从维拉·伊万诺夫娜那里得知，格·瓦连廷诺维奇以他的智慧和各方面的知识给导师留下极好的印象。当时恩格斯对他和亲近的人说："我知道只有两个人懂得和掌握了马克思主义，这两个人就是：梅林和普列汉诺夫。"

(原载《回忆卡·马克思和弗·恩格斯》1983年莫斯科版第2卷第100—102页)

---

① 伦敦码头工人罢工发生于1889年8月12日至9月14日，这是十九世纪末英国工人运动的最大事件之一。见恩格斯的文章《伦敦码头工人的罢工》(《马克思恩格斯全集》第1版第21卷第438页)。

② 这里说得不准确。普列汉诺夫1894年夏天被法国驱逐出境后，在伦敦住了大约三个月(9月至11月)。当时，他曾多次会见恩格斯。1894年11月末，他被允许返回日内瓦。

范·马·克拉夫钦斯卡娅回忆恩格斯①

我经常拜访范尼·马尔科夫娜,翻阅她已故的丈夫②给她留下的藏书,并喜欢听她讲述过去的人和事。这位老革命家所讲的这些故事中,我唯一特别喜爱的是和恩格斯会见的一段故事,我愿意在这里把它再重复一遍。

范尼·马尔科夫娜的狭小、简朴的住宅仿佛现在又出现在我的眼前……壁炉里快要烧尽的煤块轻轻地发出哗剥声……而在昏暗的房间里,女主人用平静的声调,边思索、边从容不迫地讲述久远年代的动人的故事。

范尼·马尔科夫娜回忆到:我们搬到伦敦之后,有一天,我的丈夫

---

① 范·马·克拉夫钦斯卡娅的回忆最初是由伊·米·马伊斯基还在侨居伦敦时(1912—1917年)根据她的谈话记录下来的,发表在1960年出版的他的《往事的回忆》一书中。三十年代,应马伊斯基的妻子、当时任马克思恩格斯列宁研究院驻伦敦通讯员 A.A.马伊斯卡娅的要求,范·马·克拉夫钦斯卡娅把自己的回忆重复了一遍,被速记下来。速记稿的副本存放在研究院的档案馆内。1956年这份速记稿经过某些删节收入《回忆卡·马克思和弗·恩格斯》一书。

本书全文发表了范·马·克拉夫钦斯卡娅回忆录的两个不同的文本。但无论哪一个文本都有个别的事实上不准确的地方。范·马·克拉夫钦斯卡娅讲述的第一次拜访恩格斯是在1887年。关于路·考茨基夫人的作用,作者的回忆和恩格斯本人在信里所说的不同(见《马克思恩格斯全集》第1版第37卷第521页;第38卷第3—4页)。

② 谢尔盖·米哈伊洛维奇·克拉夫钦斯基,俄国作家和政论家,七十年代革命的民粹派著名活动家;1884年起住在英国。同恩格斯和爱琳娜·马克思有联系。

收到当时住在瑞士的格·瓦·普列汉诺夫的一封信①。和谢尔盖·米哈伊洛维奇非常要好的普列汉诺夫写道,恩格斯住在伦敦,并竭力劝我们去拜访他。我们决定遵从普列汉诺夫的劝告,并且我们自己也很想见一见恩格斯。这件事并不难办到。恩格斯是一个和蔼可亲的人。平时他埋头于工作,深居简出,但是星期日他喜欢会友。恩格斯的家节假日向一切愿意去的人开放;每个人都可以随便来访,坐在放在住宅的最大房间里的长桌子旁边。

范尼·马尔科夫娜捅了捅壁炉,当炉火重新烧旺起来以后,她又继续讲道:

有这样一个星期天,我和丈夫到恩格斯那里去。和我们同去的还有已嫁给英国社会民主党人艾威林的马克思女儿爱琳娜。艾威林夫妇是恩格斯家里的人。当我们走进房间的时候,桌子旁边已经坐着二十来人,他们全都是社会主义者、作家和政治家。聚会带有强烈的国际性,大家讲各种语言。恩格斯以主席的身份坐在桌子的一端,我第一眼看见他,就非常喜欢他。他是在座的人当中的灵魂。在座的人进行激烈的争论。他们喧哗、叫喊,请求恩格斯来解决问题。恩格斯很乐意回答问题,时而用英语,时而用德语,时而又用法语。桌子的另一端坐着恩格斯的女管家——琳蘅②。她是一个胖胖的德国女人,有一副非常亲切、讨人喜欢的面孔。她只负责把大块肉、沙拉和其他食品送到每个刚来的人面前。琳蘅也不吝惜酒。恩格斯家里的气氛是朴实的、同志式的,还多少有点浪漫,但同时又很有文化修养。你们已经感觉到,你们是在一个全

---

① 指格·瓦·普列汉诺夫1887年11月给谢·米·克拉夫钦斯基夫妇的信(见《俄国同时代人谈卡·马克思和弗·恩格斯》1969年莫斯科版第211—213页)。

② 即海伦·德穆特。

神关注天下大事的大人物家里做客。

范尼·马尔科夫娜停顿片刻,然后面带微笑地又讲下去:

当时,我一门外国语都不通。这使我很难堪和羞愧。曾发生这样一件事:恩格斯为了表示尊重斯捷普尼亚克①,让我们和他并排坐着,我坐在他的右边,谢尔盖·米哈伊洛维奇坐在左边。我陷入绝望,尽量靠近坐在我另一边的爱琳娜·马克思。我最害怕恩格斯跟我说话,那时我怎么办呢?……突然,恩格斯转向我,开始用俄语背诵起来。虽然从那时起已经过去很久,但我还是清楚地记得,他背诵道:

> 我们求学的途径虽然各不相同,
> 但都不是不学无术的人,
> 谢谢上帝的恩典,
> 使我们都能炫耀一下才能。
> 按照许多人的意见,
> (这些评论者都是举足轻重而又苛刻的人),
> 都说奥涅金少年博学,
> 但是过于矜持不逊……

范尼·马尔科夫娜继续说道:恩格斯又背诵了两节,并调皮地看了我一眼,突然结束了背诵:

---

① 斯捷普尼亚克是谢·米·克拉夫钦斯基的笔名。

……但是读过亚当·斯密的作品，
他成了博学多才的经济学家，
也会有条有理地向你说明：
国家怎样才能繁荣昌盛，
它靠什么才能继续生存，
为什么它拥有普通的产品，
竟不需要珍贵的黄金。
父亲对他怎么也想不清，
还依然以抵押田地为生。

范尼·马尔科夫娜继续说道：恩格斯的发音非常好。他朗诵普希金的作品好极了。我鼓起掌来，并高声地说："您很精通俄语。让我们讲俄语吧。"但恩格斯摇了摇头，微笑地回答说："不行！我的俄语知识仅此而已。"

范尼·马尔科夫娜又停下来，坐了一会儿，她的神情仿佛又回到距今十分遥远的年代。我没有打断她的沉思。然后，她摇摇头，好像要挣脱神秘不解的魔力的诱惑，并且用她比较习惯的嗓音大声说道：

是啊，我第一次拜访恩格斯至今快有三十年啦，这一切仿佛是昨天才发生的！

我问范尼·马尔科夫娜后来的情况。

她回答说，后来？在这以后不久，恩格斯回访了我们。看来结交会很顺利，的确也是顺利的。后来谢尔盖·米哈伊洛维奇不止一次地会见恩格斯。他们经常进行交谈，常常争论，他们之间也产生过一些误会。但我个人跟恩格斯并不经常发生冲突……和他最后一次见面使我牢记不忘。这已经很晚了，是在九十年代中期，恩格斯逝世前不久。

范尼·马尔科夫娜把煤投入壁炉，用铁钩拨弄好以后，又重新坐在自己的位子上。

她继续说道：琳蘅去世以后，恩格斯将由谁来照料成了问题。当时他已年近七十岁了，常常生病，需要好好地照顾。琳蘅的地位很快就由路易莎·考茨基夫人代替，当时她跟她的丈夫①已经离婚。当我和考茨基夫人认识以后，不知是什么原因，对她立刻产生反感。维拉·查苏利奇也完全和我有同感，当时她住在伦敦，经常到恩格斯那里去。后来我们不得不痛心地相信，我们对考茨基夫人的看法完全是理所当然的。她缺少恩格斯所需要的温顺和礼貌。她考虑自己太多，而考虑恩格斯太少。当1894年初，考茨基夫人第二次结婚的时候，这一点表现得特别明显。不久考茨基夫人生了一个女儿。她和丈夫、女儿一起住在恩格斯那里，但她主要关心的不是恩格斯，而是自己的家庭。有一天，考茨基夫人决定让恩格斯搬到新的住所，恩格斯迄今所占用的房子现在显得太窄小了。恩格斯极不愿意这样做。他在自己这所房子里已经居住二十五年，对它已经习惯了，熟悉房子的每个角落，在这里可以毫不费力地找到他所需要的一切书籍、资料、手稿……而最主要的是恩格斯在这个房间里接待过马克思。不难想象搬到新的地方的计划会使恩格斯多么伤感。但当时他正在生病，身体虚弱，束手无策。这样，考茨基夫人终于达到自己的目的：她就是这样让恩格斯搬到另一所房子里了。恩格斯竭力支撑着，但是我和查苏利奇都清楚，搬迁只能使恩格斯伤心难过，并加重他的严重疾病：他已经患有喉癌。我和维拉都准备哭一场，但是什么也不能做。

范尼·马尔科夫娜叹一口气，又沉默了一会儿，最后说：

---

① 卡尔·考茨基。

最后一次我是在很悲伤的情况下见到恩格斯的。有一次，考茨基夫人到我们家里来，说她晚上需要出去一趟，家里没有人，问我能否在恩格斯病床边守护一会儿？当然，我欣然同意。我的确和恩格斯度过了那个晚上①。他看到我十分高兴，并讲述他所珍惜的那些东西：把马克思习惯坐的安乐椅指给我看，让我看马克思的来信，取出他同马克思的合影。总之，恩格斯这个人充满了对马克思的最深厚的爱。他一遍又一遍地回忆他和马克思一起工作时的各种趣事、他们的会见、谈话、共同旅行或到郊外去散步。我以崇敬的心情聆听恩格斯的讲述，但是我难过得如万箭钻心。我看到恩格斯病得很厉害，但得不到应有的照料。那天晚上，我含着眼泪离开了恩格斯。过了几周恩格斯就逝世了……我和谢尔盖·米哈伊洛维奇参加了他的葬礼。

我屏住呼吸聆听范尼·马尔科夫娜的陈述。我觉得历史本身似乎在通过她的嘴讲话。

(原载《回忆卡·马克思和弗·恩格斯》1983年莫斯科版第2卷第103—108页)

莱昂哈德·陶舍尔回忆恩格斯②

在一个风狂雨骤、雷电交加的夜里，即1880年新年的前夕［……］在几个忠实朋友的陪送下，我来到奥格斯堡的车站，坐上开往瑞士的列

---

① 这里所讲的与恩格斯的最后一次会见显然是在1895年7月底。
② 这篇回忆是莱·陶舍尔的《有关反对社会党人法时期的回忆》一文的片断。该文刊登于《1912年带插图的新世界日历》(1912年汉堡版)。

车。我要在那里开始新的生活。警察破坏了我们的所有组织,查封了我们的印刷厂和《人民意志报》,从而剥夺了我的生活来源[……]

不言而喻,在瑞士我很快开始搞起宣传工作。我们的首要任务之一是,在瑞士建立德国社会党人的组织,以便支援德国的运动[……]

同时,德国密探也麇集瑞士[……]揭露奸细。我们的同志在国会里提出他们的叛卖活动和驱使俾斯麦的所有爪牙迫害我们的证据。当最近一期《红色魔鬼》杂志登载了一个关于俾斯麦似乎为了隐瞒凯撒死亡消息而给一位老司务长穿上皇帝的礼服,以此向人民证明继续掌握着政权的故事的时候,这些爪牙们疯狂到了极点。

但这太过分了。俾斯麦要求驱逐我们,而且没有遭到瑞士联邦会议的反对。

在1888年5月的一天,我们在一名苏黎世警官的押送下来到法国边境。

经过一夜的旅行,在一个阳光灿烂的早晨,我们来到巴黎。在旅途中,我们像狗一样冻着,因为法国车厢的设备极端简陋,没有暖气。

这座壮丽的城市给我们留下了深刻印象。可惜的是,我们在这里只能待一周,因为很快我们就明白了,由于政治形势的缘故,在那里长期居住是不可能的。

我们参观了我们同志在公社的日子里流血的地方,观赏了其他主要名胜,去过尚皮尼会战的战场。在那里,生前彼此没有任何仇恨的德国人和法国人互相残杀,而现在则安静地并排长眠在一个大的兄弟墓地里。①

---

① 尚皮尼会战是1870年至1871年普法战争中的一次会战。当时法国军队在1870年11月底到12月初试图突破包围巴黎的德军战线,没有成功,双方伤亡惨重。

我们在巴黎的全部政治活动，只不过是我在德国俱乐部里做了一次报告。而后，我们就去伦敦了。

阴暗的伦敦有成千上万个冒着烟的烟囱，被熏黑的房屋和街道，令人烦恼的雾，常常使我们整日在灯光下工作。它和欢乐的、阳光灿烂的巴黎是多么鲜明的对照！我起初觉得似乎是来到了清除烟囱工人的栖身之地。

但伦敦也有自己美好的东西：富丽堂皇的公园，建筑艺术纪念碑，科学珍宝，泰晤士河上四通八达的航道和巨大的船坞等等。

凡是习惯于这种和平城市生活的人，一旦放弃这种生活是困难的，至少我是这样。

我们的领袖恩格斯最热情地接待了我们。他和一年前故去的党的老战士列斯纳一样，给我们出主意和替我们张罗事情。

列斯纳曾不知疲倦地为我们寻找一个合适的地方。很快我们就在伦敦北部地区安置下来，而古滕堡①的印刷士兵开始一丝不苟地工作，为争取德国无产阶级的自由而斗争；像以前在苏黎世那样，重新定期出版《社会民主党人报》。这样一来，俾斯麦就失算了。他的手是不能越过北海伸到这里来的。

我们中那些不懂英语的人，最初当然都遇到了困难。幸运的是，当我已经四十六岁还住在苏黎世的时候，就开始学英语，因为对我们的迫害导致了对未来丧失信心。的确，这样做引起我的一位目前住在柏林的朋友的善意批评：

老劣马，你怎么居然学起英语啦？

现在我只能为此感到高兴。我只需要养成听英语的习惯。为此，我

---

① 约翰·古滕堡是德国发明家，欧洲印刷术的奠基人。

常去看戏，星期天去公园听演讲，参加"救世军"①的会议。

我和恩格斯一起度过的时光是永志不忘的。

星期天午饭后，我陪着他在瑞琴特公园散步的时候，他给我讲述他参加1848年革命的情景。怯懦的德国资产阶级出现在我的脑海里，它试图带白手套干革命，由于害怕工人而投到警察怀抱，并亲自毁掉在革命初期建立起来的街垒。但我也想象到像菲力浦·贝克尔和其他人的那样坚定的人们，他们把斗争坚持到底，甚至在流亡中、在极端贫困的条件下，他们也没有对德国人民新的胜利起义丧失信心。

我既然提到我们的贝克尔，那就应当再补充一句：他在晚年的时候家里常常一贫如洗。但他从没有失去幽默，在他给我写的最后几封新年贺信中，有一封写道：

"懒汉若是不愿往前走，你不要责骂。在他后面烧起一小捆稻草，那么他们就会快步前进。"

我们的同志们——1848年的活动家们是强有力的、精力充沛的人，他们最痛恨的是像老娘们那样报怨迫害和失败。某些以前认为为无产阶级事业进行斗争就像轻松的散步一样的公社流亡者，现在不得不听取我们的朋友恩格斯的残酷的真理。

而这个恩格斯也是一个十分温顺的人。我常常看到他在办公室里爬行，而他内侄女②的小男孩就骑在他的身上。

一天紧张的脑力劳动后，对他来说，最好的休息是在朋友中间度过一个愉快的晚上。每当他过生日、圣诞节或复活节请我们去他家时，他

---

① "救世军"是传教士威·布斯1865年在英国成立的宗教慈善组织，后来它的活动又扩展到其他国家。1880年按军队编制改组后才采用这个名称。

② 玛丽·艾伦（彭普斯）·白恩士。

总是非常愉快的。我们愈是开心,我们的"将军"(这个词按照英语发音来读)就更加高兴。我们大家都称恩格斯为"将军"。

恩格斯对现代运动的清醒的看法使我感到兴趣。我记不得他什么时候赞成过戒酒,与此相反,他常常喝酒,他对我说过:"巴伐利亚人,喝吧!巴伐利亚人总是想喝。"我还从我们的老菲力浦·贝克尔那里知道,他酒量很大,甚至当他七十多岁的时候,在苏黎世我们的宴会上,也不亚于我们中的任何人。他还能讲述流亡的1848年革命参加者在日内瓦举办的"夜间礼拜"。

反社会党人法终于被可耻地废除了。万能的"铁宰相"① 再也不能为所欲为了,而只能跟在国家大车后面一步一步向前磨蹭而为人们所耻笑。

《社会民主党人报》完成了自己的任务,我也需要考虑自己的未来。经过短时间的思考,我通知自己的朋友们说,虽然发出了逮捕令,处处追踪我,但我还是想回德国,成为自己同志中的一员。

恩格斯没有劝我回国,他说:

"你知道,普鲁士当局会把你投入监狱!"

但我认为,在最坏的情况下,至多坐上两年牢,这我还是坐得起的。

这样,1890年全民节日前夕晚上10点钟,我到了斯图加特,在出版《士瓦本哨兵》日报的狄茨同志那里当了校对员。

(原载《回忆卡·马克思和弗·恩格斯》1983年莫斯科版第2卷第200—204页)

---

① 指德国首相俾斯麦。

沙尔·维克多·雅克拉尔回忆恩格斯①

星期六,一些勇敢的人想把代表大会进行到会议日程完结为止。但英国人拿出坚决要求他们第二天早上返回祖国的往返车票。

泼辣的女公民表示愿意立即把原定当天下午举行的游览捐给社会主义祭坛。但瑞士人指给人们看停在顿哈尔附近的租来的轮船,这艘轮船一接到信号就把代表大会代表送到阴凉的乌菲瑙岛上去。

坚持反对如此诱人的论据是不可能的。代表大会无论如何必须在中午结束。总罢工问题也像社会民主党的国际组织问题一样,被推迟到下次再讨论;所有"其他议程"也遭受同样命运。

剩下的时间仅仅够确定召开例行代表大会的地点。伦敦和阿姆斯特丹都互相争取召开下次会议的荣誉。在阿姆斯特丹有多梅拉;② 用不着担心独立派的新的攻击。③ 问题的解决对伦敦有利。

辛格尔建议,三年后再开会。

我们急忙表示:算啦,三年就三年吧。

一切都结束了,然而在法国人的队伍中出现一位年轻的姑娘,这么一朵鲜花;她使我想起共和军营里的漂亮的随军女饮食商贩。她细声细

---

① 著名的法国社会主义者沙尔·维克多·雅克拉尔的这篇回忆是他1893年发表在巴黎《社会主义者杂志》的文章的一部分。

② 斐迪南·多梅拉·纽文胡斯是荷兰社会民主党创始人之一,出席苏黎世代表大会的代表。

③ 在苏黎世国际社会主义工人代表大会上,多梅拉·纽文胡斯所领导的荷兰代表团的大多数从半无政府主义的立场出发主张参加无政府主义组织,其中包括所谓独立派的代表大会,承认总罢工是反对战争的主要手段等等。

语地说：我要求发言。外国人能拒绝这位巴黎女郎发言吗？克尔罗小姐（大家都这样称呼她）做了简短的发言。她用女学生的腔调，孩子似的直率讲道：应当允许她说出一些怪事，给代表大会打上独断专行的印记和宣扬无政府主义。

"拉瓦索尔！"①——英国代表团有人喊道。

一位年轻的女战友反驳说："一伙粗暴无礼的家伙。"

会场里似乎活跃起来了。我听到有人跟我耳边小声地说：恩格斯来了。

真出乎意外！我抬头看见一位身材高大的老人，他各方面都高大，因为论个头他可以加入摧毁罗马帝国的古代日尔曼人行列。对七十四岁年纪的人来说，他非常壮实，还保持着以前军人的姿态。他脱了帽子，面带笑容，彬彬有礼。他向每一个跟他握手的人还礼，因此等待握手的人没有尽头。按照主席库利绍娃女士的请求，包围他的人群让出一条道路；执行局的所有成员都离开自己的位子；恩格斯像一尊揭下罩在身上盖布的塑像出现在会场。

主席说：我们很幸运，在我们中间见到了弗里德里希·恩格斯；我们请求由他来为这次代表大会致闭幕词。

爆发出暴风雨般的、经久不息的热烈欢呼。

恩格斯有些吃力地站起来；他缓慢地向前走，带有某些羞怯和犹豫。他用激动有力的声音说道：

"这种如此热烈的接待不是对我，而是对那个人（他指着马克思的画像）。我同他一起开始工作。我1844年同他一起在《德法年鉴》上

---

① 弗朗斯瓦·拉瓦索尔是法国无政府主义者，参加多次恐怖行动，1892年被处死。

发表了自己的第一篇文章。

那时，不能想象社会主义能获得像它后来取得的那样的发展。当时，我们只是很少几个人，现在你们有充分的力量使整个官方世界颤抖。

在另一个时期，即二十年后，可以认为国际已经完结。那时欧洲无产阶级蒙受了对所有人来说都是严重的失败——巴黎公社的覆灭。它给自己留下了如此的好名声。国际代表大会通过以下两项决议：

1. 和无政府主义者断绝关系；

2. 建议欧洲无产阶级放弃那种已经变得过于狭窄和可能导致无谓牺牲的斗争形式。

于是国际自动解散了。

后来，我们看到国际又恢复了，但形式更加灵活，更能适应现存的实际情况。领导社会主义欧洲的总委员会能办得到吗？办不到。人们需要当前业已存在的团结一致的精神，这次代表大会补充了所取得的成果。

这一新的形式的国际正壮大和巩固。现在它对未来充满信心。

因此，我们将继续做迄今所做的事情，我们力求达到团结一致——不从局部观点出发，而从总的计划着眼。

最后向法国人进一言：

你们要在规模巨大的竞选中取得胜利；我祝愿你们取得像德国所获得的那样的成就，你们若是用自己光辉的成绩超过德国，那么它会第一个向你们祝贺。

国际万岁！

国际无产阶级万岁!"①

代表大会在雷鸣般的热烈掌声中闭幕。大家唱着《马赛曲》奔向轮船。

(原载《回忆卡·马克思和弗·恩格斯》1983年莫斯科版第2卷第205—207页)

莉莉·布劳恩回忆恩格斯②

会议厅很大,装饰有红花的花条挂在回廊里和大厅圆柱之间。讲台后面迎着进入大厅的人,红底巨大金字——"全世界无产者联合起来!"闪闪发光。马克思和拉萨尔的半身像,在月桂树的绿茵中呈现白色。当我们进入会场时,大厅里已经挤得水泄不通:男人穿着节日的服装,妇女和姑娘们穿着各种颜色的短衫和浅色连衣裙,个个喜笑颜开,就像孩子们享受圣诞节松树的喜悦。所有人的眼睛里都焕发出青春,皱纹舒展开了,悲伤的折纹、痛苦的痕迹都消失了,赋予早已变得苍白的双颊以幸运儿的绯红。

大家好奇的眼光都投向我们:一个苍老的男人和一个走在他身旁的年轻妇女。老巴泰尔斯引导我们往前走,铺着桌布的桌子后面,已为客人准备好坐位。

---

① 雅克拉尔对恩格斯在苏黎世代表大会上的发言的记述和代表大会记录有几处不相同(见《马克思恩格斯全集》第1版第22卷第479—480页)。

② 这个描写1893年9月22日柏林社会民主党为欢迎恩格斯来到柏林而举行隆重集会的片断,摘自莉·布劳恩的回忆录《一个女社会党人的回忆录》。该回忆录发表在她的全集里。这个片断具有证明文件的性质。

他反复说：教授先生，总算活到这一天，活到这一天！——他那一眨一眨的小眼睛流出一颗颗幸福的大泪珠。

暴风雨般的欢呼声震荡上空。大家都站了起来，挥动着帽子和手帕，把孩子们举到桌子和肩上，他们的小脑袋耸立在人群之上，宛如草原上密草中的花朵。而沿着宽阔的中间通道及通道两旁都挤成风雨不透的人墙。所有的老战士在中间通过，他们的名字对一些人来说，是血的灾难的化身，而对另外一些人来说，则是必将到来的幸福的象征。

我的目光被前面走着的四个人吸引住了，在我周围总有人不断小声地叫着他们的名字：李卜克内西、倍倍尔、奥艾尔、恩格斯。一个人高高的个头，留着宽而密的花白胡子，高高的前额，一双流露出才智的眼睛，嘴角挂有细细的、显得尖刻的皱纹；另一个人身材不高，一头密密的蓬松长头发，总是垂到他的额角，几乎遮住眼睛，具有诗人和幻想家所常有的那种特殊的眼神。第三个人双肩强壮有力，上面骄傲地矗立着一颗硕大的长着浅色头发的德意志人的头，一双眼睛看着上面的人群，毫无疑问，这双眼睛像老的领袖那样闪烁着威武的火花。走在最前面的是一位老迈的被欢迎的人。他的微笑充满了对人们的善意的同情和令人喜悦的爱，仿佛所有这些热烈欢迎他的人，都是他的孩子。

唱歌、奏乐、致欢迎词不间断地交替进行，仿佛是庆贺家庭的重大节日。无论什么动人、而且能记得起来的暴动和革命的惨状都破坏不了这种情绪。大厅里为数众多的绦带和旗帜的红颜色，今天只是快乐的颜色，而不是血的颜色。而以黑色卷发头上的弗利季亚帽的形式出现的"自由"和像小学生朗诵着自己的诗歌的"自由"更像报春的信使，而不像革命。

大厅里台下和台上一样一片欢乐气氛。

桌后面熟人们互相问候，而他，当代的英雄，和朋友们一起走过一排排人，跟那些受迫害的艰苦时期的老战友们一一握手。他们走近我们，在格奥尔格①的安乐椅旁坐下，由于激动，他的嘴唇颤抖，眼睛湿润了。恩格斯以旧式骑士行礼的方式从献给他的大把鲜花中抽出几朵送给了我。

李卜克内西指着红色的丁香，笑着说："危险的标志。"

我回答说："我希望是胜利的标志。"

我们默默地回家了。心里充满了巨大的欢乐。

（原载《回忆卡·马克思和弗·恩格斯》1983年莫斯科版第2卷第208—209页）

（刘聘贤 译）

---

① 格奥尔格·冯·吉日茨基是德国教授，莉莉·布劳恩的第一个丈夫。

格·亚·洛帕廷回忆马克思[*]

格·亚·洛帕廷谈他同马克思的会见[①]

格尔曼·亚历山大罗维奇·洛帕廷认识马克思是在他第一次"流亡"的时候——1870年。他当时是俄国的一个博物系大学生。他所接近的小组的年轻人对社会和经济问题抱有浓厚的兴趣。他们最初是从拉萨尔那里听到马克思是"我们的导师"的说法,于是他们一开始订购《批判》[②],后来又订购德文版《资本论》第一卷。这个小组很快就产生了把这第一卷译成俄文的想法,格尔曼·亚历山大罗维奇同马克思的各次会见实际上都与上述想法有联系。

洛帕廷被迫逃离俄国移居巴黎之后成为国际的成员("社会科学研究"组成员)。他在巴黎同亚尔萨斯人凯累尔发生纠葛。凯累尔这个人精通德语和法语,是法国青年当中第一批马克思主义宣传家之一。不

---

[*] 本文选自《马列主义研究资料》1984年第5辑。

[①] 为纪念卡·马克思诞辰(1918年5月5日),洛帕廷在彼得堡作家宫接受《新的一日报》记者米·涅维多姆斯基的采访。这是当时谈话的内容。1918年5月4日,《新的一日报》第34号发表了这篇谈话。1983年莫斯科版《回忆马克思恩格斯》发表这篇谈话时删掉了记者的引言和其他多余的话。——译者注

[②] 卡·马克思:《政治经济学批判》。

久，命运把洛帕廷抛到伦敦。他离开巴黎时受人之托送一本书到马克思家里。这样，这个二十岁的青年便跨进了当时已是五十二岁的德高望重的学者的门槛①。好像第一次"会见"时，他就在马克思家里几乎待了一整天，而不久就受到这个家庭的殷勤接待，他在那里不拘礼节，像在"自己家里"一样——虽然他不会用马克思家里常用的方言中的任何一句话来清楚地说明自己的意思……

格尔曼·亚历山大罗维奇在马克思身上发现的第一个特点是，他完全没有许多"名人"对年轻人和"一般凡人"所表现出来的那种**学者**派头。马克思的传记家们说他"铁一般"的刻薄只是对付"敌人"的。他同"朋友"谈话时非常俏皮，讪笑是善意的，使人丝毫感觉不到一点令人扫兴、"铁一般"的东西。而主要的是，马克思本人始终把自己的一切贡献给自己的**把握本质**的思想，谈话也正是这样进行的——**把握问题的本质**。如果谈话者态度很认真，那就似乎建立起了平等的关系，至于对这个问题掌握到什么程度和水平，那是无关紧要的（据洛帕廷的观察，这个特点在恩格斯身上表现得不明显）。

据洛帕廷说，马克思的头脑活跃，丰富，永不停顿——他的头脑对谈话者的影响，就像一块火石打在火镰上一样。他把谈话者头脑中的那些如果不经过交谈也许会永远潜藏的思想挖掘了出来。人们在离开马克思时，有时感到惊讶，他们似乎早已在用潜在的思想过程来考虑其他问题，只是不知不觉而已。

---

① 洛帕廷同马克思认识和早期会见是在1870年7月3—4日。详见1870年7月5日卡·马克思致弗·恩格斯的信（《马克思恩格斯全集》第1版第32卷第504—508页）和1870年7月6日洛帕廷致彼·拉·拉甫洛夫的信（《俄国同时代人谈卡·马克思和弗·恩格斯》1969年莫斯科版第129—130页）。

有时老学者午餐后带这个年轻人一起散步，一直要走到伦敦的最尽头。谈话一秒钟也不停。谈话涉及各种各样的问题，有世界文学问题，在这方面马克思不是一知半解，而是造诣很深，他用他所精通的所有"一打"语言进行过研究；有历史，马克思从事实和适用方面认真地研究历史，他甚至在一切轶事和"野史"方面也**无所不知**，并且从中引出有价值的结论。谈到他本人经历过的年代和时代，无论社会和政治事实，还是人物的生平，他了如指掌，无与伦比。

马克思这位罕见的通晓多种语言的大师发现谈话者不能用三种外国语言（这三种语言他当时都不大熟悉）中的一种表达自己的思想，只能求助于面部表情、手势和"打响指"——人们因找不到所需要的词汇而采用的那种永恒的手势时，他对谈话者的困难是十分体谅的。

有一次，马克思在这种场合下停住脚步，好像突然想出了一个好主意，建议说：

"那么，你就讲拉丁语，这是最好的办法！"

当马克思知道，从古典中学毕业的俄国大学生不会讲拉丁语时，他很惊奇和痛心。

洛帕廷着手翻译《资本论》第一卷时，在开头几章上花了很大的功夫。他感到理解形而上学术语很吃力，他对马克思说，这几章对俄国读者来说会成为拦路虎，会使他们失去对这本书的兴趣……马克思建议从第三章开始翻译，并答应修改一下前两章，以便于俄文翻译。（大家知道，事隔不久，为《资本论》法文第一版①作了修改)②。然而俄文翻译工作中断了，因为洛帕廷从友人那里得到消息说，可以把尼·加·车尔尼雪夫斯基从苦役中营救出来，结果，科学工作被革命的冒险所代替，因而被捕、坐牢、新的逃跑等等③。

柳巴文和丹尼尔逊（尼古拉—逊）参加了翻译工作。大家知道，丹尼尔逊完成了《资本论》的第一个译本（丹尼尔逊利用了洛帕廷的译文。关于这一点，他在序言中已经有所交代)④。洛帕廷指出，马克思在提到车尔尼雪夫斯基时每次都称赞他是革命家，并把他誉为经济学家。

当然，马克思对当时的俄国革命运动非常同情。按照洛帕廷的说法，他把真正革命家的精神同科学的客观态度结合在一起。虽然恐怖行动在他的世界观里找不到理论上的辩护理由，但每次恐怖行动总是深深

---

① 经作者赞同的《资本论》第一卷法文版于1872—1875年出版。在法文版的出版过程中，马克思对他的这部著作的几乎所有的章节都作了修改和补充（见《马克思恩格斯全集》第1版第49卷第177—247页）。

② 洛帕廷顺便作为新奇的事情提到马克思的"适应欧洲的能力"，这种能力对这个习惯于俄国习俗的青年有些吃惊。关于地租问题，洛帕廷有一次提出一个想法：这个论题在第一卷里远没有谈完，应当展开，还向马克思提出了许多问题。马克思把单眼镜片放在右眼上，端详着并微笑地打量着年轻的谈话者："怎么样，您是否认为这个问题应当加以深化？"洛帕廷说："好啊，您在第二卷里将会看到这一切……（记者注）"

③ 1870年底，洛帕廷从伦敦返回俄国组织尼·加·车尔尼雪夫斯基从西伯利亚逃跑，1871年2月在西伯利亚被捕。1873年6月10日，他在两次失败后终于从伊尔库斯克监狱逃跑。同年8月，他到达巴黎。

④ 1872年在彼得堡出版的《资本论》第一卷俄文版序言根本没有谈到丹尼尔逊利用过洛帕廷翻译的《资本论》几章的译文。

地激动着他并博得热烈的同情。洛帕廷在会晤中对这一点深信不疑——这是洛帕廷七十年代末第一次从俄国逃亡的时期,当时民意党人的恐怖行动开始出现。

现在来谈一谈马克思写给米海洛夫斯基的关于俄国不经过资本主义发展阶段的可能性问题的著名的信①……

这封信正是由洛帕廷转交的。他对这封信作了这样的解释:马克思在谈话中认为,假如革命者能够通过政治变革来实现彻底的土地改革,一定程度地偏离欧洲发展道路是允许的。否则,还必须走其他**有罪**的民族走的道路。

洛帕廷坚持说,Profanen 一词正是应当这样翻译……

马克思在提到他在德国的"前途"时总是说资产阶级经济学家对他的著作保持"死一般的沉默",因而对在俄国表现出来的对这部著作的兴趣感到欣慰。

"您知道我在《资本论》上赚了多少资本?"他问道。于是他计算

---

① 指卡·马克思致《祖国纪事》杂志编辑部的信(《马克思恩格斯全集》第1版第19卷第126—131页)。这封信是在该杂志于1877年10月登载了俄国民粹主义思想家尼·康·米海洛夫斯基的《卡尔·马克思在尤·茹柯夫斯基先生的法庭上》(见《祖国纪事》第10期《时评》,第320—356页)一文后不久写的,因为这篇文章包含有对《资本论》的错误的解释。这封信马克思没有寄出,而是在他逝世后,恩格斯从他的文件中发现的。恩格斯抄写了几份,打算在俄国刊物上发表。一份由洛帕廷寄往彼得堡,另一份由恩格斯1884年3月6日随信寄给在日内瓦的维·伊·查苏利奇。1884年10月5日,查苏利奇通知恩格斯说,她已把信译出来,不久即可发表(见《卡·马克思和弗·恩格斯和俄国革命》1967年莫斯科版第504页)。到目前为止,还没有发现刊登这篇译文的报刊。这封信发表在1886年《民意导报》(日内瓦)第5期上。马克思的信1888年10月发表在俄国合法刊物《司法通报》杂志上,由丹尼尔逊翻译。

了一下第一卷的收入：

——差不多八十五马克！

洛帕廷离开什吕谢尔堡后谈到俄文版《马克思和恩格斯书信集》①，并且以炽烈的感情谈道，马克思书信中有关他的评语使他回忆起他的青年时代。当他得知，马克思全家，特别是他在逗留伦敦时结识的马克思的小女儿杜西（爱琳娜），密切注视"施留申人"的命运，了解那些终生被囚在这个石头口袋里的俄国受苦人生活的任何变化，并自然特别挂念自己的年轻的俄国朋友，他感到特别亲切。

1913年11月3日同格·亚·洛帕廷谈话纪要②

我同那些谁也不想与之交谈的人简直无话不谈……的确……我同马克思也接近，甚至比别人更接近。我常常感受到他对我的父亲般的爱。我们经常见面，争论得面红耳赤，长时间地谈论一些琐事……而有许多许多问题还有待于弄清楚。本来应当得到许多知识，请教许多问题。

---

① 显然是指俄文版《马克思和恩格斯致尼古拉—逊的信》，最初刊载《流逝的岁月》1908年第1期，同年以小册子形式出版。

② 这个片断引自斯·古·斯特卢米特－彼得拉施凯维奇同洛帕廷关于伊·谢·屠格涅夫的谈话记录。——译者注

该是怎样就怎样①

请允许我给今天贵报第一百二十一号上发表的一篇关于尼·弗·丹尼尔逊的逝世的简讯作一点事实上的补充。

关于《资本论》第一卷译成俄文一事，同马克思进行的一切洽谈，都不是丹尼尔逊，而是我去谈的，因为我认识作者，后来成为密友。因为我认为第一章和附录对广大读者不容易理解，所以马克思建议我先从第二章开始译，并答应待我译完时把第一章和附录合而为一，赋予它更加通俗的形式。

译到全书的大约三分之一，也就是第二章、第三章，记得第四章也开了个头，我暂时中断了我的工作，到西伯利亚去营救车尔尼雪夫斯基。由于在日内瓦行动不够谨慎，我的计划"没有来得及开花便凋谢了"，于是，我好长一段时间被关押在伊尔库斯克岛上。就在那时，我的大学同学和终生朋友丹尼尔逊继续完成了我的翻译工作，在所有的地方仔细地沿用了我确定的术语。

正是由于不认识马克思和当时同马克思通信有困难，再加上希望尽可能早一些让马克思的著作同俄国读者见面，丹尼尔逊不得不按原样出版《资本论》第一卷，翻译第一章和附录的不是他，而是我的另一位同学②。我不愿提这位同学的名字，因为他后来逐渐由我们的同志变为

---

① 这个手稿的原件（它的标题洛帕廷是用拉丁文写的：Suum Cuique）保存在苏联中央文学和艺术国家档案馆。这篇文章是由于1918年7月4日《彼得堡之声》第120号发表有关丹尼尔逊逝世的简讯而写的。——译者注

② 尼·尼·柳巴文。

他自己的从前的政治社会观点的死敌。

再补充一句,死在"街头"之说当然是个比喻。丹尼尔逊不久前死于奥尔金医院。他的生命垂危的姐妹现正躺在这家医院里。

写于作家宫
1918 年 6 月 4 日

(原载《回忆卡·马克思和弗·恩格斯》1983 年莫斯科版第 1 卷第 11—19 页)

(孙魁 译)

写于1872年的马克思传记*

〔民主德国〕英·吉斯豪艾尔

埃·维勒是共产主义者同盟的成员。在三月革命前和1848年革命中,他曾以出版为业,是一位杰出的社会主义文献和民间文献的编纂者。他多年流亡于瑞士,直至1863年和1864年之交才在纽伦堡定居下来。作为持有萨克森的护照而在法兰克地区的大都市被看作异邦的无固定职务的学者,他所能发挥的能力是有限的,但他尽其所能立即投身于纽伦堡的工人运动。他很有可能在纽伦堡工人教育协会的创建中发挥了重要作用,这个协会后来成为纽伦堡工人运动的领导中心。在以后的净化思想的过程中,它不仅为国际工人协会纽伦堡支部的组建奠定了基石,也为纽伦堡及其附近地区的社会民主党人联合成为一个整体奠定了基础。

1866年4月,正值纽伦堡工人教育协会诞生之际,埃·维勒参与

---

* 本文选自《马列主义研究资料》1989年第2辑。

本文作者是德意志民主共和国马列主义研究院马恩室学者。本文作者提交给1986年10月14—16日在柏林召开的《马克思恩格斯全集》原文版会议第二工作小组的一篇书面讨论文章,发表时做了删节。现根据《德国工人运动史论丛》1988年第3期刊载的原文译出。——译者注

创办了一种周报，即《纽伦堡十字报》①。当时的排字工人，后来的社会民主党员卡·博斯是这家似乎无害的家庭小报的唯一出版者，同时也以责任编辑兼报社社长的名义署名，根据协议，维勒则是不参与经营的合伙人，同时撰写大量署名或匿名的文章。

报纸的副题为"大众消遣报"，这份《大众消遣报》在1866年4月4日出版第1号时就引起注意。报纸版面编排层次分明，生动活泼，开本规格为17×33厘米。它实际上是一种供家庭阅读的报纸，然而是一种特殊的报纸。它经常设有的主要栏目是小说、小品文、诗歌，也夹杂各种各样的新闻、轶事、笑话和谜语。在这些栏目中，社会主义作家也有发言的机会，因此革命工人运动的思想得到传播。报纸有时发表一些评论历史的文章，署名几乎全是维勒。

《法国革命的历史画卷》即属此列，它由三篇文章组成，分别是《米拉波》、《拉斐德》和《宫廷》，维勒的这些文章是以他在40年代所写的政论文章为出发点的。在《米拉波》一文中，维勒概述了他的意图：纠正在德国流传的歪曲1789年法国大革命的历史观点。

报纸每期最后一页的《时代》栏目登载了大量对于正在形成的德国工人运动和国际主人运动的指示性东西，开始时署名W.，从1868年度的第3号起均未署匿名。穿插在丑闻、笑话、格言中间的消息、评论和通讯报道提供了工人运动的事实和统计数字，反映了工人运动的组织以及工人运动同罢工工人以及有产阶级的受害者如奥·倍倍尔、威·李卜克内西、威·白拉克的紧密团结。

《时代》栏目显然是为那些善于从字里行间去阅读的读者着想的，

---

① 《纽伦堡十字报》（纽伦堡）是1866年及以后几年中出版的一种周报，责任编辑兼出版者是卡尔·博斯。

同时也得考虑到纽伦堡的立法,包括巴伐利亚—法兰克地区的立法。该报从1868年夏天起一再发表公开同情国际工人协会和建立革命的德国社会民主党的报道。我们之所以能对《十字报》及其参与出版者维勒作出高度的评价,是由于纽伦堡工人运动明显地加强了,这使得德国工人联合会第五次代表大会的召开成为可能,同时也可以看出维勒在建立国际工人协会纽伦堡支部中的作用,首先是为准备1869年8月爱森纳赫代表大会所起的作用。

维勒在《十字报》中发表的最有代表性的政论文章是一篇没有署名的称颂"卡尔·马克思博士"的文章,此文载于1872年2月10日的第6号上。这篇题为《卡尔·马克思博士》的文章开头是这样写的:"在'国际'引起人们议论纷纷的时候,简略地叙述一下这个遍及整个文明世界的工人协会的领袖和真正灵魂的人的生平不会是没有意义的"。① 作者指出了马克思在1848—1849年革命前和革命中的革命作用,强调了他在国际工人协会中继续发挥的作用。有关马克思的著作,作者提到的有:1844年出版的《德法年鉴》以及"他的主要著作《资本论》(第1卷,1867年汉堡版)",维勒强调指出了《资本论》的坚定的社会主义的性质。

在《十字报》发表这篇关于马克思的文章前的一星期,在纽伦堡及其周围地区的社会民主派机关刊物《菲尔特民主周刊》上登载了一篇标题为《卡尔·马克思和国际》的文章②,确切地说,这是一篇同耶稣教会以及巴枯宁进行论战的文章。文章的续篇据说叫《卡尔·马克思教授》,但没有在《菲尔特民主周刊》上发表,这是由于检查机关的原

---

① 《纽伦堡十字报》1872年2月10日,第47页。
② 参看《菲尔特民主周刊》(纽伦堡)1872年2月3日,第2页。

因，还是由于纽伦堡社会民主派中的分歧对报纸编辑部产生了影响，那就不得而知了。从文章的结构和风格看，认为两篇文章构成一个统一体是有道理的，这一点为《周刊》发表的第一部分的最后一句话所证实。维勒参与过1871年10月才开始出版的《菲尔特民主周刊》的筹办委员会的工作，这也有助于说明维勒是作者这一推测。在《纽伦堡十字报》上发表的马克思传略，包括《菲尔特民主周刊》刊登的可能是它的第一部分的那一篇被列入1869年至1873年所发表的一组传记中，下面我们按照原文重新刊登这两篇文章①。

匿名作家抄袭了恩格斯于1869年为《未来》② 杂志撰写的马克思传记和1871年12月2日莱比锡《画报》中一篇署名为"－r"的传记文章。③ 有意思的是，1873年出版的法国《传记作者》杂志发表了维勒这篇马克思传记的某些段落，署名为 P. A. 约里勃艾斯，然而这有待于作深入的研究④。

《纽伦堡十字报》是在纽伦堡市立图书馆按照字母顺序编排的图书目录中找到的，而且值得高兴的是1872年以前的在那里都能查到。《菲尔特民主周刊》的情况也是如此。

---

① 参看 L. 海尔曼和 M. 斯特芬森《一部见于1873年的马克思传记的写作情况及作者考》，载《马克思恩格斯研究论丛》1980年第6号第185—191页。

② 参看恩格斯：《卡尔·马克思》（《马克思恩格斯全集》第1版第16卷第407—413页）。

③ －r：《卡尔·马克思——国际的领袖》，见1871年12月2日莱比锡《画报》，第415页。

④ P. A. 约里勃艾斯《卡尔·马克思》，此文发表在1873年5月波尔《传记作者》第104—106页。

卡尔·马克思和国际

（2月1日纽伦堡）"又黑又红的国际组织"——这是由俾斯麦先生所宠爱的《北德总汇报》首先使用、为俾斯麦的一切刊物所重复、而且被当作一块红布片每天展示在读者面前的陈词滥调。而事实上，很多人是深信不疑的。但是黑和红怎么能够配在一起呢？人们历来把旨在愚弄人民、维持和扩大人类宗教幻想的一切东西归入黑色。以前人们把每一个民主主义者（不管他的色彩如何）都称为赤色分子。比如，被看作赤色分子的可以是小商贩，一个平民百姓，一个其他什么人。今天，这个概念只用于社会民主主义者，确切地说，只用于国际工人协会的成员。

在德国，黑色分子对许多人来说是恐怖分子中最恐怖的分子。但因为对另外一些人来说，这种恐怖还不够味，于是人们又炮制出赤色幽灵。某些人只是带着某种畏惧和愤怒的心情才敢说出"国际"一词，但很可能连这个词的来源也弄不清楚。最近遇到一位检察官，他把国际一词改称为社会民主主义。那么，仁慈的上帝，如果在纽伦堡一个叫库格勒的人及其国际商场，一个叫穆塞的人及其国际广告室落入那位检察官的手中，库格勒和穆塞就成了社会民主主义者！叫什么——社会民主主义者？！

如果一个普通工人说：国际的就是社会民主主义的，这时也许就会有人说："这些人想对社会进行改革，但连这些最简单的概念也不懂。"然而一个检察官也不清楚，国际的意义就是指遍及一切民族，不过没有人敢于向他提出建议：他可以把学费要回来。现在回到正题上来！

"又红又黑的国际",这种搭配我们觉得十分奇特。天主教的僧侣制度遍及所有国家,这是天主教和国际工人联合会的唯一相同之处。但两者的组织和目标大相径庭。在罗马的僧侣统治集团中实行的是最严格的隶属关系,而在国际中遵循的是人人权利平等的原则;那里是君主政体,甚至是专制政体,这里却是激进的民主政体,那里是无条件的服从和个人的专断化为永不犯错误的人的意志,这里思想一致是联盟唯一的纽带,那里教育人民卑躬屈节,这里是主张自治;那里盛行的是剥削和愚弄人民,这里进行着反剥削者和人民欺骗者的斗争,那里是伪善和浑水摸鱼,这里是开诚布公和摒除神秘的做法。这是几个不同的特点。关于两者的不同之处还可以举出很多很多。总之,国际工人联合会同罗马的僧侣制度没有任何联系。国际的目标完全不同于耶稣教团。国际传播的思想就其表现来说也许能使正在走下坡路的欧洲人民重新振奋起来。相反地,黑色分子永远是黑色的:他们仍将继续把他们的种子播入普通教徒的愚昧无知的思想土壤之中,获取丰硕的果实,这些果实使僧侣们大受其益,而使普通教徒身受其害。

今天只要一谈到社会主义,话题就会马上转到国际工人联合会。它创建于1864年。那一年的9月28日,卡尔·马克思教授在伦敦的一次工人集会上宣读了一篇给各国工人的宣言,它的结束语是:"全世界无产者,联合起来!"接着就决定建立工人协会,并且马上着手进行。据我们胆怯的交易所报纸的报道,这个协会现在拥有近300万会员,令一切富翁胆战心惊。不论发生了什么事,到处都要国际来负责:发生罢工,或者挑起殴斗(如在苏黎世),或者是出现骚动(如在纽伦堡),或者举行起义(如在巴黎),一概都归咎于国际,人们到处都嗅到煤油味。真是笑话!如果在纽伦堡,市政赋税增加,那是社会民主党人,首先是那个小魔鬼载沙伯引起的,因为这些人是严重"危害治安的家伙",为了对付他们,警察当局每年要多花多少多少万的钱。如果在菲尔特蔓延着对市长和市政委员会的不满,那么除了市民勒文施坦这个"秘密分子"之外,没有任何人会犯这种罪过,因为这个人在日夜窥伺着如何能给高高在上的市政府制造麻烦。哦,这些该死的社会民主党人!

如果说那些影响范围至多只有局部意义的人,由于是社会民主党人,人们在听到他们的名字时的感觉,就比吃药还要苦许多倍,那么出现倍倍尔、李卜克内西甚或马克思的名字,又该可怕多少千倍呢?!在我们的大孩子们看来,马克思就像小孩子眼里的圣诞老人(通常叫做培尔沙·梅尔特尔)一样。然而大多数抱有这种态度的人对马克思除了他的名字之外就一无所知了。如果他们再想一想,会依稀记起,他们曾听说过这个马克思是国际的领袖。马克思到底是什么样的人,读者在下一篇的小品文中会了解到。

(原载纽伦堡《菲尔特民主周刊》1872年2月3日第2页)

卡尔·马克思博士

在"国际"引起人们议论纷纷的时候,简略地叙述一下这个遍及整个文明世界的工人协会的领袖和真正灵魂的人的生平不会是没有意义的。

卡尔·马克思1818年生于特利尔。他在青少年时代接受了很好的教育,最初攻读法律,以后研究哲学和政治经济学,1841年作为编外讲师居住在波恩。但是他当教师的时间并不长,第二年就提升为科隆《莱茵报》的编辑。尽管当时的报刊审查很严格,他还是通过《莱茵报》对普鲁士政权开始了极其猛烈的抨击。在当时的出版条件下,政府不难迅速摆脱那家令人讨厌的报纸。在一连串的查封对他的言论毫无影响之后,报纸遭到镇压。马克思为了躲避对他的迫害不得不流亡巴黎。在这里马克思有一段时间和阿·卢格一起从事创办《德法年鉴》的工作。《德法年鉴》在德国传播了革命思想的火种,仅仅因为警察机关的高度提防,所以只有少数几本通过了边界关卡。但是没有多久,马克思就接到法国政府要求他离开法国的命令,是普鲁士政府请求法国政府这样做的。此后马克思在布鲁塞尔住了一段时间,1848年二月革命爆发后他又回到了巴黎。在德国,当维也纳和柏林的三月事件发生后,形势有了好转,这时马克思又前往科隆,在那里他出版了《新莱茵报》,然而这家报纸由于同情萨克森和巴登的起义,第二年就被查封了。接着报纸的出版人再次以流亡者的身份来到法国。

法国当局由于害怕马克思的革命品性并且担心他和法国激进党派的领袖关系过密,就让马克思选择,要么被拘禁,要么马上离开法国。马克思选择了后者,前往伦敦。在伦敦,他先是出版过几种报纸,后来作为通讯记者为若干德国和美国报纸工作,最后撰写了一系列政治经济学著作,其中有他的主要著作《资本论》(第1卷,1867年汉堡版)。这些都是明白无误的社会主义性质的著作。很早马克思就和英国工人协会有联系,通过观察英国工人的"罢工"以及深入仔细地研究英国和其他国家整个工人运动,他不禁产生这样的想法,这就是,必须有一个国际的联合会把工人们团结在一起,使他们在反对雇主的斗争中能够互相支援,只有这样,工人们才有能力战胜资本。根据这一想法,他创立了

"国际工人协会",并且一直担任协会的领导。他打算通过这个协会去转变整个现代社会,废除资本和工资,确立劳动阶级在国家中的统治地位。这个协会发展得很快,现已拥有数百万成员。

(原载纽伦堡《纽伦堡十字报》1872年2月10日第46—47页)

(汪继兵 译 从人 校)

回忆列宁*

〔苏〕弗·德·邦契－布鲁也维奇

编者按：下面两篇回忆录选自弗·德·邦契－布鲁也维奇的《回忆列宁》一书（莫斯科科学出版社1965年版）。作者系列宁的战友，1895年加入俄国社会民主工党，十月社会主义革命后，任人民委员会办公室主任。这两篇回忆录记述的，正是他任职期间所看见的列宁怎样正确执行无产阶级的知识分子政策的情况。

铁道交通人民委员

尽管弗拉基米尔·伊里奇全力以赴和关怀备至，尽管人民委员会和劳动国防委员会开了许多会议并作出许多决议，但运输仍然时好时坏，经常瘫痪。需要采取一些特别措施，使运输完全恢复常态。需要一个具有铁的意志、富有行政管理经验的人，他在工人群众中享有威信，能扎扎实实贯彻一切措施和所通过的决议，他在同铁路沿线经常发生的怠工、破坏活动和真正流氓行为的斗争中具有丰富的经验。弗拉基米尔·伊里奇物色了很久，就是要把交通人民委员的特别权利授予这样的人。

---

* 本文选自《马列著作编译资料》1980年第8辑。

原四个人民委员中没有一个人能使他满意。他在他们身上看不到像他所说的那种需要"行使权力而不说空话"① 的足够的决心。

"马上请捷尔任斯基到我这里来,"弗拉基米尔·伊里奇是在政府的一项非常重要命令再次未被执行、铁路上连续发生肇事之后说这句话的。

很明显,忍耐已超过限度,弗拉基米尔·伊里奇才采取坚决行动的。

费利克斯·埃德蒙多维奇很快就从肃反委员会来了。

"您必须把交通人民委员部管起来,"弗拉基米尔·伊里奇一面像往常一样亲切友好地同他非常器重和尊敬的捷尔任斯基打招呼,一面说道。

"弗拉基米尔·伊里奇,出了什么事?为什么我应当担任铁道人民委员?"

接着便开始了谈话。

对弗拉基米尔·伊里奇掌握的情况,捷尔任斯基又补充了一些新的、刚刚得到并经核实的——关于铁路上发生怠工、铁路人员中原来的一些投机倒把者结成集团妄图阻碍并竭力破坏运输工作的整顿的情况。

弗拉基米尔·伊里奇无须说服捷尔任斯基。费利克斯·埃德蒙多维奇从简短的几句话中清楚地懂得完全需要他在运输部门工作,因而他当场便拟定了各铁路管理局改组的主要关键和出发点,说他三天后将向弗拉基米尔·伊里奇报告必要的情况。

"主要是应当找到负责任的大专家,"他说,"不管他们的政治观点如何,只要能诚心诚意工作就行。"

---

① 见克雷洛夫的寓言《猫和厨子》。

"这一点说得很对，"弗拉基米尔·伊里奇肯定地说，"在运输部门没有精通业务的专家，——像在任何地方一样，——我们是应付不了的……"

"请您准备一份任命捷尔任斯基为交通人民委员的法令稿，"他对我说，"我们紧急签发，征求意见。有关运输的一切文件，请立刻送交费利克斯·埃德蒙多维奇。"

这件事发生在克里姆林宫人民委员会主席的办公室里。

费·埃·捷尔任斯基被任命为交通人民委员。这项法令的公布产生了巨大的影响。

三天之后，第四天上午十一时，费·埃·捷尔任斯基受到弗拉基米尔·伊里奇的接见。他呈交了报告之后，便以平和沉着的语气告诉弗拉基米尔·伊里奇：

"当然，我们把我们机关人员调去支援运输部门。我确信，怠工、破坏、流氓行为很快就会肃清。最主要的——这是运输部门的一项有益的工作。那里应该派去专家，物质上要给他们供应好；必须千方百计地保护他们，防备缺乏自觉的人和无政府主义分子去危害他们，这些人当中，无政府工团主义思想非常严重，这种思想受到'铁路和水运职工中央委员会'完全不能理解的活动的支持。这些人会反对吸收老专家，但是我们必须克服这种情绪，开展广泛的解释工作并使觉悟不高的人相信这项新措施对我们整个运输部门，对我们整个国家都是极端必要的。"

"您考虑吸收谁呢？"

"我非常希望大专家、交通工程师伊·尼·波里索夫做我的副职。"①

---

① 此处可能不确切：伊·尼·波里索夫1920年起任交通人民委员部交通总局局长，1923年起为副交通人民委员。

"可是您了解他吗?"

"我们有关于他的最详细最准确的资料。当然,他是一个旧制度的人,因不满而有对抗行为,因无所事事和运输秩序混乱而大骂所有的人,可是他本人却是一位优秀的专家,并且主要的是——他热爱并精通铁路运输业务。"

"而他会去干吗?"

"这就需要您跟他谈一谈……您的话对他是非常重要的。"

"什么时候谈?"

"现在就谈……如果您允许,我派汽车接他。"

捷尔任斯基马上和全俄肃反委员会接通电话,并对一个人说:

"请您到波里索夫那里去一趟,并要非常有礼貌地邀请他同您一起到克里姆林宫来。对,对……您就这样说:到克里姆林宫去,到弗拉基米尔·伊里奇那里去;他妻子有病,别让她受惊……"

"他妻子患病吗?"弗拉基米尔·伊里奇问道。"打扰他们合适吗?"

"我想不要紧,他会来的;可否马上通过办公室关照一下他的家里:派一个大夫去,把住宅收拾一下,送些劈柴——他们家没生火炉……"

"这就是说,他的处境是非常苦的啰……而我们至今对他没有任何帮助……"弗拉基米尔·伊里奇激动地说。

"是啊,这件事我们安排得不好……"费利克斯·埃德蒙多维奇回答说。

"能不能立刻,"弗拉基米尔·伊里奇对我说,"对波里索夫和他的家属安排一下救济?……"

"当然可以……"

我走出办公室,给我们的医院打了个电话,要让一名主任医生和一名女护士一起立即去到波里索夫住宅,对他患病的妻子进行医治。我还叫来总务处的一位职员，给他拟了一份包括木炭和劈柴在内的必需品清单，吩咐他带几名女清洁工立即前去该处把住宅收拾得井井有条，把炉子生着，并暂抽调一名女清洁工照看波里索夫工程师及其家属。

"如果他向你们大伙发怨言，一切你们都要耐心忍着些，"我对他说，"要好好干自己的活，并要恭恭敬敬地回答：'遵命'，等一切都干完了，你们要问问还有没有什么活需要做的。您每天都要到他那里检查一下，然后汇报全部情况。"

我把这一切告诉了这个来自"捷安号"舰上的十分勤快可靠的水兵，并确信一切都会办得很出色。

我刚把这一切安排完，特罗伊茨基大门门卫便打来电话说波里索夫工程师已来到人民委员会。我立刻把此事报告给弗拉基米尔·伊里奇和捷尔任斯基，尔后我便自己去我们的接待室迎接波里索夫。给他的通行证，当然事先早已准备好了。

我很客气地欢迎波里索夫工程师。他困惑莫解地笑了。我请他随我来。

"您领我到哪去？"他断断续续地问。

"到人民委员会主席弗拉基米尔·伊里奇·列宁那里去。"

"他干什么需要我呢？"他一面继续和我并排快步走着，一面嘟囔道。他穿着铁路制服上衣。他全身衣着俭朴，很旧，但很整洁。

我们穿过办公室里屋的房间，接着我领他经过人民委员会原先的会议厅便到了弗拉基米尔·伊里奇的办公室。

弗拉基米尔·伊里奇站起身来走到他跟前。波里索夫环视了一下屋内四角，没有发现圣像，便安详地划了个十字以表祝福。

弗拉基米尔·伊里奇笑着向他伸过手来：

"您好！是波里索夫工程师吧？"

"是的,是波里索夫工程师……"

"请认识一下,这是捷尔任斯基同志,交通人民委员。"

波里索夫斜眼看了看捷尔任斯基同志,彼此握了握手。

"请坐,请坐这里!"弗拉基米尔·伊里奇指着软垫皮圈椅说道,同时绕过自己的写字台,在硬木板藤心圈椅上坐下。

"我刚刚听说您的妻子病了,是吗?"

"是的,"波里索夫皱着眉头断断续续地说,"要死啦……斑疹伤寒……排队买东西时感染上的……"

"我们方才给您派去了一位医生、一位女护士,还有一些人……"

"谢谢,真没料到。不过,其实我们大家都在受冻挨饿……所有的知识分子都是这种状况;要么就是蹲在他的牢房里,"他用手指了一下捷尔任斯基,"要么,挨饿等死……"

"您是哪个党派的?"弗拉基米尔·伊里奇突然问他。

"我是十月党人……"

"十月党人!"弗拉基米尔·伊里奇高声说。"这算什么样的'十月党人'啊?"

"怎么什么样的?……真正的十月党人……您记得吧:霍米亚科夫、罗将柯——这是我们的同党人……"

"对,但是他们,据我所知,现在已不起作用了……"

"这不要紧……他们不在这里……可是他们的思想却活着……"

"思想却活着……这叫人奇怪……这真有意思……太有意思啦……"弗拉基米尔·伊里奇说道。

"可是您,一个老十月党人,想不想干您的专业?"弗拉基米尔·伊里奇眯缝着眼睛直截了当地问他。

"当然……没有工作是寂寞的……但是我不知道能不能工作,在造成……明明现在在破坏一切,毁掉……其中也包括铁路……"

"说哪的话!这不是嘛,我们正在想方设法把它修复……"

波里索夫凝望着弗拉基米尔·伊里奇。

"结果怎么样呢?"

"没想出办法……"

"没想出办法……应当想出办法来,这怎么会想不出办法呢?"波里索夫固执地说道。"这需要有人……"

"可是又怎么办呢?您那儿有人吗?"

"当然有啦……"

"他们在哪里?"

"这我可说不上来……姓名我可以说得出来……但他们现在在什么地方,我不知道……大概在他的牢房里……"于是他含笑温和地望了望捷尔任斯基。

"请您说出姓名来,"捷尔任斯基轻声地说道,"我们现在就去寻找他们……"

波里索夫说出了四个人的姓名。

"这全是青年人!……优秀的青年人……富有学识、热爱事业的人……"

捷尔任斯基走到隔壁房间,那里当时设有许多电话机和一个交换台。

"这太好了……"弗拉基米尔·伊里奇说道。"那么您同意担任工作啦?……"

"您想叫我干什么呢?"

"我们将任命您做副交通人民委员。您将和捷尔任斯基一道工作……他会在各方面帮助您的……应当使整个铁路网都好好地运转起来,并且越快越好……"

"您打算从哪条线路开始?"

"从十月铁路开始。"弗拉基米尔·伊里奇说道。

"这是哪条铁路?"

"是尼古拉铁路。"捷尔任斯基边走进办公室,边微笑着提示说。

"啊,从尼古拉铁路开始!……这一点很正确。接着就应该抓梁赞铁路和北方铁路……"

"您的工程师马上就到这里……"捷尔任斯基说。"他们都活着,很健康,都在自己住所里。"

"奇怪,"波里索夫嘟囔道,"稀罕事。对我家进行搜查已经三次了……"

"每次情况怎么样?"弗拉基米尔·伊里奇问道。

"倒没有什么……他们一来,闻一闻,把所有的东西翻个底朝上,翻完就走……"

"为了帮助您迈开第一步,我们应当做些什么事?"

"要找到我的小平车……"

"这是什么样的车?"

"过去在尼古拉铁路局,我那里总是停着一辆装有仪器的小平车,仪器上由一种装置标记出并用图显示出线路的状况:枕木是否腐朽,钢轨是否出岔,螺钉是否松坏。我本人和我的助手们乘坐它……呶,我们就是这样经常熟悉线路的状况,一切都了如指掌……没有小平车会困难得多,更主要的是缓慢得多……"

"必须马上找到!"弗拉基米尔·伊里奇赶快说道,并望了望捷尔任斯基。后者便走出办公室去做相应的安排。

"您还需要什么?"

"要授予我召集各车站所有领导人报告他们所在区段、车辆和机车库、修理工厂等情况的权利。"

"当然,在这方面您有充分的权利。"弗拉基米尔·伊里奇回答说。

"请授予我解除不称职干部的职务并任用新的来替换他们的权利,尤其要把扳道工、线路守卫和修理工从与他们的知识和经验不相适应的站长、运输处处长、工务处处长、修理工厂厂长以及类似的左右铁路整个命脉和活动的责任极端重要的工作职位上撤换下来,叫他们回到原先的职位上去。"

"回到原先的职位上去!"弗拉基米尔·伊里奇深有感触地重复说。"讲得好……"

弗拉基米尔·伊里奇同捷尔任斯基相互递了个眼色。

"这是个重大问题,"列宁说道,"您详细地和费利克斯·埃德蒙多维奇商议一下,他大概会给您派几个助手去想方设法帮助解决这个困难重重的问题。"

"这太好啦!弗拉基米尔·伊里奇,我敢向您保证,"波里索夫说,"对我来说,唯有一件事重要:只要是大家都了解同一事业,只要是大家都对自己的业务认真负责……涉及个人的事、处境,我全然不感兴趣……"

"这话说得对!……这太好啦!"弗拉基米尔·伊里奇说。"我相信,您也会就这个使您如此激动的问题同捷尔任斯基商量好的。"

这时有人通知我说来了四个工程师。

弗拉基米尔·伊里奇吩咐请他们到办公室来。

四个身穿铁路制服的年轻工程师进来了。他们困惑不解地瞧着周围的一切。

"我来介绍一下,"波里索夫说完之后,便挨个说出他们的姓名。

"都是些好样的工作人员……"

波里索夫向他们说明了是怎么一回事,接着便提议做好明天出发的准备。

"我真想今天就动身,"他好像表示歉意似地对弗拉基米尔·伊里奇说,"可是,就是妻子……"于是,他便耷拉下脑袋……

弗拉基米尔·伊里奇请他不要急于动身,告诉他说,为了他患病的妻子,凡是我们力所能及的,均要办到;他个人需要什么,列宁请他毫不客气地直接通知人民委员会这里。

"谢谢,但是必须赶快出发。"

他和捷尔任斯基商量了见面的地点和时间后便告辞了,随后和被召见的几位工程师一起乘坐为他开来的一辆小汽车返回自己的住宅。

"这个'十月党人'是个特殊的人,"弗拉基米尔·伊里奇说,"不隐讳自己的右派信仰,反而要工作。"

"我相信这一点,"捷尔任斯基说,"关于领导干部问题,他说得很有道理……在全俄肃反委员会里有关这些干部的情况简直骇人听闻。使人感到奇怪的是,我们的铁路是怎样还在运行啊,火车是怎样还在跑啊,并且为什么它们至今没有完全停顿下来……"

"是啊,在这方面,我们应当坚决支持他,并在最短期间内在那里来个大清理。"弗拉基米尔·伊里奇说道。

捷尔任斯基到他新任职的人民委员部去了。

医生来到波里索夫住宅后,看到那里的环境非常糟糕。邻居的老太婆给他们开了门。住宅里寒冷、肮脏、潮湿,不堪入目。他们来到了病人跟前,病人昏迷不醒地躺着,身上压着一堆被子、大衣和皮袄。检查病人很费劲。很明显,她病得很厉害……

不到十分钟,劈柴和食品就给送来了。幸好,住宅里有一个荷兰式火炉，所以女清洁工来到后先生着炉子，尔后才开始大扫除。女护士根据医生的建议叫来了消毒队，吩咐拿起被子、枕头、床单、褥子和口袋，决定把全部细软东西装进口袋里从病人卧室拿出去消毒，因为斑疹伤寒已确诊无疑，所以应该保证新上任的副人民委员免除致命危险。

病人神志清醒过来，用惊奇的目光瞧着一切。

女护士忙着给病人梳洗、收拾和喂饭……克里姆林宫这些纪律严明的医护人员用熟练的双手很快就做完了自己要做的事情。但是不一会儿，病人又陷入了昏迷状态。

来自"捷安号"舰上的一个水兵照料着整个事情，他到处忙碌着，把四下清扫得亮堂堂的，就像他在自己的军舰上干惯了这种事一样。擦得透亮的盛开水的茶炊摆在餐桌上，就好像是在专门等候房子的主人到来似的。

各房间尚未全部收拾完，这时忽然开来了一辆小汽车，愁眉不展的主人偕同四个工程师走进了自己的住宅，——一下子站住了。

"这是些什么人？"工程师低声问道。

"我们是在执行人民委员会办公室的命令。"水兵按照军人的方式报告说。

医生们见到了波里索夫便告诉他说，他妻子的病情十分危险。

"该怎么办呢？"波里索夫问道。

"目前科学上同斑疹伤寒作斗争所采用的一切方法，都已在使用，并将继续使用。但是，您本人当然了解这是一种多么可怕的病，而且同时心脏还不好，处于衰竭状态……"

"是的，是的，这我了解，我非常了解！"波里索夫几乎叫喊起来，随后沉重地坐在圈椅上。

那几位工程师也站在这里，忧愁地望着自己的老师。

波里索夫站起身来便踮着脚尖向妻子的房间走去，女护士在屋里见到了他。

当他看见妻子的屋里干干净净、整整齐齐，看见妻子梳洗整洁，穿着一身干净衣服，躺在清洁的床铺上盖着新棉被时，他大为吃惊。

"我们家也暖和了……"他说，这时他才发觉住宅里寒气已没有了，炉火正旺……

显然这一切使愁眉不展的波里索夫工程师深为感动，他曾认为一切都全完了，文明被消灭了，"一片荒凉"的时代到来了。然而这里的一切好像颠倒了过来：原来，布尔什维克也在考虑有关工作的事情啊，考虑铁路必须恢复，文化必须保存，还有对人的关心啦，科学啦，一切等等……这究竟是怎么一回事？……这就是那个真正的"世界末日"……于是他虔诚地吻了吻妻子的手，妻子用懵懂模糊的感激的目光看了看他，接着又昏迷过去了……

不管医生们怎样努力抢救病人，但是斑疹伤寒仍在侵袭已经损坏的机体。

四天之后，波里索夫的妻子便去世了。安葬以后，波里索夫立即同他的人数不多的参谋部和全俄肃反委员会主席一道出发去巡视各条铁路，从十月铁路开始，到处整顿纪律和秩序。他非常熟悉铁路人员，召见全体领导人到他的座车来，就在他的座厢里受理业务报告。他发现了一些令人愤慨的混乱现象和露骨的舞弊行为，并当场撤换了一大批人，换上了另外一些人。

他就是这样一条线路一条线路地视察。除客车外，货车也开始在全国范围内照章运行。注意力首先集中到各枢纽站，其中许多枢纽站的铁路业务陷于极端混乱状态，因为那里造成了很大的阻塞，多数情况是有意造成的，妨碍了正常运行，特别是货车的正常运行。一些快件货物在仓库里存放了几个月，等待依次装运，还有几千个车皮停留在备用线上，经常遭到洗劫。费·埃·捷尔任斯基调动了全俄肃反委员会整个机构，并派出了几个专门委员会去调查各铁路枢纽站。初步调查的结果是骇人听闻的。实际情况超出了一切预想，超出了一切最离奇的想象。白卫军、破坏者、土匪和小偷抢劫车站、抢劫仓库，也抢劫货车。在莫斯科发现了一些受理盗来财物的特殊的秘密交易所。这里倒卖提货证明单，货物随着商品木柴一起整列车地运出去。这里伪造那些无法被收买的人的签字或受理贵重货物的机关的签字和图章。后来发现，多半是运输部门和许多机关的负责职员本人，为了获取一定的酬金，不仅心甘情愿地提供自己的签字，而且还盖上所需要的印记和图章。根据这个线索，在莫斯科还发现了一些制造各种各样橡皮的、金属的和刻成铜版的图章和印记以及模压机的秘密车间。这里制作所有最负责同志的直至列宁、斯维尔德洛夫和捷尔任斯基的签字的各种各样的版样。这里还发现了各种各样的机关公文用纸，包括伪造的仓库视察证、仓库检查证、逮捕证以及文据和贵重物品查抄证。在富尔卡索夫斯基胡同里发现了一家办事处，它冒充某虚构的合作社管理委员会，大宗倒卖各种各样偷窃来的商品，尤其是非个人所有的货物，包括许多车皮青鱼和各种鱼的提货单。这几万普特鱼是这个机构向私人企业主廉价收购、从阿斯特拉罕发运来的。这些私人企业主想方设法不向国家机关交售所采购的商品。他们把商品藏在里海沿岸偏远的仓库里，在适当时机卖给莫斯科的投机商，投机商把商品投放到私人市场，并以高昂的价格出售各种鱼。

所有这些情况都是在视察铁路时发现的。捷尔任斯基采用铁的手腕努力取缔肆无忌惮、厚颜无耻的资产阶级的这一猖獗活动。

列宁与文学和学术界

十月社会主义革命的十年火焰使年轻和年老的学者、文学家、艺术家焕发了青春。但是,如果说现在我们能够看到满怀美好理想进行探索的研究者、学者、作家、艺术家的整个队伍;如果说苏维埃政权能每年增加经费,使每个具有神圣创作热情的人都能毫无例外地把自己的力量、智慧和才能用于无限的工作中去;如果说我们工农政府能够充满信心地、大胆地支持一切新事物,号召大家参加这个光荣的竞赛,那么我们就不能忘记国内战争的艰苦岁月。那时,我国作为一个独立完整的国家的存在尚难确保,那时,似乎文化已经消亡,科学、艺术、创作的发展已经停止,所有一切都是为了一个唯一的目标,即为了同十四国的干涉作斗争并战胜它们,同闯入我们被包围的祖国的敌人作殊死的战斗。在大敌压境的时候,还能顾得上科学和艺术吗?但是,像十月革命的最主要活动家那样,特别是像它的领袖、天才的弗拉基米尔·伊里奇·列宁那样,把科学创造力量和革命实践力量非常独特地结合起来,也许无论何时何地都未曾有过。作为研究者、学者、精通许多门学科的行家的弗拉基米尔·伊里奇,就是在街头炮声隆隆、电报电话频传前线惊人消息的革命战斗日子里,也没有改变自己读书、工作和写作的习惯,并且不倦地号召别人也这样做。不论出现了有关黑格尔研究的新成果,还是出版了巴比塞的令人震惊的小册子,或者是考茨基攻击革命阵线的小册子,虽然他很忙,也立即抽空利用会议和接见的间休时间设法阅读,并以细小工整的楷书做出大量的摘录。在那些日子里,从他的热情的笔下出现了很多抨击性文章,照亮了革命的康庄大道。在革命成功的最初几个月里,他从各图书馆借来了很多本各种外文的书籍，进行研究，准备写作新的著作和进行探索。革命不仅没有改变他对科学、学者、研究者、文学家的态度，而且由于他对一切科学研究机构及其创建者比以前有更大的兴趣，似乎现在他对这种活动更加注意了。个人的兴趣变成了领导新政权的国务活动家的兴趣，这个新政权决心把一切旧事物转到新的、强大的社会群众性的轨道上来。

————————

不能不指出，早在弗拉基米尔·伊里奇侨居国外、领导俄国社会民主主义（布尔什维克）力量的地下组织的极其复杂而艰巨的全部事务的时候，他对学术界就持有特殊的态度。弗拉基米尔·伊里奇经常专心研究各种社会、经济和哲学问题的理论，并且亲自创建理论，注视欧洲的学术。他在研究欧洲的学术的时候，不仅对各门学科的成就深感兴趣，而且对那些专家和学者本人的生活和生活方式也深感兴趣。他指出那些专家的常见的知识片面性和狭隘性，他们对政治问题和群众社会生活问题的漠不关心。他认为这一切是由于资产阶级社会对青年进行反常教育，由于高等教育办得不对，由于正在成长的几代人片面发展。弗拉基米尔·伊里奇说过，科兹玛·普鲁特科夫关于专家会像龈脓肿一样得到发展的说法，已为生活证明是：没有他们，没有这些狭隘的专家，无论如何是不成的，因为正是他们推动许许多多门科学向前发展，并以细致而耐心的工作准备了进行推广的天地，这种推广转变着全体有思维的人类的世界观，创造着人类思维发展中的整个整个的时代。我个人可以补充一下：达尔文、马克思和列宁本人也都这样做了。列宁坚决无情地批评那些他认为是犯了理论错误并以自己的机会主义著作使群众误入歧途的人，他决不宽恕那些破坏他所承认的一元论辩证唯物主义世界观的人。同时，他对于从事科学、理论工作的人和在某一研究领域里大有前途的人都十分关心。

———————

十月一声巨响。临时政府处于彼得—保罗要塞里。在斯莫尔尼宫这个全国革命中心发生了伟大的转变。旧的、短命的杜马当权者孟什维克、社会革命党人、劳动派等等，当他们还不知道应当怎么办、才能尽快确定自己最终成为公开的反革命力量的时候，就销声匿迹了。我们刚刚在斯莫尔尼宫安顿下来。弗拉基米尔·伊里奇把人民委员会办公室的工作委派给我。我在物色人，但常常被实际工作、革命工作所打断。人员很少，熟悉业务的人就更少。我坚决邀请杰米扬·别德内依参加办公室的工作，因为我了解他有出色的行政管理才能，在这一方面他有精明能干的本领。杰米扬·别德内依对干不干还犹豫不决。他觉得作为伟大十月社会主义革命的文学家、诗人，他的活动领域现在已经展现了。他不愿意作行政工作。弗拉基米尔·伊里奇最初对他很生气、很恼火。杰米扬·别德内依开始写作了。在《真理报》上出现了他的充满真挚的革命激情的号召诗。弗拉基米尔·伊里奇早在革命以前就对杰米扬·别德内依的创作非常注意，并且多次从国外给他既写鼓励信，又写赞扬信。当现在又出现杰米扬·别德内依的这些新的革命作品时，弗拉基米尔·伊里奇立刻就懂得了他在当前斗争中的意义。当再次谈到吸收杰米扬·别德内依参加行政工作的时候，弗拉基米尔·伊里奇对我说：

"不要调他了。他不愿意干。可是他写作得很好。我们需要这个。让他写作吧，这就是他的工作。"

这就是对诗人的敏锐态度，这就是十月革命后的头几天中我从弗拉基米尔·伊里奇那儿听到的革命斗争必须有文学家工作的第一个意见。

斗争激烈起来。革命在前进,既带来了成就,也带来了巨大的破坏。我国面临着饥寒交迫。城市空旷无人,因为人们都想到靠近土地、易于找到食品的地方去。摆在市民面前的问题是:怎样生活,靠什么生活。输送停止了。铁路运输几乎瘫痪。仅能维持运送部队、大炮、炮弹和红军的给养。有过一个时期,一切物品都是以几俄磅面粉、几杯牛奶、几捆木柴来作价的。为肉体的生存而进行着斗争。如果说,所有的人都感到艰难的话,那么完全不适应这种生活的科学、艺术、文学的代表人物,经受这种最大的危机,就尤其感到艰难困苦。俄国许多省份一片饥荒,凡是能够从那里逃往其他地方去的人,就要使稍微好一点的地方的当地居民加重负担。为了不仅能经受住这一切,而且主要是不致惊慌失措,并能管理国家、整顿管理方法和管理机关,必须有铁一般的意志和钢一般的神经。革命政府在保卫国家边界以防外部敌人进犯的同时,必须要同国内敌人进行残酷的斗争,因为它非常清楚,在知识分子中间流行一种妨碍建设新国家的极为有害的怠工情绪。弗拉基米尔·伊里奇对于把这种怠工引导到积极帮助白卫军的途径上去的人是毫不留情的,但他就是在军事行动十分紧张的时候,也抽出精力,寻找机会,沉着坚毅,利用空闲,密切地注意帮助专家和学者的事业上。

当饥饿的1918—1919年暴露出学者们完全不能适应这种艰巨的生存斗争的极其严重情况时,弗拉基米尔·伊里奇立即发出指示,必须采取一切办法帮助科学界,尽可能保证他们的需要。但是组织这样的援助不是轻而易举的。我们从莫斯科开始搞起,把许多学者和文学家改为享受所谓人民委员会口粮,而对这个名称却发生过误解。许多人认为所以给这种口粮起这样一个名称是因为在人民委员会工作的人才能得到,而现在又把它应用到学者和文学家身上。其实,口粮这个名称是由人民委员会为学者们提出并经粮食人民委员部批准的。

在我们还未来得及把这种办法推广到其他城市去的时候,我突然收到我国著名学者伊·彼·巴甫洛夫给人民委员会办公室的一份申请书。他在申请书里请求政府准许他出国继续搞科学工作。我的心情非常忧虑。我想,"难道我们已经到了这种地步,像巴甫洛夫这样的人也开始要离开我们了。除了超群的渊博学识,他的爱好自由的思想方式,我不仅听说,而且在我有机会出席的一些座谈会上,在彼得格勒一位著名精神病学家、我的老相识阿·维·季莫菲也夫家里同伊·彼·巴甫洛夫会面时,我就知道了。"我到弗拉基米尔·伊里奇那里,把这份申请书给他看,并讲出我的意见:我认为有些事情应该做,并要立刻坚决地去做。

弗拉基米尔·伊里奇严厉地责备了我们彼得格勒执行委员会及其领导人,责备他们自己未能想到对科学家应该做的事情。他突然感慨地说:

"本来应当通知我们的全体学者,说我们希望而且一定要做到使全体学者什么都有,从个人的生活保障到最完备的实验室、图书馆和科学研究室。我们一定要达到,使我国的科学比世界上任何地方都繁荣,完全摆脱资本家及其欲望的束缚……我们的科学将是真正自由的科学……可是现在还必须忍耐,因为有战争,到处都是战争……请您以这样的精神给巴甫洛夫写一封信。本来我应该亲自写的,可是您看见了我这里的情况。"他指着自己的堆满电报、信件和报告的办公桌……"不过您要写得谦虚谨慎……"

我对弗拉基米尔·伊里奇说,我个人是认识巴甫洛夫教授的,虽然不是很熟,我十分尊敬他,除了讲一些最尊敬的话,别的我是写不出来的。

"这样好、非常好……"弗拉基米尔·伊里奇脱口回答我说。

于是立刻问我有关巴甫洛夫的详细情况,首先是他的外表。我把所知道的情况都讲了。

"除了写信,请立刻用直达电报找到季诺维也夫①,把我的请求转告他,要他亲自负责,立即供给巴甫洛夫本人、他的助手、他的实验室、他的动物、一切他认为必需的东西,使巴甫洛夫能够工作,毫无后顾之忧。要知道他已年过花甲,这一点您要特别强调,因为我们的人或许还不了解这一点……"

弗拉基米尔·伊里奇说这些话的时候,他的两眼闪着深沉的火光,使人觉得他想立即极其热诚地给整个学术界以情同手足的帮助,并供给他们一切东西,保证他们能够进行创造性的工作。我看到弗拉基米尔·伊里奇的这种情形时,感到很幸福,马上就去执行他的指示,首先和彼得格勒联系。当天我就派通信员把信送给伊·彼·巴甫洛夫。信中扼要地叙述了弗拉基米尔·伊里奇的想法,并请他不要离开俄国,还告诉他说已经发出指示,立即供给他需要的一切东西,保证他的工作。

从这一天起,弗拉基米尔·伊里奇曾多次问我为巴甫洛夫办的事怎样了。叫我密切注意彼得格勒执行他的指示的情况。

他说:"他们那里很严重,情况很困难,可能会忘记、会拖延。而这件事很紧迫,很重要。"我经常把情况向他报告。

1919年7月3日我给伊·彼·巴甫洛夫去一封信,他给我的回信充满了愤怒、极度的忧虑和强烈的自尊心。

---

① 当时格·叶·季诺维也夫(拉多梅斯尔斯基)(1883—1936)是彼得格勒苏维埃主席。

我反复地读了这封信，深深地懂得和体会到我们著名的学者所写的一切。我立即到弗拉基米尔·伊里奇那里，没说话，就把伊万·彼得罗维奇的信交给了他。弗拉基米尔·伊里奇很快就看了这封信。

弗拉基米尔·伊里奇感慨地说："是啊，他是正确的，完全正确！他写得万分真诚，我们应当特别珍惜这样的人。您马上就给他写信，说政府一定采取一切措施改善科学家的状况。再一次请他不要离开俄国。现在就请考虑一下，我们应该做些什么实际事情……今天晚上我们就详细地讨论这件事。"

我明白弗拉基米尔·伊里奇说的"我们就详细讨论这件事"这句话的含义。这就是说，不要讲废话，就是要做工作，要明确，要实际，要解决问题，要完成必须解决的全部问题。我立刻给伊·彼·巴甫洛夫写了信，请他暂缓启程，并通知他说，政府正在采取重要措施帮助学者。据私下传闻，我听说阿列克塞·马克西莫维奇·高尔基个人在彼得格勒发起，做些力所能及的事，帮助学者和文学家度过饥荒。于是我向弗拉基米尔·伊里奇建议，请高尔基来莫斯科，让他领导一个帮助学者和文学家的专门团体。我向弗拉基米尔·伊里奇介绍了我所知道的高尔基在这方面的全部活动和他在彼得格勒学者中间享有很高声望的情况。我建议给粮食人民委员部发一个紧急指示，给彼得格勒专门运送一批食品。财政人民委员应该拨一批款，而高尔基当然会同往常一样，找到很多能够参加这项事业的人。这项工作在那里会独立开展起来。我们可以把他的经验从那里推广到各地去。弗拉基米尔·伊里奇采纳了我的全部建议，并勾画出一个未来的全苏组织机构的轮廓，这个组织应该包括全体科学家、艺术家、文学家。

这样实际上就拟定并提出了成立中央学者生活改善委员会这样一个团体，这个团体现在非常关心这类活动家，并带来了很大的益处。

立刻就去请高尔基来①，弗拉基米尔·伊里奇很久没见到他了；在侨居国外的困难年代，由于理论上的分歧而造成了不可避免的误会，列宁同他有隔阂。但是，在社会事业中弗拉基米尔·伊里奇是不讲私人关系的，而他对高尔基与其说是生气，不如说是埋怨。我想："现在讨论的重大事情将使阿列克塞·马克西莫维奇和弗拉基米尔·伊里奇的关系又密切起来，这太好了。"

高尔基很快就来了。我领他到弗拉基米尔·伊里奇的办公室，在那里他们亲热地相见，并立刻谈起打算建立的组织及其广泛的工作。

阿列克塞·马克西莫维奇从弗拉基米尔·伊里奇那里出来时，十分高兴，面带笑容。我明白他高兴的原因，一方面是由于开始了新的事业，另一方面是由于他和弗拉基米尔·伊里奇的关系又融洽起来了。从这一天起救济学者的工作开展起来了。伊·彼·巴甫洛夫再没有提出要出国。他的研究工作顺利地在开展。弗拉基米尔·伊里奇在听取汇报时，长时间询问巴甫洛夫的情况，询问照他的说法叫作"高尔基的事业"的情况，并且在援助学者和文学家的事业中非常热情地参加了满足全部积累起来的需要的工作。在那些革命年代里，不仅计划了的事情往往难于实现，就是批准了的事情也很难实现。弗拉基米尔·伊里奇很清楚这一点，所以他不仅促使这项工作所需要的一切得以实现，而且利用机会多次询问、检查：某项已作出的决定是否执行了，是否实现了，这

---

① 列宁同应约从彼得格勒来的高尔基的谈话，是在1919年7月10日进行的，谈话的内容是关于组织援助学者的问题（见《列宁全集》俄文第5版第39卷第586页）。

个指示是否还只停留在纸面上。

我认为在这里还必须指出，当向弗拉基米尔·伊里奇报告有关学术和文学界人士的个人请求的时候，弗拉基米尔·伊里奇不仅非常认真地对待，而且亲自想方设法加以满足。同样，我还未曾看到过弗拉基米尔·伊里奇坚决不同意给有困难的学者发津贴、给其家属发养老金的情况，不同意在到国内外旅行、订阅图书和批准学术出差等方面实行各种优待办法的情况。

弗拉基米尔·伊里奇同我国广大人民群众同甘共苦，休戚与共，他比任何人都更了解，为引导人民摆脱资本主义剥削的桎梏而走向独立幸福生活的康庄大道，他们需要的是什么。

技术的进步、建设的进步、各种生产部门的扩大和向纵深发展，这就是今天的任务，这就是我们新生活的最近几十年的任务。由于他了解这一点，所以就采取一切措施，坚持发展和普及技术知识和其他各种知识，吸收专家、学者、院士参加共同的创造事业。我们作为弗拉基米尔·伊里奇的许许多多蓝图的执行者，应当竭尽全力来实现他的这个遗愿。

附：我同高尔基的会见（摘录）

在《我同高尔基的会见》一文（《新世界》1928年第5期）中弗·德·邦契－布鲁也维奇补充和扩充了弗·伊·列宁同马·高尔基谈话的内容。现在从这篇文章中摘录一段：

"当我把阿列克塞·马克西莫维奇领到弗拉基米尔·伊里奇的办公室的时候,弗拉基米尔·伊里奇正坐在办公桌后面,聚精会神地在思索什么,仔细地浏览放在他办公桌上的很多文件。

'您在做什么?'高尔基向弗拉基米尔·伊里奇打招呼说。

弗拉基米尔·伊里奇迅速地站起来,隔着办公桌友好地握着阿列克塞·马克西莫维奇的手,注视一下他的眼睛,回答说:

'我在想怎样才能把不给人民粮食的富农掐死。'

'这才是真正的事业。'阿列克塞·马克西莫维奇坐到沙发椅上回答说。

'是的,我们要认真对待粮食问题,对待为普通人的生存而斗争的问题。'弗拉基米尔·伊里奇回答说。'并且我们应该采取一切措施强迫那些想以人们的饥饿和死亡来增加其资本的人交出积累的钱财,交出囤积的粮食给饥民。富农要造反,他们不会自愿向人民让步。如果他们继续对抗政府的命令和工人阶级的愿望,我们就用暴力强迫他们交出来,没收他们的一切东西,并消灭他们。'

弗拉基米尔·伊里奇在说这些话的时候,是一字一字的,特别坚决有力,使人觉得你死我活的斗争时刻真的已经来临。

谈话很快就从这个政治题目转到安排文学家和学者生活的专门问题上来。阿列克塞·马克西莫维奇向弗拉基米尔·伊里奇详细地讲述了我们社会本来就很少的、最有文化的阶层即优秀的学者和文学家也得经受那种生活灾难的情景,他们根本无力为一块面包而斗争。他列举了几十个已经不在世的人的姓名,他们是在彼得格勒的那种可怕条件下牺牲、死亡的,还列举了现在处境十分困难的所有人的姓名。他提到一些人,对这些人只要增加点营养,关怀一下,他们就能得救。弗拉基米尔·伊里奇聚精会神地听完这些话。他对阿列克塞·马克西莫维奇说,为了帮助这些专家、文学家和学者度过现时的灾荒年头,应当竭尽全力,并且希望阿列克塞·马克西莫维奇同自己的朋友一道领导这项事业,能够根据需要把它组织起来,这是一项经常不断的救济工作。他保证坚决支持。"

(辽宁师范学院外语系俄语教研室 译)

生平事业研究（上）

卡尔·马克思（摘译）*

〔法〕M.吕贝尔

（一）马克思研究的现状

自从第二国际衰落、布尔什维克革命只限于俄国、从而使苏维埃国家陷于孤立以来，自从现有的社会主义工党被纳入西欧国家的议会民主制度以来，对马克思生平和著作的研究一直很不令人满意。虽然整个社会主义运动都以马克思的理论为基础或得益于他的学说，虽然马克思主义已成为全世界三分之一国家的官方学理，但对马克思的研究仍然处在初创阶段。唯一高质量的工作是对几个专门主题的某些单独的严肃论著；烦琐的犹太教法典式的解释和思辨的心理学式的评注不应当跟科学的分析混为一谈。马克思逝世近九十年、十月革命胜利五十多年以后，仍然没有任何完备的马克思著作的历史考证版本。由莫斯科马克思恩格

---

* 本文选自《马列主义研究资料》1984年第4辑。

作者是法国著名的资产阶级马克思学家，关于他的详细情况，可参看本刊（指《马列主义研究资料》——本丛书编者注）1982年第5辑《一个反马克思主义的马克思学家——M.吕贝尔》一文。——译者注

斯研究院及其创办人达·波·梁赞诺夫于1927年开始出版的《马克思恩格斯全集》（国际版），仅仅出了1848年以前的著作。自从梁赞诺夫消失以来，对马克思著作遗产的系统研究和评价，进展甚微。

迄今尚未发表的手稿的出版，不断揭示出马克思著作的一些新的方面。马克思的早期著述（其中有一些连恩格斯也不知道）公之于世以后，对马克思的传统看法首次发生了根本的修正。于1932年首次发表的所谓"巴黎手稿"（《1844年经济学哲学手稿》），展示了马克思全部著作的一个崭新的方面，并彻底改变了对其政治学说和单一使命概念的来源的普遍流行观点。如果人们把《资本论》看成是马克思的主要著作（这是无可非议的），那么就更加需要从这部著作的内在连贯性的观点出发来批判地对它进行详尽的考察。马克思毕竟未能完成《资本论》——计划要写的关于"政治经济学"的六部论著的第一部；手稿的大量章节是在他去世后发表的，并且当时不是以原本的形式，而是以恩格斯编辑整理的形式出版的。最近发表了被恩格斯有意忽略的关于"政治经济学"的材料，即写于1857—1858年的标题为《政治经济学批判大纲》的草稿，这使人们认识到，把马克思看作经济学理论家的传统解释必须大大加以改变。

对马克思的著述只有一些片断不全的零星研究论著，由此看来，可以理解何以没有一本马克思的详尽传记。发表于1918年的弗兰茨·梅林撰写的马克思的标准传记，不符合现代研究的要求。关于马克思的政治和思想方面的发展，梅林的一般性概述可由下面三部传记补充：奥托·吕勒撰写的《卡尔·马克思的生平和著作》（1928）；鲍里斯·尼古拉耶夫斯基和奥托·门兴-赫尔芬合写的《卡尔·马克思：人和战士》（1936）；M.吕贝尔撰写的《卡尔·马克思思想传略》。奥古斯特·科尔纽从严格唯物主义角度写的一部巨型的马克思恩格斯传记

（1954—1968），到目前为止还只写到1846年。阿尔诺德·昆茨里最近尝试写作了一本马克思的"心理传记"（《心理传记》1966年维也纳—美因河畔法兰克福—苏黎世版）；像别的这类传记一样，这种做法表现出这位精神病学家在心理分析方面的局限更甚于他在写作传记方面的知识幼稚。维尔纳·布鲁门贝格在其撰写的马克思略传的前言中指出，必须写作一部关于马克思的权威性的论著，但在从事这样一部论著的写作之前还必须做一些重要的细致工作。

马克思未发表的某些著作在阿姆斯特丹，某些在莫斯科马克思恩格斯研究院，这一情况阻碍着研究工作的进展。一些专门研究的论著尽管有其不足之处，迄今还是对马克思和他的政治思想提出了许多有价值的见解；虽然如此，整个研究工作到现在为止仍往往是制造混乱，而不是有助于阐明本身就十分复杂的马克思的思想。

随着新材料的发现和评价，对马克思的思想和对促使马克思思想形成的思想运动的分析已进入了一个新的阶段。越来越明显，不应把马克思关于世界的观念跟那些援引马克思学说并以马克思主义自命的政治意识形态等同起来。虽然很难把创造马克思主义看成是某一个人的工作，但还是能够有把握地说，主要责任落在恩格斯身上，因此可以认为他是马克思主义的非自愿的始祖。

今天对马克思的研究所处的奇异状况可以描述如下：由于马克思主义以各种不同表现形式的发展先于对马克思思想的科学研究，发端于马克思的运动势必仍然不了解马克思的某些基本思想。这种奇特的反常现象，说明了关于马克思的无休止的争论何以带有神话般的性质，也说明了他的学说在世界上三分之一地区所谓取得胜利的缘由。

(二)马克思的生平和著作(略)

(三)马克思的思想发展

　　充分意识到自己革命天职的马克思,首次进行的战斗是同青年黑格尔派一起反对普鲁士大学的神学精神。在他同他后来称之为"体系"的东西的最初冲突中,马克思经受了一种威胁感,他曾故意夸大其词地嘲讽了这种感觉。他的博士论文显示了他反抗黑格尔观念的蛊惑的迹象,虽然黑格尔的辩证法对马克思的思想具有决定性的和持久的影响。他之摈弃思辨和意识形态,是由于他愈来愈不相信唯心主义所假定的思想与现实的一致。这种一致也包括"自由党"的思想,因为"自由党"要把行为和规范统一起来,从而实现哲学的许诺,确立社会的和谐一致。马克思用实际行动反对思辨精神,他认为哲学正是要通过使其本身得到实现而被扬弃。针对黑格尔关于国家是伦理观念的体现的这种国家概念,马克思提出了反驳,指出国家显然不能容忍人们表达真理,所以它是把自己的权力建立在宗教教义的基础上。于是他开始用黑格尔体系本身的论证方法来驳斥黑格尔体系:如果真的一切现实的东西都是合理的,那么这位哲学家关于民主、人民和革命的讽刺性评论的意义又是什么呢?马克思按照费尔巴哈的指引进行了这种论证,费尔巴哈已经指明了批判黑格尔体系的方式,这就是击毁它的根基,用一种以总体存在的人为根据的人本学来取代黑格尔的神学。现在马克思把争论从宗教领域转移到政治领域,遵循从格劳修斯①和莱布尼茨传下来的传统思路,拿

---

① 胡果·格劳修斯(1583—1645)是荷兰学者,法律家,资产阶级天赋人权论的创始人之一。——译者注

社会的事业去反对国家的权力，反对官僚政治及其首脑——君主，而黑格尔却认为君主是人民意志和主权的化身。

马克思的读书笔记显示出他以何等的创造能力，通过对哲学和社会学的全面综合研究而加强了这场辩论。除了亚里士多德、斯宾诺莎、莱布尼茨、休谟和康德的著作以外，他还从文化史和宗教史的著作中做了笔记，研究了诸如希腊人、罗马人和印度人的偶像崇拜、艺术中所表现的神话，研读了许多关于古也门文明和放荡神秘的习俗方面的书籍，以及现代史特别是关于英国、法国和美国革命的著作。他特别重视的著作是卢梭的《社会契约论》（1762）、孟德斯鸠的《论法的精神》（1748）、马基雅弗利的《君主论》（1532）、托马斯·汉密尔顿的《美国人和美国风俗习惯》（1833）和阿列克西斯·托克维尔的《论美国的民主制》（1835）。正是马克思对哲学和历史的研究而不是对经济学的研究，促使他自发地抗议占支配地位的社会制度，决定献身于圣西门所谓的"人口最多和最悲惨的阶级"的事业，即现代无产阶级的事业，他认为无产阶级要完成一个历史使命：消灭国家和废除货币，因为这是资产阶级社会的两大罪恶。

为了使自己的观点具有科学基础，马克思后来集中研究了政治经济学。这使他得出了他称之为"新唯物主义"的总方针。对"**人是人的最高本质**"这个费尔巴哈从斯宾诺莎那里借用来的命题，马克思不是从狭隘的无神论意义上去理解，而是从社会政治的角度把它说成是一种"绝对命令"。据此得出的结论是：必须推翻"那些使人成为受屈辱、被奴役、被遗弃和被蔑视的东西的**一切关系**"①。恩格斯的《政治经济学批判大纲》发表在《德法年鉴》上以后，马克思受到恩格斯的鼓励，

---

① 《马克思恩格斯选集》第1版第1卷第9页。

得出结论说，理解社会弊病和知识陋习的关键在于政治经济学，于是他以政治经济学为准绳来批判文明和文化。跟黑格尔相反，马克思强调道德、法律、政治和哲学只不过是同一种物质生产关系的不同表现形式。人们的所思所想都是其所作所为；正是工业化过程首次揭示了人和自然之间的结合。因而改变生产关系即劳动状况，也就等于影响人同自然以及同他自身的和谐。

黑格尔实际上先于马克思提出了类似的看法，但由于他陷入了抽象的唯灵论，终于顺从地认可了人类的苦难和压迫。但即使在黑格尔的时代以前，就确有一批富于人道思想和才智的思想家如圣西门和蒲鲁东、法国百科全书派和英国唯物主义者，他们已认识到，个人和其周围的环境是处于相互依赖的状况之中。然后，劳动辩证法的发现给马克思揭开了历史创造的秘密，这就是卓万尼·维科①在十八世纪所教导的：人创造自己的历史。在费尔巴哈批判了宗教异化从而使旧唯物主义臻于完善地步以后，马克思力求通过突出黑格尔关于劳动具有创造性的概念，把以前的种种思想流派综合起来。"全部社会生活在本质上是**实践的**。凡是把理论引到神秘主义方面去的神秘东西，都能在人的实践以及对这个实践的理解中得到合理的解决。"② 于是马克思根据这一论断，对他从前的朋友新黑格尔派和蒲鲁东都进行了抨击。他谴责了各种形式的黑格尔思想赝品，并根据黑格尔的方法原则对之加以驳斥，同时概述了他自己对于未来的见解——但并非没有意识到某种含糊不清。马克思从来未能完全克服给他青年时期留下深刻印记的那种内在分裂，而且他知道，

---

① 卓万尼·巴蒂斯塔·维科（1668—1744）是意大利杰出的资产阶级社会学家，他企图确立社会发展的客观规律。——译者注

② 《马克思恩格斯全集》第1版第3卷第8页。

在有产阶级和无产阶级都"同是人的自我异化"的这样一种异化社会中，个人不可能解决他自己的冲突。

马克思对非人性文明的罪恶的痛恨，使他在把这种理论加以必要的连贯时过分轻率地把可能的东西和必然的东西混淆了起来。这种深沉的感情也说明了那鼓舞后代人的《共产党宣言》何以有预言式的语气、昂扬的激情和威力。这部著作是耗时十年的研究成果，涉及的学科广泛多样，文笔凝炼如格言，其所蕴含的见解博大精深，夺人眼目；书中包含着他对资本主义发展的某些趋势的结论，他深信资本主义的末日即将来临。

当1848年的事件埋葬了一切革命希望的时候，马克思意识到他必须寻求一种根据更充分、以经验为基础的方式。因此他息影政治舞台，远离溃败的革命者的骚乱活动，以便能够对历史形势重新进行一番思考。但几乎十年来他在其友人和信徒所期待的政治经济学著作的写作方面进展甚微，其部分原因是他要不断地跟贫困、疾病和维持资产阶级生活方式的问题作斗争。写于1857—1858年但一个世纪以后才出版的《政治经济学批判大纲》，表明马克思何等敏锐地理解和分析了他那个时代的经济问题。本来这部论著的目的是要根据劳动概念分析社会形态的结构，并描述现存的社会形式，说明作为一种特定生产方式的结果的现存社会的衰落。因此他认为《资本论》——这种研究的成果——只是一部预定要论及现代世界全部社会现象的更全面的著作的第一部分。在《政治经济学批判》序言（1859）中，马克思仅仅对他的社会学说作了一个格言式的说明。其中提出的论点（一共大约三十个）构成了1844年到1858年间所进行的一系列研究论著的精髓，直到今天仍然是解释大相径庭、争议十分热烈的对象。

虽然《政治经济学批判》没有得到人们很好的理解，马克思于1861年又重新写作他于1857年所开始的著作。在费时近五年的修改过程中，他写出了一系列手稿，然后从中选出了作为《资本论》第一卷的材料。马克思辞世以后，恩格斯和考茨基发现这些手稿包含了剩余下的四卷的题材。不过，《资本论》——本身只是计划要写的政治经济学著作的一个部分——不应被看作是完整的作品。写了几百个笔记本的马克思本人，对他写作的这部著作的篇幅感到惊讶。他的意图决不是要详细制定一个新的政治经济学体系，而是要使他的社会理论为革命事业服务。他希望促成资本主义的崩溃并建立一个以"各个人自由发展为一切人自由发展的条件"的社会。

迄今从未充分实现的马克思的宏伟设想，表明了他的思想具有深刻的矛盾。按照他的革命理论，由有阶级觉悟的无产阶级来消灭异化，这是一个真正的过程，而不是一个仅仅由知识分子精英人物所发动的过程。因此他在那本计划要写的关于社会理论的综合性著作中说明这一过程的前提和条件时，发现自己经常面临着一个双重问题：一方面要作为另一阶级的成员来表达无产阶级的革命意识，另一方面又要客观地分析已在进行的过程。

要把马克思的理论和实践后面的伦理动因与科学论据区分清楚决非易事。这两种因素的形成既是马克思早期受圣西门、傅立叶、欧文、蒲鲁东、特别是罗伦兹·冯·施泰因①、更不用说黑格尔、费尔巴哈的影响所致，也是后期受李嘉图、亚当·弗格森②、托马斯·霍吉斯金③和

---

① 罗伦兹·冯·施泰因（1815—1890）是德国法学家、国家法专家、历史学家和庸俗经济学家。——译者注

② 亚当·弗格森（1723—1816）是苏格兰资产阶级历史学家、哲学家和社会学家。——译者注

③ 托马斯·霍吉斯金（1787—1869）是英国经济学家和政论家，李嘉图社会主义者。——译者注

贝尔纳德·孟德维尔①的影响的结果。在这方面甚至有人指责他缺少独创性；然而马克思非常有见识，他并没有始终依靠那些曾培育过他的人们。他正确地强调了他的思想成就的新颖独到，1858年11月12日他在写给拉萨尔的信中指出，他的政治经济学"第一次科学地表述了对社会关系具有重大意义的观点"②。的确，马克思思想的独到之处恰恰在于他把自己在广泛研究过程中所获得的多种启迪加以深刻领会和融会贯通。

马克思显然认为在伦理的方法和力求达到的科学客观性之间没有冲突。他使严格的科学论证服务于一种事业，因为在他看来，人类的解放依赖于这个事业的成功；对于他来说，严格的科学论证就意味着理解和谴责，应该像理论分析和道德评价的自然统一那样并行不悖。马克思博大精深的教养和广泛丰富的知识未能掩盖他基本态度方面易于激动和感情用事的天性，即使有一些批评家把他的著作错误地解释为是纯知识性辛勤劳作的成果。像他的同时代人基尔凯郭尔和尼采一样，马克思使自己充当了他那个时代的一名刚正廉明的法官，大声疾呼地号召对社会进行彻底的改造。这三位具有共同心胸、但以不同方法进行活动的思想家都一致谴责一个随心所欲地用自己的道德去适应那维系其寄生生活的奴役制度的社会。基尔凯郭尔定会毫无疑义地赞同马克思的下述言论："随着人类愈益控制自然，个人却似乎愈益成为别人的奴隶或自身的卑劣行为的奴隶。"③

---

① 贝尔纳德·孟德维尔（1670—1733）是英国民主主义的伦理学作家和经济学家。——译者注
② 《马克思恩格斯全集》第1版第29卷第546页。
③ 《马克思恩格斯全集》第1版第12卷第4页。

（四） 马克思著作和教导的影响

跟对尼采和基尔凯郭尔一样，对马克思也必须从他思想的激进性质方面去理解他；他的成就既不能归结为他作为一名政治经济学家所产生的影响，也不能归结为他作为一名政治家所从事的活动——把他的作用说成是国际无产阶级无可争辩的领袖，这是马克思主义圣徒传的一大发明。跟马克思主义理论（包括列宁主义）相抵触的现代社会学以及自诩为马克思主义的工人运动，都只是抓住了马克思思想的个别方面，企图孤立地加以实现，从而使这些方面同他的整个观念离异了。

1. 马克思的个人观点

马克思生平事业所产生的经久不衰的影响首先和主要应归功于他不屈不挠地和无私地献身于他的目标——人类的社会解放。他十七岁时在中学毕业考试的试卷中天真直率地表明了他以后工作的基本道德原则，指出"人类的天性本来就是这样的：人们只有为同时代人的完美、为他们的幸福而工作，才能使自己也达到完美"①。1867 年他承认他为了工作"牺牲了健康、幸福和家庭"。移居伦敦以后他除了受到物质上、身体上和精神上的困难以外，还遭到无数的谩骂、中伤和攻击。但是，这一切未能使他停止以辛辣的批判和刻薄的讽刺来痛斥他的敌手。

马克思个人厌恶出头露面，宁愿不求闻达——例如，他曾拒绝对《迈耶尔会话辞典》的编者提供任何有关传记方面的情况——，他坚持

---

① 《马克思恩格斯全集》第 1 版第 40 卷第 7 页。

恩格斯和他自己"我们谁也不在乎名望"。他说他"厌恶任何的个人崇拜",在参加共产主义同盟之初就宣告他反对"有助于鼓励对权威的迷信"的任何做法。但另一方面,马克思从不反对别人称赞或赏识他对科学所作的贡献。因此,对于他死后集合于"马克思主义"旗帜下的社会主义运动能够自命为他的遗愿的唯一执行者这一事实,他无意中要承担部分责任。恩格斯在《反杜林论》中把"科学社会主义"等同于"马克思主义"(即使他没有实际使用"马克思主义"这个术语),这是使得人们把马克思的著作与从他那里得到启示而形成的各种"马克思主义"等同起来的一个决定性因素。

2. 马克思和"马克思主义者"

恩格斯很难预见他在其挚友葬礼上的演说会产生多么严重的后果。他虽然清楚地了解马克思跟那些在马克思生前最后几年和他死后期望以其著作为指针的马克思信徒之间的区别,还是助长了那种把马克思跟以马克思学说为基础的"理论上自觉的"工人运动史混为一谈的陈词滥调。这样一来,马克思对历史的影响就难以令人接受地被缩小和贬低为一句片面的套话。当恩格斯说在马克思身上"科学巨匠""远不是主要的"时,他不只是追求由党派考虑所决定的政治目的,而且也是反击他同时代人刚露端倪的论战,这些人把马克思捧为超凡出世的理论家,或者是研究资本主义制度的专家,他们并且用适应当时潮流的实证主义精神对马克思进行重新解释。与此相反,恩格斯强调指出马克思"首先"是一个革命家,同时他根据这一论断,批判了一种人道主义形式的社会主义。他这样描述了他挚友的天职:"以某种方式参加推翻资本主义社会及其所建立的国家制度的事业,参加赖有**他**才第一次意识到本身地位和要求，意识到本身解放条件的现代无产阶级的解放事业，——这实际上就是他毕生的使命"①。

马克思是一个革命家，但他的革命意图不限于通过已出现的社会主义劳工组织来部分地实现无产阶级解放的目标，虽然他认为这些组织的活动将在整个无产阶级的解放过程中起决定性的作用。在他看来，在无产阶级对世界历史使命的科学认识和实际完成之间的辩证关系并不需要一个由少数强有力人物领导的高度集中的工人政党来充当中介，这样的政党只会要无产阶级遵循另一套固定不变的意识形态纲领。

马克思的影响在许多方面与他的学术著作无关，他的学术著作大部分不为他的同时代人所知，或者，即使他的著作有直接的作用，那也是被重新作了解释的，这部分地是出于策略上的考虑，部分地是由于他的著作受到了错误的理解。这种情况也可以说明，恩格斯关于其挚友马克思是无产阶级意识的源泉的看法何以后来在由马克思信徒所领导的各国工人运动中会造成不幸的后果。恩格斯逝世以后，考茨基要求充当这种中介角色，列宁在1917年以后对此提出了异议，指责他从前的导师是一个"叛徒"。不过应当指出，无论是东方形式的马克思主义还是西方形式的马克思主义，都仅限于（只有极少例外）使一个先锋队具有掌握辩证既定必然性的超人特权。马克思主义的每一种形式，不管是名曰"真"的还是"假"的，都是根据一种思想体系或是根据一种马克思主义哲学来论证其合法性，都势必要全部伪造马克思的基本意图。尽管马克思作为一名政治家有过错误，但在他的思想（不管是作为资本主义生产方式的社会学理论，还是作为"揭示现代社会运动的经济规律"的试图）中没有任何东西可以为占统治地

---

① 《马克思恩格斯选集》第1版第3卷第575页。

位的精英人物的要求作辩解，似乎他们有权把马克思的社会学论点改造成日常政治行动的准则。

考茨基在制定他那种正统马克思主义（这种正统马克思主义对马克思经济概念庸俗化应负很大责任）时，利用马克思的体系主要是为了保留革命辞藻，但这些革命辞藻不再被用来煽动政治行动，而是被用来结成一个包容不同利益集团的群众性政党。正统马克思主义者和修正主义者之间的表面对抗掩盖了这样的事实：这两种运动基本上都是致力于在现存资本主义制度的范围内实现社会改革和民主改革。马克思认为在有阶级觉悟的无产阶级的行动和资本主义的内在衰败之间有一种相互关系，也就是说，把这二者看作是两个同时起作用的因素；但正统马克思主义却用自动过程的概念（即认为无产阶级无需作出巨大努力，这种过程就必然会使资本主义结构衰败）来取代马克思原来的思想与行动相统一的观点。作为这种思想的基础的进化宿命论遭到了左翼德国社会民主党人特别是卢森堡和李卜克内西的正确反对，他们重申了马克思关于工人阶级要有自我解放行动的基本原理。这个党的右翼伯恩施坦利用马克思关于经济发展的图式，以类似的方式攻击资本主义制度必然崩溃的概念，特别是攻击绝对贫困化和相对贫困化的理论以及资本积累的理论，他不是持宿命论的观点，而是主张开展旨在扩大民主范围的目的性明确的政治工作，这样就提供了一个能真正代替正统马克思主义者消极被动状态的可行方案。

3. 马克思对德国社会民主党的影响

马克思的辩证批判的社会理论的本质要素，在他的早期著作于三十年代初发表以前一直未被人们所普遍了解。这一理论的基本性质非常适合于充当十九世纪六十年代以来日益蓬勃发展的社会民主运动的实际党纲。尽管马克思和恩格斯对早期主要的德国社会民主党人特别是倍倍尔和李卜克内西发生了强大的影响,但这两人(像他们之前的拉萨尔一样)却力求使马克思的观点适应于当时已形成的实际状况。马克思和恩格斯都未能成功地使德国社会民主党人遵循他们的原则。将马克思对哥达纲领草案的批判加以保密的这种做法就清楚地说明了这一点。

马克思并不认为他自己是当时兴起的社会主义工人运动的政治舵手。不过,他对这一运动的发展产生过决定性的影响,因为他普及推广了独立政党的思想,从而阻止了坚持要使工人的利益与激进民主团体一并加强的做法。不应对《共产党宣言》的作用估计过高;即使对马克思的早期经济著作,工人运动也只是部分地采用,而且后来只是表面上接受。但从一开始,关于有阶级觉悟的无产阶级同资本主义必然发生革命冲突、要实行国际团结的思想,就与1848年革命以来的独特民主传统融合在一起。虽然拉萨尔派在政治上遭到了失败,但在对德国工人的思想方式的影响方面,拉萨尔的"铁的工资规律"的理论在程度上大大超过了马克思对资本主义制度的基本分析。一直到十九世纪八十年代末期,马克思的思想才得到普及,并终于成为社会主义者的纲领和意识形态的要旨,虽然是和改良主义观念鱼龙混杂地交织在一起。在形成通俗的马克思主义方面起促进作用的不是马克思的《资本论》,而是考茨基的《卡尔·马克思的经济学说》(1887)这本书、考茨基的《新时代》杂志以及恩格斯关于历史唯物主义的著述。

把马克思所理解的批判社会理论改造成无产阶级的世界观(其中又吸收了许多实证主义成分和当时流行的轻信科学的信念),这主要是由恩格斯本人倡导的。至于在这样做的过程中,恩格斯并非完全自觉地背离他的挚友马克思到了何种程度这一问题，是需要加以深入研究的课题。恩格斯把革命的历史学说变成了由经济形态和阶级斗争所决定的多少有些自动的过程，把工人运动从充满活力的革命因素改变成了导致资本主义崩溃的发展过程的潜在受益者。他未能使已意识到自己革命使命的无产阶级的革命行动跟洞察历史过程的社会经济制约性的观点保持辩证的统一，而是代之以一套革命辞藻，为保证工人中的思想统一这个单一目的服务。马克思的后继者们把他的哲学和经济学理论变成了一种无产阶级的划一的意识形态，这种意识形态使他们看不见那些由于工业革命的进展而在经济和社会结构中发生的、决不总是符合马克思预言的实际变化。

这种意识形态固定化的结果，极左翼和右翼团体就只好设法回到马克思原来的立场上去。不管伯恩施坦离开马克思的经济思想多远，他至少还力图把他的经济学和社会学方法应用于已经发生变化的结构——虽然他缺乏马克思的敏锐并且无批判地过高估计了非革命性的民主发展的可能性。而且他还试图从考茨基的庸俗化所造成的僵化威胁中挽救社会主义的理论。

4. "马克思主义"的官方化

马克思对直到麦克斯·维贝尔的时代为止的资产阶级社会经济学产生了深远的影响，在社会主义工人运动方面却没有留下痕迹（像卡尔·格林贝格这样个别的社会主义者除外）。只有中欧社会民主党人的左翼，一方面是卢森堡，另一方面是个别奥地利马克思主义者（虽然他们采取了反对的立场），能够正当地声称较好地理解了马克思的学说，并且重新发现了马克思理论中的能动主义因素。但是毫无疑义，是列宁首先出来驱散庸俗马克思主义的迷雾，恢复马克思革命理论原来的辩证性质，但他也确实在其中加上了革命精英人物要起领导作用的主张。这后一种观念是同马克思格格不入的，但符合俄国的革命传统。

布尔什维克胜利以后形成了马克思列宁主义的官方化，随之而来的是重新塑造马克思的形象，把这位工人运动的理论家和倡导人变成了工人运动的领袖、工人运动统一的化身。对他在共产主义同盟中的作用、他在第一国际中的地位和他关于工人运动的主张都进行了重新解释，以适应列宁主义实践的需要。由马克思列宁主义所阐述的历史唯物主义和辩证唯物主义，用列宁的认识论词句，部分地还借助了黑格尔主义的语汇，重新改变了说法。值得注意的是（直到今天仍然如此），在这一过程中所形成的这种自成一套的意识形态体系，其权威根据主要是恩格斯的历史著作和理论著作，而且也汲取了十九世纪前七十年传入社会主义思潮中的那些进步自由派的意识形态成分，但这些东西跟马克思异化理论的道德标准是不能融合在一起的。

自从马克思的早期著作发表和许多迄今未被人所知的手稿公之于世以来，对马克思形象的修正已成为一件紧迫的事情，这个问题在马克思列宁主义意识形态统治的范围内看来进展甚微，而在西方的探讨中却起着越来越大的作用。西方把马克思看作是一种内容庞杂的人道主义的先驱，他的遗产把科学分析和以道德为基础的社会批判全面综合在一起。所以探讨又一次集中于他的经济和政治主题上。马克思学说的存在主义性质更加明显，因为他所提出的关于现代工业社会条件下人的异化问题，今天比以往更加紧迫，虽然部分地是由于马克思所未曾预见到的一些情况。基督教徒和马克思主义者力求以他们相互对立的思想体系之间的科学对抗为基础来进行对话；在现代社会学中人们也试图富有成效地启发式地运用马克思的方法（这种情况在今天的社会科学理论研究中可以见到）；上述两种做法都表明，目前就来估量马克思思想在西方国家中的影响尚为时过早。

5. 共产主义意识形态中对马克思的描述

东德社会主义统一党中央马列主义研究院出版的《德国工人运动史》在谈到"全德工人联合会中的拉萨尔崇拜"时声称："从一开始，马克思和恩格斯就毫不容情地反对一切形式的个人崇拜和工人运动中的独裁专制，认为这类做法是与工人阶级不相称的和有害于工人阶级的。"但从马列主义政党的理论和实践中，从第二次世界大战以后所建立的人民民主共和国的政府政策中，人们必定会得出结论说，马克思和恩格斯所作出的这些努力完全没有产生成效。个人崇拜和独裁专制恰恰正是布尔什维克模式的社会主义国家的突出特征。对马克思的崇拜本身不过是一句空话，因为即使在预定为广大公众阅读的官方出版物中对马克思的描述也无法掩盖这样的印象：共产党宁可步拉萨尔宗派主义的后尘，而不愿遵循马克思所提出的、有社会学和伦理学根据的原则，因为按照这些原则，工人**阶级**必须优先于工人**政党**。列宁颠倒了马克思社会学和政治学的这个基本原则，从而使执政的共产党能够歪曲马克思所一再说明的无产阶级多数专政的理论；它们实际上成了马克思和恩格斯所反对的、主张政党少数专政的布朗基观点的拥护者。

在对权力的关系上，共产党统治者和意识形态学家也证实他们是布朗基和黑格尔的门徒，虽然他们对所接受过来的这些理论往往不自觉地在这一过程中将其弄得面目全非、毫无生气了。最能说明这一点的莫过于列宁在援引其导师们的话时所玩弄的手法。一个典型例子是他的《国家与革命》这本书，他在书中引用了恩格斯在马克思《法兰西内战》(1891年版）一书的导言中所提出的全部论点，唯独没有引用那段驳斥布朗基主义、暗含有谴责布尔什维克主义的意味的话：

"他们［布朗基主义者］是按密谋学派的精神培养出来的，是由这个学派所要求的严格纪律团结在一起的，他们认为少数坚决和组织严密的分子在顺利的条件下不仅能够夺得政权，而且能够用极果断坚决的措施来保持政权，直到把人民群众吸引到革命方面，并使他们聚集在少数领袖的周围。这首先要求把全部权力最严格地专制地集中在新的革命政府手中。大多数正是由这些布朗基主义者构成的公社，在实际上做了些什么呢？它在向法国各省人民发表的一切宣言中，号召他们把法国的所有公社同巴黎联合起来，组成一个自由的联邦，一个第一次真正由国民自己建立的全国性组织。正是军队、政治警察、官僚这种旧的集权政府的压迫权力，即由拿破仑在1798年建立，以后一直被每届新政府当做合意的工具接收并利用来反对自己的敌人的权力，应该在全国各地覆没，正如它已在巴黎覆没一样。"①

早几年以前，在1885年4月23日，恩格斯曾给俄国马克思主义者维拉·查苏利奇写信指出：

"……如果说布朗基的幻想（通过小小的密谋活动震撼整个社会）曾经有某种理由的话，那这肯定是在彼得堡……那些自夸**制造出**革命的人，在革命的第二天总是看到，他们不知道他们做的是什么，**制造出的革命**根本不像他们原来打算的那个样子。"②

---

① 《马克思恩格斯选集》第1版第2卷第334页。
② 《马克思恩格斯选集》第1版第4卷第451页。

除了马克思的政治学说遭到肢解以外，他的基本的认识论和方法论理论也受到忽视，这些理论以格言形式包含在他的早期著述和成熟著作中，并没有系统的说明。马克思十分了解这一缺陷，当他重新开始研究黑格尔时，他在1858年许下了如下的誓愿："如果以后再有功夫做这类工作的话，我很愿意用两三个印张把黑格尔所发现、但同时又加以神秘化的方法中所存在的**合理的东西**阐述一番，使一般人都能够理解。"① 但他未能履行这个誓言，因此不能防止后人以烦琐的态度对待他的辩证方法。关于这个方法，他只是描画了一个轮廓，并把它称之为"新唯物主义"。恩格斯曾试图根据他自己的材料，把他挚友未完成的工作扩展成一种摆脱一切教条的发展理论，这种理论应能科学地说明知识、社会和自然的规律；但是这项工程进展不大，不过只是开了个头罢了。于是恩格斯无意中成了"辩证唯物主义"的开创者，后来党和政府的意识形态学家又把这种"辩证唯物主义"确立为"马克思主义哲学"。即使他曾谦虚地把"我们的历史观"描述为"进行研究工作的指南，并不是按照黑格尔学派的方式构造体系的方法"，② 但这并未能阻止那些以党的精神焕发出热情的不大谦虚的追随者们自以为是地把"马克思主义哲学的主题"规定为："它包括人与世界的相互关系，因此还包括物质与概念的相互关系，自然界、社会和思维的一般规律与本质特征，以及现代的一般基本问题。"③ 这样一来，马克思关于人的自我解放的批判理论就被歪曲成了人对人的全面统治的极权主义意识形态。

---

① 《马克思恩格斯全集》第1版第29卷第250页。
② 《马克思恩格斯选集》第1版第4卷第475页。
③ 科津主编：《马克思主义哲学教科书》1976年版第27页。

（五）马克思和工人运动

西方历史学家和共产主义历史学家之间在工人运动问题上的主要争论问题之一是：马克思本人在工人组织的发展中具有何种地位，起过何种作用；社会主义工人运动内部各个集团的形式和目标在何种程度上可以归因于他的政治理论的影响。马克思自觉地投身到新兴的工人运动中去，但他同时也意识到他承担的任务所加给他的孤寂；这个任务他从来未能完成，他的著作也势必完成不了。1843年他停止了对世界的哲学探讨和对事物的思辨解释；他同现代无产阶级的运动结合在一起，他认为现代无产阶级承担了一项历史使命。但他并没有想要针对异化的社会制定出一个空想的或科学的体系；马克思首先和主要地是要参加争取解放的斗争，人类的命运将要取决于这场斗争的结局。如他自己后来所说明的那样，当他和恩格斯加入共产主义同盟时，这就意味着他们"自觉地参加我们眼前发生的革命地改造社会的历史过程"[①]。

这个同盟并不是一个真正的政党。马克思明确地说明了这一点，而且早在《共产党宣言》中就已宣称："共产党人不是同其他工人阶级政党相对立的特殊政党"[②]。马克思并不认为他自己要发明一个新的社会制度或者发现一种新的社会科学，以取代现有的社会主义理论和共产主义理论，从而保证其成功。他的愿望倒是要参加工人阶级特有的政治运动，参与表现无产阶级的"历史自发性"。马克思个人所关心的是参加

---

① 《马克思恩格斯全集》第1版第14卷第465页。
② 《马克思恩格斯选集》第1版第1卷第264页。

实际的工人阶级运动，而不是根据一个学理公式来指挥这个运动的进程。

马克思经常强调知识分子的教育作用，强调工人运动的自我教育，这是他对空想社会主义者和宗派主义运动进行批判的根本要旨。"一步实际运动比一打纲领更重要"。① 马克思所理解的对资产阶级社会经济结构的科学认识，首先是从理论上和批判地全面了解特定历史时期中的社会现实和阶级冲突；在他看来，这种现实从属于一种需要加以科学表述的发展规律。因此，他的社会理论的当前目标是要对现存制度及其基本意识形态进行彻底的批判。当马克思开始作为社会主义理论家从事著述时，他拟定了一个全面批判的系统纲领："批判法、道德、政治等等……国民经济学同国家、法、道德、市民生活等等的关系……最后……对这一切材料的思辨加工进行批判。"② 他从未有机会去实现这个纲领，但他的各种著述包含了他将如何完成此项工作的重要线索。

虽然马克思关于各个批判项目的总设想从未超出计划阶段，但他未发表的材料和已发表的著作却显示了一种较适宜于批判思考而不适合政治行动的思想方式。也许这样说更为正确：马克思认为纯粹的政治观点靠不住——这在他的一篇反对卢格的论战式的早期政论文章中已表现出来。在这篇赞颂1844年西里西亚纺织工人起义的牺牲者的文章中，马克思宣称："社会革命采取了整体观点，因为社会革命……乃是人对非人生活的抗议"，而"具有政治精神的革命"只是靠着牺牲社会本身的

---

① 《马克思恩格斯全集》第1版第34卷第130页。
② 参看《马克思恩格斯全集》第1版第42卷第45页。

利益，在社会上组织出一个统治阶层。① 他把这场纺织工人的叛乱解释为是对国家和每一种压迫形式（他认为这两者密不可分）的根本谴责。二十五年多以后，这种观点在赞颂巴黎公社的壮丽事业的文章中表现得更加鲜明，这些文章把公社的社会精神的失败归因于政治力量和军事力量，即凡尔赛宫和俾斯麦所采取的联合行动。

无可否认，马克思未能完全摆脱他作为德国共产党精神领袖所受到的日常政治活动的影响。正是由于这种政治遗产的本来就有的多种含义，由于马克思的思想遭到了辩证的曲解，马克思主义作为党的意识形态就有了充分的根据。按照马克思的观点本来该由无产阶级自身来完成的工作，被重新解释为是政治精英人物的特权。马克思给共产党人规定的教育职能，就与一种论证性的任务结合起来，这就是不惜任何代价从理论和实践两个方面向工人群众论证人类解放的总目标，以便防止政治行动变成目的本身。这并不是说，共产党人在政治上有权指导这一运动并决定其命运。通过颠倒阶级与党之间的关系，马克思主义政党立即建立起它们对其他把有阶级觉悟的无产阶级组织起来的工人政党的垄断，由于它们自己的利益在许多方面不同于整个无产阶级的利益，所以它们就力图按照自己的模式来塑造无产阶级。

自十月革命以来，马克思列宁主义凭借其对马克思思想的这种歪曲滥用而获得了其全部使人信服的威力；它具有了国家理论的形式，日益失去了马克思所主张的反国家和反政治的色彩。跟1917年前由德国社会民主党人向马克思主义的俄国门徒所大力传播的马克思主义传统相比，列宁的政治纲领（根据马克思和恩格斯的观点）代表了连续性中的一个明显断裂。虽然马克思颂扬工人的"自发性"，甚至认为俄国村

---

① 参看《马克思恩格斯全集》第1版第1卷第487—488页。

社农民的革命性超过西方的工人,但他基本上坚持了这样的原则,即一个社会"既不能跳过也不能用法令取消自然的发展阶段"①。不过他没有排除历史机会的可能性,这在他对待巴黎公社的态度中可以明显地看出。正因为如此,列宁在1917年4月认定俄国的苏维埃是新历史形式的潜在工人政府时以马克思的观点来作为权威根据,这样做是不无道理的。这也标志着1920年在德国兴起的委员会运动和1871年在没有任何政党煽动下而自发成立的巴黎公社之间的联系。

另一方面,马克思和恩格斯对他们当时的军事冲突的态度,可以由他们对历史过程的纯粹唯物主义观点来解释。"马克思党"要求工人运动的认真负责的领导人在这样的情势下要按照他的理论的维护者所制定的政治规范来采取行动。

恩格斯对马克思的政治遗产遭到如此"整理"负有部分责任。他实际上促进了马克思主义政党的形成。恩格斯生前能够通过他那有远见卓识的批评,在一定程度上控制和反对了把理论日益严重地教条化的倾向。他还一再告诫法国、英国、美国和俄国的首批追随者不要按照一种特定的模式来指导整个工人运动;但有组织有纪律的工人政党的成功使它们不可能离开它们已经走上的道路,或寻找一条解放工人阶级的不同途径。伯恩施坦的修正主义在他政治导师们的遗产中有其根源,因为他谴责工人的非理论化,认为工人的"自发行动"具有更多的改良主义性质。马克思理论的正统派代表的规劝不能改变这场运动的改良主义实践,这一运动的组织反映了资产阶级社会的等级结构,它不能对两次世界大战及其极权主义恶果进行有效的抵抗。

---

① 《马克思恩格斯全集》第1版第23卷第11页。

俄国的追随者（不论孟什维克还是布尔什维克）的正统观念对俄国革命的进程只有很小的影响，俄国革命的兴起和发展决不能归之于意识形态的原因。马克思主义意识形态的两种极端形式（改良主义运动和革命运动）都越来越远离作为马克思理论基石的无产阶级自我解放的基本原理。在经济较发达的社会和仍然是半封建的国家中，马克思主义意识形态在改良主义工人运动中和在革命时期都只起一种控制工具的作用，以保持与马克思所发展的政治社会学的一致。当列宁跟他的老师考茨基分道扬镳时，他号召人们注意先进工业国家中的工人运动的软弱无力，在这些国家中，无产阶级被自己队伍中产生出来的贵族"叛卖"了，因而不能执行它的革命使命。另一方面，沙皇俄国这个经济落后和以农业为主的国家，在列宁眼中看来却具有实现革命所必需的物质前提和政治前提。他认为在那里可以发动甚至完成社会主义革命，因为群众的悲惨不幸足以挽救这场运动，使其免遭野心勃勃的政治精英人物的"叛卖"。为了从理论上论证这一点，于是求助于马克思的思想宝库中有关社会精英人物的作用和天职的经典观念，以证实列宁和托洛茨基随便同"发展不平衡规律"联系在一起的"不断革命"论。这是理解以马克思的花饰装点起来的这种新意识形态的关键所在，即使在斯大林主义时代以后，这种装饰也仍然自命为是马克思列宁主义的不可动摇的教条。

在受执政精英人物的命令支配的共产主义王国里，由于刻板套用马列主义理论的典据，到处发生政治动乱。马克思关于某个社会中占统治地位的意识形态的论述，现在完全适用于说明这些新阶级制度中的马克思主义意识形态的作用："统治阶级的思想在每一时代都是占统治地位的思想。这就是说，一个阶级是社会上占统治地位的**物质**力量，同时也是社会上占统治地位的**精神力量**。"① 尽管过去五十年来不断发生政治动乱和社会动乱,与马克思名字联在一起的唯物主义社会学却几乎毫未丧失它的合法性;它暴露了所谓社会主义国家经济结构所特有的支配与奴役之间相互关系的本性。

关于马克思的资本主义生产方式理论的有效性的争论在西方由盛而衰。但无论是过去的记录还是当今的景象,看来都不能证明马克思对于社会发展的悲观看法是荒谬的。"野蛮现象将再度出现,但它是在文明本身的怀抱中产生的,并且归属于文明;因此便是染有麻疯症的野蛮现象,作为文明的麻疯症的野蛮现象。"② 马克思曾经期待"最众多和最不幸的阶级"在意识中发生深刻的变化,尽管这个革命的希望至今尚未实现,但他所不断反对的那个制度的衰退中所固有的选择却具有了日益重大的意义,这种选择就是:人们必须要么信奉社会主义,要么陷入野蛮状态。马克思用今天听来比以往更具有空想色彩的词句所设想的新社会,不管它是历史的必然还是道德的假定,看来是一个处于灾难边沿的世界所难以达到的:

"**共产主义**是**私有财产即人的自我异化的积极的扬弃**,因而是通过人并且为了人而对**人的本质**的真正**占有**;因此,它是人向自身、向**社会的**(即人的)人的复归,这种复归是完全的、自觉的而且保存了以往发展的全部财富的。这种共产主义,作为完成了的自然主义,等于人道主义,而作为完成了的人道主义,等于自然主义,它是人和自然界之间、人和人之间的矛盾的**真正解决**,是存在和本质、对象化和自我确证、自由和必然、个体和类之间的斗争的真正解决。它是历史之谜的解

---

① 《马克思恩格斯选集》第 1 版第 1 卷第 52 页。
② 参看《马克思恩格斯全集》第 1 版第 6 卷第 656 页。

答,而且知道自己就是这种解答。"①

作为这种浪漫主义未来观的基础的,是被马克思改造为唯物主义范畴的黑格尔的历史发展辩证法。马克思充分意识到他处于社会存在的一个历史转折关头,充分意识到他生活在人类面临信奉社会主义还是回到野蛮状态这两种选择的过渡时期。他的毕生事业都包含在这种两难的困境之中。

(原载《马克思主义、共产主义和西方社会。比较百科全书》第5卷)

(易克信 译)

---

① 《马克思恩格斯全集》第1版第42卷第120页。

作为历史学家的卡尔·马克思[*]

〔德〕汉斯-彼得·哈斯蒂克

卡尔·马克思"作为19世纪最强有力的精神力量"（维·布卢门贝格）恰恰在科学史上也具有当之无愧的地位，靠的不是创造历史的力量，不是人格、事业和政治影响的历史威力。我这样说，首先指的是国民经济学，或者说"政治经济学"方面——顺便交待一句，"政治经济学"这一用语，绝不单单是马克思概念用语中所特有的，而是在弗里德里希·李斯特**以前**就已普遍使用的术语——，进而指的是社会学和哲学，但同时也指我们应进行探讨的马克思为历史学所作的专门贡献。《资本论》的作者，很早就研究了政治、经济、社会和历史之间的跨专业的联系，而这正是他的理论的特点。马克思在1844年设定了"确立此岸世界的真理"，从那以后，他经历了宗教批判和黑格尔法哲学作为"唯一站在正统的当代现实 al pari〔水平〕上的**德国历史**"的批判诸阶段，直至**政治经济学批判**。对于马克思所走过的这条道路，卡尔·科尔

---

[*] 本文选自《马克思恩格斯研究》1994年总第17辑。

原题注：本文是作者为特里尔马克思故居研究中心出版的纪念德国工人运动史学家施洛莫·纳阿曼诞辰70周年的文集所写的论文，在译成中文时，做了删节。——译者注

施在1923年曾概括为这样一个"公式",他说,马克思"首先从哲学角度批判了宗教,接着又从政治角度批判了宗教和哲学,而最后则从经济学角度批判了宗教、哲学、政治及所有其他意识形态"。① 早在《〈政治经济学批判〉序言》中的经典定义澄清了"生产力"、"生产关系"、"基础"与"上层建筑"的相互关系之前,马克思关于在历史进程中政治、经济和社会之间错综复杂关系的理论的基本结构就已经勾画出来了。然而从1844年写作《黑格尔法哲学批判》到1859年发表《政治经济学批判》,其间经过15年之久,马克思在几乎所有知识领域进行了大力的研究,走过了从哲学人类学到经验人类学、从法哲学和国家哲学到法的历史和制度史、从古典流派经济理论到经济史的道路,完成了从社会哲学到社会学和社会史的发展过程。

马克思是德国现实科学社会学的创始人。他在1843年春夏两季所写的关于黑格尔《法哲学原理》第261—313节的批判分析和1844年《德法年鉴》上发表的《〈黑格尔法哲学批判〉导言》,与对于刚刚兴起的社会史研究同样有重要意义的罗仑兹·施泰因的著作②同为"……社会学事实的具有历史意义的象征",是《社会物理学》(*physique sociale*)的德国的姊妹篇。

---

① 卡·科尔施:《马克思主义与哲学》(1923年第1版),E.格尔拉赫编,1966年法兰克福、维也纳版第124页。

马克思的引文分别参看《马克思恩格斯全集》第1版第2卷第453、458页。

② 罗仑兹·冯·施泰因:《现代法国的社会主义和共产主义》1842年莱比锡版。这部划时代的著作经过修订和增补先后于1848和1850年出版了第2和第3版,书名改为《自1789年至今法国的社会运动史》。

马克思的社会学接受了黑格尔把哲学视为时代的理论的规定，接受了他从古典经济学借用来的市民社会的概念，接受了国家与社会的二元论，并用现实辩证法加以改造，因而成为工业革命、社会革命和政治革命时期的精神相关物。它理所当然地成了时代的科学的自我意识，与复辟精神所规定的、涉及社会的同样是时代的思想相对立，以革命地改变危机重重的当代为目标。恩格斯于 1845 年写的《英国工人阶级状况》，是德国最早的社会学著作之一，而产生于历史哲学的危机科学社会学，只是在迈出了从黑格尔到马克思这一步的时候，在现实主义地把黑格尔的精神哲学改造为关于资本主义阶级结构，关于这个社会制度的来源、运动规律和发展趋势的科学的过程中，才逐渐形成。社会学的根就在这里，而力求成为各个时期的包罗万象的当代理论，则是它加于自身的任务，自 19 世纪起以后很长时间，它作为哲学的经验源泉和经济学的理论载体，一直同其相邻科学密切结合，然而马克思和后来的马克思主义体系，却长时间还几乎谈不上有自己的独立的社会学。尽管数十年来国民经济学理论基础发生了变化，走上了一条逐渐成为大规模数学化的函数科学的道路，因而几乎不再需要一种包罗万象的社会学的基础，不过，这种发展对于从科学史角度客观地评价马克思对于经济学和社会学的意义曾经还是有所裨益的。不只是历史社会学和文化社会学等（汉斯·弗赖尔、阿尔弗雷德·韦伯）以及由马克斯·韦伯和卡尔·曼海姆所创建的、以历史唯物主义的意识形态概念为指导的知识社会学，都根源于马克思的开端。又例如斐迪南·滕尼斯的《共同体与社会》（*Gemeinschaft und Gesellschaft*）和国民经济学家兼社会学家马克斯·韦伯为抵制马克思主义的政治影响而写作的大肆铺陈的毕生巨著，也都没有脱离这一传统。①

马克思在任何没有偏见的国民经济学的教义史中所占据的杰出地位，甚至在桑巴特晚年的著作中都得到了承达，而且早在50年代就受到了例如埃德加·萨林的高度评价，同样，在今天我们也应当给予强调。按赫赫有名的巴塞尔国民经济学家萨林的评论，马克思作为流通理论家，是以把国民经济论证为专门科学的重农学派最重要的著作魁奈的《经济表的分析》为依据的，其劳动价值论、经济学的抽象过程、在学术上以及政治上同样有重大影响的剩余价值学说，均"师承"亚当·斯密、蒲鲁东和首先是李嘉图；马克思的经济史和经济理论方面的经济学观念，"其历史意义，在资本主义高度发达的数十年内都是经久不衰的，这一点无可辩驳"。② 有的人甚至坚持认为，马克思的分析，揭示了资本主义生产方式的结构要素至今仍是长期的有效的决定因素，马克思的解释仍一如既往要求对这些因素予以重视。这位《黑格尔法哲学批判》的作者，受了恩格斯为《德法年鉴》所写的一篇论文的启发，于1844年在巴黎，后来在布鲁塞尔和伦敦，对于国民经济学经典作家的著作，特别是古典国民经济学的两部代表作亚当·斯密的《国民财富的性质和原因的研究》（1776）和大卫·李嘉图的《政治经济学原理》（1871）（最初读的是法文译本），作了详细的摘记，却以《政治经济学

---

① 传统科学史认为，前文所述意义上的社会学作为独立学科，经过在英、法两国启蒙时期历史哲学与社会哲学之中和自柏拉图及亚里士多德起的国家哲学之中的孕育，始于圣西门（1760—1825）及其多年的秘书奥古斯特·孔德（1798—1857）。而对于"社会学家"马克思在科学上的意义与影响的评断则是不一致而且不总是不偏不倚的（sine ira et studio）。

② 埃·萨林《国民经济学说史》，1951年伯尔尼、蒂宾根第4版，第116页。

批判》(1859)和《资本论》第 1 卷(1867)创造出了优于经典的和声学与观察方法以及在方法论上超过他的前人的功业。虽然这部用毕生精力撰写的论述政治经济学的科学巨著的广泛意图,被黑格尔意义上的进程所扬弃,但是,假如有人想否认凝聚了马克思基本的科学认识的《资本论》对当代马克思主义科学传统以外的经济科学研究发生任何影响,恐怕对马克思的评价就有欠公允了。

如果说马克思经济科学的代表作,在当时的一篇书评中尚且被评论为"决不是……一部使具有科学修养并要求科学成果的读者满意的著作"①,那么,马克思在直至进入 90 年代的哲学专门讨论②中就更没有多大作用可言了。他在 19 世纪哲学史上的地位,随着所谓早期著作的发表,而逐渐明确起来,这包括为了自己弄清问题而于 1844 年初写作、至今作为《经济学哲学手稿》而遐迩闻名的巴黎手稿,以及 1841 年的博士论文和《德意志意识形态》。马克思和恩格斯于 1845、1846 年合作写成的《德意志意识形态》,在他们生前一直未能发表,在 1903 年和 1904 年首先由爱·伯恩施坦摘要发表,1921 和 1926 年又分别由古斯达夫·迈耶尔和大卫·梁赞诺夫部分发表。这部手稿在科学上最可靠的版本,是 1932 年收在莫斯科马列主义研究院编辑出版的《马克思恩格斯全集》历史考证版中的本子,共 556 页。《经济学哲学手稿》于 1927 年首次用俄文发表在上述莫斯科研究院编的《马克思恩格斯文库》第 3 卷第 247—286 页;第一次用德文发表,是在梁赞诺夫的继任阿多拉茨

---

① 《国民经济和统计年鉴》第 12 卷(1869 年)第 464 页。
② 恩格斯在致康拉德·施米特的信中,批评莱比锡哲学家保尔·巴尔特的《黑格尔和包括马克及哈特曼在内的黑格尔派的历史哲学》"纯粹是小学生做作业"。参看《马克思恩格斯全集》第 1 版第 38 卷第 123—124 页和 202 页。

基主持下继续编辑出版的《马克思恩格斯全集》（历史考证版第1部分第3卷第29—172页）和兰茨胡特—迈耶尔版《早期著作》①。现在对于马克思的理解已经不再只是从《资本论》中去寻找，而且还可以从这些著作中去寻找了。真正从哲学上理解马克思，则始于"交给老鼠的牙齿批判"的《德意志意识形态》的全文发表和1932年随着由阿多拉茨基和兰茨胡特—迈耶尔出版的所谓巴黎手稿，使得返回来探讨"历史唯物主义"②的原始形态成为可能的时候。勒维特论述19世纪思想的著作，卢卡奇、科尔施、马尔库塞、贝克尔·兰茨胡特等人的论著，以及其他许多人的文章，深入分析了马克思的异化哲学和历史哲学，分析了青年马克思的人类学和劳动学说，从而把《资本论》的作者以在世界历史上具有重要意义的黑格尔派的形象，以历史哲学家、法哲学家和社会哲学家的身份载入哲学史的史册。

相比之下，马克思对于1845、1846年在《德意志意识形态》中所说的"我们仅仅知道一门唯一的科学，即历史科学"③。这门学科的影响如何呢？历史这门学科，当时在诸如史料考证和客观性这些主要概念中，以德国的历史主义为标志正准备在19世纪的科学界占据主导地位。像列奥波德·冯·兰克（1795—1886）、奥古斯特·贝克（1755—

---

① 《卡尔·马克思。历史唯物论。早期著作》，S. 兰茨胡特、J. P. 迈耶尔编，1932年莱比锡版第1卷第285—375页。

② 这个概念是恩格斯在马克思逝世9年后写作政论文章时引进的他们的影响史的中心概念，我们在此以及下文使用时充分意识到了，马克思（就所能认识者而言）曾避免对他的理论作相应的概括。另参看哈斯蒂克《据新的原始资料论马克思历史观念的来源》，载《东欧。历史之镜鉴》（为纪念曼弗雷德·海尔曼65寿辰而作），1977年维斯巴登版第35和第46页。

③ 《马克思恩格斯全集》第1版第3卷第20页脚注。

1867）、雅科布·格林（1785—1861）、卡尔·弗里德里希·艾希霍恩（1781—1854）、弗里德里希·卡尔·冯·萨维尼（1779—1861）和泰奥多尔·蒙森（1817—1903）这些十分重要的历史学家、语言学家和法学家，继承了巴托尔德·格奥尔格·尼布尔（1776—1831），代表着传统的"ars historica"（历史艺术）的进一步繁荣和方法论上充分发展为历史科学。马克思作为这些学者的同时代的人，是否在历史的科学史上拥有一个合理的位置？这个问题从现代历史科学的一个重要的领域——经济史和社会史来看，直接联系着前边的阶段。提出上面这个问题的同时，我们转入"作为历史学家的马克思"的本题。

同马克思对于政治经济学以及批判性的当代科学即社会学的重要意义相一致，人们至少应该承认这位"马克斯·韦伯以前，19世纪德国最重要的社会科学家"（H.-U.维勒）对于推动经济史学和社会史学的发展有着持久的影响。社会学作为经验历史哲学必然要引起对社会史问题的探讨。这一评断，不是仅仅根据已经被科学研究所接受的、在历史唯物主义的历史观念中经济因素和社会因素的结合，经济史与经济理论、社会史与社会学的原初的科学理论关系，在这里也有着重要意义。因为当我们努力对经历了危机的时事作出相应的认识，把认识被视为不依赖国家，并有其内在规律的社会结构，设定为自己的目标的时候，探讨社会发展以前各种结构和各阶段，把目前的社会制度理解为由历史所决定并被历史推动向前的现实，就显得合乎逻辑了。圣西门把封建的社会制度描述为工业社会的对立物和前一阶段，以封建主义、自由主义、社会主义的发展顺序取代法国启蒙哲学的思想史分期，强调他的学派认为迄今的人剥削人的阶段顺序是奴隶主与奴隶、贵族与平民、地主与农奴、有闲者与劳动者这样一个序列。由于具有这种思想，并努力综合黑格尔的哲学、法的历史学派的意图和法国早期社会主义思想财富，不久以后，罗仑兹·冯·施泰因就成了德国自觉的社会史学的创始人之一，在这个意义上，马克思把他从当代史的典型的政治革命和工业革命"对市民社会所作的解剖"，搬到社会诸形态顺序相承的通史联系之中，同时他和黑格尔的前提大同小异，认为在当代，特别是因为欧洲向世界的扩张，"历史"已变成了"世界历史"，恰恰是当代的这种特殊的历史地位，使得这样去认识迄今的历史进程原则上成为可能。马克思比黑格尔更加明确无误和更加自觉地从当代出发，将当代解释为过去的发展的结果，把欧洲的历史和欧洲以外的历史解释为通达于当代的途径，固然有所保留，但这正是他作为历史学家的声望所应具备的，他认为，我们必须"把这些发展过程中的每一个"都放在它所处的历史环境中分别加以研究，然后才"把它们加以比较"，以便"找到……钥匙"，"但是，使用一般历史哲学理论这一把万能钥匙，那是永远达不到这种目的的，这种历史哲学理论的最大长处就在于它是超历史的"。① 鉴于类比的操作方法成了寻求历史认识的方法，我们的目光因而更为敏锐；并且通过概念的典型化和一般化，把一个时期、一个特殊的历史地区的社会结构，套用于其他时代和地域，在我们看来是成问题的；此外，社会史同涉及当代的社会学及其社会概念的密切联系已不复存在。然而尽管如此，同格奥尔格·冯·贝洛的观点相反，历史唯物主义在科学史上的重要意义现在仍然是不可辩驳的。

对此 H.–U.维勒最近指出，关于马克思，"历史学家"可以"有相当长一段路去坚持进行现实主义的分析，坚持根据历史对这种分析作

---

① 《马克思恩格斯全集》第 1 版第 19 卷第 131 页。

理论的阐述",其实马克思的立场,原则上是被作为一条"批判社会学的传统"来使用的,可以将"对现代世界所进行的历史社会学的研究"与之相连接。

除此之外,马克思对当代历史的研究有一些"既有创造性又透彻地描述了社会历史的过程"(H. 戈尔维策),例如在 1849 和 1852 年初这期间所撰写的《1848 至 1850 年的法兰西阶级斗争》和《路易·波拿巴的雾月十八日》,关于这两部著作,我们将另作详细论述。恩格斯认为,这些论著是把马克思的理论运用到具体情况的"十分突出的例子"①,因此,不可同德国社会史学的初期作品等量齐观。认为由奥·路·施略策尔(1735—1809)定义为"societas civilis sine imperio"(没有强迫命令的公民联合体)、与国家形成对照的经济社会,是探讨社会史问题的原因,马克思并不是第一个人。先行者如尤·麦捷尔(1720—1794)和尼布尔的著作,卡·迪·休耳曼的《德意志等级起源史》(*Geschichte des Ursprungs der Stände in Deutschland*, 1806 - 1808)和罗·冯·施泰因的著作,形成一个传统,而马克思作为历史学家的著作则继承了这个传统。

同样,使用经济与社会的最新概念的经济史的情况也相似,和社会学与社会史的科学理论关系一样,经济史是由亚当·斯密所创立的古典政治经济学理论为前提的。

马克思与恩格斯在这方面也受到了麦捷尔和格丁根史学学派的启发,对于像赫伦、冯·居利希、休耳曼的商业史方面的研究作了摘记。而在此以前,马克思已经系统阅读了 17 和 18 世纪政治经济学和社会哲

---

① 《马克思恩格斯全集》第 1 版第 37 卷第 462 页。

学的大量文献著作。其中亚当·斯密的划时代的巨著《论国民财富》是阅读的重点,该著附带而作的历史阐述,真正为经济史奠定了基础。而恰恰是这种附带阐述经济史、过分强调理论和经典作家非历史的观察方式,都受到了马克思的批判,因为马克思作为黑格尔派认为,"经济理论与经济史,是在统一体内逐渐完成的一个过程的两个要素"。在国民经济学较早的历史学派那里,基本上只是纲领性的东西,马克思和恩格斯却写成了既是经济理论的同时又是经济史的著作。因此乍一看,就会使人大吃一惊,盎格鲁-萨克逊的教义史毫无偏见地把马克思算作了以克尼斯、罗雪尔和希尔德布兰德为代表的早期经济史学派,而且亚历山大·吕斯托夫的评论具有高度的真理内涵,评论认为只有两个伟大的成就实现了该学派的理想:"弗里德里希·李斯特……和卡尔·马克思著作的科学部分,指出这一点以后,创立该学派的三位老先生恐怕要辗转反侧于九泉之下而不得安宁了"。马克思所发现的"人类历史的发展规律"就其最内在的本质而言,是经济发展的阶段学说:各个时期的"社会的经济结构",其固有的矛盾,作为"社会生产力和生产关系之间的……冲突",与"现实基础"同时改变着"法律的和政治的上层建筑"、相应的阶级阶层、"意识形式"和"意识形态",处于马克思"实现了"的"整个世界史观上"的"变革"的中心;"物质生活的生产方式"作为 causa Prima(首要因素)"制约着……社会生活、政治生活和精神生活的过程"①。从而经济史学和社会史学就成了所有历史研究的中心,诚然它仍从属于由时代决定的分期。在后人的思想中,马克思成

---

① 《马克思恩格斯全集》第 1 版第 13 卷第 8—9 页,另参看《马克思恩格斯全集》第 1 版第 19 卷第 374、121 页。

了纲领性地将经济史和社会史置于历史思想的中心地位的开路人；甚至在我们的专业领域方面，百年来的影响史教导了我们。马克思通过与恩格斯一道创立的通史方面的历史观"使自己的名字永垂于科学史册"①，这一历史观把历史理论、经济史和社会史、政治史、制度史、思想史等等都看成**统一体**。自然，我们还是用恩格斯的话来加以说明为好，他说："即使只是在一个单独的历史实例上发展唯物主义的观点，也是一项要求多年冷静钻研的科学工作，因为很明显，在这里只说空话是无济于事的，只有靠大量的、批判地审查过的、充分地掌握了的历史资料，才能解决这样的任务！"②

按照《德意志意识形态》论费尔巴哈的那一章中一段出色的论述，历史是"各个世代的依次交替。每一代都利用以前各代遗留下来的材料、资金和生产力；由于这个缘故，每一代一方面在完全改变了的条件下继续从事先辈的活动，另一方面又通过完全改变了的活动来改变旧的条件"③。但是，就这一概念的双重意义来看，历史同时又是"一种文化用以对其过去作出总结的精神形式"（扬·辉琴加），而按英国历史学家 H. E. 卡尔试图主要着眼于历史学家的研究所下的定义来说，历史则是"历史学家和他的史实材料之间互相影响的持续不断的过程，是当代同过去之间无尽无休的对话"。历史学（包括历史学的历史在内）将永远是从**当代**出发对于流传下来的人类的活动所作的阐释。我们从我们现在所立足的**这个**历史的地点出发来向过去提出问题；在历史长河的岸边已一劳永逸地测量好的坚实的立足点，作为侦察历史科学的地形的出

---

① 《马克思恩格斯全集》第 1 版第 19 卷第 121 页。
② 《马克思恩格斯全集》第 1 版第 13 卷第 527 页。
③ 《马克思恩格斯全集》第 1 版第 3 卷第 51 页。

发点,也许就存在于历史哲学或者说历史神学的思辨之中!这就可以部分地解释,为什么特别是德国的历史科学长时期很难做到认真地看待"作为历史学家的马克思"这位历史哲学家或者说历史理论家。此外还有一个事实,即马克思的深远影响,在许多点上,并不取决于他的精神事业,而他同时代的人对于他的精神事业甚至很不了解,并且正如我们所看到的,他的精神事业只有通过其著述的再版或首次出版,才能逐渐得到开掘。事实上,仔细地整理加工马克思和恩格斯丰富的文献遗稿,从而为任何溯本求源历史地、严肃认真地研究马克思的历史观念创造前提条件,的确还有待将来,尽管论述马克思和马克思主义的著述已数不胜数。仅从研究所能掌握的情况来看,只有经过数十年当《马克思恩格斯全集》历史考证版出齐之后,才能"弄清""历史的马克思"所受到的影响和自己的深远影响……

如果说制度史和经济史学家格奥尔格·冯·贝洛(1858—1927)在1924年发表的范围较广的意见专指《共产党宣言》而言的话,那么,瑞士历史学家爱德华·富特在其1911年出版的《近代历史学的历史》只作了不足5行的评论,[①]而在G.P.古奇的名著《19世纪的历史与历史编纂学家》(1913年第1版)也仅仅指出:"卡尔·马克思由于认为历史是阶级斗争的历史,因而忽略了其他一些本质因素"[②]。亨利希·里特尔·冯·斯比尔克的受思想史强烈影响的令人敬佩的晚年著作《从

[①] 爱·富特《近代历史学的历史》1911年慕尼黑、柏林版第442页。在论述黑格尔学派一节的结尾处这样写道:"众所周知,唯物史观(这里我们不能详加讨论)也是源于黑格尔的,因为在我们这个时期,它虽然从理论上得到了阐述,然而并未给叙述性的历史著作奠定下基础。"

[②] G.P.古奇:《19世纪的历史与历史编纂学家》1913年第1版。

德国人文主义至当代的精神与历史》，曾作必要的修改，作者从当时所达到的研究水平出发，广泛地论述了马克思和恩格斯的历史理论见解。斯比尔克根本没有提出探讨把马克思评价为狭义上的历史学家的问题，而海因茨·戈尔维策在1957年写的《现代德国历史学》有一段话则简要地论述了马克思，刚好提起了这个课题；但是，甚至在1962年尽管对马克思关于同时代的法国历史的研究有充分评价，戈尔维策仍坚持自己的看法，认为"马克思不能算作历史学家"。与此相反，10年后迪特里希·戈罗在研究1847年前马克思的历史范畴的发展及其对于马克思论述法兰西阶级斗争和路易·波拿巴的政变的著作中的具体事物的展开时，却得出结论认为这两篇论著"在分析之清晰、阐述之准确、运用自己的范畴之自如，均堪称19世纪德国历史学的巅峰之作"。我们将这两种评论拿来作一比较，很容易就会把两位历史学家侧重面不同的评价，解释成说明在历史学当中存在价值评断的难题的例子，因为他们所具有的外在的条件因素各不相同，所以评价也就不同了。同50、60年代相比，当代史的意义发生了变化，它已开始形成一个特殊的历史学的分学科；同传统叙述形式的历史学初期相比，历史理论的意义也改变了。这两种变化必然导致从概念上和内容上对于"作为历史学家"的马克思这一课题作出新的规定。结果一方面马克思最初为报刊撰写的大量文章开始受到历史学家的重视，他的这些文章除去对时事政治的分析以外，几乎总是有意地立足于当代史这块土地之上，而且力求作出历史的研究和深化的情况也不为罕见；另一方面，在"历史是历史社会学"的口号下，许多历史学家所作的重新确定德国历史科学方向的尝试，也促使人们去重新评价过去被低估了的马克思的范畴。此外还有创立一个马克思主义历史科学专业这一越来越重要的因素，恰恰在最近，除研究圣徒式地维护传统以外，显示出对于马克思的概念形成及其历史观念作溯本求源的分析的重要迹象。在以上脱离本题所进行的有关历史学方面的叙述，恐怕还可以再加上一个问题，即时而遇到的将马克思的历史思想列于"历史主义"这种作法，在多大程度上是合理的，而"历史主义"则是一个具有褒贬双重感情色彩的概念。现在让我们回到"作为历史学家的马克思"这个本题上来。发表在1858年5月11日《纽约每日论坛报》第5312号上的马克思的文章《马志尼和拿破仑》，有一段重要的话可以证明马克思的历史学的见解、他的博学多识和历史判断的稳健，文中写道："现代历史著述的一切真正进步，都是当历史学家从政治形式的外表深入到社会生活的深处时才取得的。杜罗·德·拉·马尔以探究古罗马土地所有制的各个不同发展阶段，为了解这个曾经征服过世界的城市的命运提供了一把钥匙，——与此相较，孟德斯鸠关于罗马盛衰的论述差不多就像是小学生的作业。年高德劭的列列韦尔由于细心研究了使波兰农民从自由民变为农奴的经济条件，在阐明他的祖国被奴役的原因方面比一大群全部货色仅仅是诅咒俄国的著作家做出了更为远大的贡献。"①

从含蓄地批评兰克这样的见解来看，就不难理解马克思为什么从兰克的历史学前提和原则中所获不多，对兰克的著作，除1843年7、8月份的初次接触以外，马克思显然还曾密切注意研究过。在1864年9月7日的一封信中，马克思指责兰克"收集趣闻轶事"和"把一切重大事件归为琐碎小事"②，其挖苦讽刺的话语在兰克的崇拜者来看颇具挑衅

---

① 《马克思恩格斯全集》第1版第12卷第450页。
② 《马克思恩格斯全集》第1版第30卷第422、423页。

意味。对于史料进行语言学考证性整理的原则，马克思是从他给予高度评价的"伟大的历史学家"巴·格·尼布尔那里发现的；兰克的唯心主义历史观虽不排除经济的与社会的东西，但却毫不含糊地使之隶属于政治的东西的最高权力，因而必然使马克思从一开始就感到十分可疑。兰克提出的"表现事物的本来面貌"的过高要求，对于所有严肃的历史研究来说，作为主观的意愿是不可放弃的，只是在这一点上和马克思的见解相左，因此马克思讥讽这一要求是"所谓客观的历史编纂学"①。在流亡英国期间于1948年客死他乡的古斯塔夫·迈耶尔，在1918年同弗里德里希·迈内柯的谈话中曾表示，希望德国的历史科学能致力于将"兰克与马克思综合起来"，这是至今未得到解决、恐怕也只能在历史编纂学的个别成果中得到解决的要求！至于马克思及其在历史编纂学中的深远影响我们有这样一种印象，即有些历史学家的学术著作比他们自己所认为的"更加马克思主义"，而有些"马克思主义者"历史学家反倒比他们自己想象的要更不那么马克思主义。

"Historiker"（历史学家）一词源于希腊文的 historikus 和拉丁文的 historikós，考虑到这种语源情况和 Historiker（德文）、historian（英文）、historien（法文）（均为"历史学家"）概念所包含的意义，作为"历史学家"的马克思这一课题，不应降低为探讨马克思在历史编纂学方面的专门贡献，而要包括三重任务：1. 批判地评价马克思在**历史编纂学**方面对于当代史、特别是对于同时代的法国史的贡献；2. 阐明他在学术上以及政治上对于**历史理论**影响巨大的贡献；3. 现在还刚刚开始的（迄今在马克思主义的史学界也是这样）对于马克思的**历史观**的

---

① 《马克思恩格斯全集》第 1 版第 30 卷第 423 页。

历史来源的研究。

关于马克思对于**历史编纂学**的专门贡献，首先要举出的就是50年代初问世的《1848年至1850年的法兰西阶级斗争》和《路易·波拿巴的雾月十八日》。这两部著作试图开始使用新的方法来分析研究由于经济发展、社会分化和政治传统与制度的延续而极其复杂的历史形势。无论是阶级斗争还是马克思对波拿巴主义的准确分析，均是历史编纂学上的杰出成就，文中所研究的问题均是经济与政治之间的"中介"这样一个困难的问题，从其分析之清晰、阐述之精确和马克思对于自己范畴的运用之自如，甚至被非马克思主义的历史学家（例如1953年列·克里格，1972年D.格罗）也视为"19世纪德国历史编纂学的巅峰之作"。列奥纳特·克里格曾反对把马克思的这两个论述同时代法国历史的著作，单纯看作事先想好的历史哲学运用于有限的历史对象的事例，他同时又致力于给这两个著作及其作者在19世纪的历史编纂学中以应有的地位。克里格说马克思以及恩格斯同他们那个时代其他的历史学家的不同之处，就在于理论要素和经验要素的结合。克里格对马克思这两部著作进行了迄今为止最彻底的研究——"对马克思和恩格斯的历史专著进行彻底分析"，就克里格1953年提出的要求的意义来说，在一并研究亲笔遗稿中前后联系的情况下，仍然是研究工作颇为欠缺而又急需的。

近来，马克思发表在《设菲尔德自由新闻》以及《自由新闻》上的一组文章《十八世纪外交史内幕》，越来越受到重视。马克思根据史料撰写的这一有关18世纪俄国外交政策的论著，既未收进《马克思恩格斯全集》俄文第1版和第2版，也未收进柏林马列主义研究院编辑出版的《马克思恩格斯全集》德文版；长期以来，仅仅有爱琳娜·马克思－艾威林编辑的在1899年她死后用英文出版的删节本和梁赞诺夫于1909年摘要出版并加评注的版本。1960年出版了第一个完整的德文版本（由 H.‐J. 李伯尔编辑），1969 年出版了一个英文版本（由 L. 哈钦森编辑），1977 年和 1981 年又先后出了两个德文版本（编者分别为 U. 沃尔科和 K. A. 维特富戈尔）。在这部论著中，马克思对于中世纪晚期俄国历史上蒙古人的统治和把俄罗斯人联合在莫斯科周围这样两个事实提供了至关重要的解释，同时还依靠所查阅的文献（例如菲·赛居尔伯爵的著述）讨论了蒙古人的统治给俄国历史带来的后果。马克思对于为写文章作准备而阅读史料时有所发现感到的喜悦，和对于他的这部政治历史编纂学方面的论著的得意之情溢于言表，在 1856、1857 年间的书信中有多处流露。他说，他打算把他这部作品敬献给"德国的老历史学家施洛塞尔"。① 当时正是马克思参加为报刊撰稿的严酷竞争和拼命努力以使全家免于赤贫的时候。有一次马克思给曼彻斯特的那位友人的信中写道："一个人不得不把能同这类小报（指的是《纽约每日论坛报》。——笔者）为伍视为幸福，这实在令人作呕"。② "和历史学作家通常的作法相反"，马克思写论文的时候，不"先写通论，而先写事实"，他不想"使众所周知的材料具有新的意义"，而是想"提供新的材料，以便对历史作出新的说明"。③ 对此可兹证明的是马克思曾研究使用了大约 14 册历史资料集和单本文献（其中一小部分系马克思的私人藏书），另外还有整整 30 种论述 18 世纪欧洲史的著作。马克思那时对俄国的看法，是从报刊上对克里米亚战争的反响当中以及和亲土耳其的托利党人大卫·乌尔卡尔特保持一种不大掩饰的距离的情况下逐渐形成的，并在拥护乌尔卡尔特观点的报刊上写文章"进行阐述"，后来在

---

① 《马克思恩格斯全集》第 1 版第 29 卷第 516 页。
② 《马克思恩格斯全集》第 1 版第 29 卷第 97 页。
③ 《马克思恩格斯全集》第 1 版第 29 卷第 518、522 页。

晚年，主要由于结识了尼·弗·丹尼尔逊（圣彼得堡）才发生了变化。丹尼尔逊是为马克思在彼得堡了解俄国书籍市场信息的观察家。自1869年起，他不仅帮助马克思逐步建立了探讨俄国农业制度史的专门藏书，而且在70、80年代还为马克思搞到了主要是法的历史、经济史和金融史方面所有他感兴趣的新的出版物。为了开发这些丰富的材料（其中相当一部分只是近几年才有可能提供给马克思研究者使用），关键是学会俄语，于是马克思在1869年年底和1870年年初便开始努力学习俄语。在这期间，他对于当时俄国的认识发生了根本的变化，1877年写的《给〈祖国纪事报〉杂志编辑部的信》反映了这种变化，信中马克思对于民粹派的尼·康·米海洛夫斯基误解他的观点表示抗议。在马克思去世后才发表的，他对于俄国国内就该国未来"道路"问题的争论经过慎重考虑所作的这一表态，包括了他对于自己有关政治学分析的历史编纂学方面的成就的自我评价，同时还包括了把他的历史理论同历史哲学的思考方法或者说推论方法划清界限，关于马克思的这个表态，这里只引述最重要的几段话，马克思写道："我在关于原始积累的那一章中只不过想描述西欧的资本主义经济制度从封建主义经济制度内部产生出来的途径。因此，这一章叙述了使生产者同他们的生产资料分离，从而把他们变成雇佣工人（现代意义上的无产者）而把生产资料占有者变成资本家的历史运动。……那么，我的批评家可以把这个历史概述中的哪些东西应用到俄国去呢？只有这些：假如俄国想要遵照西欧各国的先例成为一个资本主义国家，——它最近几年已经在这方面费了很大的精力——它不先把很大一部分农民变成无产者就达不到这个目的；而它一旦倒进资本主义怀抱以后，它就会和尘世间的其他民族一样地受那些铁面无情的规律的支配，事情就是这样。但是这对我的批评家来说是太少了，他一定要把我关于西欧资本主义起源的历史概述彻底变成一般发展道路的历史哲学理论,一切民族,不管他们所处的历史环境如何,都注定要走这条道路,——以便最后都达到在保证社会劳动生产力极高度发展的同时又保证人类最全面的发展的这样一种经济形态。"从以上设想出发,马克想得出的结论是,这样做会给他"过多的荣誉"同时也会给他"过多的侮辱"!①

关于马克思历史理论的观念,关于这一观念接受多种学科影响及其在马克思主义历史学内外的深远影响,描述这一科学史上颇为重要的过程,显然超出本文的阐述范围……我想在此只强调一个方面:马克斯·韦伯曾经把马克思于1859年以他所特有的概念语言引进到历史思想中的全部概念,都看作经典的"结构典范的极重要的情况",同时强调指出,如果我们把这些典范只是用来使现实同它们进行比较,那么,它们的意义就是杰出的,"甚至可以说是独一无二的"。例如卡尔-格奥格尔·法伯的文章《历史界和马克思的基础—上层建筑理论》指出,马克思试图制定出放之四海而皆准的结构概念的尝试,作为近年来历史科学讨论的反思,重又得到比较积极的评论。如果马克思的那些范畴不被视为"现成的公式,按照它来剪裁各种历史事实"(恩格斯语),而是看作具有启发意义的思考范例,那么,使用这些范畴可以进行卓有成果的研究工作,这一见解在今天恐怕不会引起什么严重的争议。

第一部拉萨尔传记的作者、历史学家赫尔曼·翁肯,在20年代初,关于马克思和恩格斯历史观念的来源问题曾提出过下面一个结论,他说:"他们不是从历史研究出发,而是从哲学经济学的体系出发,因为他们研究的不是历史,而且一直没有研究历史。"他这番话是1921年在《历史学杂志》第123卷上发表的一篇文章中写的,这是一种流行至今

---

① 《马克思恩格斯全集》第1版第19卷第129—130页。

的陈腐观点,鉴于马克思的亲笔遗稿中有丰富的历史研究的文稿,这种老调应加以更正。从马克思早年致父亲的一封信和《〈政治经济学批判〉序言》中的一段自述就已经知道,他早在柏林上大学时,便开始研究历史学问题了,而后在克罗茨纳赫、巴黎、布鲁塞尔和伦敦又进行了多年的彻底研究,从而深化了这方面的知识。无论是史前史还是上古史、古代史还是中世纪史,现代史还是当代史,无论是政治史还是社会史,宗教史还是文化史,技术史还是经济史,制度史还是战争史,——对于各个时期和几乎所有专门领域,马克思都力求作出有科学依据的评断。当时发生的事件例如1854年西班牙的革命,拿破仑第三上台执政、1863年的波兰起义或英国的殖民政策,以及当时报刊对这些事件的分析,往往是促使马克思更加深入研究的动因。与此同时,在军事上进行评论则大都落在了恩格斯的肩上。马克思以及恩格斯对于欧洲国家体系历史事件的读物总是努力去深入钻研——大革命时期的法国、民族问题、泛斯拉夫主义、南方斯拉夫人的历史、英国史、爱尔兰史、西班牙史、美国史和印度史,都是他们研究的课题。

鉴于材料极为丰富,我想仅限于举例说明历史学中的一个学科,即法的历史和制度史,描述马克思的透彻研究在多大程度上成为他自己理论形成的动因和出发点。马克思在波恩大学和柏林大学攻读法律专业时,听过罗马法和德国法的历史的一般课程。因此接触过法的历史学派创始人萨维尼的思想……由此可见,马克思对于法的历史和制度史问题是熟悉的,而通过1843年7、8月间在克罗茨纳赫逗留时写的文献摘记,他的这种熟悉程度又有进一步提高……实际上,没有发表的亲笔遗稿包括关于土地所有制历史的范围很广的材料汇集,其中大部分是70年代中期所做的,这有力地证明了,直到晚年,马克思对于法的历史与制度史问题仍进行深入和广泛的研究。首先应当指出这样一个……事实,恰恰是恩格斯于1884年……写作《家庭、私有制和国家的起源》……所涉及的领域,在马克思亲笔遗稿中有许多内容广泛、迄今尚未充分利用的文稿。除了研究德国和西欧以外,马克思特别研究和使用了有关俄国和南方斯拉夫人的法的历史和制度史文献,甚至十分专门的著作。在这方面,我们应着重探讨,当时的研究中具有代表性的观念和问题在多大程度上融汇于马克思的历史观念之中了。举例来说,马克思从毛勒、汉森、哈克斯特豪森和柯瓦列夫基所作的摘记,具体证明了马克思从这些法的历史学家和农业史学家那里接受了在所谓马尔克公社理论中所表明的基本论点:在历史的晨曦中一般出现了土地的公社占有。历史唯物主义历史观中的原始公有制学说(在今天是有争议的,但当马克思在世时却是农业史研究的一般观点),现在表明,是从历史学派的马尔克公社理论那里吸收来的。

一般来说,马克思对于在欧洲中世纪学里居主导地位的这一分学科所作的文献摘录证明,他有意识地以法的历史和制度史研究具有代表性的经典观念为出发点。……马克思的历史观念,不仅要从黑格尔、早期社会主义和古典国民经济学来认识和阐述,而且还要从马克思的广泛的历史研究来认识和阐述,这一点现在可以说是普遍的见解!

马克思对于历史科学及其相邻学科的进步所给与的重视、不断研究或者说吸收的程度,这一问题不容许没有科学依据而凭经验的思辨和单纯的猜测……它是可以得到明确而具体的答案的。

[原载《马克思故居文集》(特里尔)第29辑]

(王宏道 译)

"世界公民"马克思[*]

王栋华

人类历史上曾经出现过这样一位伟大人物,人们景仰他,热爱他,因为他曾以超人的智慧,以有力的巨手推动着地球运转,他的理论,他的思想促进了世界历史的发展,哺育了一代甚至几代人的成长。

这位伟人就是卡尔·马克思。他的学说是无产阶级获得自身解放的锐利武器,他的思想滋养了两个半球的工人运动,而他一生中所表现出的崇高品质和伟大的人格也曾使千百万人对他肃然起敬。

在贫穷中度过一生的马克思,曾四次遭反动政府驱逐,也曾四次拒绝反动政府的收买,他成了"最遭嫉恨和最受诬蔑的人",[①] 但是,他始终是一位英勇的不屈不挠的斗士。

《莱茵报》上初露锋芒

19世纪上半叶,德国是一个政治上四分五裂、经济上十分落后的农业国家。德国人民为了改变这种状态,进行了长期艰苦卓绝的斗争,

---

[*] 本文选自《马克思恩格斯研究》1992年总第11辑。
[①] 《马克思恩格斯全集》第1版第19卷第376页。

在1830年法国资产阶级七月革命的影响下,德国的资产阶级和知识分子中间反政府的情绪日益高涨。他们要求民主、自由并希望尽快结束德国在政治上和经济上的分散状态。马克思的故乡处在当时德国政治经济最发达的莱茵省,莱茵省的政治和经济上的变革,是全德国和欧洲诸国所发生的社会变革的反映。

《莱茵报》是由莱茵省大资产阶级的代表于1842年1月创刊的自由主义反对派的报纸。1842年5月,年仅24岁的马克思在《莱茵报》上首次发表了一篇题为《第六届莱茵省议会的辩论》的文章,文章分六次连续刊登出来。这是马克思为该报撰写的第一篇论文,他以讨论出版自由和公布等级会议记录等问题为实例,尖锐地抨击了省议会违背人民利益、维护等级特权的反动实质。文章一发表便在各界人士中引起强烈的反响,马克思由此开始了自己的政论活动,并在《莱茵报》上发表了一系列文章,矛头直指普鲁士专制制度,维护在"政治上和社会上备受压迫的贫苦群众的利益"[①]。此后,马克思对《莱茵报》的工作产生了越来越大的影响,尤其是在他主持该报工作以后,报纸的革命民主主义倾向愈加鲜明,它成了一切政治反对派活动的舞台,每天都有文章辛辣、机智而又通俗地向广大读者进行宣传。[②] 马克思一登上社会斗争的舞台就显示出卓越的才华,敏锐的思想,顽强的斗争精神和非凡的组织能力,报纸的威信与日俱增,订户数目直线上升,这对普鲁士的专制制度造成极大的威胁,引起了当局的极度恐慌。马克思曾在给卢格的信中这样写道:"不要以为,我们在莱茵省是生活在一个政治的埃尔多拉多

---

① 《马克思恩格斯全集》第1版第1卷第141—142页。
② 参看〔法〕科尔纽:《马克思恩格斯传》第1卷,刘丕坤等译,北京:生活·读书·新知三联书店1963年版,第352页。

（虚构出来的幻想中的黄金城——作者注）里。要把《莱茵报》这样的报纸办下去，需要最坚强的毅力"①。

1843年1月19日，普鲁士政府作出决定，从4月1日起查封《莱茵报》，当局在公报中指出：《莱茵报》的"倾向显然是散布对教会和国家的现存秩序的仇恨，破坏它们，煽动不满情绪，恶意诽谤国家行政机关……"停刊之前，政府曾对报纸进行了异常严格的双重检查，除了原有的两名检查官外，还于1月初又从柏林直接派来一名内阁秘书圣保罗，以加强对报纸的监督。《莱茵报》被查封这一事件激怒了莱茵省的广大居民，他们认为这是莱茵省的耻辱，订户数目很快从原有的1820户猛增到3200户，同时有好几千人联名向柏林当局递交请愿书。在政府的胁迫面前，为报纸提供资金的莱茵省自由资产阶级的股东们暴露了自己的软弱和无能。他们不为报纸的生存而据理力争，反而妥协投降，指责马克思的政治路线，并企图改变报纸的方向。在这种情况下，马克思不得不提出辞职。

对现存的一切进行无情的批判

1843年3月17日，马克思这位被书报检查官圣保罗称为《莱茵报》的"灵魂"、"报纸理论活动的源泉"的人终于离开了《莱茵报》编辑部。3月18日，圣保罗在向柏林当局呈文时写道："整个报纸的精神领袖马克思博士昨天终于离开了编辑部，接替他的……是一个极其温和而又平庸的人物……我对这种情况感到十分高兴，因为现在我在这份报纸上所花费的时间还不到先前的四分之一。"

---

① 《马克思恩格斯全集》第1版第27卷第429页。

马克思清楚地看到，在普鲁士书报检查制度的压迫下，他无法在这片土地上呼吸到自由的空气，他要去寻求能够真正改变现存制度的力量，于是打算一有机会就离开德国。

1843年5月底，马克思来到了莱茵省的一个小镇克罗茨纳赫，6月19日在那里与燕妮举行了婚礼。在克罗茨纳赫，马克思住了差不多半年之久，这是马克思漫长而艰难的一生中最快乐的一段时光。在那里，他研究了法国革命史，读了一系列历史和哲学著作并作了大量的笔记，这就是有名的克罗茨纳赫笔记。这期间，他还继续对黑格尔的法哲学进行了批判性的分析，完成了篇幅巨大的手稿《黑格尔法哲学批判》，这是马克思从唯心主义向唯物主义转变的里程碑。

马克思虽然退出了《莱茵报》编辑部，当局也认为，马克思的所作所为"根本不符合普鲁士国家的基本原则"，但是，他们在马克思较量的过程中也深知马克思并非等闲之辈，不得不对他有所提防，他们以为采取收买拉拢的手段或许更为有效。也就是马克思在克罗茨纳赫疗养地蜜月旅行之际，普鲁士政府通过马克思父亲的朋友高等法院枢密顾问埃塞尔，请马克思为官方的报纸《普鲁士国家报》撰写文章，并在普鲁士国家担任公职。埃塞尔在克罗茨纳赫见到了马克思，不料他的提议遭到了拒绝。

像马克思这样一个对普鲁士国家制度的反动本质有着清醒认识的人是绝对不会匍伏在当局脚下任其摆布的。在《莱茵报》尚未被查封的时候，他就曾指出："德国已深深地陷入泥坑，而且一天天地越陷越深。我敢担保，连最缺乏民族自尊心的人也不能不感到这种民族耻辱……普鲁士制度及其明显的本质再也骗不了人了。……自由主义肩上的华丽斗篷掉下来了，极其可恶的专制制度已赤裸裸地呈现在全世界的面前。"①"这种制度的原则就是**使世界不成其为人的世界**。"② 马克思决定和卢格一起在法国巴黎创办《德法年鉴》，由于有大量的组织工作需要他着手进行，他便带着新婚燕尔的妻子离开德国，于1843年10月11日或12日抵达巴黎。③

《德法年鉴》于1844年2月底出版，它遵循了马克思为它制订的方针：对**现存的一切进行无情的批判**，不惧怕触犯当权者，把批判和**实际斗争结合起来，在批判旧世界中发现新世界**。④ 很快普鲁士驻巴黎大使便向政府汇报了杂志的"危险倾向"，政府下令对该杂志入境严加防范，王国驻科布伦茨总督指令边防警察当局逮捕马克思，这一消息曾见诸柏林各家报端、杂志总计印数为3000册，竟有三分之二被没收，落到了警

---

① 《马克思恩格斯全集》第1版第1卷第407页。

② 《马克思恩格斯全集》第1版第1卷第410页。

③ 参看《马克思故居文丛》第43期（1990年）雅克·格隆让《1843年10月11日—1845年2月1日马克思在巴黎》一文，该文通过对有关资料的分析与考证指出：马克思及其夫人抵达巴黎的时间是1843年10月11日或12日，而不是像以往所推测的10月底甚至11月初，雅克·格隆让系法国普洛旺斯大学教授，国际马克思恩格斯基金会《马克思恩格斯全集》原文版编委会主任，他的考证应该说具有较大的权威性，国内部分传记作品和译著中提法不统一：亨利希·格姆科著《马克思传》第44页："1843年10月底，卡尔和燕妮·马克思从克罗茨纳赫来到巴黎"。彼·费多谢耶夫等著《卡尔·马克思》第45页："1843年10月的最后几天，马克思偕同妻子去巴黎……"梅林著《马克思传》第74页："11月间这对新婚夫妇就到巴黎去了"。顾锦屏、周亮勋等著《马克思的伟大一生》第28页："1843年10月底他们到了巴黎"。中央编译局编《卡尔·马克思画传》第28页："1843年10月底马克思来到巴黎"。

④ 参看《马克思恩格斯全集》第1版第1卷第416—418页。

方手中，一些反动和保守的报刊也纷纷对《德法年鉴》进行攻击和指责。尽管如此，它却在各地引起很大的反响。《曼海姆晚报》曾报道说，在巴黎的德国人几乎人手一册，在德国也有大批的人要求订购，杂志上马克思的几篇文章的手抄译文甚至在俄国革命者中间秘密流传。

由于马克思与卢格政治上的严重分歧，加之经济上完全陷入困境，《德法年鉴》仅出了一期双刊号便被迫停刊。于是，马克思一方面从事理论研究工作，另一方面广泛地接触社会，与正义者同盟以及其他工人秘密团体的领袖们保持着密切的联系，他经常出席正义者同盟在宝座门文桑街举行的集会。此外，马克思还积极参加了巴黎出版的《前进报》的撰稿工作。《前进报》创刊于1844年，是一家德文报纸，最初的民主主义倾向并不明显，但是由贝尔奈斯主持报纸工作以后，尤其是在马克思的积极参与下，情况就大为改观。《前进报》经常刊载有关法国资产阶级革命的文章，1844年6月，德国爆发了西里西亚纺织工人起义后，《前进报》以极大的篇幅连续刊登了许多文章对起义者表示敬意和支持，同时还系统地评介有关德国工人生活状况和工人运动的情况，触及了许多尖锐的社会问题。普鲁士政府早就对《前进报》虎视眈眈，将内务大臣、书报检查官阿尔宁-博伊岑堡伯爵作为特使派往巴黎，监视马克思等人的一举一动，一旦时机成熟，便将《前进报》置于死地，把它的编辑和撰稿人统统逐出巴黎。12月21日，阿尔宁在与基佐商定的基础上重新修改了被驱逐者的名单。原来列人名单的有12人，现为9人，这些人中有：伯恩施太因，贝尔奈斯，马克思，莫伊勒，维尔德，卢格，魏尔，菲韦希海尔维格。基佐最后出于种种考虑只决定下命令驱逐贝尔奈斯，伯恩施太因，马克思和卢格4人。驱逐的决定是由内务大臣杜沙特尔于1845年1月11日签署的。个人的驱逐令是1月13日由巴黎警察局长加布里埃尔·德累赛尔和1月16日杜沙特尔联名签发的。卢格于1月22日接到驱逐令,马克思、贝尔奈斯和伯恩施太因大约是于1月25日接到驱逐令的。当时《特利尔日报》刊登了一篇1月25日发自巴黎的通讯首先披露了这一事件。① 很快各进步报刊也陆续刊登了这一消息,并纷纷谴责和抗议法国当局专横无理的卑鄙行为。在公众舆论面前,法国政府不得不故作姿态,表示马克思可以继续留在巴黎,只要他保证自己绝不再撰写反对普鲁士政府的文章。这期间,卢格奔走于德法两国政府要员之间,向他们反复表白自己是一个安分守己的公民,伯恩施太因也保证自己不再出版《前进报》,只有马克思在反动势力面前绝不低下自己高贵的头,不肯接受法国政府提出的任何条件,就这样,于1845年2月1日傍晚,乘坐邮政驿车在好友毕尔格尔斯自愿陪同下离开巴黎前往列日,于3日再转乘12点由列日开出的火车于当天晚上19点抵达布鲁塞尔。②

反动政府的眼中钉

比利时并不是革命流亡者理想的避难地。马克思一到布鲁塞尔,就作为"危险分子"受到警方的秘密监视,而阿尔宁伯爵又作为普鲁士

---

① 关于马克思被驱逐出巴黎的时间,各种传记材料其说不一,甚至《马克思恩格斯全集》原文版的有关注释所提供的材料也不翔实。这里所谈及的有关人物和具体时间均出自《马克思故居文丛》第43期(1990年)雅克·格隆让《1843年10月11日—1845年2月1日马克思在巴黎》一文。

② 雅克·格隆让:《1843年10月11日—1845年2月1日马克思在巴黎》,《马克思故居文丛》第43期(1990年),参看贝尔特·安德烈亚斯,雅克·格隆让,汉斯·佩尔格合著《卡尔·马克思被驱逐出巴黎及1845年春马克思和恩格斯移居布鲁塞尔》一文,载《马克思故居文丛》第43期(1990年)第213—243页。

政府的特使出现在比利时，布鲁塞尔治安警察局局长巴龙·奥迪很快就把马克思的行踪向阿尔宁作了汇报。

1845年2月7日，马克思向比利时国王列奥波特一世递交了申请在比利时居住的呈文①，但迟迟未得到答复，警察局又提出，马克思必须"交出一份不在比利时发表任何有关当前政治问题的意见的书面保证"②。马克思到了布鲁塞尔以后，一直没有固定的居住地点，燕妮当时有孕在身，女儿小燕妮又还不满一周岁，万般无奈，只好于3月22日递交了保证书。最初，保证书是这样写的："我保证，在比利时不发表任何有关时事政治的文章"，但马克思又把它划掉，在措辞上尽量明确地保留一种迫不得已的特点。这份保证书后来是这样写的："为了获准在比利时居留，我同意，保证不在比利时发表任何有关时事政治的文章。"③ 尽管如此，比利时官方仍未给予他在比利时正式居住的权利，而普鲁士政府也不肯放过马克思，唆使比利时内阁驱逐他，马克思别无他法，只得退出普鲁士国籍，成了一个没有祖国的人。但是，时时笼罩在马克思心上的愁云很快由于恩格斯的到来而被驱散了。4月恩格斯迁

---

① 《马克思恩格斯全集》将这一呈文作为马克思致比利时国王列奥波特一世的信件收入书信部分，实际上，马克思这份申请是由迈因茨（有可能是德国法学家，布鲁塞尔大学教授卡尔·古斯塔夫·迈因茨）律师事务所的一名书记员草拟并誊写的，只有马克思的名字由他本人签署，1975年出版的《马克思恩格斯全集》原文版也将这一呈文作为书信收入第3部分第1卷，在题注里仅指出：这份申请由马克思签名，但拟定时不知由何人执笔，详细情况可参看《马克思恩格斯全集》第1版第27卷第623页，《马克思恩格斯全集》原文版第3部分第1卷第704页。《马克思故居文丛》第43期第217页。

② 《马克思恩格斯全集》第1版第27卷第458页。

③ 参看《马克思故居文丛》第43期（1990年）第220页，《马克思恩格斯全集》原文版第3部分第1卷第704页上注释265，1—6的记叙并不完整。

居布鲁塞尔，成了马克思的近邻，马克思一家住同盟路5号，恩格斯住7号。

这期间，马克思和恩格斯一道继续从事经济学研究；合写了重要的哲学著作《德意志意识形态》；一起访问了英国，在曼彻斯特和伦敦，马克思直接了解了工人运动的情况，结识了英国运动的著名领袖。在布鲁塞尔，马克思和恩格斯还一道从事了一系列实际活动。在他们的共同努力下，在布鲁塞尔建立了以进行国际共产主义宣传为宗旨的共产主义通讯委员会，欧洲其他一些城市也相继建立了这一组织。此外，在布鲁塞尔还成立了以德国工人流亡者为主要成员的德意志工人协会。1847年6月，正义者同盟接受了科学共产主义原理改组为共产主义者同盟，马克思和恩格斯受托以宣言的形式起草同盟的纲领，这就是举世闻名的《共产党宣言》，它以天才的透彻鲜明的笔调叙述了新的世界观，是国际无产阶级第一个真正科学的纲领。至此，马克思和恩格斯在建立无产阶级政党的道路上迈出了决定性的一步。

1848年初，意大利，法国，奥地利，德国，匈牙利，捷克和波兰等国相继爆发革命。革命的浪潮也席卷了比利时，马克思和恩格斯一起积极支持布鲁塞尔民主协会武装工人群众，参加争取建立共和制度的革命运动。比利时王国政府在革命的潮流面前凶相毕露，当局逮捕了大批民主主义者，尤其是对外国侨居布鲁塞尔的革命者采取了极其强硬的措施，或者投入监狱，或者驱逐出境。马克思自然是首当其冲的一个。

1848年3月3日傍晚5时，马克思接到比利时国王签署的限他24小时之内离开比利时的命令。在这之前，马克思刚刚收到了弗洛孔签署的，法国临时政府撤消基佐政府对他的驱逐令，并欢迎他重返法国的邀请信。信中以法国人民的名义写道："勇敢而正直的马克思：法兰西共和国是所有自由之友的避难所。暴政把您放逐，自由的法兰西向您、向所有为神圣事业和各国人民的友好事业而斗争的人们敞开着大门。"①法国当时正是马克思十分向往的地方,马克思接受了这一邀请,打算奔赴巴黎,投身到如火如荼的革命斗争中去。可是,就在3月3日半夜一点钟,马克思正忙着进行启程的准备,一个警官带着十名警察闯进了他的家进行搜查,并以没有身份证为由将他押解到市政厅监狱,和一个狂暴的疯子关在一起。第二天,警察又把马克思夫人骗到警察局,说是可以见到马克思,实际上却以犯了"游荡罪"为由对她进行粗暴的审问,并送进市政厅监狱,将她和妓女一起关在阴暗的牢房里,后来又蛮横无理地指控她,虽然出生于普鲁士贵族家庭,却赞成丈夫的民主信念。②马克思被拘留了18个小时才被释放,留给他们的时间已经所剩无几,全家连最起码的生活必需品也没有来得及带走。马克思就这样再次遭受了被反动政府驱逐的厄运。

当马克思重新回到巴黎的时候,形势的发展非常令人吃惊。流亡者中不少人因患革命的急性病,竟然企图采取从外部输入革命的方法,武装攻入德国,建立共和国。马克思坚决反对这种视革命为儿戏的冒险主义行为。他对形势作了分析,认为德国无疑即将爆发一场人民起义,主张并说服大家回到德国去参加革命。

1848年4月,马克思与恩格斯等人也离开巴黎经美因兹前往科隆。他们决定在那里创办《新莱茵报》,以此作为宣传阵地,推动德国的革命。选择科隆这个地方办报是有来由的。首先,科隆是莱茵省的中心,而莱茵省经历过法国革命,通过拿破仑法典领会了现代法的观念,有可能为报纸的出版提供更多的自由,而且这里工业生产的规模较大,从各

---

① 《马克思恩格斯全集》第1版第14卷第746页。
② 参看《马克思恩格斯全集》第1版第4卷第552—553、556—557页。

方面来看在德国都处于领先地位。

马克思一到科隆,当时任首相的康普豪森就派亲信克拉森邀请马克思到柏林他那里去,对于这种明显的拉拢马克思根本不予理睬,就这样又一次拒绝了普鲁士政府的收买。

这期间,马克思向警察局申请居住权并要求恢复他的普鲁士国籍,但却遭到无端的非难。马克思提出这一要求完全是无可非议的,当时三月革命以后,回国的许多政治流亡者有的已经在国外居住了长达10年之久,回到国内也已重新获得了普鲁士公民权,但是,王国行政区机关和警察厅厅长盖格尔却说什么马克思已于1845年放弃了普鲁士国籍,鉴于他"过去的情况","仍然应当算作外国人"。实际上,普鲁士政府的这种作法完全是一种蓄意进行恶毒挑衅的行为,是企图随时以马克思是"外国人"、"违反了外国人居留法"为借口将他驱逐出境,从而一举摧毁《新莱茵报》的领导核心,瓦解这个无产阶级革命的战斗堡垒。

《新莱茵报》以争取建立一个统一的、不可分割的德意志共和国为宗旨,针对德国革命和欧洲革命中出现的一系列最迫切的问题发表评论,从政治上揭露封建反动势力和资产阶级反革命势力,起到了教育人民,团结人民,组织人民的作用,"有赖于马克思的洞察力和坚定立场,这家日报成了革命年代德国最著名的报纸"。① 1849年5月,由于大部分小邦政府拒绝承认法兰克福国民议会所通过的宪法而爆发了莱茵省和德国南部大规模的起义运动。这期间,没有一家德文报纸像《新莱茵报》这样,"有威力和有影响,这样善于鼓舞无产阶级群众",② 它的"每一号报纸,每一个号外,都指出一场伟大战斗正在准备中,指出了

---

① 《马克思恩格斯全集》第1版第21卷第21页。
② 《马克思恩格斯全集》第1版第21卷第26页。

在法国，意大利、德国和匈牙利各种对立的尖锐化。特别是4、5两个月间出版的号外，都是号召人民准备战斗的"。①《新莱茵报》鲜明而坚定的立场一开始就触怒了普鲁士反动政府，报纸不断遭到当局的迫害。最初是由于科隆宣布戒严，"笔杆不得不服从枪杆"②，《新莱茵报》被武装反动派查封，报纸一度被禁止发行，编辑部的成员遭到被捕的威胁而不得不纷纷离开科隆，国家检察官黑克尔还签发了通缉令，四处缉拿《新莱茵报》编辑恩格斯，想以此来压垮报纸；后来，又变本加厉多次以"诽谤罪"，"煽动叛乱"，"阴谋反对现行制度"等罪名对马克思等人收审，马克思每天都作好被捕的准备。在革命形势迅速发展的时候，普鲁士反动势力又借助由自己手中的军队进行疯狂的反扑，莱茵省各地的人民起义遭到血腥的镇压，普鲁士鹰的利爪同时又伸向《新莱茵报》，柏林警察当局专门从柏林派了名警官到科隆，监视马克思等人的行动，扣留了他们的全部信件，内务大臣曼托伊费尔多次要求科隆当局对报纸提出诉讼。最后，5月11日当局对马克思发出了驱逐令，限他这个"外国人""24小时之内离境"，"若彼对此项要求不服，应着即押送出境"。③反动的普鲁士政府第三次驱逐了马克思。

1849年6月初，马克思辗转回到巴黎后，很快发生了6月13日巴黎事件。小资产阶级民主派因抗议波拿巴集团违背宪法而举行了大规模的游行示威，但是，游行队伍被军队驱散，当局开始了对民主主义者的迫害，其中也包括许多外侨。7月19日，法国政府下令把马克思驱逐到摩尔比安省这块布列塔尼的齐朋维沼泽地去。这无疑是一种变相的谋

---

① 《马克思恩格斯全集》第1版第21卷第25页。
② 《马克思恩格斯全集》第1版第5卷第598页。
③ 《马克思恩格斯全集》第1版第6卷第600页。

杀，马克思坚决不予执行，但他已打定主意，离开这片曾经爆发过法国大革命的"自由的法兰西"。本来他打算去瑞士，苦于搞不到护照，便于8月14日离开巴黎迁居伦敦。马克思就这样第四次遭到驱逐而终生流亡，始终也未能回到自己的祖国。

饱尝流亡的苦楚

马克思迁居伦敦以后，为了总结革命斗争的经验教训，决定创办一个党的机关刊物《新莱茵报。政治经济评论》，杂志在伦敦编辑，在汉堡印刷。但是，在预报出版的时候，就被普鲁士当局盯上了。阴险狡猾的普鲁士警察当局没有明火执仗地打上门去，而是通过他们在汉堡的密探获悉了杂志的出版计划，了解到承担杂志经销业务的是汉堡出版商尤利乌斯·舒贝特，于是便从内部进行破坏收买了他。舒贝特把业务工作搞得一塌糊涂，杂志在出了六期以后，很快就无法再继续办下去。后来，由于种种原因，马克思再也没有可能亲自出版过一种理论刊物。

在伦敦的流亡岁月里，马克思和他的家人"经受了重重苦难，物质上的困苦……还可以忍受。……但是，政府勾结着资产阶级反对派，从庸俗的自由派到民主派……用最卑鄙最下流的诽谤来诬蔑马克思，所有报纸都不登载他的文章，他失去了自卫的一切手段，他在敌人面前突然陷于手无寸铁的境地，他和他的夫人唯一可以用来对付敌人的就是蔑视"。① 生活上，马克思经历了难以想象的困苦，家里常常因为陷入极大的"经济危机"而不得不将仅有的稍微值钱点的东西送去典当；因为付不起房租多次被法庭传讯，甚至遭到查封家俱，赶出家门而差一点

---

① 《马克思恩格斯全集》第1版第19卷第320页。

流落街头；因为手头拮据而受到停止供应煤气和水的威胁；因为赊账还不起而被小商人控告；孩子们也因为无钱付学费而影响上学；马克思本人甚至由于外衣和鞋子送进了当铺而出不了门，要寄信而付不起邮资……由于贫病交加，7年之内，他的四个孩子相继夭亡，他本人的健康状况也每况愈下，肝病和胆病反复发作，风湿，痔疮，痛症折磨得他痛苦不堪。但是，他并没有被压垮，他的不少重要著作就是在这样的条件下写出来的。可以想见，这需要马克思具有多么伟大而坚强的毅力。就他本人来说，他完全可以谋到一个收入可观的固定职业，使家庭摆脱困境。他也曾试图通过表兄弟奥古斯特·菲力浦斯在英国一家铁路营业所谋职，还曾试图迁居生活费用较低的瑞士，但是，为了不中断科学研究工作，"为我们的党取得科学上的胜利"①，尽管"饱尝了流亡的苦楚"②，他仍然"不惜任何代价走向自己的目标"③。幸而在他最困难的时候，恩格斯总是伸出伟大的友谊之手，才使他一次次渡过难关，直到60年代末，恩格斯有可能替他还清了全部债务，并固定每年提供350英镑生活费，保证他能安心从事科学研究，他的境遇才稍微有所改观。

在那些艰难的岁月里，流亡者中也不乏丧失气节者。有的人为贫穷所困扰意志消沉了，有的人干脆卖身求荣投入了敌人的怀抱，而马克思却"在任何时候，甚至在最可怕的时刻，他从来不失去对未来的信心，仍然保持着极其乐观的幽默感……"④甚至自己忍受着贫困的煎熬向其他流亡者伸出援助之手，有时竟将家里仅有的可以典当的衣物送进当铺

---

① 《马克思恩格斯全集》第1版第29卷第554页。
② 《马克思恩格斯全集》第1版第30卷第577页。
③ 《马克思恩格斯全集》第1版第29卷第550页。
④ 《马克思恩格斯全集》第1版第27卷第633页。

换得钱来接济他们。

60年代,俾斯麦任普鲁士首相时,曾两次企图收买马克思,但遭到了他严厉的拒绝。第一次是1865年10月,俾斯麦授意当时在普鲁士外交部供职的亲信洛塔尔·布赫尔写信给马克思,要他为普鲁士的官方报纸《普鲁士国家通报》撰写每月经济述评,并许诺稿酬条件由马克思自定,同时还明确保证允许马克思按照自己的学术观点发表意见。布赫尔还进一步开导马克思说:"谁还想在自己的一生中参加国家活动,就必须联合在政府的周围"。① 其用意是显而易见的。

另一次是1867年4月底,正当马克思为《资本论》第1卷的付印工作奔忙,在汉诺威库格曼医生家逗留时,俾斯麦又派了一名他的爪牙、汉诺威的律师瓦尔内博耳德找上门去,劝说马克思,希望利用他和他的"大才为德国人民谋福利",② 这个俾斯麦的密探也碰了钉子。

从1849年8月到1883年3月,马克思在伦敦一直居住到他逝世为止。他曾经不无幽默地称自己是"世界公民"③。单是这一个称谓,就足以让人品出其中蕴涵的复杂含义,他把自己的一切献给了人类的解放事业,反动政府驱逐他,不给予他公民权,他没有祖国,但却一直深深地眷恋着自己的祖国,始终未加入任何别的国籍。李卜克内西在回忆伦敦苦难的流亡岁月时,曾经谈到他和马克思的一次有趣的经历。他说,"爱国主义"是一种毛病,一听见英国人骂德国,他们的这个毛病就发作了。马克思用他从来没有过的流畅的英语"发表了一通议论,热情赞

---

① 《马克思恩格斯全集》第1版第19卷第162页。
② 《马克思恩格斯全集》第1版第31卷第294页。
③ 〔英〕柏拉威尔:《马克思和世界文学》,梅绍武译,北京:生活·读书·新知三联书店1980年版,第5页。

扬德国的科学和音乐。他说,任何别的国家也没有能产生像贝多芬、莫扎特、亨德尔、海顿这样的音乐家。……今天,德国人只是由于政治和经济落后,才没有完成伟大的实际工作,但是德国人一定会走在所有其他民族的前列"。① 他的一席话惹得英国人对他挥舞拳头。

马克思离开我们距今已有一个多世纪。如今,在伦敦郊外的海格特公墓,马克思的墓地被修葺一新,一尊铜铸的马克思的胸像矗立在十英尺高的花岗岩底座上,常年前去瞻仰凭吊的人络绎不绝。我想,人们缅怀他、景仰他,恐怕不仅仅因为他的伟大学说丰富了人类的思想宝库,而且也因为他个人本身所具有的威武不屈、贫贱不移的崇高品质,显示出了伟大的人格的魅力。

---

① 〔德〕李卜克内西:《我景仰的人》,马集译,北京:人民出版社 1982 年版,第 117 页。

恩格斯在中学时代对古希腊历史和文学的研究*

〔苏〕Л.А.韦利昌斯卡娅

在《马克思恩格斯全集》原文版第4部分第1卷（1837—1842年）收入的马克思和恩格斯的新材料中，恩格斯的两本关于古代历史和文学的中学笔记占有特殊地位。这是他于1834—1837年在爱北斐特中学学习时记录的笔记本。对马克思学者来说，首次用原文全文发表这些文献，①无疑是一件很有意义的事，因为这些文献包含了恩格斯世界观形成的初期阶段的材料。

第一份文献，封面上标明是《历史笔记本Ⅰ。古代历史。自开天辟地到伯罗奔尼撒战争（公元前4000—431年）。巴门，1835年》。根据这本笔记中的摘录判断，还应当有包括从伯罗奔尼撒战争到最后一个希腊国家灭亡这个时期为止（公元前341—公元30年）的第二个笔记本。遗憾的是，后者没有保留下来。

第二份文献是恩格斯学习荷马的《伊利亚特》材料的笔记本。他

---

* 本文选自《马克思恩格斯研究》1989年总第1辑。

① 恩格斯的古代史学习笔记有几页的俄译文曾在 С.加尔布佐夫《爱北斐特中学的学生》（载《少先队员》1940年第11期）和 В.利布什韦尔特《弗里德里希·恩格斯古代史学习笔记本的几页》（载《成人学校》1941年第3期）这两篇文章中发表过。

在这个笔记本上加的标题是:《有关荷马〈伊利亚特〉的预习和评论。巴门。1836年》。①

这两个文献的发表使人们能够了解到,恩格斯是怎样打下深厚的历史、文学和语言知识基础的,并使人们观察到,他是如何在中学时代就开始创造出利用各种资料、书籍和进行外语学习的独特方法的。

在恩格斯的童年时代,他的外祖父伯恩哈德·范·哈尔(语言学家,当时在哈姆任中学校长)就使他爱上了古代历史和古希腊罗马神话。外祖父给他的外孙讲过希腊诗歌、罗马和汉尼拔,向他讲述了泰西、赫尔库勒斯、弥诺陶罗斯和金羊毛等希腊英雄故事。② 1833年,13岁的恩格斯在给外祖父的一首贺诗中就提到泰西、依阿宋、赫剌克勒斯、阿里阿德涅和达那厄这样一些希腊神话中的人物。③

恩格斯系统地学习古代世界的历史和文学是在中学时代开始的。

他在1834—1837年就读的爱北斐特④中学被公认为是普鲁士最好的学校之一。与恩格斯曾在1834年前就读的带有宗教狂热和偏执色彩的巴门中学不同,爱北斐特中学的气氛较为进步。19世纪初,在这所中学顺利地进行了威廉·洪堡所推行的普鲁士学校教育改革,其目的是提高学生的普通教育水平,这是发展中的资本主义社会所要求的。30年代中期,爱北斐特中学的教学大纲同注重拉丁语和古希腊语学习的旧拉

---

① 参看两个笔记本,载《马克思恩格斯全集》原文版第4部分第1卷第437—552页。

② 《恩格斯传》1970年莫斯科版第2页;奥·科尔纽《马克思恩格斯传》1954年莫斯科版第1卷第125页。

③ 《马克思恩格斯全集》原文版第1部分第2卷第402页。

④ 爱北斐特紧靠巴门。巴门和邻近的爱北斐特市是乌培河谷的一个部分,称乌培塔尔。1830年这两个城市合而为一,称乌培塔尔市。

丁学校的教学计划相比，带有进步的性质。根据威·洪堡的改革要求，开设了过去几乎完全缺少的某些新的必修课程：数学、自然科学、地理、德语、法语和哲学基础知识。这样，在爱北斐特中学每周 36 个学时中，有 8—9 个学时用来学习历史和地理、数学、物理和自然科学，15 个学时学习希腊语和拉丁语，其余学时主要是用来学习德语、法语和宗教课。

　　古代历史、语言和文学等课程是紧密相联的。学生要用原文阅读古希腊罗马文学；同样，只有懂得希腊语和拉丁语，才能研究古希腊历史，这样学生就可以不靠译文而阅读原著。学生们获得了有关古代民族的文学、历史和文化的全面知识。在古希腊罗马的著作中，学生们阅读了西塞罗、恺撒、维吉尔、利维乌斯、奥维德的著作，学习了荷马的《奥德修斯》和《伊利亚特》，以及修昔底德、希罗多德、德摩斯梯尼、索福克勒斯、欧里庇得斯的著作和柏拉图的对话。他们对法国著作界中伏尔泰、拉辛、莫里哀、莫尔纳、孟德斯鸠和卢梭的作品很熟悉。广泛地研究了从《尼伯龙根之歌》直到莱辛、席勒和歌德的德国文学。①

　　实际上，后来在 1839 年，也就是恩格斯遵照父亲的意愿离开爱北斐特中学以后过了两年，他曾以颇为怀疑的口吻评论这所学校的某些教学制度和整个教学水平。他在《乌培河谷来信》中写道，管理委员会的那些无知的委员们属于新教（加尔文教）教会，对普鲁士中学教育的优点根本不了解，管理委员会只在狭隘的宗教圈子里考虑选拔教师，认为"选一个平常的改革派比选一个能干的路德派要好些，比选一个天主教徒就更好些"②。但是，恩格斯例举了许多对他的发展有过很大影

---

① 霍·乌尔利希《恩格斯的青年时代》1961 年柏林版第 10—11 页。
② 《马克思恩格斯全集》第 1 版第 1 卷第 510 页。

响的学识渊博且又思想解放的教师:汉契克博士,古典语文学教授和希伯来学专家;艾希霍夫博士,拉丁语学者;特别是克劳森博士,恩格斯认为,他才华出众。"克劳森博士,第三个一级教员,他无疑是全校最能干的一个,学识渊博,精通历史和文学。他讲课非常吸引人;他是唯一善于使学生对诗发生兴趣的人。"①

现在,我们直接谈一下恩格斯的古代史笔记问题。笔记有27张纸,也就是54页,14张图画、素描和图表。打开笔记本的扉页,四角上分别用希腊文、拉丁文、法文和英文写着"历史"一词。在第二页上写着:"克劳森博士先生古代史讲义。弗里·恩格斯整理"。

在《马克思恩格斯全集》原文版准备全文发表恩格斯的历史笔记过程中查明,克劳森博士是按照柏林大学恩斯特·亚历山大·施米特教授专门为中学写的《古代史概论》②这本教科书讲课的。恩·亚·施米特对历史科学的使命所持的观点,接近于法国复辟时期资产阶级历史学家基佐的历史观点。

显而易见,克劳森根据施米特的教科书编写的讲义的内容反映了当时历史科学的发展水平。当时历史科学在历史研究,特别是在古代希腊时期的研究方面,实质上刚刚迈出最初几步。克劳森由于学识所限,不能够填补这个领域的大片空白,这些空白只是后来经过一些学者的努力,由于在辨释铭文和文字史料方面取得成就,以及在考古方面取得重大发现,才得以消除。从后来的发现来看,讲义中论述的材料有不少不确切的地方。把施米特的教科书和恩格斯的笔记加以比较,就可以看到两者的内容和结构基本是一致的。

---

① 《马克思恩格斯全集》第1版第1卷第511页。
② 恩·亚·施米特《中学古代史概论》1833年柏林版。

可见，恩格斯的笔记中记录的主要部分是老师讲课的内容，另一部分是他后来吸收施米特教科书的内容在家整理的讲课笔记。我们认为，年轻的恩格斯的笔记之所以有价值，是因为它使我们能分析出恩格斯何时着手系统学习古代史的，正是在这一时期他在历史科学这个领域内打下了坚实的史料学基础，并创造出在以后的岁月里一直采用的研究历史的方法。①

本文只考察他学习希腊史的问题。②

尽管古希腊历史笔记的篇幅比较小（总共19页），然而恩格斯考察了从公元前2000年末直到公元前431年的希腊历史发展。整个提纲可视为一部有联系的作品，就好像是再现了老师讲课要点的一本简明教学参考书。恩格斯能做到这一点，是因为他在中学时代就创造出编写提纲的方法。这种方法的特点是：善于从老师所例举的大量事实中找出基本的，最重要的事实，简洁而明确地叙述上课听讲时和自学课本时吸取的材料。

应当指出，克劳森博士为了使自己的学生养成从事科学研究工作的习惯，强调研究并善于在工作中利用第一手资料的重大意义。恩格斯出色地掌握了老师的经验。他的摘录笔记说明他非常熟悉第一手资料，他在笔记第33页边页上编写的希腊史料完整齐全，令人吃惊，没有遗漏古希腊史料的任何重要环节。所有史料分为两个部分："A. 神话：荷马、史诗作者、散文家和神话搜集者（特别是阿波洛多罗斯的书籍）；

---

① 恩格斯摘录的阿契波德·艾利生的《人口原则及其同人类幸福的关系》一书的片断就是一个例证，这一摘录可能是在1843年底—1844年完成的，他在这里以提纲的形式用4页纸记录了艾利生著作第1和第2卷共约500页的内容（见《马克思恩格斯全集》原文版第4部分第2卷第583—591页）。

② 《马克思恩格斯全集》原文版第4部分第1卷第472—511页。

B. 有史时代：希罗多德、修昔底德、斯特拉波、鲍萨尼阿斯、普卢塔克、波里比阿、柏拉图、亚里士多德，品达罗斯和色诺芬"。① 从普卢塔克的"颇为生动的描述"中区分出古希腊的一些立法者、统帅和政治活动家的传记，其中包括这样一些人物：李库尔赫、梭伦、提莫莱昂、亚里斯泰迪兹、地米斯托克利、西门、伯里克利、亚西比得、尼西亚斯、利桑德、阿革西拉乌斯、德摩斯梯尼和弗基昂。还标出古希腊政论家伊索克拉底的论文和演说（《泛希腊集会辞》、《论和平》、《论雅典最高法院》）和罗马演说家西塞罗的论文（《布鲁图斯》）。②

恩格斯的提纲中，几乎每一页都有能证实讲课提到的某些论点的引证材料，而且这些材料不单是用德文而且还用希腊文和拉丁文写的。例如，我们在提纲中可以看到下面的摘录："佩拉斯吉人是一个比希腊人更古老的民族。希罗多德把他们同古希腊人区分开。"⁽¹⁾ "希罗多德称佩拉斯吉人为蛮人。"⁽²⁾ 恩格斯把（1）和（2）这两句引自希罗多德的话写在页边上了。恩格斯在家里查阅第一手资料，找出希罗多德的这些论述，并用希腊文记在页边上："佩拉斯吉人是一个民族，而古希腊人是另一个民族"，"佩拉斯吉人讲的是蛮语"。③

可见，恩格斯从中学时代起就非常认真地研究希腊史，他懂得深刻理解第一手资料的重要性，尽可能全面地领会和掌握老师讲课的内容，从中获取最大的好处。

克劳森讲课的特点是系统而精确地介绍历史材料，提供极为丰富的实际知识，而这对于当时的中学课本来说是十分罕见的。这一点也反映

---

① 《马克思恩格斯全集》原文版第 4 部分第 1 卷第 478 页。
② 《马克思恩格斯全集》原文版第 4 部分第 1 卷第 478 页。
③ 《马克思恩格斯全集》原文版第 4 部分第 1 卷第 478 页。

在恩格斯的提纲中。15 岁的恩格斯所作的札记以其记叙材料的系统性和条理性而引人注目。这不仅表现在笔记的内容上,而且也表现在笔记的外部形式上。这本普通的学生笔记有一个完美的外观。卷头页很有艺术性,第 3 页上是克劳森教程的章节目录,并且在每一节旁边都注明这一节在笔记本的哪几页上,这样,笔记本的结构就一目了然。在笔记本的末尾恩格斯接连画了几幅地图①。应当指出,笔记的外表也是很漂亮的。每一页都留有四分之一甚或三分之一的页边,以供写批注用。笔记本这样的书写形式说明恩格斯对所学科目的认真态度,说明他的工作有始有终,力求尽善尽美。

恩格斯在笔记本中记录的古希腊史采用编年体形式,划分出主要的历史时期。第三节,神话时代的希腊人的历史。第二个时期,有史时代:第四节,多利亚人的迁徙;第五节,斯巴达;第六节,雅典史;第七节,希腊的殖民地;第九、十节,波斯战争。提纲开头第一节是导言,第二节详细描述有关地区的地理。这种精确的分节和内容提示可在第 3 页上找到,这使人们可以很快地弄清笔记本的全貌。

恩格斯在摘录笔记本中所摘录材料的特点和范围,使我们能判断出克劳森选编课程时视野的广阔和善于抓住各种纷繁的历史现象。他继施米特之后,把历史不是理解为各种表面事件、征伐和朝代更迭现象的罗列,而是力求向学生们讲述古代人民的文化和道德,社会结构和政治制度,宗教信仰,建筑古迹、艺术和文学作品。

课本叙述了希腊早期神话时代的历史以及多利亚人迁徙时代,即希腊各部落实现迁移和定居过程的时代的历史,与此同时特别着重叙述了古希腊社会中氏族关系解体和社会财产分化的过程,最早的国家即古希

---

① 《马克思恩格斯全集》原文版第 4 部分第 1 卷第 439—446 页。

腊特有的城邦形式的城市国家（主要是斯巴达和雅典）建立的过程，并特别着重考察了这种国家在第二个历史时期的经济制度和社会政治制度。

恩格斯能够准确地转述克劳森在课堂上讲述的事实，抓住课程的内在联系。恩格斯的笔记表明这个年仅15岁的少年具有多么惊人的逻辑思维能力。在笔记中，我们看到的不是信手摘录下来的个别事实、事件和人名，而是其基本的和主要的内容。笔记的语句精炼，没有一句空洞的话，每一个另起的句子都包含着新的事实和对讲题的进一步发挥。引述的实际材料都被当作证实某种结论和评论的例证。

恩格斯对斯巴达及雅典城邦的最终形成作了如下的记述：

"斯巴达。多利亚人被确认唯一的当权者；他们控制佩拉斯格人、亚该亚人；三种居民：

1. 斯巴达人。多利亚人。土地的主人。

2. 与他们并列的有亚该亚人、拉克德蒙人，多利亚人把一部分地连同个人权利留给这些人，却没有留下政治权利。佩里埃克人。

3. 希洛人（一部分是亚该亚人的奴隶，另一部分是被暴力所征服的亚该亚人的后代）。农奴，城邦的奴隶"。① （恩格斯为了自己弄清问题，把斯巴达的三种居民用希腊文标在页边上："斯巴达人、拉克德蒙人、希洛人"。）

"雅典史。有史时代初期出现了氏族贵族，即掌管土地的氏族贵族和贫民"。②

恩格斯详细地阐述了城邦政治制度的发展，关于斯巴达，他在笔记

---

① 《马克思恩格斯全集》原文版第4部分第1卷第481页。
② 《马克思恩格斯全集》原文版第4部分第1卷第484页。

中这样写道:"城邦的首领是两个国王,来自阿吉德和欧里蒂德庞王朝……全体多利亚人都是公民议会的成员(拉克德蒙人是否是成员,还不清楚),公民议会作出赞成或反对的决定并选举官长。由28个59岁以上的人组成政府(长老会议),两个国王也是政府成员,他们直接就是长老院的主席、长老院的执政官和战时的首领。这里的一切决定还要由公民批准或推翻。监察官(监督者)逐年选举并应向他们的继任者报告工作,他们以后成为长老院的首领,充当长老院公民议会主席;他们可以召集公民议会,甚至在战时可以限制国王的权力。"①

至于雅典,恩格斯确认,古代氏族组织由4个部落组成,每个部落各有3个胞族,每个胞族各有30个氏族。4个雅典部落的称呼(格莱翁特、霍普莱特、伊吉科尔、阿尔加德)用希腊文写在页边上。② 恩格斯指出:"王权同科德尔一起结束了"。"从公元前1068年初至752年设立了执政官,后者一经选定便终身任职,并有义务报告工作。在公元前683年前,执政官从科德尔家族中选出……从公元前752年起,每10年选举一次执政官,从683年起,每年从氏族贵族中选出9位执政官"。③

很可能,恩格斯后来在写作《家庭、私有制和国家的起源》这一经典著作时,利用了在中学时代搜集的有关雅典史的许多事实材料。该著作所引述的关于雅典社会氏族组织的资料,同笔记本中的摘录几乎一字不差。④

---

① 《马克思恩格斯全集》原文版第4部分第1卷第481页。
② 《马克思恩格斯全集》原文版第4部分第1卷第482页。
③ 《马克思恩格斯全集》原文版第4部分第1卷第482页。
④ 《马克思恩格斯全集》第1版第21卷第119页。

恩格斯的笔记表现出他特有的言简意赅的笔调，以及精炼地叙述任何问题的本领。关于梭伦改革的笔记就是一个证明。根据他在提纲中所作的注①来判断，梭伦改革的笔记是按照施米特的教科书独自编写的。

"在公元前594年，梭伦成为执政官。他创立了自己的法典，完全解除了债务负担。人民开始参加政权，尽管氏族贵族还有他们的特权"。②

我们知道，按照梭伦的宪法，全体公民根据土地收入的数量分为4个等级（或类别）。恩格斯在自己笔记本中写道："等级：岁入500默丁纳斯谷物的为富农、岁入300默丁纳斯谷物的为骑士、岁入200或150默丁纳斯谷物的为中农。贫民则更少"。③ 他谈到了雅典新建的两个管理机构：400人的议事会（布利）和陪审法庭（有陪审的审判）。他强调指出公民大会（伊克利齐亚）作用的加强。"同时，公民大会实行监督并作出决定"。④ 恩格斯接着说道："所有这些法律只适用于在雅典出生的公民，他们大约有5000人。

"同时，只有被选举权的外邦人推荐了自己执政官。前3个等级要纳高级税，并为装备船舶和庆祝公共节日纳税"。⑤

当时的爱北斐特中学很重视学习古希腊城邦的社会史，以及自由的斯巴达人和希洛人之间、平民和氏族贵族之间的关系。

恩格斯在提纲中描述了三次梅西尼亚战争，即斯巴达力图征服邻邦梅西尼亚而进行的战争的进程和结局。他也记录了第二次梅西尼亚战争

---

① 《马克思恩格斯全集》原文版第4部分第1卷第485页。
② 《马克思恩格斯全集》原文版第4部分第1卷第485页。
③ 《马克思恩格斯全集》原文版第4部分第1卷第485页。
④ 《马克思恩格斯全集》原文版第4部分第1卷第485页。
⑤ 《马克思恩格斯全集》原文版第4部分第1卷第485页。

(公元前7世纪下半叶)时期的尖锐的阶级斗争的极明显的情景,当时亚各斯人和阿尔卡吉亚人同梅西尼亚的希洛人共同抗击斯巴达人。

在斯巴达人同希腊邻邦的其他战争中,突出的是同阿尔卡吉亚人、赫特依和曼蒂尼亚的战争。对这次战争的描述引用了希罗多德的著作。"在公元前550年以前,阿尔卡吉亚人仗打得很顺利(希罗多德,第1卷第65、66页)……同时斯巴达人占领了基努利亚,在斯巴达国王克利奥米尼兹的领导下于公元前524年打败阿吉夫人,因而决定了阿尔卡吉亚人的命运。这几次战争的结局是:斯巴达征服了整个伯罗奔尼撒。"①

恩格斯也仔细地记录了以平民和氏族贵族间的斗争为标志的雅典内部政治生活的种种现象:基伦暴动,德雷科手抄法典的颁布,梭伦法典,派西斯特勒特斯僭主的暴政的确立,以及克利斯提尼改革。

他在阐述雅典德雷科手抄法典的颁布时,不只是说明事实本身:"公元前622年,由于氏族贵族压迫平民,德雷科颁布法典"。在下一句话里他对这一事实作了评价:"但是,这些法典只是使暴力加剧,因为氏族贵族手中有了更多的压迫手段"。② 关于克利斯提尼改革的笔记也有类似的评论:"克利斯提尼(阿尔克米昂氏族)驱逐了以艾萨戈拉斯为首的氏族贵族"。接着也对改革作了评价:"他的一切做法比较民主,撤销4个部落而组成10个部落,每个部落又分成德莫。每个部落选出50人组成布利。这是按地域进行的划分。"③

恩格斯叙述了希腊其他城邦(塞萨利、阿克尔内尼亚、福西斯、比

---

① 《马克思恩格斯全集》原文版第4部分第1卷第483页。
② 《马克思恩格斯全集》原文版第4部分第1卷第484页。
③ 《马克思恩格斯全集》原文版第4部分第1卷第487页。

奥舍、梅加腊、科林斯、阿尔凯迪亚、阿尔格利斯等）及希腊殖民地的历史，他的注意力同样并没有放在一些细节和个别事实上面，而是放在某些城邦发展的各种主要和关键的问题上面：政体形式和特点、商业关系的发展、各城邦尖锐的阶级斗争所引起的各种事件。

恩格斯的笔记说明一个 15 岁的男孩有着发育良好的联想思维，这种思维是建立在渊博的知识、开阔的视野和求知的欲望之上的。恩格斯不是单纯地听老师讲课，而总是保持着创造精神和主动性，不放过讲课中提到的任何一个重要地方。只要有可能，恩格斯就运用比较和对照的方法来更好地理解和掌握材料。恩格斯在笔记第 46 页上指出，雅典的"长老议事会（布利）最初只是从前 3 个等级的 400 人里选出，后来在克利斯提尼改革以后是从 500 人中选出。这就像斯巴达长老会议一样。"① 恩格斯在谈到克里特的政治制度时，强调指出："克里特与斯巴达一样也有这样的制度"，每年选出 10 人为首领，然后选出受公民制约的长老会议。议事机关。公民议会必须采纳或否决各种决定。死刑和墓穴。"②

在第二节"希腊地理"中，恩格斯除了非常仔细地叙述该地区的地形，把这一地区划分为几个主要部分，列举城市、河流、山脉、城堡、岛屿和海湾外，还在有关地方的括弧内对历史、政治制度、尖锐的阶级斗争、自然资源、神话的情节做了扼要的说明。"克基拉（荷马笔下的费亚西亚岛屿，科林斯的殖民地，现为科孚）"，"菲里（公元前约 380 年的僭主）"，"在色雷斯海滨，赛门占领了法索斯（金矿场）"，"约逊（寻求金羊毛的勇士）"，"阿尔戈斯（赫剌克勒斯、阿伽门农、

---

① 《马克思恩格斯全集》原文版第 4 部分第 1 卷第 485 页。
② 《马克思恩格斯全集》原文版第 4 部分第 1 卷第 490 页。

佩拉斯格人)"，"泰林斯（赫剌克勒斯）、迈锡尼（阿伽门农）"，"尼米亚（赫剌克勒斯、宙斯的祭坛、游戏、波赛冬）"，"利姆诺斯，有一座唯一的活火山（赫淮斯托斯的偶像）"。①

  恩格斯在单独利用施米特教科书的同时，还搜集了有关希腊早期历史、希腊—波斯战争史以及有关地区地理的实际材料。根据提纲中叙述希腊—波斯战争史的那一部分判断，恩格斯还在学生时代就对军事史发生了浓厚的兴趣。他非常仔细地用编年体的形式表述了希腊—波斯战争的进程，着重描写了马拉松和瑟莫皮利的最重要的战役。恩格斯还在笔记本的一页上详细地绘制了著名的瑟莫皮利战役的草图。这幅草图画得非常详细，它十分清楚地显示了这次战役的形势。在叙述军事战役的过程中，恩格斯注意到以阿里斯泰迪兹为首的贵族派同以瑟米斯特克利兹为首的民主派之间的政治斗争的尖锐化，这场斗争的结局是阿里斯泰迪兹遭到贝壳放逐的命运。在这里，笔记中引用了希罗多德的著作。恩格斯以教科书为依据描述了米尔泰厄迪兹、瑟米斯特克利兹、阿尔西科厄迪兹等这样一些著名的古希腊政治活动家。②

  恩格斯在写提纲的过程中，创造出自己的独特的记录方法。笔记的文风多种多样。恩格斯参照施米特教科书独自做笔记时，写下的是完整的、多少是合乎语言规范的句子，而在课堂上所做的笔记就比较简短，有大量缩写词，特别是地名和人名。但是不管笔记多么简短，根据笔记可以再现讲课的完整内容。

  上面已经指出，恩格斯在仔细记录讲课内容时，在笔记中留了很大的页边，以便自己加注。许多页边没有空着，而是写满了原著的引文

---

① 《马克思恩格斯全集》原文版第 4 部分第 1 卷第 474—477 页。
② 《马克思恩格斯全集》原文版第 4 部分第 1 卷第 493—495 页。

(第33、41、42页)、家谱示意图（第33、34、35页）、小插图（第3、36、41页）、地图（第37、46、47页）和定义（第36、39页）。页边还用来更醒目地标出做课堂笔记时产生的联想，看来是为了以后记得更牢些。例如，恩格斯在谈到希腊的殖民地克罗坦（意大利）的建立时，在正文中的这座城市的名字右上方打上星花，并在边上注明："毕达哥拉斯"。① 我们知道，毕达哥拉斯有一段时间曾在这里生活过，而且毕达哥拉斯的秘密联盟曾积极参与意大利南部城市，特别是克罗坦的政治生活。

为了更快地找到提纲的有关内容，恩格斯在页边上做上记号，把关于不同事件的叙述区分开来。恩格斯有时也把依据其他资料作出的概述写在页边上。例如，他在第37页上分析斯巴达的政治制度和提到五人院权力机构时，在正文中相应地方打上星号并在页边上写道："五人院的产生，按西奥庞伯斯的说法，大概是在梅西尼亚战争时期。后来五人院加入长老会议，前者可以要求国王做出解释。"②

在页边上有时出现由于某种原因而使恩格斯感兴趣的补充材料。恩格斯在第48页上谈到波斯统帅马尔多尼厄斯向希腊进军时，在页边上打上星花并注明："国王的女婿"。③

恩格斯做摘记的方法和特点之一，就是给各类简短的摘录注上各种符号，这使他能够以浓缩的形式提供尽可能多的信息量。例如，他用表示死亡的符号标明会战的地点。只要你浏览一下提纲，就会注意到这些符号，而且只要仔细观察一下，就能够得出一定的结论。在这一点上，

---

① 《马克思恩格斯全集》原文版第4部分第1卷第491页。
② 《马克思恩格斯全集》原文版第4部分第1卷第482页。
③ 《马克思恩格斯全集》原文版第4部分第1卷第493页。

比奥舍的例子最典型，我们看到，在5个会战地点打上了5个符号：哈利阿尔塔斯、迪洛、凯勒尼亚、科勒尼亚、塔纳格勒。①

恩格斯也使用着重号来标明极为重要的事件、人名，以表明自己对某些现象的态度。恩格斯谈到斯巴达人在雅典人遇到致命危险的情况下参加马拉松战役时指出："斯巴达人只是在胜利之后才出来，他们不想在新月出现前参战。"②

恩格斯在写提纲时也显示了绘图才能。这指的是恩格斯在笔记本的页边上画了许多插图和地图，即斯巴达、西西里、希腊在西班牙的殖民地的地图，在笔记本结尾处则绘有德尔斐附近一带、萨罗尼科斯湾、特洛伊、希腊（公元前1104年多利亚人迁徙前）的地图，还有爱琴海小亚细亚海岸的局部图、瑟莫皮利战役的插图和迈锡尼的"狮形门"。

地图画得很仔细，颇为内行，这说明他绘图时是认真而专心致志的。插图和地图对于更深刻地理解所学习的科目很有意义。这种工作尽管有一部分带有临摹性质，但同简单的阅读记忆方法比较起来，毕竟更富于主动性和创造性。这种工作非常有助于巩固希腊地理知识和掌握古代文化的特点。

对恩格斯中学时代的笔记哪怕作一种极为简单的分析，就可以看到，恩格斯在中学时代就已经掌握非常牢固的历史知识，养成独立研究史料和历史文献的习惯。恩格斯在做提纲的过程中掌握了在当时看来是先进的认识历史过程本质的观念，养成了不满足于事件的表面描述而探求其内在含义的习惯。这是他打下历史知识基础的第一块基石，是他在形成自己的独创的历史观的道路上迈出的第一步。

---

① 《马克思恩格斯全集》原文版第4部分第1卷第475页。
② 《马克思恩格斯全集》原文版第4部分第1卷第494页。

* * *

我们已经指出，恩格斯继 1835—1836 学年学习历史课以后，接着在 1836—1837 学年学习古希腊文学。

教程中收入了修昔底德的著作（第 6 卷和第 7 卷的片断）、柏拉图的散文作品（《对话集》）和荷马的史诗《伊利亚特》（第 1 至第 9 卷，第 8 卷供自学用）以及欧里庇得斯的戏剧（《阿尔克提斯》）。课程由艾希霍夫博士讲授。①

保存下来的反映恩格斯学习荷马《伊利亚特》情况的摘录笔记，对研究者来说很有价值。恩格斯的摘录笔记形成于这样一个学习时期，这时他在过去一年里立下根基的史料学知识基础正在进一步拓宽，科学地处理第一手资料的系统方法和习惯正在逐渐完善。

笔记本包含有 38 张纸，共 74 页。这个笔记本的记录方法与历史摘录笔记的记录方法不同。这首先是因为学习科目的性质不同，其次是因为中学大纲除了把《伊利亚特》当作文学上的古文献来教授而外，还有一个目的，即提高古希腊语水平。这一点也反映在笔记本的摘录形式上。在笔记本中，各种语法练习和词汇练习占有相当大的篇幅。

笔记本表明，学习史诗的研读过程分为两个不同阶段。一方面，学生在家里预习，包括阅读正文；另一方面，在课堂上同老师一起分析课文，把评论和解释记在笔记本上。

恩格斯在课堂上做的两个札记完成于直接学习《伊利亚特》的正文之前，大概是在老师的口授下写成的。第一个札记的内容是从一般历史和文学角度论述一般叙事文学风格的本质，特别是荷马叙事文学风格

---

① 《马克思恩格斯全集》原文版第 4 部分第 1 卷第 936 页。

的本质。我们在恩格斯的札记中看到:"叙事文学风格的本质与抒情史诗的本质迥然不同。与反映人的内心世界的抒情史诗不同,叙事文学作品的目的主要是表现外在事物。这种外在事物只能是自然界、历史、事件和事业。叙事诗人不在任何地方谈论自己。"[①] 在这里,恩格斯所说明的正是所谓"荷马问题",即史诗的起源问题:史诗是否是民间创作的口头流传的作品,或者出自某一诗人之手,并且这个诗人又是谁?在恩格斯看来,这无疑是荷马本人,作品也出自他的手笔。

第二个札记包含有《伊利亚特》全部22支歌的简要内容,用德语写成。[②] 这种学习文学作品的方法,无疑有助于更好地掌握原文本身的内容。

从第3页起,我们看到,恩格斯研读《伊利亚特》原文是多么善于思考,多么细心和刻苦。

笔记本中的札记分为两栏,另有3页(第14—16页)分为3栏。这3页反映了恩格斯学习《伊利亚特》第2支歌的情况。从笔记的形式和学习原文的方法来看,札记的这个部分不同于其他部分。这里以图表形式列出了参加抗击特洛伊远征的希腊战船的清单。表格包括所有参战者、他们的驻地、统帅的姓名、战船的数量,有时还包括全体船员人数在内。图表如下:

民族	统帅	城市
比奥舍人	佩内莱奥斯	希利叶,奥里斯,
	赖塔斯	绍伊诺斯,斯科洛斯,
	阿尔克西拉厄斯	埃特奥诺斯,蒂斯皮亚,

---

① 《马克思恩格斯全集》原文版第4部分第1卷第512页。
② 《马克思恩格斯全集》原文版第4部分第1卷第513—515页。

民族	统帅	城市
	普罗索叶诺尔	米卡莱索斯，艾莱塞昂，
	克洛尼厄斯	埃利特赖，埃莱昂，
		希勒，佩特昂，
		奥卡里亚，梅德昂，
		科佩，欧特雷西斯，
		西斯贝，科罗尼亚，
		哈里阿尔塔斯，
		普拉塔亚，哥里萨斯，
		希罗蒂拜，昂切斯塔斯，
		阿尔内，米迪亚，
		尼萨，安蒂东（50 条战船，每条船上有 120 个男人）
佩拉斯格人	厄基利兹	阿尔戈斯，
		阿诺斯，阿洛佩，
阿吉夫人或米尔莫多尼扬人		特雷柴斯，菲基亚，赫拉斯（50 条战船）

其他各页上左边一栏记下希腊语生词，右边一栏是课堂上记下的评注。第 8 支歌是例外，这里左右两栏都只列举生词。恩格斯在两栏中间空白处自上而下顺序标记每一支歌的节数：10、20、30 等等。通常每一页都写满为止，每一支歌的评注都从新一页开始写起，只有第 4 支歌是个例外。

第 5 支歌的生词表开头的地方没有标题，是隔一段空白后从第 110 节开始写起的，这块空白是准备为第 1—109 节写评注用的。在各支歌之间留有空白，供补充评注用。

分析一下研读荷马史诗的这第二个笔记本，我们可以看到体现青年恩格斯的学习作风的以下几个特点。

恩格斯针对教学大纲指定要学习的全部 11 卷史诗非常仔细地摘录下希腊语生词，并尽量找到确切的、完全贴切的相应德语词。我们常常在希腊语词汇旁边看到三四个对等的德语词汇。我们举其中的一个例子来看：在希腊语"απηνησ"（翻译过来就是冷淡的、严峻的、残酷的、铁面无私的）一词旁边我们同时可找到三个德语词："unsanft"（不温柔的）、"rauh"（粗暴的）、"unbiegsam"（不柔顺的）。①

恩格斯记录了各个多义词的全部词义。例如，希腊语动词"πατᾰπεσσω"的第一个词义是"煮食物"，第 2 个词义是"把……抑制住、忍住、藏住"。恩格斯列举出下述 3 个德语动词来表达这个希腊单词的全部词义："verkochen"（煮）、"verbeiβen"（抑制）、"zuruck-halten den Zorn"（克制住愤怒）。②

恩格斯在挑选贴切的对等词遇到困难时就打上问号。例如，在希腊语"τπμενοσ"（顺路的、顺利的）一词之后写上 3 个德语词，每个词都打上了问号"gunstig?"（顺利的？）、"gleichmaslg?"（顺畅的？）、"glatt wehender?"（一帆风顺的？）。③

也许为了更好地记记和理解，有些地方在译出某一语词时附有一小段《伊利亚特》的内容。例如，我们在希腊语"ανερνω"（向后拉）一词后面读到正文中使用该词的一段摘录："把供祭祀用的牲畜的脖子

---

① 《马克思恩格斯全集》原文版第 4 部分第 1 卷第 519 页。
② 《马克思恩格斯全集》原文版第 4 部分第 1 卷第 517 页。
③ 《马克思恩格斯全集》原文版第 4 部分第 1 卷第 523 页。

向后拉，好来杀死它"。(第 1 卷第 450 页)①

右边一栏的笔记，最常见的是对词汇和短语的释义、注解、诠释，以及有关荷马的语言风格和特点的评论。有对复杂的语词结构、短语和某些诗节的理解性说明。许多借助于从地理、物质文明和社会关系领域中搬来的词汇作出的解释就证明了这种情况。② 这些解释常常取材于恩格斯使用的各种参考资料。

在恩格斯使用过的各种参考书和各类详解词典中，首先应该提到的是经叶夫斯塔菲诠释的阿波隆·索非斯特词典。这部词典说明了古希腊罗马文学，特别是荷马文学的特点。还应该提一下布特曼和克鲁西乌斯的这类词典。③ 恩格斯也使用弗兰茨·帕索的希腊语词典和布特曼编写的语法。④

下面这段笔记很富有特色，它说明恩格斯学习语言的细心态度。恩格斯在左边一栏翻译希腊语"ονρενσ"一词时，指出它在伊奥尼亚方言中含义为"马骡"(Maulthier)，尔后在右边一栏中指出这个词"ονρενσ"来自动词"οραω"（观察、查看、有眼光、明察的），不过有另外一层含义，即看守人。他补充说："按照希腊人的习惯，看守人应该和狗一起站岗"。对原文采取这种细心态度，有助于掌握古希腊史诗所使用语言的微妙之处，同时也有助于加深对荷马作品的含意的理解。

---

① 《马克思恩格斯全集》原文版第 4 部分第 1 卷第 520 页。
② 《马克思恩格斯全集》原文版第 4 部分第 1 卷第 518、519、520、530、531 页。
③ P. 布特曼《词汇学，或希腊语词释义论文集》1824、1825 年柏林版；S. Ch. 克鲁西乌斯《希—德荷马史诗和荷马文学风格大词典》1836 年汉诺威版。
④ F. 帕索《简明希腊语词典》1831 年莱比锡版；P. 布特曼《希腊语详解》1830 年柏林版。

根据笔记本中的札记判断，可以肯定，恩格斯为了切实学好荷马史诗和希腊语，曾利用他可以利用的一切可能途径。因此，他不仅学会理解和翻译古希腊诗人和散文作家的作品，而且还很好地掌握了古希腊文，竟用希腊文写出了《伊托克利斯和波涅克斯的决斗》这首诗，并于1837年9月在中学校庆纪念会上朗读。[①]

恩格斯能够做到这一点，不仅因为有出色的语言才能和非凡的记忆力，而且还因为有异乎寻常的毅力和刻苦精神以及学习古希腊罗马史诗的好方法。他的古代语言学习同古代世界历史、文化和文学的学习是相辅相成的，这使他在集大成中取得了优异的成绩。

恩格斯的毕业证书指明，他出色地达到了中学教学大纲向学生提出的历史课和哲学课方面的非常高的要求。克劳森在发给自己的学生的证书中赞扬说："作文，特别是最后一年，在全面发展方面获得可喜的进步；作文具有良好的、独立的思想，而且大都组织得当；叙述均有依据，表达富有准确性。"[②]

（原载苏共中央马列主义研究院马恩室《马克思学学术通报和文献》1986年版第20—42页）

（李锁贵 译　明尹 校）

---

① 《马克思恩格斯全集》原文版第4部分第1卷第533—535页。
② 《马克思恩格斯全集》第1版第41卷第692—693页。

青年恩格斯和早期工人运动（1840—1842 年）*

〔民主德国〕沃尔弗冈·麦瑟尔

恩格斯在承袭同工人运动的实际斗争有着紧密联系的空想社会主义和工人共产主义方面，在发掘并改造这两种思潮方面立下了功绩。如何具体地论述和全面地评价他的这一功绩，在 1983 年曾被认定为马克思恩格斯研究工作中的一项任务。① 同时情况表明，关于恩格斯转向共产主义的时期问题，存在着各种不同的看法。② 人们对这一转变的时刻和

---

* 本文选自《马克思恩格斯研究》1989 年总第 1 辑。

① 参看雷·迈克尔《第一研究小组的研讨基础材料。"〈马克思恩格斯全集〉原文版在开展马克思恩格斯研究工作中作出的贡献"学术讨论会（1983 年 11 月 16 日和 17 日在莱比锡举行）》，载 1984 年《马克思恩格斯研究论丛》第 16 期第 31 页。

② 雷·迈克尔《第一研究小组的研讨基础材料。"〈马克思恩格斯全集〉原文版在开展马克思恩格斯研究工作中作出的贡献"学术讨论会（1983 年 11 月 16 日和 17 日在莱比锡举行）》，载 1984 年《马克思恩格斯研究论丛》第 16 期第 32 页。除下面引用的文献外，这里还推荐下列著作：斯捷潘诺娃《弗·恩格斯生平事绩》1958 年柏林版、《弗·恩格斯生平活动》1970 年莫斯科版、《恩格斯传》1984 年柏林版。

标准进行了重新的思考并将思考的成果提交讨论。① 在此期间，《马克思恩格斯全集》原文版第 1 部第 3 卷已经问世，其中收集了恩格斯 1844 年 8 月以前的著作。该卷最重要的研究成果，可以说就是详细阐明了恩格斯的世界观向唯物主义和共产主义转变的各个发展阶段。② 不过，在如何评价恩格斯居留英国初期的观点问题上，仍然众说众说纷纭。当然，在证明恩格斯承袭同时代的社会主义方面达到了某种新的高度，但有些问题还有待更深入的研究。英格·陶伯特的下述论断可以认为是正确的：毫无疑问，《马克思恩格斯全集》原文版研究工作的成果之一，就是比以往更精确地阐明了政治斗争和理论发展的相互作用，但还有未尽如人意之处。③ 木文试图就一些悬而未决的问题作出自己的说明。

19 世纪 30 年代末至 40 年代初，恩格斯开始从事报刊政论活动，而早期无产阶级运动及其理论表现——工人共产主义在这时也进入一个新的发展阶段。1839 年 5 月，巴黎爆发首次共产主义起义；1839 年 11 月，威尔士爆发第一次宪章派起义；1840 年夏天，巴黎掀起大罢工；1840 年 7 月，巴黎首次举行共产主义群众示威，而曼彻斯特成立了全国宪章派公会，它是第一个全国性的无产阶级群众性政党。当时作为早

---

① 参看埃·勒利希《恩格斯寄自英国的第一篇文章——认识上的进步和认识上的局限性》，载 1984 年《马克思恩格斯研究论丛》第 16 期第 53—58 页。

② 参看沃·麦瑟尔《书评：〈马克思恩格斯全集〉原文版第 1 部分第 3 卷（恩格斯 1844 年 8 月以前的著作、文章和草稿）1985 年柏林版》，载 1986 年《德国工人运动史论丛》第 6 期第 834—836 页。

③ 参看英·陶伯特《〈马克思恩格斯全集〉原文版第 1 部分第 2、3 卷的新认识和对确定第 5 卷（马克思、恩格斯〈德意志意识形态〉）的研究和编辑任务的意义》，载 1987 年《马克思恩格斯研究论述》第 22 期第 23 页。

期工人运动的理论表现而出版的著作有：布雷《对待劳动的不公正现象及其消除办法》(1839年)、卡贝《伊加利亚旅行记》(1840年)、蒲鲁东《什么是财产》(1840年)和迈尔《联合的体系》(1840年)等等。当时，在德国也有了正义者同盟的立足点。然而，撇开对共产主义目标的追求不说，无产阶级的群众运动在这里还根本谈不上，因为当时的德国还不具备这样的经济、社会和政治条件。

年轻的恩格斯早在他发表在谷兹科夫编辑的《德意志电讯》上的首批文章《乌培塔尔来信》中的一封信中，就对工厂工人的状况表明了自己的态度，这是他批判虔诚主义的起步点。他是根据自己在德国最发达的工业区进行的考察而了解到工厂工人状况的。早在七月革命前后的几年里，在这一地区就爆发了多次罢工和工人同军队的冲突（1826年在佐林根；1826年和1830年在瓦尔德和下莱茵河地区；1829年在爱北斐特；1830年在亚琛）。恩格斯发现"下层阶级，特别是乌培塔尔的工厂工人，普遍处于可怕的贫困境地"。① 接着他谈到了童工问题。他说，雇用童工"便于厂主不再拿双倍的钱来雇用被童工代替的成年工人"。他认为，产生这种不幸状况的一个原因就是"厂主的胡作非为"。②

恩格斯批评工厂工人对这种社会贫困持听天由命和逆来顺受的容忍态度，以及他们因抱有虔诚主义而沉溺于神秘主义和酗酒的现象。恩格斯认为虔诚主义是造成这些情况的重要原因。③ 如果再注意到恩格斯后来的发展，那么就可以推知，恩格斯已经面临了能否改变这种状况的问

---

① 《马克思恩格斯全集》第1版第1卷第498页。
② 《马克思恩格斯全集》第1版第1卷第498、499页。
③ 参看《马克思恩格斯全集》原文版第1部分第3卷前言第19页。

题。另一方面，恩格斯对虔诚主义进行批判也可以认为是出于社会原因。

恩格斯在1838年底至1842年底的精神和政治发展，受到青年德意志的文学运动和青年黑格尔主义的哲学运动的重大影响。① 青年德意志的主要代表谷兹科夫，以及这一文学运动的鼓舞者白尔尼和海涅为在德国传播傅立叶的思想作出了许多贡献。② 从1839年秋天起，恩格斯首先不仅认真研读和高度评价白尔尼的《巴黎来信》和《吞食法国人的人门采尔》以及费奈迭的《普鲁士和普鲁士制度》等著作，而且还关心它们的传播。③

恩格斯接受了白尔尼为维护人民中被压迫和被剥削的贫困的阶层而提出的主要的政治要求和社会要求，如自由、平等、人民主权、共和国以及在首次里昂工人起义的影响下形成的下述观点：人民不得不通过革命争取这些要求，"以夺取财产"；穷人一旦"认识到自己的贫困状况"，就必然"爆发穷人对富人的战争"；"穷人"是"唯一没有为了该诅咒的金钱而出卖整个灵魂、出卖全部信仰的人，是唯一没有被惰性麻痹全部神经的人，他们还有希望获得自由的精神和为自由而斗争的身躯"。④

---

① 《马克思恩格斯全集》第1版第1卷第15页。

② 参看 J. 赫普纳和 W. 塞德尔－赫普纳《从巴贝夫到布朗基。马克思以前的法国社会主义和共产主义》1975年莱比锡版第1卷第189页。

③ 参看《马克思恩格斯全集》第1版第41卷第528—535页。

④ 路·白尔尼《巴黎来信》，载《白尔尼全集》（两卷本）1981年柏林—魏玛版第244—245页；本文引自 H. 波克《序言》，载《白尔尼全集》第1卷第38页。

白尔尼的《巴黎来信》在 30 年代开拓了从小资产阶级激进主义向质朴的工人共产主义发展的路线①。恩格斯想必已经意识到《来信》的革命性②。他对《来信》所作的高度评价，使我们可以得出这样的结论：他是赞同白尔尼的革命民主主义观点的，并且在 1839 年底就已开始转向革命民主主义。③ 在世界观方面促成这一发展的，除了在批判现存关系方面重视自然法论据这一事实④而外，主要还有施特劳斯的宗教批判。⑤ 后来，海涅在 1845 年就无神论向共产主义发展的道路问题所说的一席话，实际上早已在恩格斯身上得到验证。海涅的这番话是这样说的："破除对上帝的信仰不仅具有道德意义，而且具有政治意义，因为大众不再以基督教的忍耐精神来容忍人世间的贫困，来渴求人间的幸

---

① 路·白尔尼《巴黎来信》，载《白尔尼全集》（两卷本）1981 年柏林—魏玛版第 244—245 页；本文引自 H. 波克《序言》，载《白尔尼全集》第 1 卷第 38 页。

② 参看《马克思恩格斯全集》第 1 版第 41 卷第 457 页。

③ 恩格斯在书信（参看《马克思恩格斯全集》第 1 版第 41 卷第 528—535 页）中表现出来的革命民主主义观点在他流传下来的 1840 年底以后的著作中才得到证实（参看《马克思恩格斯全集》原文版第 1 部分第 3 卷前言第 23 页）。他在 1839 年底创作的并因书报检查原因担心不能发表的小说（参看《没有保存下来的著作目录》，载《马克思恩格斯全集》原文版第 1 部分第 3 卷第 1276 页）中可能就代表了这种观点。固然，就"社会主义的特色"（参看〔法〕科尔纽：《马克思恩格斯传》第 1 卷，刘丕坤等译，北京：生活·读书·新知三联书店 1963 年版，第 263 页）来说还找不到确切的证明，但对当时已被接受的圣西门主义和傅立叶主义思想也没有留下任何批判性的意见，使我们可据以得出恩格斯至少在原则上没有拒绝这些思想的结论。

④ 参看《马克思恩格斯全集》第 1 版第 41 卷第 457 页。

⑤ 参看《马克思恩格斯全集》第 1 版第 41 卷第 463—465、532—534 页。

福。共产主义就是这种改变了的世界观的自然结果,现在共产主义已传遍整个德国。"①

首先,在1840年,进步的资产阶级运动在德国掀起了新的高潮。激起这一高潮的导火线是普鲁士的王位更替问题,这是经济上正在崛起的资产阶级提出其自由主义要求的大好时机。② 此外,德国北部矿山的帮工和雇佣工人当时也采取了一系列斗争行动。早在20年代,在德国的多数北方城市、波罗的海沿海的俄国省份和丹麦就已成立了外籍泥水匠帮工的联合组织,并且彼此建立了经常的联系。③ 这些组织的目标是要调整工资和工作时间。

1839年10月,不来梅的泥水匠帮工举行罢工,反对实施解雇法。他们向吕卑克、施韦林和汉诺威的同行发出呼吁,请求支援。1840年1月,在师傅们的要求下,警察出面干预,并实行逮捕。④ 在汉堡,1839年也曾举行罢工,要求废除解雇法。1840年1月在吕卑克、哥本哈根和汉诺威的帮工的支持下,排除了意见分歧,师傅们不得不赔偿损失和支付诉讼费。1840年,在基尔和施韦林,泥水匠举行罢工,要求提高

---

① 亨·海涅《关于德国的来信片断》,载《海涅全集》(五卷本)1981年柏林—魏玛版第5卷第463页。

② 参看卡·欧伯曼《1815—1849年的德国》1983年柏林版第113页及以下几页和《德国史》1984年柏林版第234页。

③ 参看H.劳芬贝格《汉堡、阿尔托纳及周围地区工人运动史》1911年汉堡版第86—87页。

④ 参看《泥水匠帮工的组织。这些组织中通行习俗的真实写照及有关其近况的报道》1841年吕卑克版第45页及以下几页。

工资。① 1840年5月，吕卑克的泥水匠师傅上书市议会求援，并告发说："不来梅警察当局查获了一个由不来梅泥水匠帮工同这里的帮工组织共同策划的阴谋。"② 在这一年里，不来梅的泥水匠不断举行罢工，反对实施解雇法，结果大约100名罢工者被分别判处1—6个月的监禁。9月，不来梅泥水匠师傅的管理部门被哥本哈根、施韦林和吕卑克的帮工组织搞得声名狼藉。③

德国北方的罢工斗争是与巴黎工人的大罢工同时发生的。《莱比锡总汇报》驻不来梅通讯员在一篇关于不来梅泥水匠的持久罢工的报道中综述了这些事件："正当巴黎的手工业者帮工起来公开表示对师傅们的愤怒时，我们获悉，德国北方的帮工成立了秘密组织，试图通过密谋活动暗中达到他们通过公开的示威不可能达到的目的。……这些组织随着时间的推移会对国家造成多大的危害，我们只要看看巴黎帮工的行为便可知道"。④ 这篇报道曾被德国许多报纸转载。⑤

年轻的恩格斯这时刚刚结束在不来梅一家大商行的商务见习。上述事件及其在报刊上的反应促使他首次对工人运动公开发表评论。他在给

---

① 参看《泥水匠帮工的组织。这些组织中通行习俗的真实写照及有关其近况的报道》1841年吕卑克版第41、65、77页及以下几页和H.劳芬贝格《汉堡、阿尔托纳及周围地区工人运动史》1911年汉堡版第87、88、92页。

② 《泥水匠帮工的组织……》第53—54页。

③ 参看H.劳芬贝格《汉堡、阿尔托纳及周围地区工人运动史》1911年汉堡版第89页。

④ 1840年9月19日《莱比锡总汇报》。

⑤ 参看《马克思恩格斯全集》原文版第1部分第3卷第891页和汉·佩尔格和米·克尼里姆《弗·恩格斯——斯图加特〈知识界晨报〉和奥格斯堡〈总汇报〉驻不来梅通讯员》1976年特利尔版第22页及以下几页。

奥格斯堡《总汇报》撰写的一篇通讯中表述了自己的观点："许多报纸上发表的关于这里存在较大的手工业者团体的报道，在公众看来，已不那么重要了。……时而有人宣布抵制某个虐待自己工人的师傅。一个城市的某个行业的师傅名声太坏，流浪的帮工们就远远地躲开那个城市，这都丝毫没有什么新奇或值得大惊小怪，虽然我决不想以此来为这类做法辩解。……但是把他们的行为硬要看作是有组织的团体、蛊惑者的阴谋、秘密法庭，那就太夸张了；任何一个人，如果像德国北方一家报纸的通讯员那样认为这是一个征兆，预示着同巴黎工人的阴谋类似的阴谋，那么他只要一开始就弄清楚工人这个词的含义以及德国手工业者阶层的组织与法国手工业者阶层的组织之间的差别，他的言行就会明智些。"①

恩格斯的通讯表明，他对工人的斗争行动是理解的。这一点同他在一年前所作的关于乌培塔尔工厂工人的状况的论述也是一致的。1840年中，恩格斯曾经在《知识界晨报》上预告要写一篇关于"不来梅社会状况"的文章。这篇文章显然因编辑部的严重干预而夭折了。② 他在关于手工业者组织的通讯中极力把这种组织说成是无关紧要的，也许是因为《莱比锡总汇报》上的上述通讯力图证明手工业者组织是危险的，以便乘此提出下面的要求："不久将公布有关规定和法律，严禁类似的

---

① 参看《马克思恩格斯全集》第 1 版第 50 卷第 338—339 页。关于法国工人运动、各种社会主义体系以及布朗基派的实际活动的资料，恩格斯可能引自泰·蒙特出版的季刊《自由港》（参看古·迈耶尔《恩格斯传》1920 年柏林版第 1 卷第 111 页）。有材料证明，恩格斯当时很注意这个刊物。

② 参看《为科塔出版社出版的报纸撰稿情况》，载《马克思恩格斯全集》原文版第 1 部分第 3 卷第 676 页。

团体和兄弟会组织"。①

实际上，不来梅泥水匠帮工的罢工同1840年夏季巴黎工人的大罢工在量和质上都存在着明显的区别。值得注意的是，恩格斯发现了这个区别。尽管如此，这些罢工仍然是一个征兆，预示着封建主义和资本主义之间的主要矛盾在德国三月革命之前已由于日益增长的雇佣劳动与资本之间的对立而发生变形，工人的状况在德国也已经要受各种同资本主义生产方式相适应的经济规律性的支配。恩格斯披露了事态的各种表现形式，所以他的通讯成了《工场》的一份资料来源，使该报在摘要发表这篇通讯时得以加了这样的编者按语：上述种种事实证明两国工人确实处境相同。②

奥格斯堡《总汇报》驻不来梅临时通讯员冯·霍尔迈尔就不来梅手工业者帮工被逮捕事件进行调查一事声明支持恩格斯的看法，认为当局丝毫不能证明这是蛊惑宣传，不能证明这同未遂的"圣西门主义的阴谋"有丝毫联系。他极力拒绝承认不来梅的手工业者帮工有任何政治组织。③ 只要看看手工业者帮工的罢工目的，就可以看出上述说法是符合帮工们的意向的。但是，在大逮捕过程中，警察当局也发现了传单，它

---

① 1840年9月19日《莱比锡总汇报》。
② 参看1840年11月《工场》第3期；《马克思恩格斯全集》原文版第1部分第3卷第890页；汉·佩尔格和米·克尼里姆《弗·恩格斯——……驻不来梅通讯员》。
③ 参看1840年11月《工场》第3期；《马克思恩格斯全集》原文版第1部分第3卷第890页；汉·佩尔格和米·克尼里姆《弗·恩格斯——……驻不来梅通讯员》。

们是由巴黎德国早期无产阶级政治组织散发的。①

雪茄烟厂主、流亡者同盟不来梅"帐篷"的成员萨托里乌斯早在1839年圣诞节前后就请求汉堡木匠帮工霍夫曼（后者在1839年10月底到汉堡后即成立了一个正义者同盟的支部）邮寄传单。② 1840年狂欢节后不久，在汉堡加入正义者同盟的施塔尔前往不来梅。③ 1840年春，流亡者同盟的特使卡尔·布龙在吕卑克逗留较长时间后去汉堡拜访正义者同盟盟员、木匠格吕贝尔，尔后前往不来梅。④ 1840年圣灵降临节前后，流亡者同盟不来梅"帐篷"的书记波德到汉堡拜访霍夫曼，索取革命著作并寄给不来梅的萨托里乌斯。⑤ 这些传单在1840年10月施塔尔和不来梅流亡者同盟其他3名成员被捕（萨托里乌斯得以幸免）时

---

① 参看汉堡国家档案馆，C1840，Nr. 567，Bd. 3，Bl. 366，419（柏林马列主义研究院藏有拷贝）。这里谈到的传单是指《关于德国犹太人遭受迫害的情况》、《一个德国共和党人的声音》、《祖国颂》、《反对专制制度的斗争的正义性》、《人权和公民权宣言》、《流亡者同盟信条》、《一个共和党人的思想》。这些传单载 H. J. 鲁克海伯勒编辑并作序的《早期无产阶级文献。在巴黎的德国手工业者帮工联合会传单（1832—1839年）》1977年克龙贝格版。这种联系长期以来在研究工作中并没有引起注意。

② 参看汉堡国家档案馆，C1840，Nr. 567，Bd. 4，Bl. 243。

③ 参看汉堡国家档案馆，B1210 及以下几页；威·柯瓦耳斯基编辑并作序的《从小资产阶级民主主义到共产主义。美因河畔法兰克福同盟中央委员会关于德国革命运动的主要报道（1838—1842年）》1978年柏林版第159页。

④ 参看威·柯瓦耳斯基编辑并作序的《从小资产阶级民主主义到共产主义。美因河畔法兰克福同盟中央委员会关于德国革命运动的主要报道（1838—1842年）》1978年柏林版第253页。关于布龙，参看《共产主义者同盟。文件和资料（1849—1851年）》1982年柏林版第2卷第563页。

⑤ 参看《从小资产阶级民主主义……》第154、258页。

被没收。①

不来梅、汉堡的泥水匠罢工和骚乱同流亡者同盟或正义者同盟在那里的组织是否有直接联系,没有得到证实,正如不能证实巴黎的大罢工同无产阶级的共产主义秘密团体有直接联系一样。但是,正像在巴黎人们曾为早期工人运动同共产主义理论与共产主义先锋组织的结合作出努力一样,德国早期无产阶级的秘密团体显然也把德国北方泥水匠帮工的斗争行动看作进行革命宣传的有利条件,甚至看作实现该组织的长远目标的可能机会。② 不过,恩格斯对此可能一无所知。

1840年10月在德意志联邦大多数邦中掀起的逮捕浪潮,以及对德国早期无产阶级政治组织成员的迫害,③ 同1840年12月3日关于禁止帮工和雇佣工人成立任何自助组织的联邦议会决议密切相关。这个决议

---

① 参看《从小资产阶级民主主义……》第265—266页。

② 早在1835年,流亡者同盟的早期无产阶级的领导人就对经济斗争持肯定的态度,把这种斗争看作对工作日长度和工资水平施加影响的手段。他们的发言人沃尔弗冈·施特莱尔特别指出了法国泥水匠、细木工和木工的卓有成效的行动;同时他还说明,光凭经济斗争还不足以改变社会状况〔参看沃·施特莱尔《一个瑞士人从巴黎的来信(1835—1836年)。关于早期无产阶级文化和运动史的新文献》(J.格兰德荣、W.塞德尔-赫普纳和M.威纳尔编)。第7封信〕。鉴于这种情况,人们很可能至少要对汉堡和不来梅的罢工积极施加影响,因为在这两个地方活动的流亡者同盟或正义者同盟的盟员多数是木工,而罢工者是泥水匠,因此,施特莱尔所提到的职业类别是理应有正面经验的。

③ 参看卡·欧伯曼《1815—1849年的德国》1983年柏林版第109页;《从小资产阶级民主主义……》第267、279—285页;关于德国流亡者同盟的一些分支较明显地表现出来的早期无产阶级性质,参看威·柯瓦耳斯基《七月革命后德国民主运动中的无产阶级因素》,载1982年《德国工人运动史论丛》第6期第896—897页。

声称，手工业者帮工的组织可能被利用来散布来自国外组织的革命思想。这样一来，德国早期工人运动中旨在扩大政治组织基础、宣传和要求实现政治和社会平等的最初尝试还没有来得及进一步展开，就被扼杀了。只是在西里西亚和波希米亚爆发工人起义以后这种尝试才得以重新开始。

1840年广泛展开的政治论争和社会斗争为年轻的恩格斯提供了经验基础，使他得以在1840年12月的一篇通讯中作出重要的历史评价："1840年是争论当时悬而未决的问题的一年，这一年的斗争是那么多，以致我们几乎可以把这一年称为本世纪的转折点。"① 无疑他这是第一次谈及政治斗争，② 特别是普鲁士的政治斗争。诚然，自从他有意体验乌培塔尔工厂工人的贫困生活以来就开始明白，社会问题是"当时悬而未决的问题"。白尔尼的《巴黎来信》无疑加深了他这方面的印象。他目睹的不来梅帮工和雇佣工人的行动，特别是巴黎大罢工的消息，可能是促使他作出上述评价的动因。而上面已经提到的1840年7月的两件大事，即英国宪章派和法国共产党的成立使这种评价具有更深刻的意义。然而，这些影响从1842年秋天起才开始对恩格斯产生作用。

---

① 《马克思恩格斯全集》原文版第1部分第3卷第228页。恩格斯同马克思一起直到后来也没有放弃这一观点，但修正了关于1840年同1830年相比是一个转折点这一明显过高的评价，并深化了论证（参看《马克思恩格斯全集》第1版第8卷第9页及以下几页）；另见W.施米特《1830年——德国史的转折和革命民主主义发展中一个新阶段的开始》，载1986年《历史杂志》第11期第994页。

② 参看《马克思恩格斯全集》原文版第1部分第3卷，前言第23页。黑格尔（在《法哲学原理》第244条）也认为社会问题是当时最重要的问题之一。

1840年也标志着恩格斯的政治和理论发展过程中的一个新阶段。①他在1840年底完成的《恩斯特·莫里茨·阿伦特》一文中第一次从革命民主主义的立场出发，阐明了民族发展的任务。他着重考察了所有制关系问题，这一点表明，他关心的是如何将社会问题作为人民主权的基础来解决。他要求"废除一切等级，建立一个伟大的、统一的、平等的公民国家"，进而又要求土地所有权的自由。土地自由"不容许极端化：既不容许把大土地占有者变成贵族，也不容许把耕地分割成太小的、变得没有用处的地块。……这种对土地占有的束缚，正如任何不可转让的继承权一样，是直接对革命起作用的。如果一部分好地固定属于某些家族，而其余的公民都得不到，这难道不是对人民的直接挑战吗？"②

圣西门主义通过白尔尼的著作和青年德意志的文学③在这方面所产生的影响是不容忽视的。把所有制关系看作理解社会问题的关键，反对土地析分，主张所有权转让的历史合法性，反对继承权，这一切都是圣西门主义学说的基本内容。④由圣西门派提出并随后又由爱德华·甘斯主张的社会化和联合要求，当时在恩格斯的文章中还没有反映出来。但是，由于他既反对将地产集中在少数人手中，又反对土地析分，因此，剩下唯一可能的抉择，就是共同使用已融合为社会财产的地产。这就决定了恩格斯后来的发展，使他走上主张通过社会主义解决所有制问题的

---

① 参看《马克思恩格斯全集》原文版第1部分第3卷，前言第23页。

② 《马克思恩格斯全集》第1版第41卷第156、157页。

③ 白尔尼的观点同圣西门主义是完全对立的，他拒绝接受圣西门主义的分配原则和财产公有制。恩格斯在1852年对青年德意志派著作家的模糊的圣西门主义作了批判性评价（参看《马克思恩格斯全集》第1版第8卷第14页）。

④ 参看《圣西门主义学说》，载 J.赫普纳和 W.塞德尔－赫普纳《从巴贝夫到布朗基》第2卷第158页及以下几页。

方向。当然,他运用这种考察方法首先研究的是土地所有制,而不是总的所有制关系。

首先,由于恩格斯当时的世界观还是唯心主义的,由于德国当时具体的历史条件,他还期待通过消灭阻挡进步的两大障碍即宗教和国家来解决当时的问题。当时的斗争虽然首先是作为精神斗争展开的,但仍然带有政治色彩。恩格斯在差不多半个世纪以后回顾这段经历时说:"……到了1840年,正统教派的伪善和封建专制的反动随着弗里德里希-威廉四世登上了王座,这时人们就不可避免地要公开站在这方面或那方面了。斗争依旧是用哲学的武器进行的,但已经不再是为了抽象的哲学目的;问题已经直接是要消灭传统的宗教和现在的国家了。"①

1840年底,恩格斯首先受到了白尔尼和黑格尔、施特劳斯、甘斯、卢格等人的观点的深刻影响,但并不因此就对他们持非批判的态度。"白尔尼才是个政治实践家……只有他的著作可以称得上是争取自由的行动。"② 相反,"黑格尔是一个很有思想的人","在黑格尔死后,新鲜的生活气息触及他的学说,从'普鲁士国家哲学'中萌发出一些幼芽,这些幼芽是任何一个流派做梦都没有想到过的。施特劳斯在神学领域,甘斯和卢格在政治领域,将永远是划时代的"。③ 恩格斯认为,当时的任务是确立理论和实践的统一是"完成黑格尔思想和白尔尼思想的相互渗透。……但是,思想和行动相结合这一点,部分地是还没有被充分地意识到,部分地是还没有深入到民族之中"④。因此,恩格斯在以后的

---

① 《马克思恩格斯全集》第1版第21卷第312页。
② 《马克思恩格斯全集》第1版第41卷第150页。
③ 《马克思恩格斯全集》第1版第41卷第151页。
④ 《马克思恩格斯全集》第1版第41卷第152页。

两年中，主要从事哲学的研究，他试图把哲学这一武器运用到政治斗争中去。在他看来，早期的工人运动还是意义不大的。

此时，德国的政治矛盾和社会矛盾日益尖锐，资产阶级反对派内部随之出现分化，在这样的条件下，英国和法国的工人运动、共产主义和社会主义理论，随着40年代初掀起的运动高潮，在德国报刊上也得到强烈的反响。①海涅后来在回忆他为奥格斯堡《总汇报》撰写的通讯时说："诚然，共和主义者已经为奥格斯堡报通讯员提供了某种非常棘手的题材，可是社会主义者，或者用这个可怕的怪物的真名来称呼，也就是共产主义者，则提供了要远为棘手得多的题材。尽管如此，我还是成功地在奥格斯堡报上讨论了这个题材。……我有办法在该报谨小慎微的栏目内讨论这个题材，而这个题材的巨大意义在那个时代还鲜为人知。"②

不久，这个题材在《莱茵报》也得到了反映。该报从1842年1月1日起，作为政治日报由青年黑格尔派左翼在崛起中的莱茵资产阶级中心科伦编辑出版。莫泽斯·赫斯在这里起了决定性作用，他早在该报的筹备和创办阶段就已很有名气。③赫斯提出一种以某种财产共同体内的社会平等为特征的人道主义的社会理想，并根据哲学原理论证他的观点，希望通过社会革命实现这一理想。④

---

① 参看W.明克《导言》，载《莫泽斯·赫斯的哲学和社会主义著作（1837—1850年）》1980年柏林版第38页。

② 亨·海涅《遗书。为〈卢台奇亚〉法文版写的序言》，载《海涅全集》（五卷本）第5卷第454页。

③ 参看《马克思恩格斯全集》原文版第1部分第1卷第968页。

④ 参看W.明克《导言》，载《莫泽斯·赫斯的哲学和社会主义著作（1837—1850年）》1980年柏林版第18、24—26、29页。

英国无产阶级的社会斗争在1842年夏天随着争取实现宪章的政治大罢工而达到了顶点。这一斗争使人们对法国学者代表大会上把社会主义理论当作解决工人问题的答案而进行的讨论更加感到兴趣。关于这次代表大会，《莱茵报》作了报道。① 1842年10月担任该报主编的马克思承认当代的共产主义是人们不能置之不理的重大时代问题②。马克思把赫斯使人们"在《莱茵报》上可以听到的法国社会主义和共产主义的带着微弱哲学色彩的回声"称为"肤浅言论"，但他不愿对"法兰西思潮的内容本身"妄加评判。③

恩格斯从1842年春天起就从柏林为《莱茵报》撰写通讯。1843年11月，他曾在《新道德世界》上就这种"哲学共产主义"报道如下："还在1842年秋天，党的某些活动家就已得出结论说，光是实行政治变革是不够的，并且宣称，只有经过以集体所有制为基础的社会革命，才能建立符合他们抽象原则的社会制度。"④ 恩格斯这时是否已把自己列

---

① 参看1842年10月7日《莱茵报》。赫斯在该报引用了蓬佩里的话。蓬佩里说，无产阶级反对私有制的斗争很可能将发展成一场社会革命。

② 参看《马克思恩格斯全集》第1版第1卷第130页。

③ 参看《马克思恩格斯全集》第1版第1卷第8页。

④ 《马克思恩格斯全集》第1版第1卷第590页。"哲学共产主义"（或社会主义）可以理解为从黑格尔哲学的解体中产生的理论运动。这一运动主要地或者说只是根据哲学原则来论证社会主义或共产主义，不过它毕竟是由无产阶级的状况和斗争间接促成的。这一理论运动的代表对无产阶级的状况和斗争逐渐作出有意识的反映，转向无产阶级的阶级立场（特别是马克思和恩格斯），并达到辩证唯物主义历史观，从而哲学社会主义被克服，并产生了科学社会主义（"唯物主义的批判的共产主义"）。由于这种发展尚未完成或者说只是局部完成，所以在西里西亚织工起义后，在哲学社会主义的理论基础上（特别是赫斯）形成了"真正的社会主义"这一文学思潮（主要代表卡尔·格律恩）。

入哲学共产主义的行列,这从他的接下去的一段论述中还不能得到明确的答案,但也不能简单加以否定,因为他的这段话主要只是针对布鲁诺·鲍威尔、费尔巴哈和卢格的。另一方面,他提到赫斯是"该党第一个成为共产主义者"① 的人。在恩格斯以及巴黎正义者同盟领导人海尔曼·艾韦贝克②看来,"共产主义是新黑格尔派哲学的必然产物"。③ 因此,认为恩格斯在英国才得出这个结论,这是不足信的,因为恩格斯所强调的只属于哲学共产主义的各种影响,是在德国发生作用的。相反,英国的状况使他在唯物主义基础上认识了无产阶级的历史使命,走向科学社会主义。④

赫斯本人在两年前已发现青年黑格尔主义和共产主义之间存在着"一种十分勉强的联系",因为"在上述报纸存在的整个时期内,哲学的运动派对激进社会主义还抱着敌视态度,而激进社会主义实际上早已

---

① 《马克思恩格斯全集》第1版第1卷第590页。

② "这位赫斯昨天回到了科伦,他是一位坚决的、'最纯正的'青年黑格尔主义者,因而是一位共产主义者。因为共产主义是黑格尔主义思想体系的显而易见的必然产物,甚至我在三年前当杂志上只出现某些蛛丝马迹的时候,就已经对这样的前途一目了然。"(海·艾韦贝克1843年3月15日给威廉·魏特林的信,载《共产主义者同盟。文件和资料》1970年柏林版第1卷第173页)这段话还被收入了布伦奇里的报告(《瑞士的共产主义者。依据在魏特林处发现的文件》1843年苏黎世版)。有材料证实,恩格斯曾读过这个报告。

③ 《马克思恩格斯全集》第1版第1卷第591页。

④ 参看《马克思恩格斯全集》原文版第1部分第3卷前言第31页及以下几页。

被偷偷塞进《莱茵报》了"①。赫斯认为他在1842年深秋曾使恩格斯拥护他的哲学共产主义，他把这看作是他的一大功劳。几个月以后他为此写了下面一段话："去年，我正打算去巴黎的时候，他（恩格斯——译者注）从柏林来到科伦。我们就当代问题进行了讨论；他是老资格的革命者，同我告别时已是一位十分热忱的共产主义者了。"② 当然，赫斯在这里可能无意中夸大了，但是，如果我们把他的说法同恩格斯的话联系起来看，并考虑到恩格斯在哲学、政治和社会方面已为这一结果作好准备这一情况，那么赫斯的说法就是可信的了。③

恩格斯同马克思1842年11月16日在科伦《莱茵报》编辑部第一次会面时，他很可能至少也像埃德加尔·鲍威尔一样，给马克思留下了

---

① 莫·赫斯《论德国的社会主义运动》，载卡·格律恩编《新轶文集》1845年达姆施塔特版第208页（《莫泽斯·赫斯的哲学和社会主义著作（1837—1850年）》1980年柏林版第296页）。

② 莫·赫斯1843年6月19日给贝·奥尔巴赫的信，载济泊尔纳编《莫·赫斯通信集》1959年哥本哈根版第103页。《马克思恩格斯全集》原文版第1部分第3卷的编者虽然在总的著作产生史方面（第685页）采用了赫斯上面提到的明确说法，但是，这种说法同该卷前言（第31页）中的有关评价是矛盾的，虽然编者对此并未作出注解。上述说明中的评价是这样的：恩格斯在英国才走上那一"合乎逻辑地通向共产主义的道路"。不过，这一说法仍然可以认为是正确的，因为从青年黑格尔派的立场出发不可能合乎逻辑地转向共产主义（从黑格尔哲学中必然会产生的结果这一角度来看），尽管当时的一些同时代人（其中也包括恩格斯）起初都曾抱有这样的看法，或者说他们觉得情况仿佛如此。

③ 参看W.明克《导言》，载《莫泽斯·赫斯的哲学和社会主义著作》1980年柏林版。关于赫斯对恩格斯转向哲学共产主义产生的影响问题，最初是由古斯塔夫·迈耶尔作出论证的；参看古·迈耶尔《恩格斯传》1920年柏林版第1卷第114页及以下几页。

同情模糊不清的哲学共产主义的印象。恩格斯在1895年还回忆说："11月底我赴英国途中又一次顺路到编辑部去时，遇见了马克思，这就是我们十分冷淡的初次会面。马克思当时正在反对鲍威尔兄弟，即反对把《莱茵报》搞成主要是神学宣传和无神论等等的工具，而不作为一个进行政治性争论和活动的工具；他还反对埃德加尔·鲍威尔的清谈共产主义，这种共产主义仅仅以'极端行动'的愿望作为基础，并且随后不久就被埃德加尔的其他听起来颇为激烈的言辞所代替。因为当时我同鲍威尔兄弟有书信来往，所以被视为他们的盟友，并且由于他们的缘故，当时对马克思抱怀疑态度。"①

尽管如此，还是可以认为，恩格斯是自愿担任驻英国通讯员的，并接受了相应的委托。

可以设想，赫斯以《莱茵报》通讯员身份在1842年12月完成的巴黎之行和恩格斯在英国从事的定期通讯活动，可能出自一个共同的计划，目的是确立人们所追求的德国、法国和英国之间的"欧洲三头政治"，因为这样一来就可以从英、法两国向德国寄送有关政治、社会关系和理论方面的报道，反过来也可以在英、法两国报刊上报道德国的消息。

在英国工业革命和工人运动的中心曼彻斯特，年轻的恩格斯亲眼看到，现代工业无产阶级不仅受苦、受压迫，而且已行动起来、渴求建立组织、正在意识到自身的状况和作用。在到达英国几周以后，恩格斯就为《莱茵报》写了一篇通讯，根据他刚刚取得的认识报道了英国无产阶级的情况："商业稍微一停滞就会使这个阶级的大部分人挨饿，大规模的商业危机就会使整个阶级都挨饿。既然是这样一个情况，那么这些

---

① 《马克思恩格斯全集》第1版第39卷第452—453页。

人除了起义还有什么路可走呢？况且按人数来说，这个阶级已经成了英国最强大的一个阶级，当他们意识到这一点的时候，英国的富翁们就该倒霉了。英国无产者才预感到自己的威力，而这种预感的结果就是去年夏季的骚动。"① 对工人利益的这种公开的同情是认识无产阶级历史作用的一个决定性条件。恩格斯认为，这种骚动是建立在错觉上面的，没有目标的，因此要对骚动的性质作出评价是不现实的。但是恩格斯关于"整个运动是没有准备、没有组织、没有领导的"② 这一评价却十分重要。恩格斯认为克服这一缺陷是胜利地开展阶级斗争的一个重要条件。"在工人和宪章派心目中唯一的指导思想——而且这种思想原来就是宪章派的——就是合法革命的思想。这种思想本身就是矛盾，事实上是不能实现的，因此，他们在实现这个思想时遭到了失败。同样，大家公认的第一条措施，即停工也是暴力的、非法的。"③ 恩格斯认为这种"合法革命"的构想是工人招致失败的原因，不过这也为未来的斗争提供了一条重要经验："无产者从这些事件中还是得到了好处，那就是他们意识到了用和平方式进行革命是不可能的，只有通过暴力消灭现有的反常关系，彻底推翻门阀贵族和工业贵族，才能改善无产者的物质状况。"④ 能把无产阶级阶级斗争的经验，包括失败的经验当作启发思想的因素来对待，这证明已有了唯物主义的开端，已在认识无产阶级解放条件方面向前迈进了重要一步。

恩格斯在因丧失财产而引起的普遍"贫困"中看到了无产阶级的

---

① 《马克思恩格斯全集》第1版第1卷第549—551页。
② 《马克思恩格斯全集》第1版第1卷第549—551页。
③ 《马克思恩格斯全集》第1版第1卷第549—551页。
④ 《马克思恩格斯全集》第1版第1卷第549—551页。

革命潜力。这并不是说他期待群众自发的发动，而是认为物质"利益"在英国的具体条件下必然导致革命。"这就是说，革命将不是政治革命"，而将是有准备、有组织、有领导的"社会革命"，①这样才能取得胜利。进行这种革命的条件看来已经具备，因为遭到失败的不是无产阶级的宪章运动，而是期望进行合法革命的小资产阶级幻想。

霍尔斯特·乌尔利希根据恩格斯的这篇文章评价说，恩格斯"于1842年底在《莱茵报》上第一次宣布了本质上是无产阶级的革命，宣布了这一革命的目的是推翻资产阶级"。②而雷纳特·迈克尔则认为："恩格斯在1842年底就已经开始论证无产阶级的历史使命，当然，在全面而周密论证的过程中曾经出现过矛盾，而且这一过程延续了相当长的时间。"③格奥尔基·巴加图利亚在引述了恩格斯自己的话和赫斯的话以后写道："恩格斯早在1842年11月底从德国赴英国之前，就已在1842年秋天完成了从革命民主主义向共产主义的转变。这是一种准科学的、总的来说还是空想的、然而毕竟是革命的共产主义。"④

《马克思恩格斯全集》原文版第1部分第3卷的编者持与此不同的看法。他们认为恩格斯的这些言论还不能理解为主张废除私有制和进行社会主义革命。就此他们指出，早在19世纪30年代德国的刊物就已使用"社会革命"这个术语。当时这一术语还没有经过更切近的规定，

---

① 《马克思恩格斯全集》第1版第1卷第549—551页。

② 〔德〕霍·乌尔利希：《恩格斯的青年时代》，马欣译，北京：生活·读书·新知三联书店1980年版，第33页。

③ 雷·迈克尔《马克思恩格斯论社会主义和共产主义》1974年柏林版第81页。

④ 格·巴加图利亚《未来的蓝图。恩格斯论共产主义社会》1975年莫斯科版第11页。

而只是表示：只有政治革命已经不够了。当时恩格斯把社会革命同工人阶级的物质利益联系起来，只是从这个意义上说，他的观点才超出青年黑格尔派的观点。①

埃尔克·勒利希曾尝试就这个论题作出论证。他认为，恩格斯并没有认识到废除私有制的必要性，在恩格斯看来，社会革命就是为"中层等级"的利益而实行彻底的政治变革，就是改善无产阶级的贫困状况，不过当时他还没有把无产阶级看作实行变革的力量。② 首先，勒利希认为根据青年黑格尔派的著述来解释恩格斯关于他认为必然要进行的社会革命的观点，是完全不够的。值得考虑的还有从 30 年代起就在早期工人运动中围绕社会革命要求的内容问题进行的讨论，这种要求当初既有人作社会主义的解释，也有人作平均主义的解释，但是已经足以用来为小资产阶级关于政治革命或社会改良的观念划定界限。大约从 1840 年起，"社会革命"的要求被共产主义者及其反对者理解为废除私有制的同义词，而建立某种财产共同体中的社会平等则被理解为共产主义变革。③

---

① 参看《马克思恩格斯全集》原文版第 1 部分第 3 卷前言第 33—34 页。

② 参看埃·勒利希《恩格斯寄自英国的第一篇文章。认识上的进步和认识上的局限性》，载 1984 年《马克思恩格斯研究论丛》第 16 期第 55 页。该文作者为了进行证明而对恩格斯和梅维森作出的比较是不准确的。因为梅维森按照自己的观点避而不提"社会革命"（参看《英国状况》，载 1848 年 9 月 18、20 日《莱茵报》副刊），他只谈到了："将产生于英国革命的火山口的自由的社会制度"。

③ 参看 J. 赫普纳和 W. 塞德尔－赫普纳《从巴贝夫到布朗基》第 1 卷第 239—240 页和《马克思以前的社会主义》1987 年柏林版第 205 页；L. 施泰因《今天法国的社会主义和共产主义》1842 年莱比锡版。赫斯也是以"社会革命"这一概念的巴贝夫主义的提法为出发点的，这一点在他的著作和文章中可以看到，并且他在会见恩格斯时肯定也对恩格斯提到了这一点（参看莫·赫斯《人类的神圣历史》和《欧洲三头政治》，载《莫泽斯·赫斯的哲学和社会主义著作（1837—1850 年）》1980 年柏林版第 44、93—94、105、120 页）。

固然，认为恩格斯在这里并没有把"社会革命"直接看作废除私有制，是合乎实际的。但是，推翻"工业贵族"的要求不仅仅限于政治上的权力关系，这从上下文看来也是一清二楚的。在恩格斯看来，社会革命的必要性还来自于所有制关系："因为工业虽然可使国家富庶，但同时也造成急速增长着的赤贫如洗、勉强度日的无产者阶级，这个阶级是消灭不了的，因为他们永远也不能获得稳定的财产。"① 同时，恩格斯在一篇标明"写自郎卡郡"的通讯中指出，"工人阶级"正在"开始觉悟起来"，并补充说："工人阶级日益熟悉宪章派的激进民主主义原则，并且越来越认为这些原则是他们集体意识的表现。"② 然而这些原则特有的无产阶级内容就是意识到进行社会革命的必要性，因而同法国和德国的工人共产主义观点有着紧密的联系。③ 革命宪章派领袖奥勃莱恩通过翻译邦纳罗蒂的《为平等而密谋》一书，从1836年起就在英国介绍这种工人共产主义观点的巴贝夫主义基础。④ 1837年，奥勃莱恩在《伦敦信使》上下了这样的定义："什么是社会革命？我认为，社会革命就是社会各阶级之间的相互联系和关系的彻底改革。"社会革命应当超出美国革命所导致的那种民主共和国，因为在这种共和国中仍然存在"贫困和奴隶制"。他认为进行社会革命的真正原因就是那种"允许

---

① 《马克思恩格斯全集》第1版第1卷第549页。
② 《马克思恩格斯全集》第1版第1卷第552页。
③ 参看《国际工人运动。历史和理论问题》1980年莫斯科版第1卷第345、373页。
④ 菲·邦纳罗蒂《为平等而密谋。又名巴贝夫的密谋》1836年伦敦版。据J.赫普纳和W.塞德尔－赫普纳《从巴贝夫到布朗基》第1卷第221页上称，这部著作共发行了5万册。

不正当地获得并转让财产的糟糕的所有制关系"①。

统治阶级完全懂得,工人提出实现 1842 年的宪章,是为了争得实现社会革命的手段。一位辉格党政治家在议会中说得好:"如果这些要求获得批准,那么,各个城市、各个乡村、全国各个地区的一切财产都将听任工人阶级支配。"② 在英国,社会革命同样意味着所有制关系和社会联系的彻底变革。

恩格斯在他的通讯中还说明了他对"门阀贵族和工业贵族"的理解,要求通过社会革命彻底推翻这两种贵族。他区分了英国的三大派别:首先是以托利党为代表的土地贵族,这是"旧式贵族"或"门阀贵族";其次是以辉格党为代表的金融贵族,该党"是以商人和厂主为核心组成的,其中大部分构成了所谓中层等级……所谓中层等级只是同富有的贵族和资本家比较而言,该党对工人的态度是贵族式的,这种状况在英国这样一个只靠工业维持因而有大量工人的国家,必然要比在诸如德国这样的国家更能让人意识到,因为在德国,所谓中层等级就是手工业者和农民,那里根本不存在一个人数众多的工厂工人阶级。"③ 最后是以宪章派为代表的激进民主派,这就是"无产者群众"。④

在这里,恩格斯显然把"金融贵族"和"工业贵族"说成是同一派别,即已意识到他们的共同利益的阶级。他不仅把多半构成"中层等

---

① 詹·布·奥勃莱恩《关于历史发展的考察》,载 M. 莫里斯编《从卡贝到宪章派。1815—1848 年。该时代资料选辑》1954 年柏林版第 120—121 页。
② 1842 年 5 月 4 日《泰晤士报》。本文引自《国际工人运动》第 1 卷第 379 页。
③ 《马克思恩格斯全集》第 1 版第 1 卷第 552—554 页。
④ 《马克思恩格斯全集》第 1 版第 1 卷第 552—554 页。

级"的商人和厂主,而且把富有的资本家列入这个派别。① 恩格斯虽然没有使用相应的概念,但是他实质上把中等资产阶级和大资产阶级区别开了,并认为工人阶级一旦认识到他们自己的力量,认识到"宪章派的原则是他们集体意识的表现",就可望进行社会革命来推翻大资产阶级。同时,在他看来,除阶级斗争的经验而外,工业革命所引起的英国社会阶级结构的变化是培养阶级意识的又一个因素。恩格斯已经认识到正在成长中的工人自己解放自己的能力,但是这种认识是同英国的具体发展状况分不开的,因此他没有把这种认识推用于其他国家。

恩格斯以维护无产阶级的利益为方向而来反对资产阶级(工业贵族和金融贵族)的利益;他坚信必须用暴力推翻资产阶级和进行社会革命,而当时曾被当作共产主义变革的同义词;赫斯和恩格斯本人对恩格斯1842年秋天的立场都曾有所说明,这一切都证明,恩格斯当时代表的是一种哲学共产主义。到1842年底,他由于开始认识到无产阶级的历史作用而产生一种新的倾向。② 这种倾向同赫斯的立场有如下区别:赫斯不把共产主义学说理解为阶级利益的表现。恩格斯在工业革命和英国工人运动的中心亲自得到的最初印象,成了他转向无产阶级立场的催化剂,使他同社会主义运动、宪章运动以及伦敦的正义者同盟组织建立

---

① 《马克思恩格斯全集》第 1 版第 1 卷第 552—554 页。
② 恩格斯在同宪章派、英国社会主义者(参看《马克思恩格斯全集》原文版第 1 部分第 3 卷前言第 34 页)以及在伦敦的德国共产主义者(正义者同盟的沙佩尔、鲍威尔和莫尔)的私人接触中可能阐述了这种观点。恩格斯撰写的《伦敦来信》就证明了这一点 [参看 H. 施米特加尔《弗·恩格斯在曼彻斯特的居留生活(1842—1844 年)。社会运动和政治论争》1981 年特利尔版];埃·勒利希《恩格斯关于英国经济、政治和社会史的研究及其在唯物主义历史观的形成中的意义(1842 年 11 月至 1844 年春)。哲学问题讨论集》1987 年柏林版。

联系。

英国工人的八月斗争在正义者同盟内部也得到了反应。人民议事会领导成员艾韦贝克在一封信中讽刺说："英国的蛊惑者总是嘱咐人民遵纪守法，现在却在遵纪守法中被送进了班房，剥夺了权利。这是一帮蠢猪"。① 显然，这段话的意思同恩格斯对"合法革命"的设想所作的评价基本上是一致的。

伦敦同盟组织的领导人沙佩尔和莫尔在为魏特林在瑞士编辑出版的同盟刊物写的一篇通讯中，以同样的心情谈到了这些事件："今年夏天，英国仿佛处于一场伟大的政治变革和社会变革的前夜……在最近一些动乱中，可怜的、过分轻信的人民又一次上了大当。这一次不仅上了政府的当，而这个政府所做的，无非是每个面临被夺权危险的政府都会做的事情；而且还上了那帮牛皮大王和文人墨客的当，这帮人用花言巧语蛊惑人民，而在危险时刻却逃之夭夭，背弃人民。"② 在评价这些事件的启发觉悟的作用方面，他们同恩格斯的看法也颇为一致。恩格斯得出了运用政治斗争手段的结论，而伦敦的正义者同盟盟员鉴于斗争的社会目标，也发现了此中的联系："你们可以设想，由于人民的日益加剧的贫困，而且是由于最近的动乱变得更加严重的贫困，那些不仅希望进行社会变革，而且觉得有必要进行社会变革的人大大增多了。"③

《青年一代》在一篇以社论形式发表的概述1842年重要事件的文章中又一次回顾了英国工人的斗争："濒临饿死的人们本想进行一场革命，

---

① 海·艾韦贝克1842年10月26日给威·魏特林的信，载《共产主义者同盟。文件和资料》1970年柏林版第1卷第146页。
② 1842年12月《青年一代》第12期第203—204页。
③ 1842年12月《青年一代》第12期第203—204页。

但苦于缺少力量和智慧来进行这样的革命。他们不再尊重财产……他们捣毁工厂和机器……如果他们不这样干,而去捣毁一些其他的什么就好了。他们强迫工人离开工厂,而不懂得相信自己的一双粗大拳头。""法律和秩序"巫师遭到了尖刻的讽刺:"人民领袖即人民诱骗者在这段时间里干了些什么?他们发表了耸人听闻的长篇演说和宣言。"该文证明自己在对具体历史局势作出切合实际的评价和在运用历史比较法方面不乏理解能力,它继续写道:"只有少数部队驻扎在国内,军队正在阿富汗和中国忙于打仗,有产者因谷物法而感到不满,而10万农民和工人正在起义。这当然是发表演说和宣言的最好机会。可是我们在汉巴赫大典上已经领教过这一套。但愿下一次干得更好些吧。"①

演变为反对资本主义制度的公开起义的英国工人大罢工遭到了失败,这是无产阶级运动的一个重要教训。宪章派右翼领导人鼓吹的"合法革命"设想所遭到的实际破产,证明要循着这条道路走向无产阶级的解放是行不通的。另一方面情况表明,主观因素还发展得远不成熟,群众的自发起义在缺乏某种在斗争道路和手段问题上取得统一认识的领导的条件下,注定要遭到失败。这就是恩格斯以及正义者同盟中一些处于领导地位的共产主义者各自得出的结论,只是其鲜明程度有所不同罢了。此外,他们还认识到,英国工人越来越意识到进行一场社会革命的必要性,并且把宪章看作实现这一革命的手段。

这样一来,在客观上就提出了为实现无产阶级的阶级利益而制定切实可行的战略和策略的问题,工人运动的理论家以及投身工人运动的知识分子都力求来解决这个问题。在德国的"纯粹工人运动"即正义者同盟以及"由于黑格尔哲学的解体而产生的理论运动",即"马克思的

---

① 1842年《青年一代》第1期第4—5页。

名字"在其中占有统治地位的运动①（恩格斯，有时赫斯也应属于这一运动）面前，首先发生了德国未来革命的前景问题、无产阶级在这次革命中的地位问题、能否实现无产阶级阶级利益的问题。这就是工人运动领袖和哲学运动领袖之间开始建立联系的客观基础。由于预期将爆发欧洲革命，并且德、英、法三国预计必须进行合作，所以上述联系也必须扩大到这些国家的社会主义运动和工人运动中去。

(原载1988年《德国工人运动史论丛》第1期第3—17页)

(蒋仁祥 译　明尹 校)

---

① 《马克思恩格斯全集》第1版第22卷第288页。

青年恩格斯在德国[*]

〔德〕A. 康拉第

按照传统观念,马克思是德国社会主义的真正领袖。恩格斯虽然一直与马克思齐名,但人们从未把他同马克思等量齐观,而只是将他的名字列于马克思之后。针对这种看法,必须指出,恩格斯事实上同马克思一样,也是马克思主义的创始人。人们对于马克思的突出地位之所以会形成这种固定的看法,首先自然是由恩格斯本人引起的。恩格斯出于对马克思的无私的景慕,一直不厌其烦地强调,他从来只是第二提琴手,他们所创立的理论理所当然地应当以他的友人的名字来命名,马克思是天才,而他自己至多不过是个人才而已。恩格斯这种自我贬抑的谦逊精神长期以来影响了对他本人的历史评价,同时也说明,为什么直到不久前为止从来没有一部勉强像样的恩格斯传。直至纪念恩格斯百年诞辰的那年,一部高水平的恩格斯传记首卷才出版问世。作者古斯塔夫·迈

---

[*] 本文选自《马列主义研究资料》1984年第6辑。

作者 A. 康拉第系德国学者,写有《从尼德兰起义到法国革命前夜的革命史》等著作。——译者注

耶尔在这部颇具价值的著作①中，展现了一幅详尽无遗而又引人入胜的画卷，描绘了恩格斯多姿多彩的生活历程，一直写到他被迫寓居曼彻斯特、在父亲的商行从业二十年为止。作者以饱含热情的细致笔触，再现了恩格斯童年时代、学生时代和漫游时代的情景，栩栩如生地描述了恩格斯坎坷跌宕的命运和他在革命年代建树的令人惊叹的业绩。

迈耶尔的这部著作，从头到尾都紧扣着读者的心弦，处处可以看到大量新颖的观点和内在联系。但最使人感到兴味盎然的无疑还是该书的头几章，作者在这里记叙了恩格斯初到英国之前所度过的那些岁月。每一个对恩格斯的整个事业略有所知的读者，在阅读迈耶尔这部著作之前，对他后来的历程都已具备一定的知识，而对该书描述恩格斯早期生涯的绝大部分篇章，则感到具有十分新鲜的魅力。以前，恩格斯青年时代的情形几乎不为人所知。迈耶尔将大量的资料发掘出来，并据此写成恩格斯这段时期的历史，这一功绩完全是属于他一个人的。自1913年以来，他不仅把恩格斯青年时代的重要通信公之于世，而且证明了三十年代末、四十年代初化名为弗里德里希·奥斯渥特的一位作者不是别人，正是弗·恩格斯。这样，迈耶尔就发掘出了恩格斯青年时代的大批著作，这些著作脉络分明地显示出恩格斯思想发展的进程，同时也说明了恩格斯自幼成长的环境。因为恩格斯于1839年发表在《德意志电讯》上的早期著作，即《乌培河谷来信》②提供了很有价值的线索，使人们看到在恩格斯的故乡巴门，究竟是什么样的社会背景与思潮影响了他的

---

① 古斯塔夫·迈耶尔：《恩格斯的青年时代（1820—1851）》1920年柏林版（参看《新时代》杂志1919—1920，第38年卷第1卷，古斯塔夫·迈耶尔著作摘录）。

② 《马克思恩格斯全集》第1版第1卷第493—518页。

成长发展。

《乌培河谷来信》使巴门有影响的人士有如芒刺在背。这也不足为怪；因为这些人看到《来信》没有描述他们那些极其高雅的方面，相反，却攻击了他们所从事的十分神圣的事业，即经济活动和宗教活动。巴门的工业当时刚刚兴起，但工厂制度已经在经济活动中发挥显著的作用，而且在二十年代和三十年代，已经日益显示出极其恶劣的一面。一方面，广大群众的饥寒困苦有增无已；另一方面，少数工厂主的财富却与日俱增。这些命运的宠儿不仅拥有尘世的财产，而且也富有基督教的正统精神。他们为百姓树立楷模，发誓对圣经的字字句句都要笃信不移；立身处世则要求端方正直，对尘网俗事避之唯恐不远，以至对一切娱乐，哪怕是比较高尚的娱乐都不屑一顾。从十八世纪下半叶起，恩格斯家族已经跻身于这一类社会名流之列，属于既善于经营又恪守正统的工厂主。恩格斯家族也曾受到人们的称道，因为他们尽管极富商人的精明，倒也还具有一定的社会情趣，恩格斯的父亲就认为各种文化享受都无可厚非，这就使他比巴门的一般"上流人士"略胜一筹。尽管如此，在恩格斯父系的先辈中还是找不出任何一点迹象，可以隐隐约约地暗示这个家族有朝一日会出一个人物，能够以他特有的姿态闻名于世。不过，恩格斯似乎从他外祖父身上继承了不少东西，他的外祖父出身于一个语言学者家庭，具有强烈的正义感，而且也旗帜鲜明地反对工厂制度；当然，他并不是希望事物进一步向前发展，而是希望向后倒退，他所热衷的是捣毁机器。据记载，在他的女儿中，有一些在宗教问题上思想是比较解放的，而恩格斯的母亲尽管没有同乌培河谷的虔诚精神发生冲突，但思想活跃，非常幽默，并把这种宝贵的品格传给了她的长子。恩格斯生于1820年11月28日，在这个多子女的家庭里，他是父母的第一个孩子，童年时代他是在下巴门父亲的家庭里度过的，详细情况我们不得而知，只知道他自幼心地善良，乐于助人，尤其是对穷苦的人更是如此。他起初在巴门中学读书，这所中学虽然完全是在虔诚主义者领导之下，但毕竟使恩格斯受到了良好的自然科学教育，同时使他卓越的语言才能受到最初的启迪。

十四岁那年，他改在爱北斐特文科中学读书。对他来说，这次转学也意味着生活环境的一次重大变化，因为新学校距下巴门太远，因此课余时间他也不再待在父母家中，而是在爱北斐特的一位研究古代语言的教师那里寄宿。这时，人文主义教育开始对他产生影响，而在这之前，他在外祖父的指点下，已经初步涉猎了古典传说的领域。他以极大的热情主动地钻研德国民间传说；在爱北斐特中学，他还兴致勃勃地攻读德语课程，学习德国文学。

那时，他的父亲已经开始担心这个天资颖异的少年会越出家庭及其周围环境所历来遵循的规范。1835年夏天，老恩格斯在一封引人注目的家书①中表示了对儿子有可能越轨的忧虑。这封信从恩格斯成绩平庸这一事实谈起；接着就表示遗憾，因为这孩子虽然早就受到严格的家教，对于责罚也有所畏惧，但似乎仍然没有学会俯首听命；作为例证，信中提到了一次令人不安的发现：在他的书柜里再次找出了一本十三世纪的骑士故事，这样的书他居然堂而皇之地搁在书柜里面。因此父亲祈求上帝保护恩格斯的良知，因为这个年轻人虽然在其他方面堪称卓越，但常常使他感到惴惴不安。他称这孩子是出奇地好动，以致认为最好让他过一种离群索居的生活，才能使他达到几分自立。父亲再次祈求慈爱的上帝保佑这个孩子，使他的性情不至于变得乖戾。他认为这孩子思想空虚，意志薄弱，为此感到忧心忡忡，当然对孩子的其他方面的特点他

---

① 《马克思恩格斯全集》第1版第41卷第689页。

还是感到欣慰的。这封信中的怨恨之词当然不是完全正确的，但是值得我们玩味，因为从这里逐渐萌生了父子之间的根本对立。信中列举了若干事实，其中有一条最具特色，那就是年轻的恩格斯因为阅读骑士书籍而被谴责为犯了某种罪过。人们看到，恩格斯同虔诚主义已经格格不入。他生性热爱生活，因而显然在当时就已经同清教徒式的虔诚活动发生了某种冲突。同时，他肯定已经看到巴门的基督教同现存制度下的真实情况之间存在着矛盾；因为至少有一点可以肯定，他青年时代在乌培河谷已经接触到种种社会弊病，看到童工所受的非人待遇，成人担负的繁重工作，以及整个无产阶级所忍受的艰难困苦。他已经感到这里所遵奉的为人之道并不正确。据说，为了寻找"人"，他有一次曾在煌煌白昼提着风灯出现在街头。

但是，我们不能因此而认为恩格斯当时就已经毫不妥协地反对被他周围的人奉若神明的一切东西。相反，在临近举行坚信礼的时刻，他在内心同自己进行了激烈的搏斗，以便摆脱压在心头的种种疑虑，摒弃一切被视为邪恶的世俗观念。可以说，当1837年春天举行坚信礼的时候，他已经是一个纯正的基督教徒。那段赠送给他作为人生格言的圣经语录虽然未经刻意选择，但对他倒是十分适合的。那是圣徒保罗的一段话，在这段话中，这位彻底弃绝传统的模范表示要坚决忘却一切成为陈迹的旧事物，适应眼前面临的新事物，并孜孜不倦地追求实现既定的目标。如果说这位皈依圣教的使徒在作这番表白的时候是把"耶稣基督"视为"上帝天意"的化身，那么，这番话并没有为恩格斯的未来作出示范。相反，恩格斯与正统基督教实行了决裂，而恰恰是这种决裂，构成了他下一步发展中的一个紧相衔接的重要阶段。恩格斯在居留故乡的短暂时期，还没有坚决地抛弃孩提时代的信仰。但是，他那些不可遏止的爱好，尤其是对文学艺术的喜爱，再次同当地的乡风陋习发生了冲突。

他已不再满足于文学欣赏，不是津津有味地阅读中世纪末期的民间故事，而是感到了一种创作冲动。他自信自己是一个诗才。正如他当时的一些诗作所表明的那样，他在这个时期是把斐迪南·弗莱里格拉特奉为榜样，他这时创作的诗歌在格调上酷似弗莱里格拉特的充满异乡风情的作品。这是可以理解的，因为弗莱里格拉特当时在巴门经商，赢得了乌培河谷地区许多有知识的青年的崇拜。同弗莱里格拉特的诗歌相比，恩格斯当然不能望其项背。但是恩格斯有一首诗显示了自由思想的意向，而就这一点来说，这首诗超过了弗莱里格拉特当时的水平。由此可以推断，恩格斯已经不是置身于当时各大学乃至中学高年级里出现的政治潮流之外。这首诗描写了美洲的一个小岛，岛上的印第安人意识到白人从海外给他们带来了灾难，于是决定，今后如果有白人在他们这里登陆，便将他们处死。恰好在这时来了一位德国青年，他是在船沉之后游到这个海湾来的。因为参加大学生协会，他曾长期身陷囹圄，最后得到赦免，被放逐到美洲。当红种人判处他死刑时，他沉吟道：

  在我指望重新自由呼吸的地方，
  自由的斗士却迎候我以死亡，
  这样我不得不替我的同胞把罪行补偿。[①]

  对于自己的未来，恩格斯此时当然希望为人生的极盛之事——建功立业而奋斗。不过，他心目中的理想并不是政治家的生涯，而是诗人的桂冠。这个梦寐以求的理想对他此后的生活道路具有重大影响。他在爱北斐特文科中学没有完成学业，从肄业证书来看，他还在高中毕业考试

[①] 《马克思恩格斯全集》第 1 版第 41 卷第 441 页。

的前一年，即1837年秋天就离开了学校，因为他看到自己为情势所迫，不能不放弃入大学深造的宿愿，而选择经商的道路作为自己谋生的公开职业。迈耶尔显然正确地认识到了这种发展趋向所包含的意义。年轻的恩格斯是把诗歌创作看成在自己的内心从事的职业。而在经商的父亲看来，创作当然是不能糊口的玩艺儿；企图当个什么文人，是一种愚不可及的想法。如果他的长子不能经商，那么在别无他法的情况下，他只好要孩子走一条仕宦之路，让他去攻读法律。可是，对于这位刚刚涉足于自由艺术领域的青年来说，攻读大学以便最终成为一名普鲁士官吏，这简直是毫无价值的事情。所以，相比之下，他大概认为父亲所钟爱的商人职业还不是最难忍受的，因为他希望，在从事这种公开职业的同时，还可以从事自己内心的第一职业，在这一点上，弗莱里格拉特无疑是他心目中的榜样。还有一点也正合这个年轻人的心意，那就是不久以后他就有希望远走他乡，去接受职业教育，从而离开这片后来被他称之为"虚伪狡诈之地"的故土。不过，他见习的地方——自由城市不来梅也是虔诚主义风靡之地；这个城市虽然在政治方面，特别是在新闻方面比普鲁士国家稍许多了一点自由，但总的来说，情况同巴门没有什么两样，恩格斯在这里同在故乡一样，看到的是市侩习气加宗教迷妄。他见习的商行是领事洛伊波尔德开设的出口商号。这位年轻人在那里确实学到了一些本领，而且肯定也下了一点功夫，因为他后来一直是一位精明干练的商人。不过，他事实上只把经商看成是公开的谋生职业，这一点从迈耶尔公布的恩格斯不来梅通讯中也看得出来，在这些通讯中，他没有提供任何有关他职业范围内的重要情况。

相反，对于他经商以外的生活我们却了解得较多。他在业余时间如果不去别处，便待在他所寄宿的一位牧师家里，这位牧师年轻时也曾激昂慷慨地怀着自由主义情绪，此后便恪守正统教义，没有半点差池，但是他的主要兴趣在于实践基督教的精神。恩格斯对不来梅的宗教迷妄曾表示愤懑，但在这位牧师家里却没有碰到过这类恼人的事情，他感到同在自己家里一样十分自如。与他相处的人都不是胸襟狭窄之辈，例如牧师太太和她的女儿们把当时禁忌的黑、红、金三色配在一起，不辞辛劳地为他勾织钱包和烟斗上的饰带，而这正是恩格斯唯一能够接受的色彩。还有一些十分有趣的事情，例如，他曾鼓动商行的其他学徒和练习生违抗时尚，蓄上胡须，并为此而结成团体，以此来发泄自己愤世嫉俗的情绪。他酷爱交游，常常在酒馆里与人畅饮，也经常光顾不来梅市政厅地下室的老啤酒家。这些行为当然也是对该受诅咒的、欺诈成癖的、迂腐冬烘的虔诚主义表示厌弃。他憎恶一切道貌岸然的丑行，兴致勃勃地从事各种体育运动，其行为之豪放，就连老式的加尔文主义者也未敢首肯；他是一个热情奔放的骑手，也参加游泳、划船、练习剑术。

但是，恩格斯在不来梅生活的真正核心并不是上述这一切活动，也不是琐细繁重的营业事务。对他来说，无论在何种条件之下，唯有孜孜不倦地学习才是生活的真正内容。他广搜博采地大量阅读，刻苦认真地进行思考，以求消化所读的东西。在巴门就培养起的文学兴趣，这时使他开始接触青年德意志派的作品，而在这个作家群中，尤以谷兹科夫对他的影响最大，这主要是因为谷兹科夫的作品引导他进一步去探究政治激进主义先驱白尔尼的思想。白尔尼使自由思想在他心中成为左右一切的主导意识，而他之所以能迈出这一步，是由于在这以前接受了另一种思想影响，从而摆脱了权威意识的羁绊。这种影响是他在阅读大卫·弗里德里希·施特劳斯的《耶稣传》时获得的，钻研这部著作，对于他在不来梅同宗教意识进行斗争起了巨大的作用。当他来到威悉河畔的时候，内心已经激荡着一种反抗精神，反对一字不疑地信仰圣经教义，倾向于理性主义。但是，他还是想保持住自己青年时代的信仰，为此他进行了激烈的自我搏斗。这一点，从他致格雷培兄弟的那些人所熟知的书信中就能看得出来，这些信词气慷慨，震人心弦。可是，当他一旦看到正统教义的历史基础已被施特劳斯推翻，他就不能不以冷峻的态度对他在乌培河谷确立的信仰表示怀疑。他的朋友曾经对他说，一个虔诚的信徒只有永远不生怀疑之念，才是幸福的；可是，恩格斯的思考精神一旦被唤醒，这些话便再也不能使他平息，相反，他觉得，倘若不能怀疑，便没有精神上的自由，而只能做万劫不复的精神奴隶。他认为，只有彻底解决自己在信念问题上的一切疑虑的人，才是自由的。

　　当然，施莱艾尔马赫尔的宗教哲学也一度给他留下了深刻的印象，这位哲学家把宗教理解成心灵的事业。恩格斯那时在一封信里把他对施莱艾尔马赫尔学说的理解简要地概括成下面几句话："宗教之树生长于心灵，它荫蔽着整个人，并从理智的呼吸中吸取养料。而它的果实，包含着最珍贵的心血的果实，是教义。"① 教义之外的一切，都是邪恶。他本想奉行施莱艾尔马赫尔这种学说。可是这对他来说已经不可能了；在另一封信中，他承认自己认识施莱艾尔马赫尔的学说为时太晚，以致不可能从中得到慰藉。他已经成为一个理性主义者。1839年10月，他自认是施特劳斯的一名热诚信徒，感到有了武器、盾牌和盔甲，可以攻守自如了。神学界的朋友们只管打上门来好了，他将把他们打个落花流水，无处遁逃，即使他们掌握神学也是枉然。他不仅从施特劳斯那里找到了武器，而且也通过施特劳斯走上了通向黑格尔主义的道路。他感到黑格尔的历史哲学仿佛是从心灵深处出发而写成的。在他摒弃了自己的一些东西以后，便代之以这种历史哲学和黑格尔的上帝观念。这位大师的博大精深的思想，以惊人的力量抓住了他的心，帮助他从时时感到的

---

① 《马克思恩格斯全集》第1版第41卷第511—512页。

迷茫困惑中解脱出来。深邃的思辨哲学高耸在他的面前，他感到这位哲学家的上帝观念是十九世纪最伟大的思想。

如果说，四十年代初的恩格斯可以被称之为初入门径的黑格尔主义者，那么应当指出，他不是一个保守型的，而是一个十分激进的黑格尔主义者。他一度也曾满腔热忱地自认是青年德意志派的一员，但时间一久，他便不能从中得到满足，然而正是同青年德意志派的这段因缘，使他开始接触路德维希·白尔尼的思想，在恩格斯的心目中，这位来自法兰克福犹太人巷的大政论家，同黑格尔一样，是给他指明方向的引路人。这两个人看起来是如此迥然不同，但恩格斯同样把他们看成是自己的解放者，黑格尔作为启迪思想的人，白尔尼作为政治实践的人，两者互相补充。彻底地贯彻这两个人的思想，在他看来乃是时代的任务。当他纯粹为当代思想问题而度过不眠之夜的时候，他不仅思索哲学上的思想问题，而且也特别着重地考虑自由思想的问题，他翻检各种杂志；探寻这种思想发展进步的踪迹。他完全赞同最坚定的激进主义思想，是一个彻底的民主主义者和共和主义者，是一切特权制度的仇敌，是在自由的基础上统一德国的拥护者。甚至连他的诗歌这时也主要成为表达自由思想的工具——他虽然渐渐丢掉了登上诗坛的幻想，但胸中依然激荡着诗情。在《德意志电讯》上发表的一组短诗中，他称自己：

"我就是这样一个自由的歌手，
白尔尼就是那株巨橡，
当压迫者给德意志戴上枷锁，横加蹂躏时，
我曾依偎在它的枝干上。"①

---

① 《马克思恩格斯全集》第 1 版第 41 卷第 108—109 页。

在一封写给弗里茨·格雷培的信中,他也以类似的口吻称白尔尼是他忠实的埃卡尔特。① 在那些年代,他简直是孜孜不倦地称颂这位"为自由和权利而斗争的伟大战士"②。白尔尼的著作,尤其是他的巴黎书简和抨击沃尔弗冈·门采尔的小册子,对青年恩格斯的思想发展具有重要意义,这一点是无可争辩的。自然,当时形势的影响,特别是1837年汉诺威的宪法论争所产生的影响,也不可低估;雅可布·格林论述哥廷根七君子与他们的国君之间矛盾冲突的文章,曾给恩格斯留下了深刻的印象。那位韦耳夫国王在恩格斯眼中是汉诺威的一个老朽颟顸的蠢物。至于对其他统治者,特别是对普鲁士的那位年迈的国王,恩格斯的评论也同样不那么恭敬;他认为弗里德里希·威廉三世生性出尔反尔,因而对他满怀愤恨,鄙夷不屑,希望革命的巨石会将他和他的同类们的宫殿门窗砸个粉碎。那时,恩格斯心中已经没有半点畏惧,根本不怕有朝一日会被打上烙印,沦为奴隶。他的政治观点十分进步,达到了不可逾越的程度。

前面已经指出,恩格斯当时加入了最进步的自由主义者行列,但是我们不能据此而认为,他在流行一时的激进自由主义面前放弃了自己的独立见解。恰恰相反,他为自己充分地保留着评判是非的自由和发表意见的权利。在1840年欧洲危机造成的局势中,恩格斯发表的政见同他的表率白尔尼所坚持的世界主义思想大相径庭。众所周知,当时人们怀着十分沉重的心情,预计法国人将要进攻德国,蓄谋占领德国的莱茵河地区,情势危急。贝克尔在莱茵之歌中唱道:"他们别想得到它,别想

---

① "忠实的埃卡尔特"是德国中世纪传说中的人物。在关于汤豪塞的传说中,他守卫在维纳斯山旁,警告一切走近它的人说,维纳斯的魔力是很危险的。

② 《马克思恩格斯全集》第1版第41卷第494页。

得到这自由的德意志的莱茵!"这句歌词一时间成了有口皆碑的口号。恩格斯对这个口号的消极性质感到不满,他认为,针对法国人一心要占据莱茵河的顽固妄想,只有阿伦特提出的要求才是唯一庄严的回答,那就是:"从亚尔萨斯和洛林滚出去!"① 同那时激进的反对派相反,恩格斯毫不犹豫地宣布,重新夺回莱茵河左岸的德语地区,这是一件维护民族尊严的大事。与此同时,他又同一切鼓吹德意志精神的做法坚决划清界限,他认为这种做法毫无出路可言,因为它从反动的立场出发,憎恨法国革命带来的永恒的成果。他根本不同意雅恩提出的有限地蚕食法国的主张,而赞同白尔尼提出的实现民族和睦的理想。但是,他的现实感已经十分成熟,他决不希望抱着单纯的幻想,牺牲本民族的生存利益,去满足外国统治者侵吞领土的贪欲。当然,他那时觉得对德国来说,法国不像英国和俄国那样危险,在他看来,英、俄两国历来是阻碍欧洲进步的死敌。但是他也看到,德、法两国之间免不了还有一场较量,看谁有资格占领莱茵河左岸的地区。他认为,德国必须为此创造一个先决条件,那就是顺乎时代的潮流,以自由和统一的精神实行改革。在这场论争中,他的民族感丝毫不带任何偏见,但是十分强烈。他鄙弃某些人空弹理论的高调,而置民族的生死存亡于不顾。如果莱茵河一旦沦陷,这些人大约也只会继续用嘴巴去保卫威悉河、易北河和奥得河,直至德国被法国人和俄国人瓜分完毕以前,我们能做的就只是高唱:"他们别想得到它,别想得到德国理论这条自由的河流,只要它的波浪还宁静地流向无边无际的海洋,只要在它的水底,哪怕还有一条不切实际的、自作聪明的小鱼在划动它的双鳍!"②

---

① 《马克思恩格斯全集》第 1 版第 41 卷第 159 页。
② 《马克思恩格斯全集》第 1 版第 41 卷第 158 页。

这些思想使我们看到了1848、1859和1870年时期的恩格斯的雏形，他后来虽然在亚尔萨斯—洛林问题上改变了自己的观点，放弃了对这些地区领土的要求，但是有一点是始终如一的，那就是反对在民族存亡的问题上进行不抵抗主义的说教，他同这样一类思想始终保持着天悬地隔的距离。

　　由此看来，青年恩格斯已经具有极其强烈的求实精神，对于一种学说，他总要考虑能否同实际的需要相结合，否则决不轻信；可以肯定地说，1841年春天，当他结束在不来梅的见习生活时，他在政治和哲学方面都已站在最左的一面，这是他在这一时期所取得的最终成果。就一般世界观来说，他完全立足于最激进的青年黑格尔派的阵营，把黑格尔的上帝观念阐释成自我意识，从而转向了无神论，转向一种唯心主义的无神论。1841年4月，在重返巴门以后，他发表了一篇评述伊默曼的论文，文中宣称自己将奋力转向思想的领域。他认为，新的哲学对于青年是一块试金石，作为一个青年，理应系统地钻透哲学，同时又不失去青年人的热情。思想的宫殿矗立在莽莽丛林之中，谁要是在这片森林面前望而却步，谁不挥动刀剑为自己开辟道路，并用亲吻把宫殿中沉睡的公主唤醒，谁就不配占有她，不配占有她的王国；他可以做一个乡村牧师、商人、官吏，或从事其他什么职业，可以缔结良缘，生儿育女，美满幸福、安富尊荣地生活，但时代不会承认他是自己的骄子。而恩格斯却决心作为时代之子度过此生，他坚定不移地宣布，只要还有充沛的精力，他就要为自由而战斗。①

　　1841年5月，恩格斯在前往意大利的途中经过乌福瑙岛，去看了乌尔利希·冯·胡登的墓地。在这些日子里，这位勇敢的战士成了他所

---

① 参看《马克思恩格斯全集》第1版第41卷第167—176页。

追慕的榜样。他决心为观念而斗争。与此同时,他还想到曾经代表德国青年前来谒陵的格奥尔格·海尔维格。海尔维格曾把自己的诗歌捧献在胡登墓前,这是"鼓舞新一代感情的最美好的表示"①。恩格斯也正是受到这种思想感情的鼓舞,于1841年秋季在柏林应征入伍,并在近卫炮兵旅服役一年。不要以为恩格斯厌恶行伍生活,事实上恰恰相反;我们只要看看他毕生都对军事问题饶有兴趣,事情就一目了然了。当然,恩格斯也不是把所有的时间都消磨在军事上,他从一开始就打算把提高学识和参军入伍结合起来,也正是基于这个目的,他才选中了普鲁士的首府作为自己的从军之地,因为当时在哲学领域,柏林是学术活动极其活跃的中心。

恩格斯在服役期间,不仅利用闲暇在大学里孜孜不倦地听课,而且也同激进的青年黑格尔派著名人士,即柏林的"自由人"建立了密切的联系,其中有科本、鲍威尔兄弟和布尔等人,马克思当时也是其中的一员。过了不久,恩格斯就以最激进的姿态出现在这些人之中,因为他比他们更早地确立了坚定的政治立场。他不仅参加他们的自由集会,而且积极参与思想界的斗争。这场斗争是在报纸书刊中展开的,斗争的一方是进步的哲学家,另一方是专制制度的代言人。当时,为维护专制制度而出马迎战的不是别人,正是年迈的谢林。他于1841年受浪漫的国王弗里德里希·威廉四世之聘,任教于柏林大学,以便宣扬启示哲学,战胜激进的黑格尔主义。他到职后的第一次著名演讲曾哄动一时,青年恩格斯当时也在座,演讲过程中他屏息静听,全神贯注。他感到无论如何要尽自己的力量,以便遏止"反动派扼杀自由哲学的最新企图"②。

---

① 《马克思恩格斯全集》第1版第41卷第189页。
② 《马克思恩格斯全集》第1版第41卷第206页。

于是，他在1842年用笔名发表了第一篇论文《谢林和启示》。这个二十一岁的青年竟敢向一位声名赫赫的哲学家兴师发难，这实在是够大胆的。因为恩格斯尽管十分刻苦用功，但对古典哲学的了解毕竟还不够深刻。然而，恩格斯把握住了事物的本质，他以对事物本质的强烈的直感清楚地揭示了谢林哲学的历史基础，而谢林的用心正在于把哲学与基督教统一起来。

这篇论文之所以具有价值，首先在于它使我们认识到作者的品格。作者在文章的结尾处，以烈火般的青春激情表达了对新世界观的满腔热忱。人类的自我意识在他看来是一只新的圣杯，在它的宝座周围集合着欢欣鼓舞的各族人民，它使所有忠于它的人成为国王。恩格斯认为他和他的同志们肩负的使命便是成为圣杯骑士，为了这圣杯，他们要腰悬利剑，在最后一次圣战中甘愿献出自己的生命，因为继之而来的必将是自由的千年王国。观念的力量就是这样：凡是认识这种观念的人都情不自禁地谈到它的庄严并且宣布观念的万能；如果观念需要，他就会心甘情愿地抛弃其他所有的一切；只要观念得以实现，他准备把生死置之度外，准备献出自己的财富和生命。恩格斯认为，这种对观念所向无敌的力量和对永恒真理必胜的信念，就是每一个哲学家的真正的宗教，就是真正的实证哲学即世界历史哲学的基础。在各族人民和英雄掀起的狂飙和风暴的上空，观念一直平静地徘徊着，最后终于降临到这一斗争之中，成为它最深刻、最生动的自我意识的灵魂。恩格斯把这种狂飙和风暴称之为一切救世和赎罪的源泉。与人类的自我意识互相媲美的观念，就是那美妙的凤凰，它在烧毁旧时代的火焰中恢复了青春，重新冉冉升起。为了迎接即将到来的胜利，应当高高兴兴地为观念奉献出一切，

"伟大的决胜的日子,各族人民战斗的日子来临了,胜利必将属于我们!"①

大约在批判谢林的同时,恩格斯还在瑞士发表了另一篇作品,署的也是笔名。在这篇作品中,他把早年的诗兴同对革命哲学事业的热情融汇在一起。作品的标题是《横遭灾祸但又奇迹般地得救的圣经,或信仰的胜利》②,恩格斯把它称之为"基督教的英雄叙事诗"。其实,这是一部才华横溢的讽刺之作。当时,布鲁诺·鲍威尔受正统派的排挤,被迫离开大学讲台,这一事件便成了恩格斯写作的契机。在这场虔诚派与无神论者的斗争中,化名为弗里德里希·奥斯渥特的恩格斯和他未来的朋友、面色黝黑的特利尔人马克思也战斗在无神论前驱者的行列。恩格斯在作品中这样描绘自己:穿着褐色的上装、胡椒色的长裤,自称是坚韧不拔、彻头彻尾的山岳党人;他迈动两条长腿,在最左边呼啸迅跑;他弹奏着一种乐器,这就是断头机,并始终在为《马赛曲》这支地狱之歌伴奏;他高声呐喊着那个叠句,号召人们拿起武器。③

受到自由派热烈欢呼的还有一颗通体洋溢着地狱气息的令人"惊心动魄的陨星"④,此人单枪匹马,但抵得上无神论者的整支大军。他就是路德维希·费尔巴哈。他的《基督教的本质》一书当时已经开始对恩格斯的思想发展产生重大影响,这一点在恩格斯批判谢林的文章中到处都有踪迹可寻。恩格斯称费尔巴哈是黑格尔的最年轻的传人,认为他论述基督教的著作是对黑格尔创立的宗教学说的必要补充。不过,当恩

---

① 《马克思恩格斯全集》第1版第41卷第269页。
② 《马克思恩格斯全集》第1版第41卷第332—387页。
③ 参看《马克思恩格斯全集》第1版第41卷第362页。
④ 参看《马克思恩格斯全集》第1版第41卷第365页。

格斯撰写他最早的两篇论文的时候，显然还不十分清楚费尔巴哈的著作对他进一步转变世界观具有多么重大的意义。他甚至还没有充分地认识到费尔巴哈的著作将帮助他抛弃哲学唯心主义，更不用说转向共产主义了。就基本的社会观来看，他在1842年春天还停留在激进自由主义的立场。这一事实反映在他为国内的反对派报纸——科伦的《莱茵报》撰写的几篇文章里。在一篇评论北德意志自由主义和南德意志自由主义的论文①中，他突出地强调北德意志自由主义的地位，因为这种自由主义不是局限于单纯的实践，而是以理论为出发点，以德国哲学为归宿。恩格斯批评南德意志自由主义在世界主义的主张和民族的主张之间摇摆不定；他认为，北德意志自由主义恰恰与之相反，具有民族的纲领，因而不致陷入可笑的进退两难的地步，那就是：应当先做自由主义者后做德国人呢，还是先做德国人然后做自由主义者。1842年夏季，恩格斯撰写了一篇评论弗里德里希·威廉四世的文章②，后来在《来自瑞士的二十一印张》这本文集中刊出。这篇文章也同样表明，恩格斯当时还没有突破资产阶级主张的框框。那时，普鲁士的舆论愈来愈集中在两大要求上。他在文中预言人民必将从这两个要求出发，迫使国王给予出版自由；而人民一旦争得出版自由，再过一年必然会争得宪法。如果普鲁士实行了代议制，那么事情下一步将怎样发展，就很难预料了，因为这个国家的形势与法国革命前的形势有许多相似之处。如果说恩格斯此时还在设想爆发一场资产阶级革命，那么他正是处在向无产阶级的社会革命思想转变的时刻；1842年年底以前，他已经成为哲学社会主义的支持者了。

---

① 《马克思恩格斯全集》第1版第41卷第294—297页。
② 《马克思恩格斯全集》第1版第1卷第535—543页。

1842年10月，恩格斯如期退役，回到故乡居留多日，接着便在11月前往英国。他从德国带来了社会主义的观点，从12月起，就立即着手用这种观点为《莱茵报》撰写通讯。这样看来，至迟在1842年11月，他肯定已经完成了向新思想的彻底转变，而在这之前的几个月内，他至少已经为这种转变作好了准备。当然，我们无法根据他自己或别人的记叙来了解这一转变的具体过程，但尽管如此，我们还是可以参考他早期的社会主义著述，从而确定这一转变过程的关键之点。从前编写德国社会民主党党史的人认为，这类可供参考的著述有恩格斯1844年为《德法年鉴》撰写的文章，以及1845年发表的《英国工人阶级状况》。1892年，恩格斯在《英国工人阶级状况》第二版序言中说，在本书中到处都可以发现现代社会主义起源于它的祖先之一即德国古典哲学的痕迹①；在1845年的初版序言中，他把自己归入德国社会主义和共产主义的代表人物之列，并指出这些人都是"通过费尔巴哈对黑格尔哲学的克服而走向共产主义的"②。1844年，恩格斯在《德法年鉴》上发表文章，评论卡莱尔写的《过去和现在》③。这篇文章大约定稿于1843年，基本上也反映了这种发展转变的趋势。文中指出，如果卡莱尔愿意了解毒化我们一切关系的不道德现象产生的根源，那就请他读一下费尔巴哈和布鲁诺·鲍威尔的著作。这两位哲学家在历史上第一次把当代一切谎话和伪善都称之为神学，因为所有这些谎话和不道德的现象都来源于宗教，宗教伪善是其他一切谎话和伪善的蓝本。接着，文章着重强调唤醒自我意识的意义，也就是最终争得自由人的自我意识的重大意义。这一

---

① 参看《马克思恩格斯全集》第1版第22卷第372页。
② 《马克思恩格斯全集》第1版第2卷第279页。
③ 《马克思恩格斯全集》第1版第41卷第626页。

点令人首先想到鲍威尔的思想。这篇文章的其他内容主要是以费尔巴哈思想为出发点。文章认为,德国哲学对神的问题的回答是:"神就是人。"① 这一观点的基础正是费尔巴哈在《基督教的本质》一书中奠定的;不仅如此,恩格斯还在费尔巴哈的启发之下,紧接着写了下面这些语句:"人只须要了解自己本身,使自己成为衡量一切生活关系的尺度,按照自己的本质去估价这些关系,真正依照人的方式,根据自己本性的需要,来安排世界,这样的话,他就会猜中现代之谜了。"② 如果说,恩格斯当时对社会主义的理解,归结起来就是"自由地独立地创造建立在纯人类道德生活关系基础上的新世界"③,那么,这种社会主义其实就是从费尔巴哈的人本主义中得出的直接结论。

但是,恩格斯思想发展的实际进程表明,他并没有直接接受费尔巴哈的影响;相反,这中间还缺少一个联结的环节。若干年后,恩格斯本人显然对自己当年接受费尔巴哈影响的具体情形也已经不甚了然。他在老年时撰写了论述费尔巴哈哲学的论文,在谈到《基督教的本质》这本著作时,他说,这部书的解放作用,只有亲身体验过的人才能想象得到。"那时大家都很兴奋;我们一时都成为费尔巴哈派了。"④ 这里指的主要是费尔巴哈的思想成果对于人们抛弃绝对唯心主义、转向新的现实主义所发挥的作用。可是,正如前面已经指出的那样,甚至在这一点上,恩格斯也没有立即彻底地接受费尔巴哈的影响;同样,他也没有直接从费尔巴哈所强调的共同生活的观点出发,立即提出社会主义

---

① 《马克思恩格斯全集》第 1 版第 1 卷第 651 页。
② 《马克思恩格斯全集》第 1 版第 1 卷第 651 页。
③ 《马克思恩格斯全集》第 1 版第 1 卷第 650 页。
④ 《马克思恩格斯全集》第 1 版第 21 卷第 313 页。

的要求。事实上是另外一位哲学家引导他走上了哲学社会主义的轨道；而只是在这以后，费尔巴哈才真正开始对他的世界观转变发生全面的影响。

这位引路人就是莫泽斯·赫斯。恩格斯后来对赫斯评价很低，但是，这并不能改变这样一个事实，那就是他在1842年从赫斯那里得到了具有决定意义的启发。赫斯是第一个哲学社会主义者。1843年11月，恩格斯自己也明白地说，他和他周围的人最初是受到赫斯的诱导，才认识到共产主义是德国哲学进一步发展的必然趋向。赫斯认为，应当把社会主义看成是古典哲学的最终成果。1843年，《来自瑞士的二十一印张》文集刊载了他的两篇论文，其中一篇论行动哲学，另一篇论社会主义和共产主义。直到这时，他才系统地把这一思想公之于世。而在这之前，我们看到的只是他发表在1841年的《三执政》和1842年《莱茵报》上的零星言论。1837年他发表过题为《人类的神圣历史》的论著，但其观点游离于自由主义和社会主义之间，这里可以存而不论。在《三执政》中，他已经预言英国将会爆发一场社会革命，这场革命将解决一贫如洗的群众和腰缠万贯的富翁之间的矛盾。在《莱茵报》上，他于1842年4月著文指出法国共产主义的意义，9月11日他又发表文章进一步阐述自己的观点，指出我们社会生活中的整个组织状况，或者毋宁说是混乱状况，要求我们进行一场改革，旨在解决一贫如洗的群众和腰缠万贯的富翁之间的矛盾。恩格斯对《三执政》和赫斯发表在报纸上的社会问题论文是熟悉的，毫无疑问，赫斯的文章重新激起了他研究问题的浓厚兴趣。如果我们有根据确定1842年夏末《莱茵报》刊登的一系列文章是出自他的手笔，那么可以说，他早在那时就表达了他对这些问题的研究兴趣。可是在当时，赫斯还没有进行尝试，来论证哲学研究的趋势必将导致社会主义结论的逻辑过程。

恩格斯从柏林返回故乡时，途中在科伦作了停留，并去拜访了《莱茵报》编辑部，会见了赫斯。这次接触无疑具有重大的意义。迈耶尔估计，恩格斯和赫斯交谈了社会主义思想方面的问题，因为恩格斯正是怀着对社会主义思想的浓厚兴趣来到科伦的。这个估计肯定是正确的。赫斯当时谈到了自己的信念，他确信德国学派的哲学最终必将以社会主义为归宿，这一点使恩格斯豁然开朗。这个逻辑之所以使恩格斯心悦诚服，当然也是由于赫斯的推断具有无畏的精神，因此，尽管它纯属臆想，纯属理念，实际上却具有无比坚强的说服力；再说，赫斯面对的这个年轻人具有崇高的思想，因此他的论断也就容易打动这位青年高尚的心灵。我们不应当忘记，恩格斯对工业发展所造成的种种野蛮残忍的怪物早就满腔怒火，而愤慨的情绪又促使他转向一种符合人道的理想。这种理想不仅是匡正时弊的唯一可行的途径，而且也是思想史发展的必然结果。恩格斯青年时代在乌培河谷耳闻目睹了工人们的艰辛生活，他在1839年描述了自己当时获得的种种印象，并把文章发表在《德意志电讯》上。这些印象后来一直深深地保留在他那善良博爱的心里，而且无疑给了他很大的帮助，使他能够接受旨在建立一个美好世界的学说，而这个美好世界乃是人类智慧发展的最终成果。

除了青年时代获得的这些印象之外，恩格斯后来还获得了一些新的印象，他不仅目睹了无产阶级痛苦悲惨的境遇，而且看到了他们奋起反抗的场景。这些新的印象使他走向社会主义。在危机爆发的1842年，英国工业无产阶级陷入贫苦困顿之中，郎卡郡爆发了总罢工，但这场斗争也带有不良的政治倾向。从恩格斯在曼彻斯特为《莱茵报》撰写的最初几篇通讯来看，所有这一切，给他留下了深刻的印象。在这些通讯中，他详尽地追述了1842年夏季运动的情况。当时，人们看到这场运动，便热切地期望迅即发生革命，恩格斯在通讯中说明这种期望为什么会落空；他本人也曾怀着青年人的激昂心情，同其他人一样，认为赫斯所预言的社会革命眼看就要爆发。不用说，他之所以如此殷切地期待，是因为英国形势对他产生了巨大的影响。而且，我们也知道，他始终都在深切地关注英伦诸岛形势的发展及其内部的各种联系，如果有机会在英国本土研究英国的状况，他是求之不得的。他的父亲当时希望这个宝贝儿子不要再同形形色色的文人墨客和哲学家厮混在一起，为此想把这个青年人安置到曼彻斯特的商行里去，他本人就是这个商行的股东之一。从种种迹象看来，父亲的这个愿望正合恩格斯的心意。但是，在青年恩格斯看来，寓居在英国的棉纺织工业中心，毋宁说是一种学习考察旅行。事实也是如此，当他越过德国的疆域之后，眼前便展现出一个崭新的世界，在这个世界里，他不断增添新的知识。

在英国的这段时间里，他逐渐成熟起来，并开始在经济学和历史学的航道上起碇远征。但是对这段经历的叙述已经超出本文的范围，这篇文章介绍的只是一些概况，其范围是狭窄的。如果要了解恩格斯这段时间的经历以及此后直到他第二次寓居曼彻斯特的情况，那就必须读一读迈耶尔深刻细致而又扣人心弦的描述。我们希望，迈耶尔这部传记著作能早日全部完稿，从而为纪念这位社会主义的伟大先驱树立一座庄严的丰碑。这位伟大的先驱在二十五年以前已经溘然长逝，但是在他创立的事业中，他将永垂不朽，与世长存。1844年，他初次使用真名实姓发表文章，从1845年起，他才闻名于世。可是，在这以前，他在德国度过的那些青春年华并不因此而无足轻重，了解这段时期的情况，对于理解恩格斯的成长道路和品格为人是很有裨益的。

（原载《新时代》1920年第38年卷第2卷第276—283、293—300页）

（怡苇 译）

卡尔·马克思与荷兰的关系[*]

M. C. 维辛

卡尔·马克思双亲的婚约

1814年,当三十七岁的亨利希·马克思——特利尔的前帝国法庭律师决定同二十六岁的荷兰女子罕丽达·普列斯堡结婚时,他大概很难料到,办成这桩婚事在手续上要费多大的周折。

在过去那些年里,成家立业的打算总是一拖再拖——在拿破仑压迫和宰割下的欧洲,时局十分动荡不安。帝国行将灭亡了,日益迫近的战争这一次直接威胁着新郎和新娘的家乡。1814年头三个月,战火在西欧蔓延。但到了1814年3月底,拿破仑的命运已经决定:巴黎投降了,皇帝被流放到埃尔巴岛。

现在,可以来安排个人的事情了。

---

[*] 本文选自《马列著作编译资料》1979年第6辑。

原题注:本文是根据作者发表在苏共中央马克思列宁主义研究院马恩室《科学情况通报》(莫斯科版1971年第20期、1972年第23期)上的论文——《关于卡尔·马克思的夫人和战友燕妮的谱系》写成的。参看1974年《鲁道斯塔特乡土志》第三至四期(第44—51页)发表的盖罗·冯·魏尔克的论文。

十八世纪中叶,当马克思家族在德国古城特利尔定居下来的时候,那里还没有实行市民户籍登记。同样,当地的犹太教区也没有实行出生登记。多亏拿破仑当局的行政管理极为琐细,我们才得知,亨利希的父亲,即卡尔·马克思的祖父列维·马克思(通常被称为马尔考·列维),1748年出生于波西米亚的波司特贝格这个小地方,是萨缪尔·马克思和他的妻子德·穆尔柯的儿子。列维于1804年11月3日死于特利尔。

然而,当1777年亨利希·马克思诞生时,帝国行政机关还不存在。因此1814年亨利希手边也就没有出生证书。

亨利希的母亲叫叶娃·莫泽斯·里沃夫。她的第一个丈夫去世以后,她在阿姆斯特丹改嫁了。现在还不清楚,她是什么时候、又是怎样结识阿姆斯特丹的"德籍犹太教区可敬的大拉比先生"M.S.勒文斯丹的。我们希望,将来有一天能在阿姆斯特丹的市政文献中发现这桩婚事留下的蛛丝马迹。

只是由于亨利希·马克思同罕丽达·普列斯堡的婚事中发生了一些周折,我们这才获得现在所掌握的材料。为缔结婚约一事,荷兰当局要求男方递交一系列证明和文件,首先要求其父母写的对婚事表示同意的书面材料。亨利希必须出具一份官方文件,证明他的父亲已经去世,当局才能对他母亲写的同意材料表示认可。除此之外,还得有一份法院议定书,以代替缺少的出生证书。

1814年7月至11月间,亨利希把所有这些文件都弄到了手。他不得不四处奔波,甚至向阿姆斯特丹法院提出了七名特利尔的证人,这些人在他出生前后都是同他的父母非常熟悉的。

后来,这些文件同结婚登记的案卷一起,附在亨利希·马克思和罕丽达·普列斯堡的婚约后面。婚约是 1814 年 11 月 21 日在荷兰的内伊梅根订立的，我们现在所掌握的是影印件。

过去，马克思的研究者们常常问起，特利尔的律师亨利希·马克思怎么会偏偏到遥远的荷兰去娶妻呢？现在可以比较有把握地回答这个问题了：由于亨利希的母亲在 1804 年以后改嫁阿姆斯特丹的大拉比，从而促成了这桩婚事。

亨利希自然多次去大拉比家作客，而且完全有理由推断：是他的母亲介绍他与罕丽达相识的。罕丽达是她丈夫的熟人、内伊梅根的小商人、犹太教区的活跃分子伊萨克·普列斯堡的女儿。

早在 1784 年，内伊梅根的官方犹太人名册上就记载着：伊萨克·普列斯堡是侨居在"修女街的小商人"，"从 1775 年起居住在当地"。1785 年 4 月 8 日，他与南尼达·扎洛蒙·科恩结婚。1788 年 9 月 20 日，他们的长女罕丽达出世；1791 年，长子达维德·伊萨克出世；1794 年，次子马里乌斯·伊萨克出世；1797 年，次女索菲娅诞生，出生登记册中填写的正式名字叫"法伊吉"。卡尔·马克思的这位姨母后来嫁给了莱昂·菲力浦斯，[①] 成为荷兰的一个垄断资本家家族、举世闻名的"菲力浦斯"电业康采恩所有者的祖妣。

1795 年至 1797 年，伊萨克·普列斯堡是国家年度彩票的官方经纪人。1802 年 9 月 8 日，根据本人申请，"普列斯堡的伊萨克"和自己的妻子以及四个孩子被吸收为内伊梅根市的合法市民，从而也被授予荷兰公民权。

---

① 《马克思恩格斯全集》第 30、31 卷误将莱昂·菲力浦斯译为马克思的"表舅"。当时因为没有资料可供考证，故而误译。现已更正。——译者注

1812年,伊萨克·普列斯堡被登记为"货币兑换业者或商人"。他缴纳一百盾的房产税和九十盾的房租。这两笔钱根本不能证明他的生活是富裕的。

我们还发现了老普列斯堡于1832年5月3日逝世的证书,以及他的妻子南尼达于1833年4月7日逝世的证书。南尼达去世时,她的外孙卡尔·马克思已经快十五周岁了。

从卡尔·马克思双亲的婚约中可以得知许多有趣的情况,其中有一点是:新婚夫妇把他们在结婚时各自带来的财产视为双方共同的财产。这种做法在当时是颇为罕见的,它证明新婚夫妇具有进步的观点。更不寻常的是婚约第六条的内容,简直可以说那是绝无仅有的。在这一条中,亨利希·马克思基本上放弃了下述权利,即按照自己的意见将他的私人财产在遗嘱中留给他人。这个条件以及其他各项条件都由罕丽达的父亲写进了婚约,当然,他本来是更希望把自己的长女嫁给一个阔商人的,然而年轻人的爱情比任何阻挠和条文都更加强固有力。

卡尔·马克思的荷兰亲戚

卡尔·马克思与菲力浦斯家的来往比与普列斯堡家的来往更多,他是通过他的姨母、即他母亲的妹妹索菲娅的关系而同菲力浦斯家结成亲戚的。菲力浦斯家族的世系可以追溯到十八世纪中叶定居在荷兰城市威冷达尔的一个小商人菲力浦斯。1765年,他的妻子——克雷费尔德的雷蓓卡在这个城市给他生下了儿子本亚明。后来,本亚明参加了父亲的营业,作为商号的代理人在其他一些城市经营烟草和纺织品。在业务旅行中,他在小城扎耳特博默耳认识了勒亚·哈尔托克,并于1790年左右同她结了婚。这对年轻夫妇在女方的故乡安了家。1794年，他们的儿子莱昂在那里诞生，后来继续经营他父亲的行业。①

莱昂·菲力浦斯在扎耳特博默耳度过了童年和青年时代。1820年，他娶了天资聪慧而在当时来说又是博学多才的索菲娅·普列斯堡，即卡尔·马克思的母亲罕丽达·马克思的妹妹。

卡尔·马克思少年时代常常去他的荷兰亲戚家里，在扎耳特博默耳和内伊梅根逗留。1838年他的父亲去世以后，他和姨父莱昂的关系更加密切了，因为莱昂·菲力浦斯为他的母亲料理财务，马克思从姨父那里多次预支自己应得的未来的遗产。

罕丽达·马克思很爱妹妹索菲娅，两人书信往来十分频繁。丈夫去世以后，她甚至考虑过迁往扎耳特博默耳，住在妹妹的附近。从她的一封信中我们得知，她虽然谢绝了索菲娅和莱昂·菲力浦斯对她的盛情邀请，但却请他们在毗邻的范·安罗伊医生那里给她租一所住宅，因为她"很喜欢自行料理家务"。② 但是，迁居扎耳特博默耳的打算没有实现，罕丽达和她的孩子们仍住在德国。

卡尔·马克思同菲力浦斯一家的密切关系一直保持到1866年莱昂去世，或者更确切地说，保持到巴黎公社时期。巴黎公社在荷兰也使各阶层的居民大为震动，使虔诚的小市民万分惊恐。

马克思与菲力浦斯一家的亲密关系，有一批书信可以证明。比如，1863年12月27日，他从扎耳特博默耳（他在那里长了痈）写信给恩

---

① 参看P.I.鲍曼：《安东·菲力浦斯的为人和经营企业的活动》（1956年阿姆斯特丹版）第12—14页。

② 引自W.布罗门贝尔格：《马克思一生中人所未知的一章》，载《社会史国际评论》1956年第1卷第1部分第56页。

格斯说:"我姨父,这个非常出色的老头,亲自给我贴膏药和上泥罨剂,而我的那位长着一对厉害的黑眼睛的、可爱而伶俐的表妹①,无微不至地关怀我和照顾我……我的表妹同这里所有的'女士们'一样有一本相片簿,我已答应帮她收集相片,我也答应帮她搞一张你的相片。因此。如果你手头有相片的话,请你随信附来,我希望你终于会写信到这里来。"

马克思给南尼达的信写得相当勤快而又十分热情。让我们从他1861年7月17日的信中摘引一段:"我亲爱的小迷人精,希望你不要过于严厉,而要像一个好基督徒那样,不对我的沉默太久进行报复,很快就给我来信。请代我问候你父亲、我的朋友'小耶特'、②医生、③弗里茨表兄弟及全家人。我永远是你的最真诚的崇拜者。"

菲力浦斯家的有些人是关心政治的,而且在一段时间里,他们还同情过马克思和恩格斯的观点。关于这一点,马克思1866年3月18日致南尼达的一封长信以及莱昂的儿子奥古斯特·菲力浦斯给马克思的信可以证明。

马克思给姨父莱昂写的信也说明了这种亲密的关系。1861年5月6日的信很生动地证明了这一点,信中写道:"亲爱的姨父:首先,应对你再次向我表示极亲切的感情和在你家里给予我的殷勤招待,向你表示最衷心的感谢。……亲爱的姨父,你记得吗,我经常和你开玩笑说,在我们这个时代,人的培育大大落后于畜牧业。现在我看到了你的全家,因此应当宣布你是培育人的能手。我一生还从来没有看到过更好的家

---

① 南尼达·菲力浦斯。
② 罕丽达·范·安罗伊。
③ 阿·范·安罗伊。

庭。你所有的孩子都有独特的性格,彼此各不相同,每一个都有特别的才智,而且个个都同样受到广泛的教育。"

1866年12月31日,马克思在致恩格斯的信中谈到了莱昂·菲力浦斯:"我今天得到一个很伤心的消息,我的姨父死了,他是一个很好的人。"

姨父去世以后,马克思同菲力浦斯一家的关系显著地疏远了。马克思同菲力浦斯一家政治分歧的产生和深化,明显地表现在马克思的表兄弟、阿姆斯特丹的律师奥古斯特·菲力浦斯写给他的书信中。1862年,他们之间的关系还是亲热的。当时,奥古斯特在信中写道:"我希望你的科伦之行获得成功,希望你那里的朋友们能帮助你提高收入。"他祝愿马克思一切顺利,并寄给他一张二十英镑的汇票。

1868年,奥古斯特·菲力浦斯在收到一本《资本论》以后,写信给马克思的女儿燕妮说:"从你的信中我高兴地得知,他的著作受到了高度的重视。说真的,如果这种辛勤的研究和探讨得不到应有的报酬,那就糟了。我无法指出这种报酬将会是什么,但是我想,不应当谴责'有钱的'统治阶级,说他们有意闭目塞听。主要的困难并不在于指出'丹麦王国里有些东西不对头'(这是很容易得到赞同的),而在于改善那些坏的东西,可这就不是那么轻而易举的事情了。许多经济学家和哲学家批评事物的现状,阐述社会发展的事实,然而,却没有提出以改变现状为目标的建议,因为他们很清楚:按照某种预想的计划来改革社会是不可能的。"

这里,我们听到了一个资本主义思想家的表白,他对马克思的学说不理解,采取反对态度,并为资本家辩护。他那个在扎耳特博默耳的兄弟弗里德里希以及其他家庭成员就是资本家。接着他说得更加明确了:

"我认为,把现存的缺陷归罪于统治阶级,批评他们不改变现状,这是不公正的。因为,姑且不说别的,即使那些思想领袖、批评家和哲学家们自己也提不出什么具体的建议来。"

1872年,当马克思请求奥古斯特·菲力浦斯资助《资本论》法文版的出版时,他在答复马克思的信中特别明显地暴露出这种资产阶级立场。他以尖刻的笔调回答道:"我之所以不想参与这项事业,主要是因为我不希望促进国际的宣传。在非帮助不可的情况下,我愿以一个朋友和亲戚的身份甚至拿出钱来帮助你,然而对于你那些政治上的革命目的,我是不会付出分文的。"

这样,马克思同菲力浦斯一家的关系就基本上断绝了。当这位科学共产主义的伟大创始人安葬的时候,他的荷兰亲属都没有到场。四十年后,有人请他们将保存在他们那里的有关同马克思的关系的文件公之于世,遭到了公司经理安东·菲力浦斯的断然拒绝。

马克思和恩格斯在荷兰

马克思和恩格斯一起在荷兰只有一次,那是在1872年9月2日至7日参加第一国际海牙代表大会。在这之前的四十年当中,马克思时常探访母亲的故乡,主要是为了办理个人或家庭的事务,或者是因为旅行途经那里。

马克思以前在荷兰总是受到他的荷兰亲属的热情诚挚的款待,而这一次,他和恩格斯在荷兰却丝毫没有得到什么厚遇。绝大多数保守派和自由派的政党及报刊,而且还有为数不少的荷兰"社会主义者",气势汹汹地攻击马克思和恩格斯,攻击第一国际总委员会和整个国际。

发生这种情况的原因是,一部分人不同程度地被巴黎公社的"激进主义"吓坏了,另一部分人则被反动势力对公社的血腥镇压吓坏了。尽管直至十九世纪末,荷兰的自由资产阶级为争取民主权利、反对"贵族"或"摄政"即所谓金融贵族的反动寡头统治,被迫进行过斗争,但是,他们对于像在它相邻各国中所涌现的社会主义和无产阶级却怕得要命。

荷兰无产阶级主要是由手工业者和农业短工组成的。在国际的个别支部里受到鼓吹的无政府主义,在他们中间找到了适宜的土壤。然而荷兰工人在政治上落后的主要原因,并不在于本国经济的现状,而是如同罕丽达·罗兰特－霍尔斯特所正确指出的那样,在于其经济的历史特殊性:"自十八世纪下半叶起,我国经历了一个衰落的过程,此后便停滞不前,进展异常缓慢。经过了好多世代以后,我国无产阶级在体质上和精神上都退化了。我国同那些本来也是小资产阶级性质的邻国的不同之处正在于这一点,而不在于我国过去是小资产阶级性质的、资本主义很不发达这个原因。"①

罗兰特－霍尔斯特在这里所依据的是马克思在《资本论》第三卷所作的论断:"荷兰作为一个占统治地位的商业国家走向衰落的历史,就是一部商业资本从属于工业资本的历史。"同时,他还依据了恩格斯在《美国的总统选举》一文中所作的论述:荷兰是一个"资产阶级靠昔日强盛的残余过日子,而无产阶级则是饿肚皮"的国家。至于荷兰的人民群众,马克思在《资本论》第一卷指出:"荷兰的人民群众在1648

---

① 罕·罗兰特－霍尔斯特:《荷兰的资本和劳动》(1932年鹿特丹版)第24页。

年就已经比欧洲所有其他国家的人民群众更加劳动过度，更加贫困，更加遭受残酷的压迫。"

从根本上来说，十六世纪的人民起义和反对西班牙的解放战争只是把金融贵族从西班牙人的监督和竞争下解放出来，大大地推动了资本的原始积累，可是，却没有给人民群众带来任何积极的东西。总之，这次起义和战争没有开辟资产阶级民主的新纪元——这一点，也是荷兰马克思主义历史学家的一致看法。

这个估价对于正确理解尼德兰后来的全部历史，具有重大的意义。

第一国际海牙代表大会在荷兰一方面遭到公开的敌视，另一方面又受到恶意的贬低。保守党及其机关报《南荷兰和海牙日报》对代表大会大张挞伐，并要求政府禁止大会召开。自由派报刊则对大会肆意诽谤。

出席代表大会的荷兰代表同马克思和恩格斯的关系又如何呢？四名荷兰代表参加了会议，他们是：海牙的维克多·达夫，亨德里克·格尔哈特，希尔肯斯和阿姆斯特丹的万·德尔·豪特。他们几乎无一例外地、并且几乎是在一切问题上都属于无政府主义反对派，即代表大会上的少数派。凡是有几个代表纠集起来阻挠大会进行的场合，其中总有两三个荷兰人。例如，9月6日对章程的第二条即关于总委员会拥有的权力问题进行表决时，在四张反对票中就有两张是荷兰代表投的。又如9月7日，二十九名代表投票反对无政府主义者阿勒里尼提出的关于总委员会组成问题的建议，九名代表表示赞成，其中就有两个与会的荷兰人。在对其他问题进行表决时，比如，当无政府主义者提出总委员会不应对各个支部和协会拥有任何权力时，荷兰代表也都站在无政府主义者一边。当决定把关于工人阶级的政治行动的内容写进章程时，五名代表投票反对，其中有两名荷兰代表。在所有这些场合，荷兰代表的观点都同马克思、恩格斯以及多数派的观点不一致。①

(原载德国统一社会党中央马克思列宁主义研究院编：《工人运动史论丛》1974年第6期第1041—1047页)

(韦建桦 译 无为 校)

---

① 参看《第一国际海牙代表大会。文件汇编》(1970年莫斯科版) 第48—68页。并参看《马克思恩格斯全集》第1版第18卷第165—176页。

马克思生平事业年表中若干日期的考证
（1841—1842 年）[*]

〔民主德国〕埃哈尔德·基恩施姆

马克思于1841年7月初从特里尔移居波恩，1842年10月进入《莱茵报》编辑部。他一生中的这个时期有人已经从马克思在波恩经历的理论和政治发展的角度进行了彻底研究。但是，马克思在这个时期的活动的具体时间现在还存在着某些空白。这些具体时间对于叙述马克思和恩格斯的整个生活道路是必不可少的，然而现在却往往成为误解和以讹传讹的根源，被某些资产阶级的马克思批评家利用来诋毁马克思和恩格斯的人格。因此，对于按照马克思列宁主义原则进行的马克思恩格斯研究来说，过去和现在都有一项根本任务，即除了阐明这两位经典作家的科学著作而外，还要尽可能完整地研究他们的生活道路。因此，随着《马克思恩格斯全集》原文版编纂工作的开展，毫无疑问，我们可以在最新研究水平的基础上编写一份马克思恩格斯年表。尤其因为，在这方面我们已经有可能重新查清或者精确断定许多传记材料。

本文试图以现有的马克思恩格斯生平事业年表[①]为基础，对马克思

---

[*] 本文选自《马克思恩格斯研究》1990年总第3辑。

[①] 本文所涉及的这一段，参看《马克思生平事业年表》，北京：生活·读书·新知三联书店1977年版，第15—21页；《马克思恩格斯全集》第1版第1卷第740—741页。

在上面提到的那段时期的活动日程作一些必要的补充和考证，从而为编纂未来的马克思恩格斯年表增添一块小小的砖头。本文使用的最重要的材料首先来自《科隆通报》和《特里尔日报》。①

---

① 查阅旧报纸必然要费很多时间，然而总是值得的。这一点已为编纂《马克思恩格斯全集》原文版的工作所证实。在编纂过程中已发现不少至今鲜为人知的马克思的著作或没有保存下来的书信或书信残稿。在调查活动日期的过程中，旧报纸上的报道可能很有用。这里仅以米夏埃尔·克尼里姆和亨利希·比尔施泰因的文章为例（米夏埃尔·克尼里姆《青年恩格斯的旅行》），载1976年《恩格斯是斯图加特〈知识界晨报〉和奥格斯堡〈总汇报〉驻不来梅通讯员。马克思故居丛书》（特里尔），汉斯·佩尔格和米夏埃尔·克尼里姆编，第15辑第65—77页；亨利希·比尔施泰因《卡尔·马克思在科隆。1841—1843·传记札记》，载亨利希·比尔施泰因《马克思在科隆。卡尔·欧伯曼作序》1983年科隆版第10—24页。比尔施泰因根据《科隆通报》的《外地人登记表》上的登记，据我所知，第一次提出了马克思1842年几次在科隆停留的证据。可以指望，今后还可能从报纸的报道中获得至今还几乎没有人知道的关于马克思和恩格斯当时活动的某些具体细节。下面这条偶然发现的刊登在《科布伦茨日报》上的关于马克思1848年在科布伦茨停留的消息就是一个例子。马克思这次到科布伦茨无疑是为了筹办《新莱茵报》。《科布伦茨日报》5月24日发表的消息如下：科布伦茨，5月23日。因以前在《莱茵报》从事政论活动而为公众所熟悉的著作家马克思博士，昨日已由巴黎抵达本埠……他将马上前往科隆，为创办《新莱茵报》积极活动。(1848年5月24日《科布伦茨日报》)

不过这则消息说马克思正在从巴黎前往科隆的途中当然是不确切的，马克思在4月11日就已同恩格斯和恩斯特·德朗克一起到了科隆。德朗克在5月15日给马克思的信中就谈到了自己在科布伦茨为《新莱茵报》争取股东和订户所作的努力（见恩斯特·德朗克1848年5月15日给马克思的信，载《马克思恩格斯全集》原文版第3部分第2卷447—448页）。因此，马克思前往科布伦茨无疑是同筹办这家报纸有关。

马克思和恩格斯为筹办《新莱茵报》显然进行了大量活动，因此，在当时的地方报纸上去寻找有关这方面的材料，无疑是值得努力的。

1841年7月初——现在可以确定是7月3日以后7月14日以前——马克思从特里尔移居波恩,① 目的是想在那里获得在大学授课的资格,这一决定显然是受了布鲁诺·鲍威尔的影响。鲍威尔在1841年3月28日的信中就把波恩大学的章程给马克思寄去了,并在3月31日的信中说:"如果你到波恩来,那么这个小城镇也许很快就会成为普遍注意的对象,并且在这里我们能在最重要的问题上引起危机。"②

由于马克思打算在波恩居住较长一段时间,所以他努力寻找一所合适的住房。从他的未婚妻1841年8月10日前后写的一封信中可以看出,马克思显然很快就找到了一个比较合适的住所,因为燕妮说,她很高兴他住在"裱着壁纸的房间"③,她的话表明,马克思肯定愉快地向她述说过找住房的结果。但是,马克思在波恩究竟住在什么地方,迄今尚未有人进行详细研究。

关于马克思1841—1842年在波恩的住址,现在只有一条极为模糊的线索。根据这条线索,马克思最迟从1841年8月初住在"机器制造工克莱默家"④,而且一直住到1842年4月底。

---

① 布鲁诺·鲍威尔1841年8月17日给阿尔诺德·卢格的信。信中说:"还有一件事,弗莱舍的文章寄到这里时,马克思也来了。"[《马克思恩格斯年鉴》(柏林)第1卷第342页]。弗莱舍的文章《关于莱茵普鲁士福音教居民的状况和情绪》发表在1841年7月3日或5—9日的《德国科学和艺术年鉴》(莱比锡)第2—7期上。另见《昨天到达的外地人登记表》,载1841年7月15《科隆通报》。

② 布鲁诺·鲍威尔1841年3月31日给马克思的信,载《马克思恩格斯全集》原文版第3部分第1卷第354页。

③ 《马克思恩格斯全集》第1版第40卷第900页。

④ 《马克思恩格斯全集》原文版第3部分第1卷第365、368页;《马克思恩格斯全集》第1版第27卷第425页。

要确定这个地址非常困难，尤其是因为克莱默这个名字有多种写法，比如用字母"C"开头，这在波恩并不罕见。地址簿是从1856年起才有的，而对我们感兴趣的那个时期，留下来的《波恩历书》上只刊有姓，而没有名字和职业。① 但是，在波恩市档案馆的档案中，有多处提及一个名叫查理·克莱默的工具制造工，此人1819年住在佐林根，并在波恩找到了一所住房、一个车间和一个供储藏生铁和煤炭以及保存成品的仓库。他是什么时候迁到波恩的，未能查明。据证实，1831年他居住在雷米吉乌斯街277号，这座房子紧挨着圣埃吉迪乌斯诊所的贫民院。1834年克莱默进行扩建。直到1842年他还是这座房子的主人；他本来打算买下圣埃吉迪乌斯诊所的部分建筑，但是遭到了拒绝。1867年5月13日之前不久，他卖掉了他的房产。

根据上述情况可以推论，工具制造工查理·克莱默同马克思所说的机器制造工克莱默是同一个人。因此，马克思1841—1842年在波恩期间可能住在雷米吉乌斯街277号。

马克思有时同布鲁诺·鲍威尔一起从波恩出发到科隆转一转，是为了同那里的志同道合者会面。比如有材料证实，马克思和鲍威尔一起曾于1841年7月14日在科隆作过停留。② 其他几次结伴同行虽然在细节上没有得到证明（12月的一次除外）——或者当天返回，或者在朋友处过夜——，但是，起码可以证明，马克思多次在科隆停留过，他有时路过科隆或许是为了回特里尔，去看望他的未婚妻。

---

① 这里以及下面的叙述是承蒙波恩市立档案馆的普罗特曼先生应我的请求向我提供的材料写的。在此我对他的帮助表示衷心感谢。

② 《昨天到达的外地人登记表》，载1841年7月15日《科隆通报》。登记表上写道："'科隆'旅馆：马克思，博士，来自科隆，鲍尔［原文如此］，大学讲师，来自同一地方。"

现已找到的下面两则关于马克思到过科隆的证据，事实上同看望燕妮有关。自从马克思移居波恩以后，她就迫不及待地希望能早日去看望他。她在1841年8月初的一封信中就她的旅行计划曾暗示说："不幸的是，我还不能确切地说出日期。现在我还未完全康复，我不会得到旅行的许可。不过，我顶多再呆一个星期，否则我们亲爱的符类福音作者终究是要走的，而我便见不到这位可钦可敬的人物了。"① 燕妮除了希望见到自己未婚夫外，还渴望认识马克思曾多次向她提到过的"符类福音作者"布鲁诺·鲍威尔。

从鲍威尔方面讲，他也很想认识马克思的未婚妻。他在1841年3月31日的信中就曾写道："如果你能对你的未婚妻讲，我把能结识一位如此崇高的女性看作是同你的友谊的最幸福的结果之一，而且我是在多么愉快地等待着有朝一日能亲自向她表示我的诚意和尊敬，那么，你将使我十分高兴。"②

现在已经证明，燕妮·冯·威斯特华伦在1841年8月底看望了自己的未婚夫，同时肯定还见到了布鲁诺·鲍威尔。8月26日《科隆通报》的《昨天到达的外地人登记表》中有这样的记载："科隆旅馆：……冯·威斯特华伦，候补法官，来自特里尔，冯·威斯特华伦小姐，来自同一地方，马克思，博士，来自波恩。"③ 燕妮由她的弟弟、特里尔地方法院候补法官埃德加尔陪同前往科隆，这首先是因为这个家庭担心，不这样，外人看来可能会觉得有失"礼仪与体面"。

---

① 《马克思恩格斯全集》第1版第40卷第900—901页。
② 布鲁诺·鲍威尔1841年3月31日给马克思的信，参看《马列著作编译资料》总第12辑第112页。
③ 1841年8月26日《科隆通报》。

家庭的这种担心在燕妮打算于9月底10月初再次去看望马克思一事上也表现得很明显。燕妮在诺伊斯待了几周后写信给马克思说,母亲再次告诫她,并要埃德加尔"到科隆去接"她,"而目的只是"要她保持"庄重的举止",否则她就不能到波恩看望马克思。而她也不能叫马克思到科隆去接她,因为她担心"家里会产生疑虑",她在信中虽这么说,但是,她还是希望他去。① 不过这次旅行的具体日期目前还不清楚:"这个星期我想还不能出发",她在9月13日的信中写道,"但到下周末我大概就可以打旅行包了。"② 因此她启程的日子可能是9月23—24日,但显然还是推迟了。总之,10月1日,星期五,马克思、斐迪南·冯·威斯特华伦和他的夫人已在科隆等待燕妮了。③

最后,现已证明,马克思在1841年10月底还在科隆作过一次停留。但这一次可能是他在从特里尔返回或者去特里尔的旅途中路过科隆。

在关于马克思的传记文献中普遍存在着一种看法,即断定马克思于1841年12月底到1842年1月初,曾在特里尔停留,原因是他未来的岳父约翰·路德维希·玛·威斯特华伦生了病。有材料证实,老威斯特华伦的病情自1841年中起明显恶化。1841年夏,他的腿部不幸骨折,难以治愈,结果在"经过了几个月的痛苦折磨"后于1842年3月3日

---

① 参看《马克思恩格斯全集》原文版第3部分第1卷第366—367页。
② 参看《马克思恩格斯全集》原文版第3部分第1卷第366—367页。
③ 参看《昨天到达的外地人登记表》,载1841年10月2日《科隆通报》,登记表上写道:"'维也纳'旅馆:……马克思,同上[即博士],来自波恩,冯·威斯特华伦及夫人,来自科布伦茨。"

"衰竭"致死。① 这就需要马克思在这艰难的时刻守在这位他如此崇敬的人身边。

现在，可以比较精确地说明迄今的文献中关于马克思1841年12月底在特里尔停留的情形。有材料证实，马克思和布鲁诺·鲍威尔在1841年12月19日或20日来到科隆，住在"维也纳旅馆"。② 但鲍威尔不久就回波恩去了，③ 而马克思则可能去特里尔。

在特里尔，马克思显然是住在母亲家里。但是，他在特里尔期间是否一直住在母亲那里，则无法断定。马克思在一封信上所附的地址"特里尔政府枢密顾问冯·威斯特华伦转卡尔·马克思博士"，④ 很可能表明在这段时间里他经常到威斯特华伦家，而且有时甚至住在他家里。这

---

① 《讣告》，载1842年3月5日《特里尔日报》。另见《特里尔市政府民政状况报告》，载1842年3月6日《特里尔日报》；《悼文》，载1842年3月15日《特里尔日报》。关于约翰·路德维希·冯·威斯特华伦的死亡情况，《悼文》中是这样说的："这个悲痛［为过早地失去他的儿子卡尔（死于1840年3月8日）而感到悲痛］和去年不幸腿部骨折，缩短了这位可敬的人物的有生之日。"1841年8月，燕妮曾把她父亲的令人担忧的病情写信告诉马克思："爸爸明天将初次起床并稍坐片刻，由于复元得很慢，他有点泄气了。"（《马克思恩格斯全集》第1版第40卷第901页）

② 《前天和昨天到达的外地人登记表》，载1841年12月21日《科隆通报》。登记如下：" '维也纳'旅馆：……鲍威尔，博士，来自波恩，马克思，博士，来自同一地方。"

③ 布鲁诺·鲍威尔1841年12月24日给阿尔诺德·卢格的信，载《马克思恩格斯年鉴》（柏林）第1卷第348页。

④ 《马克思恩格斯全集》第1版第27卷第420页；另见布鲁诺·鲍威尔1842年1月26日、3月16日给马克思的信和阿尔诺德·卢格1842年2月25日给马克思的信，载《马克思恩格斯全集》原文版第3部分第1卷第369、370、371页。

里的问题是：1841—1842 年，威斯特华伦家的住宅究竟在何处。

蒙茨对马克思在特里尔的情况进行了彻底研究，但未能弄清威斯特华伦家在这一段时间的住址。他写道："约翰·路德维希·冯·威斯特华伦一家初到特里尔时，住在新胡同 389 号（今新街 83 号），1833 年 2 月，甚至到 1837 年，这一家还住在那里。后来（具体时间无法确定）这一家搬到了当时的罗马人大街，现在叫保林大街（城门至马克西敏大街的一段）。"

蒙茨根据马克思 1863 年 12 月 15 日给他妻子的一封信得出了威斯特华伦一家"1837 年以后有几年"可能住在罗马人大街的结论。马克思在信中写道："每天我都去瞻仰威斯特华伦家的旧居（在罗马人大街），它比所有的罗马古迹都更吸引我，因为它使我回忆起最幸福的青年时代，它曾收藏过我最珍贵的瑰宝。"①

但是，在这个问题上蒙茨同时又请我们注意亨利希和索菲娅·马克思给马克思的一封信中的一段话。父亲在信中写道："时间不多，因为索菲娅得赶在邮班之前将信送到冯·威斯特华伦家，他们如今住得挺远。"② 这段话表明威斯特华伦家可能已经搬往别处，但也可以作别的解释。

蒙茨认为："如果这里指的是罗马人大街，那么他一定会写一些关于近在咫尺的威斯特华伦家的情况。也许可以这样来解释：威斯特华伦家在罗马人大街租了一所带花园的房子，或者把新街当成了罗马人大街，新街原来是罗马古城特里尔的一条街，它向南延伸的部分（今萨尔大街）也叫罗马人大街。至于马克思一定要提到罗马人大街，倒不如推

---

① 《马克思恩格斯全集》第 1 版第 30 卷第 640 页。
② 《马克思恩格斯全集》第 1 版第 40 卷第 876 页。

断他可能指的是新街旁边（或后边！）的一所房子。"①

现在才得以确定，威斯特华伦家事实上是在1837年，而且一定是在11月以前搬了一次家。从卡罗琳·冯·威斯特华伦1842年让人在《特里尔日报》上登的两则广告中可以看出，这一家当时住在布吕肯大街602号。②

同时现在找到的材料可以使我们比较准确地确定卡罗琳·冯·威斯特华伦以及马克思的未婚妻迁往克罗茨纳赫的日期。在此之前，人们把这个日期确定为"1842年7月"。③现在，这个日期再也站不住脚了。确切地说，卡罗琳·冯·威斯特华伦显然到8月底还住在特里尔。她打算从10月1日起出租她的住房，这一点表明迁往克罗茨纳赫的日期可能是在9月，而根本不可能在此之前。④

马克思在特里尔住到1842年3月底。从他3月20日给阿尔诺德·卢格的信中可以看出，他打算在"下月初"⑤移居科隆。但由于他"在

---

① 海因茨·蒙茨《阐述卡尔·马克思生平活动的基础》1973年特里尔版第334页。

② 1842年7月14日和8月28日《特里尔日报》。广告全文如下："［4487］孀居的政府枢密顾问冯·威斯特华伦夫人在移居克罗茨纳赫期间，愿将自己的住宅租给一个安宁的家庭，租期到明年4月1日为止。详情请到舍下，布吕肯大街602号面谈。""［5372］政府枢密顾问威斯特华伦夫人愿将其住房从10月1日起出租至明年4月1日。详情请到舍下，布吕肯大街602号面谈。"

③ 海因茨·蒙茨《阐述卡尔·马克思生平活动的基础》1973年特里尔版第334页。

④ 埃德加尔·冯·威斯特华伦1842年9月在科隆逗留很可能同搬家有关（1842年9月20日《科隆通报》，另见1842年9月27日《科布伦茨通报》）

⑤ 《马克思恩格斯全集》第1版第27卷第424页。

科隆还没有固定的地址"，所以他请卢格把回信"寄到荣克那里"。① 最后马克思在4月27日的信中说："我移居科隆的计划业已放弃，因为我感到那里的生活太喧闹；好友的众多，并不导致哲学的完美。"②

这段话的涵义不大好把握，而且已产生了各种不同的解释，以致在文献中屡见分歧的说法。根据目前找到的《科隆通报》上的《外地人登记表》的记载，可以相当肯定地推断出马克思3月29日是在科隆，并且是住在"美因兹"旅馆。不过根据这个材料还不能得出绝对有把握的结论，因为——显然由于印刷错误或手稿辨认错误——登记表上是这样写的："麦尔茨（Maerx），博士，来自特里尔"。③ 这种罕见的人名拼写方式和已可以证实的马克思后来曾多次在"美因兹"旅馆住过的事实表明，这位麦尔茨极有可能就是马克思。④

至于他在科隆待了多长时间，尚未查明。他重新回到波恩的第一个证据是布鲁诺·鲍威尔给他的弟弟埃德加尔的信。这封信注明的日期是1842年4月中旬。信中说，马克思"现在又回到这里了"。⑤

---

① 《马克思恩格斯全集》第1版第27卷第424页。
② 《马克思恩格斯全集》第1版第27卷第426页。
③ 《昨天到达的外地人登记表》，载1842年3月30日《科隆通报》。
④ 如果这是正确的，那么可以设想，马克思可能是在"1842年3月26日以后才开始"写作关于第6届莱茵省议会的第1篇论文［参看《马克思〈第6届莱茵省议会的辩论（第1篇论文）。关于出版自由和公布等级会议记录的辩论〉一文的产生和流传过程》，载《马克思恩格斯全集》原文版第1部分第1卷第991页］，由此还可以更精确地推断，这篇文章是在3月29日以后，可能是在《莱茵报》编辑部的会晤以后才开始写作的。
⑤ 布鲁诺·鲍威尔1842年4月中旬给埃德加尔·鲍威尔的信，载《马克思恩格斯年鉴》（柏林）第1卷第353页。

"从4月以来",马克思在7月9日给卢格的信中说,他"总计起来大约最多只工作了4个星期,而且还是断断续续的",因丧事他不得不在特里尔呆了6个星期,"余下的时间都被极不愉快的家庭纠纷分散和浪费了"。① 马克思的最后一句话可能表示1842年5月初他还在特里尔。因此,他5月2日和16日在科隆的两次有材料可资证明的停留,很可能只是往返特里尔顺路经过科隆。② 马克思很可能在归途中接受了达哥贝尔特·奥本海姆的邀请并在他那里度过了圣灵降临节后的第一个星期一。③ 5月底6月初马克思回到波恩。

马克思的下一次特里尔之行,往往被人说成同他的弟弟海尔曼之死有关。比如科尔纽写道:"5月底马克思由于他的弟弟海尔曼去世而不得不再回到特里尔。"④ 这个错误一直存在到今天,比如我们在龙格的书⑤中就看到有类似的错误叙述。这两位作者得出这个错误结论,显然是受了上述马克思给卢格的信的影响。马克思在信中说,他"由于最近的丧事",不得不"在特里尔待了6个星期"。⑥

那么,关于马克思在特里尔的这次停留,现在有哪些重要资料呢?首先,奥本海姆在1842年7月14日给马克思的信中给我们留下了马克

---

① 《马克思恩格斯全集》第1版第27卷第428页。
② 《昨天到达的外地人登记表》,载1842年5月3日《科隆通报》;《前天和昨天到达的外地人登记表》,载1842年5月17日《科隆通报》。
③ 参看格奥尔格·荣克1842年5月12日左右给马克思的信,参看《马列著作编译资料》总第14辑第146页。
④ 〔法〕奥古斯特·科尔纽:《马克思恩格斯传》第1卷,北京:生活·读书·新知三联书店1963年版,第369页。
⑤ 罗伯特·让·龙格《我的外曾祖父卡尔·马克思》1982年柏林版第56页。
⑥ 《马克思恩格斯全集》第1版第27卷第428页。

思在特里尔的住址"威尼斯旅馆",① 此外,我们还知道燕妮母亲的表妹克里斯蒂娜·索菲娅·霍伊贝尔6月12日卒于阴道炎。② 此外,另一件对弄清这一令人感兴趣的时期有意义的事是,马克思的姐姐索菲娅于1842年7月12日同马斯特里赫地方法院律师和首席法官威廉·罗伯特·施马尔豪森结婚。③ 现在根据这些材料可以得出什么结论呢?首先可以肯定,马克思去特里尔,除了想再次见到他的未婚妻外,起码还有另外两个重要原因。第一个原因是燕妮的一个近亲生病。蒙茨指出,从卡罗琳·冯·威斯特华伦1826年12月21日给她的表兄弗里德里希·佩尔泰斯的一封信中可以看出,克里斯蒂娜·索菲娅·霍伊贝尔这时已在威斯特华伦家生活了9年。④ 所以她无疑已被看作是这个家庭的一员了,可以设想,马克思同她本人十分熟悉。他和埃德加尔·冯·威斯特华伦一起报告了她的死讯。

第二个原因无疑是马克思的姐姐计划举行的婚礼。从结婚登记表上可以看出,结婚的具体准备工作,必定是在5月15日这一天最早宣布结婚的消息后开始的。索菲娅是马克思最喜欢的姐姐,甚至在马克思上

---

① 达哥贝尔特·奥本海姆1842年7月4日给马克思的信;参看《马列著作编译资料》总第14辑第148页。

② 1842年6月14日《特里尔日报》。蒙茨在该报1842年第368号上找到了特里尔市死亡登记处的有关登记。从这段记载中可以看出,霍伊贝尔的死亡,是埃德加尔·冯·威斯特华伦和马克思在6月13日向死亡登记处报告的(海因茨·蒙茨《阐述卡尔·马克思生平活动的基础》1973年特里尔版第329页)。

③ 1842年7月17日《特里尔日报》。特里尔市户籍登记处结婚登记表第1842/103号。

④ 海因茨·蒙茨《阐述卡尔·马克思生平活动的基础》1973年特里尔版第329页。

大学期间她也同他和燕妮保持着特别密切的联系。上面提到的那个理由——马克思的弟弟之死，是促使马克思回到特里尔去的原因，无论如何是不合情理的，因为马克思的弟弟是在 1842 年 10 月 14 日才去世的。①

根据《科隆通报》和《特里尔日报》的报道可以精确地确定马克思在特里尔逗留的时间。1842 年 6 月 2 日马克思从波恩来到科隆，住在"美因兹"旅馆。② 第二天就继续前往特里尔。6 月 4 日他在布吕肯大街距威斯特华伦家不远的"威尼斯"③ 旅馆订了一个房间。

马克思立即住进旅馆而没有先住到他母亲家里这一事实表明，同家庭的不和——与文献中至今可以见到的观点不同——必定在此之前就已开始了。可能早在 1842 年初就已发生争论，随后导致决裂。上面那封马克思 1842 年 2 月 10 日给卢格的信中使用的地址首先暗示了这一点，当然，马克思 1 月底生病一事也可以看作是一个可能的间接证明。然而，最终的破裂是在马克思 5 月份的探访期间发生的。关于这一点，无论是马克思 7 月 9 日给卢格的信，还是目前已有材料证实的马克思后来几次到特里尔时始终住在旅馆里的事实，都可以证明。

尽管马克思在 7 月 8 日给卢格的信中说："再过几天我要去波恩"，④ 但是，他还是在特里尔待到他的姐姐于 7 月 12 日结婚以后才走

---

① 1842 年 10 月 23 日《特里尔日报》，另见同上书，第 233—234 页。
② 《昨天到达的外地人登记表》，载 1842 年 6 月 3 日《科隆通报》；该报说："'美因兹'旅馆……马克思，博士，来自特里尔。"
③ 《6 月 4 日外地人登记表》，载 1842 年 6 月 5 日《特里尔日报》；登记表上写道："'威尼斯'旅馆：……哲学博士马克思，来自波恩。"
④ 《马克思恩格斯全集》第 1 版第 27 卷第 429 页。

的，罗伯特·施马尔豪森7月14日已经来到科隆,①而马克思至少这一天还在特里尔。7月16日他才来到科隆,并在"美因兹"旅馆订了一个房间。②他在科隆可能只待了很短一段时间,然后又回到波恩去了。

8月初,马克思又一次返回特里尔。无论是一般著作,还是至今已找到的材料都没有提及这一次旅行。根据《科隆通报》的记载,马克思在8月2日又一次住进科隆的"美因兹"旅馆。③当天他很可能还把他在7月份写成的文章《法的历史学派的哲学宣言》亲自送给了《莱茵报》编辑部。然后,8月4日他来到特里尔并住在"威尼斯"旅馆。④马克思这一次在特里尔待了多长时间,尚未查明。不过有材料证实,9月初他已经又在科隆了,他在那里结识了正在参加科隆大教堂重建工程开工典礼的罗伯特·普鲁茨。⑤此外还有材料证实,9月23—24日这两天,马克思会见了霍夫曼·冯·法勒斯累本。⑥

---

① 《昨天到达的外地人登记表》,载1842年7月15日《科隆通报》。
② 《昨天到达的外地人登记表》,载1842年7月17日《科隆通报》。
③ 《昨天到达的外地人登记表》,载1842年8月3日《科隆通报》。
④ 《8月4日的外地人登记表》,载1842年8月5日《特里尔日报》。登记如下:"'威尼斯'旅馆:哲学博士马克思,来自波恩。"
⑤ 罗伯特·普鲁茨1842年12月8日给达哥贝尔特·奥本海姆的信,载《马克思恩格斯年鉴》(柏林)第1卷第359页;另见罗伯特·普鲁茨1842年9月28日给达哥贝尔特·奥本海姆的信,载约瑟夫·汉森编《关于1830—1850年政治运动史的莱茵书信和文件》1919年埃森(鲁尔)版第1卷第362页。
⑥ "9月22—24日,科隆。我同《莱茵报》的创办人、赞助人和出版者,银行家达哥贝尔特·奥本海姆、陪审推事毕尔格尔斯、马克思博士、腊韦博士、鲁滕堡博士有许多交往。"(亨利希·霍夫曼·冯·法勒斯累本《我的一生。记录和回忆》1868年汉诺威版第3卷第324页。)

诚然，马克思在1842年10月中旬接管《莱茵报》编辑部以前，在9月底10月初还去克罗茨纳赫看望了他的未婚妻。① 9月25日的《科布伦茨市外地人登记表》上记载的"阿拉克[Alark]博士，来自波恩"，住在"列日城"旅馆，可能就是马克思。② 如果报纸是根据马克思的手迹刊印的，那么，出现辨认错误是完全可能的。手写的M很容易被看成AL，而X很容易被看成K。此外，当天的登记表上还记着斐迪南·冯·威斯特华伦的名字，他可能是要去克罗茨纳赫看望他的母亲。③

10月15日马克思接管了《莱茵报》编辑部，而到11月4日《科隆通报》的《外地人登记表》上还有马克思的名字，从这一事实中可以推断马克思这时在科隆还没有找到合适的住房。

根据原有的和新发现的材料，我们也许可以为马克思在1841年7月初到1842年10月这段时间的活动暂时编纂一个这样的年表：

---

① 海因茨·蒙茨《阐述卡尔·马克思生平活动的基础》1973年特里尔版第349—350页。

② 《科布伦茨市外地人登记表》，载1842年9月27日《科布伦茨通报》。

③ 《科布伦茨市外地人登记表》，载1842年9月27日《科布伦茨通报》。有关登记是："连同3个瑞士人一起……冯·威斯特华伦，政府顾问，来自特里尔。"

1841 年	
7月初 (7月3日以后 14日以前)	马克思从特里尔移居波恩。 布鲁诺·鲍威尔1841年8月17日给阿尔诺德·卢格的信。 1841年7月15日《科隆通报》。
7月14日	马克思同布鲁诺·鲍威尔一起在科隆逗留,住在"科隆"旅馆。 1841年7月15日《科隆通报》。
8月25日	马克思同他的未婚妻及妻弟埃德加尔·冯·威斯特华伦一起在科隆逗留,住在"科隆"旅馆。 1841年8月26日《科隆通报》。
10月1日	马克思同斐迪南·冯·威斯特华伦及夫人在科隆等候他的未婚妻从诺伊斯前来,住在"维也纳"旅馆。 1841年10月2日《科隆通报》。
10月29日	马克思在科隆逗留,住在"维也纳"旅馆。 1841年10月30日《科隆通报》。
11月	马克思和布鲁诺·鲍威尔一起写作鲍威尔的著作《对黑格尔这位无神论者和反基督教者的末日审判的宣告》的续篇。 《马克思恩格斯全集》原文版第1部分第1卷第963页。
12月19 或20日	马克思和布鲁诺·鲍威尔一起在科隆逗留,住在"维也纳"旅馆。 1841年12月21日《科隆通报》。
12月22和 24日之间	马克思到达特里尔。
1842 年	
2月初 (2月10日)	马克思把《评普鲁士最近的书报检查令》一文寄给卢格。 《马克思恩格斯全集》原文版第1部分第1卷第984页。

(续表)

1842 年	
3月3日	约翰·路德维希·冯·威斯特华伦逝世。 特里尔市死亡登记表第(1842)1165号。 1842年3月5、6、15日《特里尔日报》。
3月29日	马克思从特里尔来到科隆,住在"美因兹"旅馆。 1842年3月30日《科隆通报》;马克思1842年3月20日给阿尔诺德·卢格的信;布鲁诺·鲍威尔1842年4月中旬给埃德加尔·鲍威尔的信。
3月29日以后最迟4月26日	马克思撰写关于第6届莱茵省议会的辩论的第1篇论文《关于出版自由和公布等级会议记录的辩论》。 《马克思恩格斯全集》原文版第1部分第1卷第990页(日期改正前为"最早3月26日")。
4月初	马克思在科隆作短期停留(原打算在那里住下来)后回到波恩。
4月26日	马克思在波恩会见从格赖夫斯瓦尔德抵此的神学家弗里德里希·鲁道夫·哈赛。 《马克思恩格斯全集》第27卷第426页。
5月2日	马克思可能在去特里尔的途中在科隆停留,住在"美因兹"旅馆。 1842年5月3日《科隆通报》。
5月16日	马克思可能从特里尔返回波恩途中在科隆停留,住在"美因兹"旅馆。 1842年5月17日《科隆通报》。
5月17日以后	马克思撰写《集权问题本身以及有关1842年5月17日星期二〈莱茵报〉第137号附刊》一文。 《马克思恩格斯全集》原文版第1部分第1卷第1006页。
最早5月初至最迟6月底	马克思撰写关于第6届莱茵省议会的辩论的第2篇论文《关于科隆纠纷的辩论》。 《马克思恩格斯全集》原文版第1部分第1卷第1279页。

(续表)

	1842 年
6月2日	马克思在回特里尔的途中在科隆停留,住在"美因兹"旅馆。 1842年6月3日《科隆通报》。
6月4日 至7月15日	马克思在特里尔逗留,住在布吕肯大街"威尼斯"旅馆。 达哥贝尔特·奥本海姆1842年7月4日给马克思的信。
6月12日	燕妮·冯·威斯特华伦的表姨妈克里斯蒂娜·索菲娅·霍伊贝尔去世,6月13日,马克思和埃德加尔·冯·威斯特华伦报告了她的死讯。 特里尔市死亡登记表第(1842)368号;1842年6月14日《特里尔日报》;《马克思恩格斯全集》第27卷第428页。
6月28日	马克思撰写《第179号〈科隆日报〉社论》。 《马克思恩格斯全集》原文版第1部分第1卷第1009页。
7月12日	马克思的姐姐索菲娅在特里尔举行婚礼。 《特里尔市户籍登记处结婚登记表》第(1842)103号。
7月16日	马克思从特里尔到达科隆,住在"美因兹"旅馆。 1842年7月17日《科隆通报》。
7月中旬至 8月2日	马克思在波恩。
7月底至 8月2日前后	马克思写作《法的历史学派的哲学宣言》。 《马克思恩格斯全集》原文版第1部分第1卷第1016页(日期改正前为"至8月6日前后")。
8月2日	马克思到达科隆,住在"美因兹"旅馆,第二天前往特里尔。 1842年8月3日《科隆通报》。

(续表)

1842 年	
9月初	马克思在科隆参加大教堂重建工程开工典礼,并结识罗伯特·普鲁茨。 罗伯特·普鲁茨1842年9月28日和12月8日给达哥贝尔特·奥本海姆的信。
9月22—24日	马克思在科隆结识亨利希·霍夫曼·冯·法勒斯累本。 亨利希·霍夫曼·冯·法勒斯累本《我的一生。记录和回忆》1868年汉诺威版第3卷第324页。
9月底至10月初	马克思看望在克罗茨纳赫的未婚妻。 马克思进入《莱茵报》编辑部。

[原载《马克思恩格斯年鉴》(柏林)第11卷]

(蒋仁祥 译　李俊聪 校)

"主编"还是"编辑"?

——马克思在《莱茵报》任职释疑*

张念东

创办于1842年1月1日的《莱茵报》,是马克思初次步入社会现实斗争的实践战场,对马克思后来的革命生涯具有重大的意义。但是,关于马克思自1842年10月至1843年3月在《莱茵报》的任职,却一直存在着不同的提法。本文试就这一论题进行探讨。

提法的混乱首先见于《马克思恩格斯全集》俄文第2版和中文版若干卷次的卷末注释中,现仅举其中较为明显的几个例子(着重号①为笔者所加,下同):

"1842年4月马克思开始为《莱茵报》撰稿,同年10月起,成为该报**编辑之一**……马克思于1843年3月17日宣告辞去《莱茵报》**编辑**的职务。"②

"这条简讯反映出马克思作为《莱茵报》**编辑**竭力利用王室关于报刊法令这种自由主义的空话……来给准备好的对报纸的检查迫害设置法律障碍……"③

---

* 本文选自《马克思恩格斯研究》1991年总第7辑。
① 本文着重号表现为黑体字形式。——本丛书编者注
② 《马克思恩格斯全集》第1版第1卷第711页。
③ 《马克思恩格斯全集》第1版第40卷第931页。

"马克思1842年10月15日成了《莱茵报》**主编**后给该报所制定的方针,引起了普鲁士当局的忧虑。"①

上述例子中的三种不同的提法,即"编辑之一"、"编辑"和"主编",其差别是一目了然的。为了弄清这个问题,笔者曾向我局聘请的德国专家质疑。专家的回答十分明确,肯定马克思当时在《莱茵报》是任"主编"(Chefredakteur)之职,并且说明,当时报纸在德国尚属一种新鲜事物,今天所通用的这个德文词那时还没有出现,有关的职务是借用法文词"redacteur"或"redacteur-en-chef"来称呼的。因当时专家手头缺少必要的资料,答应回国后再详加考证。

一年后收到他的有关来信,现将相关文字摘述如下:

"……现在还是让我来回答您在质疑时提出的问题吧。我们这里从事马克思早期思想研究的专家再次认定,我在中国逗留期间对您的答复是对的!在《莱茵报》时期(当时其他报纸一般也是如此),报社中只设一位Redakteur,这个人就是chef,因而也就是报纸的主要负责人,他手下的同事都不称Redakteur,在这个时期还没有出现今天通用的德文词'主编'(Chefredakteur)。

此后不久,大部分报纸(例如《新莱茵报》)开始由多人编辑,为区别职务起见,便出现了'Redacteur-en-chef'一词。后来这个法文词就德语化为'Chef-redakteur',并一直沿用至今。此外再无任何奥秘可言,这就是我能奉告的一切……"

据此看来,"主编"(Chefredakteur)一词在德语的发展中显然经历了一个演变过程,即由Redakteur演进为Chefredakteur。如果忽略这一点,在编译工作中一见当时原文中的"Redakteur"就套用现代词书中

---

① 《马克思恩格斯全集》第1版第40卷第931页。

的释义而一律译为"编辑",就难免出现差错。

进一步查考的结果证明,专家的意见是可信的。

首先,笔者调查了《马克思恩格斯全集》有关卷次各种提法的成因,归结为一句话就是:它们依据的是《马克思恩格斯全集》俄文第2版,而且是原原本本的。而后一版本的有关译法,如上所述是混乱的。而且这种毛病不仅限于俄文版《马克思恩格斯全集》,还扩散到俄文版的马克思传记、年表以及大量有关的文章中。

相反,原德国统一社会党马克思列宁主义研究院编辑的《马克思恩格斯全集》(MEW)却没有这样处理。该版编者把100多年前的用语"Redakteur"全部统一为现代用语"Chefredakeur"即"主编"。而且,不仅《马克思恩格斯全集》如此,德文原版的马克思传记,不论是原德国统一社会党马克思列宁主义研究院编辑的,还是联邦德国汉堡版的,都把马克思当时在《莱茵报》的任职称为"主编"(Chefredakteur)。这大概是基于专家来信中所提到的那种认识。

但是,在这个问题上,我们不得不尊重马克思本人的意见。现举两个例证加以说明。

1. 马克思1868年1月31日致路德维希·库格曼的信附有他本人写的[自传材料],其中称:

"卡尔·马克思,哲学博士,1818年5月5日生于特利尔。1842—1843年,起初为《莱茵报》(科隆)撰稿,以后任该报**主编**(Redakteur en chef)。"①

2. 马克思1860年3月3日致维贝尔的信中称:

"1842年(当时我24岁),我是旧《莱茵报》的**主编**(Haupt-

---

① 《马克思恩格斯全集》第1版第32卷第523页。

Redakteur）"。①

　　这就证明，马克思当时的身份确系编辑部的负责人，也就是主编。至此，问题看来已经很清楚了。

　　与这个问题相关，似乎还有必要指出《马克思恩格斯全集》原文版第 1 部分第 1 卷中对马克思早期政论活动的一处错误提法，这就是把《莱茵报》发行人雷纳德先生误为报纸"对政府负责的**编辑**"②。无独有偶，《马克思恩格斯全集》俄文第 2 版和中文版也有类似的问题：

　　"作为编辑部的答复的是报纸**正式责任编辑**、书商 J. E. 雷纳德的信，雷纳德是官方承认的报纸**责任编辑**。"③

　　史实到底如何呢？这从笔者向特利尔马克思故居索要的原始材料中可以找到答案。

　　原来，在《莱茵报》报社的《章程》上签字具结的确系这位雷纳德先生，但其身份是报纸发行人，时间是 1841 年 12 月 15 日，地点在科隆④。该《章程》附有报社同"**发行人雷纳德**先生"签订的合同，这个合同第 5 条明文规定：

　　"雷纳德先生仅作为**发行人**而向政府负责。"⑤

　　合同第 6 条规定，雷纳德先生一旦同主编（单数）发生纠葛时的

---

① 《马克思恩格斯全集》第 1 版第 30 卷第 504 页。
② 《马克思恩格斯全集》原文版第 1 部分第 1 卷第 973 页。
③ 《马克思恩格斯全集》第 1 版第 40 卷第 931 页。
④ 库尔特·考斯奇克《多特蒙特报纸研究丛刊》1967 年多特蒙特版第 10 卷第 2 部分第 183 页（特利尔马克思故居藏书）。
⑤ 库尔特·考斯奇克《多特蒙特报纸研究丛刊》1967 年多特蒙特版第 10 卷第 2 部分第 185 页。

处置原则,① 这从另一个角度说明,在编辑部主事的只有一人。而雷纳德先生只不过是向政府负责的发行人,同报纸编辑事务根本无关。

---

① 库尔特·考斯奇克《多特蒙特报纸研究丛刊》1967 年多特蒙特版第 10 卷第 2 部分第 185 页。

恩格斯和宪章运动[*]

陈慧生

十九世纪英国的宪章运动是世界上第一次广泛的、真正群众性的、政治性的无产阶级革命运动。

宪章运动的发生有着深刻的历史背景。英国自从1824年废除限制结社法以后,工会运动有了很大发展,几乎所有的劳动部门都成立了工会,不断发动工人进行争取改善生活的罢工。但是,除极少数外,绝大多数罢工都遭到失败。1837年,英国爆发了新的经济危机,工业地区发生饥饿和大批的失业,工人处境更加恶化。同时,议会选举改革极不彻底,在全国六百万成年男子中,只有八十四万人有选举权,广大工人仍然处于无权地位。工人阶级迫切要求改变这种状况,要求获得参加选举的权利。1837年2月,伦敦工人协会根据工人愿望,草拟了一项法案,提出六点要求,即成年男子普选权,议会每年举行一次改选,无记名投票法,废除议员候选人的财产资格限制,当选的议员支给薪俸以及平均分配选举区域等。这六项要求后来就发展成为《人民宪章》。宪章运动把英国人民反对"济贫法"、要求出版自由、要求十小时工作制等等分散的运动联合起来,形成了一个全国

---

[*] 本文选自《马列著作编译资料》1981年第16辑。

性的伟大运动。宪章派在工业中心城市召开群众大会,发表激烈的演说,进行宣传鼓动,征集群众在向议会提交的请愿书上签名,甚至举行游行示威和小规模的武装起义。参加运动的人数多达数百万,在工人运动史上达到了空前的规模。

宪章运动先后掀起了三次斗争高潮。第一次高潮在1839年。在宪章派要求实行普选的请愿书上签名的有一百多万人。请愿书送交议会后遭到否决,运动很快就被镇压下去。1842年,随着严重的工业危机的爆发,掀起了第二次高潮。第二次请愿书比前次更尖锐,更富有革命性。除要求普选权外,还提出了一些社会、经济方面的要求。签名人数增加到三百余万。但是请愿书同样被议会否决了。各地工人接着纷纷举行罢工。然而在关键时刻,宪章运动的领袖意见分歧,罢工得不到坚强的领导,参加罢工的积极分子被政府逮捕,运动的主要领导人菲格斯·奥康瑙尔放弃了领导,第二次高潮没有能够取得胜利。

恩格斯1842年到达英国时,宪章运动的第二次高潮刚刚失败。他亲眼看到,在工业区的主要街道上,到处站着饥饿的工人,失业者成群结队守在人行道旁向过路人请求帮助,境况十分悲惨。然而恩格斯也看到,宪章派的力量在这些地区仍然相当强大。在一些公开集会上,宪章派的演说受到工人的热烈欢迎,他们提出的要求得到工人的支持,工人阶级继续从各方面尽力支持全国宪章协会的活动。

恩格斯利用在曼彻斯特实习经商的机会,对英国社会进行了深入的调查。他牺牲了休息和娱乐,亲自访问工人住宅,同工人谈心,了解他们的疾苦和要求,并且实地考察了英国工人反对工厂主的斗争。宪章运动鲜明的无产阶级性质深深吸引了恩格斯的注意。

恩格斯经常阅读宪章派机关报《北极星报》并通过它了解英国工人运动的进展情况。1843年秋,他访问了在利兹的《北极星报》编辑部，结识了该报编辑哈尼。哈尼当时二十六岁，比恩格斯年长三岁。他从十几岁起就参加革命的民主运动，在宪章运动的早期活动中已经表现出具有比较彻底的革命精神。他反对运动初期的领袖罗维特等人同资产阶级民主派联合进行合法斗争的主张，认为工人阶级只能依靠自己，而且只有采用暴力方式才能争取到政治权利。哈尼积极参加过全国宪章协会的建立，是宪章派左翼领袖之一。

1845年，马克思通过恩格斯结识了哈尼。同年，马克思和恩格斯在布鲁塞尔会见了宪章运动的领袖奥康瑙尔。从这以后，马克思和恩格斯同宪章派的联系逐渐密切起来。他们热情地支持宪章派的斗争，出席宪章派会议，帮助宪章派同欧洲各国革命组织建立联系。他们通过为宪章派的报刊撰稿和同宪章派领导人的个人交往，向宪章派和英国工人宣传科学社会主义思想。同时，他们注意总结宪章运动的经验，从中吸取积极的成分，丰富自己的科学理论。

高度评价宪章运动

恩格斯对英国经济和阶级斗争进行的研究，促进了他的唯物主义观点的形成。后来他在谈到这一形成过程时曾说："在曼彻斯特的时候，我异常清晰地观察到：至今在历史著作中毫无地位或只占极可怜的一点地位的经济事实至少对于现代世界是决定性的历史力量；这些经济事实形成了现代阶级对立所由产生的基础；这些阶级对立，在它们因大工业而获得充分发展的一切国家里，特别是在英国，又都是政党形成的基础，政党斗争的基础，因而也是全部政治史的基础。"（《马恩全集》第21卷第247页）恩格斯运用这种唯物主义的观点写了一系列论述英国状况的文章。在这些文章中，宪章运动占有相当重要的地位。恩格斯怀着深切的同情描述了宪章派的活动，分析了宪章派的阶级基础和它的组织状况，对宪章运动作了很高的评价。

恩格斯在1842年发表的第一篇关于英国的文章《英国对国内危机的看法》中，就根据对英国社会历史的分析，指出了宪章运动的阶级性。他认为，在英国，由于无产者占人口的多数，如果实行普选，无产者将在下院取得多数票而使资产阶级失去优势地位，因此，"资产阶级永远也不会同意普选权"。在稍后的另一篇文章中，恩格斯明确地指出，宪章派的原则是工人阶级"集体意识的表现"。在《英国工人阶级状况》一书中，他再次阐述了这一观点，说宪章主义是工人反抗资产阶级的集中表现，宪章运动是整个工人阶级向资产阶级政权进攻的自觉的斗争。

恩格斯认为，人民宪章实质上就是无产阶级的法律。宪章包括的六项要求虽然表面上只涉及下院的组织，但是它的意义和作用远远超出这个范围。人民宪章一旦得到实施，就"足以把英国的宪法连同女王和上院彻底毁掉"，英国的政治制度就会发生根本的变化，工人阶级就会成为英国的统治阶级。

恩格斯在这些文章中分析了宪章派的阶级基础，指出宪章派是英国工人阶级的组织，它所依靠的是社会中的下层人民和无产者群众。他在论述英国国内的政治力量时，对于宪章派的作用作了充分的估计，认为宪章派是在人民宪章旗帜下形成的"人数众多的新政党"，这个党虽然还在形成过程中，还不可能全力展开活动，但是毫无疑问，它已经成为同托利党、辉格党并列的英国三大政党之一。在以《伦敦来信》为题的一组文章中，恩格斯生动地描述了宪章派在群众中的威望和影响，强调宪章派所代表的是真正具有远大前途的力量。由于宪章派是当时欧洲各国工人团体中规模最大的组织，马克思和恩格斯在争取建立无产阶级政党的斗争中，对英国宪章派曾经寄予很大的希望，努力争取宪章派中最有觉悟的成员同欧洲其他国家的无产阶级革命派团结合作。

马克思和恩格斯高度赞扬宪章派的国际主义思想，尤其支持他们对爱尔兰问题采取的正确立场。宪章派对爱尔兰人民争取自由和独立的斗争一向表示同情和支持。他们在第二次请愿书中公开提出取消1801年英爱合并的要求，主张爱尔兰人完全有权撤销立法上的合并。恩格斯对于宪章运动领袖奥康瑙尔在英国议会中提议无条件否决爱尔兰特别法草案的行动极为称赞，并且就奥康瑙尔的《告爱尔兰人民书》专门写了一篇评论文章。恩格斯特别重视奥康瑙尔提出的爱尔兰人民争取"取消合并"的斗争应当同争取实现人民宪章的斗争紧密结合的观点，他在自己的文章中转述了奥康瑙尔充满国际主义精神的名言："英国和爱尔兰的被压迫阶级或者将来一起斗争，一起获得胜利，或者今后就一起遭受同样的压迫和贫困，同样依赖于资本家特权统治阶级"。1847年，马克思和恩格斯在纪念波兰革命的大会上发表演说时，进一步向英国宪章派提出了明确的要求，指出只有首先着眼于粉碎国内的敌人，才能解放被压迫民族。恩格斯在这次演说中精辟地阐述了马克思主义关于民族问题的重要原理：任何民族当它还在压迫别的民族时，不能成为自由的民族。

正是在这次国际大会上，恩格斯根据对宪章运动多年的了解，公开声明他参加了宪章运动。他说："我在英国已经住了几年，我骄傲地称自己是宪章主义者，我从头到脚都是宪章主义者"。（1847年12月4日《北极星报》关于大会的报道）

促进宪章运动同国际社会主义运动相结合

马克思和恩格斯认为宪章运动是英国工人第一次真正的革命运动，他们帮助和支持宪章派的斗争，期望宪章派能够把英国工人运动引向正确的道路。同时，他们也清楚地看到英国宪章派存在着一些根本性的弱点，尤其是理论上的薄弱，和由于民族狭隘性造成的与外界隔绝的孤立状态。

恩格斯到英国不久，就发现英国宪章主义者虽然代表着工人阶级的利益，但是他们比较落后，不够开展，他们目标狭窄，没有完整的科学理论作为自己行动的指导，不懂得消灭贫穷和剥削的根本途径，因而在斗争的关键时刻莫衷一是，提出的改革措施也往往带有空想的性质。恩格斯认为，宪章运动只有同社会主义结合，才能取得胜利，只有实现了这一点，工人阶级才会"真正成为英国的统治者"。

恩格斯在推动宪章派同国际社会主义运动相结合方面作了大量工作。当时，在伦敦居住着许多从大陆各国流亡英国的革命者。但是，除哈尼一人外，宪章派的其他领导人同这些流亡者几乎没有什么联系。甚至在英国住了很久的外国革命者也不了解他们眼前发生的宪章运动，分不清激进的资产者和激进的无产者。这种状况严重地妨碍着各国革命者的团结，对于马克思和恩格斯建立无产阶级政党的活动是一个很大的障碍。因此，他们尽力促进宪章派同其他国家的革命团体建立联系，并且注意吸收宪章派左翼领导人加入国际无产阶级革命组织。

1845年夏，马克思和恩格斯在英国逗留期间参加了宪章派和正义者同盟领导人在伦敦举行的会议。当宪章派领导人库柏提议召开各国民主主义者会议，讨论建立一个协会，以便交流各国革命运动的情况时，恩格斯立即表示支持。在恩格斯的附议下，这项建议得到一致通过。这就为第一个国际革命民主主义的组织"民主派兄弟协会"奠定了基础。"民主派兄弟协会"在伦敦纪念法兰西共和国的大会上宣告成立以后，恩格斯专门发表了一篇文章，阐述各国无产者利益的一致性，并且详细介绍了哈尼在会上的演说。

马克思和恩格斯通过积极参加民主派兄弟协会工作的哈尼经常了解协会的活动情况。他们关怀协会的政治倾向，及时提出各种意见和批评。他们不仅支持协会提出的召开各国民主派代表大会的建议，而且亲自出席协会组织的纪念波兰革命的大会，发表了重要的演说。恩格斯曾被委任为协会驻巴黎的代表。马克思帮助安排民主派兄弟协会同布鲁塞尔民主协会的通讯联系。在第一国际总委员会的一次会议上，马克思甚至把民主派兄弟协会说成是布鲁塞尔民主协会的一个支部。

马克思和恩格斯对民主派兄弟协会的关怀和支持，只是他们引导宪章派扩大国际联系的第一个步骤。为了在思想上和组织上团结各国的社会主义者，马克思和恩格斯在1846年初创立了布鲁塞尔共产主义通讯委员会。他们积极动员各国革命者，其中包括英国的宪章派，加入通讯委员会。1846年3月5日，恩格斯给哈尼写信，把他们的设想通知哈尼，希望取得他的支持。哈尼在复信中表示愿尽微薄之力予以协助。从哈尼7月20日给恩格斯的信可以看出，宪章派左翼领导人接受了恩格斯的建议，参加了伦敦通讯委员会的建立工作。

关于宪章派同共产主义者同盟的建立联系的情况，恩格斯在《共产主义者同盟史》一文中写道："英国的宪章派，由于他们的运动具有特殊的英国性质，被看作不革命的而抛到一边。同盟的伦敦领导者们只是后来通过我才同他们建立了联系"。宪章派左翼领袖中加入共产主义者同盟并且积极参加同盟活动的除哈尼外，还有运动后期涌现出的新领袖琼斯。琼斯在1845年下半年参加宪章运动，由于他的热情和才能，很快就成为运动的一名卓越的领导成员。1847年，琼斯同马克思和恩格斯结识。此后，他的整个政治倾向受到马克思和恩格斯的很大影响，在一些基本观点上，都同马克思比较接近。1848年法国二月革命爆发后，哈尼和琼斯在巴黎参加了共产主义者同盟的一项重要活动，选举成立了同盟新的以马克思为首的中央委员会。在哈尼和琼斯的推动下，宪章派和共产主义者同盟的关系不断发展，宪章派的重大活动经常得到同盟盟员的大力支持，不同国籍的盟员和伦敦工人一起上街游行，为实现宪章派提出的要求并肩战斗。宪章运动已不再是单纯的一国范围内的狭隘的运动了，它已经同整个欧洲的共产主义运动融合在一起，成为国际共产主义运动的重要组成部分。

马克思和恩格斯努力帮助英国宪章派同国际革命组织建立联系，是同他们当时对共产主义革命的估计，以及对欧洲各国政治经济情况和革命形势的分析直接有关的。他们当时认为，共产主义革命不是一国范围的革命，它将在一切文明国家，即至少在英、美、法、德等国同时发生，而在这几个国家中，无产阶级和资产阶级的对立在英国表现得最尖锐，英国的工人运动力量最强、人数最多，并且有着全国性的组织。因此，他们希望英国最先开始战斗，从而对欧洲革命起到推动的作用。他们甚至曾经得出这样的结论，"欧洲革命的成功将取决于宪章派的胜利"。

支持反对小资产阶级民主派的斗争

1847年，英国出现了新的经济危机，国内阶级矛盾激化。同时，法国二月革命的爆发在英国工人中激起了强烈的反应，大大鼓舞了英国工人的斗争精神。宪章运动掀起了第三次高潮，并且直接卷入了1848

年欧洲革命的洪流。

法国革命刚刚发生,马克思和恩格斯领导的布鲁塞尔民主协会就给哈尼写信,把他们准备采取的行动步骤告诉哈尼,鼓励英国宪章派加强活动,争取实现人民宪章的要求。

马克思和恩格斯这段时期虽然不在英国,但是他们仍然密切注视着英国的运动。恩格斯1848年3月18日写给马克思的信清楚地表明了他们对英国运动的关切。

1848年4月10日,宪章派发动工人上街游行,向议会递交请愿书。当群众已经集合起来,准备向议会前进时,运动领导人奥康瑙尔等却在政府的武力威胁下发生动摇,转而劝说参加示威的群众停止前进。结果,满怀斗争激情的群众被迫失望地解散了。宪章派内部的崩溃使运动遭到致命的打击,第三次高潮终于失败。

恩格斯对工人群众在这次斗争中的表现做了很高的评价。他指出,英国工人反对资产阶级的斗争"经过1839年和1842年的起义,发展成为世界上空前未有的最自觉的阶级斗争,——宪章派即无产阶级有组织的政党的这种反对资产阶级有组织的国家权力的整个阶级斗争,虽然还没有象巴黎的六月战斗那样,引起极其可怕的流血冲突,可是它的顽强性、群众性以及斗争的范围都要比六月战斗大得多"。(《马恩全集》第5卷第333页)马克思把宪章运动的失败看作国际革命的失败。他在《新莱茵报》上写道:"在伦敦,在4月10日,不仅宪章派的革命实力被摧毁,而且二月胜利的革命影响也受到第一次打击"。(《马恩全集》第6卷第89页)

但是,革命的宪章主义者并没有从此消沉下去。他们想尽各种办法试图挽回失败的局势,重新集合队伍,继续进行斗争。1849年,马克思和恩格斯先后迁居英国,客观条件的便利使他们同宪章派的革命领袖哈尼和琼斯的来往更加密切，彼此时常见面，共同讨论各种问题。哈尼和琼斯在思想上更加直接地受到了马克思和恩格斯的影响。

马克思和恩格斯这一时期的主要任务是从理论上总结四八年革命的经验，制定新条件下无产阶级的斗争策略，争取建立独立的工人政党。他们一方面着手改组共产主义者同盟，另一方面继续保持同各国革命者的联系。1850 年，他们代表共产主义者同盟和革命宪章派代表哈尼一起同法国布朗基派流亡者签署了建立"世界革命共产主义者协会"的协议。协议条文中明确规定它的目标是实行无产阶级专政。同年 11 月，哈尼在自己的刊物上发表了《共产党宣言》。这些事实可以说明哈尼当时的思想是同科学社会主义比较接近的。

琼斯在第三次高潮失败后，被政府监禁了两年。他出狱后，革命意志更加坚定，立即投入了争取恢复宪章运动的紧张活动。恩格斯同马克思谈到琼斯当时的思想状况说："琼斯走在完全正确的道路上。我们也可以大胆地说，如果没有我们的学说，他决不可能走上正确的道路。"恩格斯告诉德朗克说，琼斯"完全站在我们一边，现在他正在英国人中间宣传《宣言》"。

由于哈尼和琼斯等革命宪章派领导人思想上的进步，他们同奥康瑙尔的分歧逐渐尖锐起来。奥康瑙尔的思想本质上是保守的，是反对工业进步和革命的。他的纲领只限于人民宪章和一些充满宗法精神的小资产阶级的要求。两派的分歧主要集中在土地问题上。哈尼和琼斯主张土地国有化，奥康瑙尔坚持工人回到土地上去，企图利用宪章把部分工人安置在小块土地上，在英国普遍实现地产小块化。马克思和恩格斯认为宪章派的分裂是无产阶级革命派和运动内部的小资产阶级民主派的分裂，奥康瑙尔的主张明显地带有反动的空想的性质，在工业迅速发展的英国是根本不可能实现的。奥康瑙尔已经无力领导他自己过去组织发动的无产阶级运动，已经成为运动的障碍。他们支持哈尼和琼斯，在《新莱茵报》上翻译发表了哈尼批驳奥康瑙尔的公开信。恩格斯按照哈尼1850年12月4日信中的请求，出席了在曼彻斯特举行的宪章派公开集会，支持琼斯反对奥康瑙尔派的斗争。他还应哈尼的要求把奥康瑙尔派代表会议的情况写信告诉哈尼。在马克思和恩格斯起草的《中央委员会告共产主义者同盟书》中也记载了他们代表同盟中央委员会在这一斗争中所起的促进作用。

宪章派为了重整旗鼓，在1851年举行了全国代表大会，通过了进行改组的新纲领。这个主要由哈尼和琼斯参加起草的纲领，总结宪章运动长期斗争的经验，彻底克服了奥康瑙尔的影响，反映了宪章派在五十年代的思想水平。

纲领除了政治方面的要求外，还包括了一系列社会改革方面的要求。它由两个部分组成。第一部分阐述宪章派在争取政权斗争中的策略，提出了政权应当转归工人阶级的思想；第二部分对工人阶级取得政权后改造社会的原则做出了许多具体的规定。在土地问题上，纲领明确规定"土地国有化是国家兴盛的唯一真正的基础"，居民可以单个地或以联合组织的形式向国家租佃土地，国家鼓励采用集体经营的方式耕种土地。在工业方面，纲领强调在全国范围内实行合作化原则的思想，并规定由国家设立信贷基金，为发展工业提供贷款。由于信贷国有化的规定具有鲜明的社会主义性质，宪章派内部发生了激烈的争论。加米季在《宪章运动史》一书中特别谈到了这一条规定，认为"这一条款所以获得通过，是由于在执行委员会和代表大会中都占有优势的共产主义倾向"。这个纲领尽管在论述工人阶级争取解放的途径等方面表现了不彻底性，仍然迷恋递送请愿书的斗争方式，在理论上也有不少模糊错误的观点，不能称为社会主义的纲领，但是整个看来，纲领中已经包含了某些社会主义的因素,是英国工人运动发展中的一个重要的历史标记,是革命宪章派接受科学社会主义思想影响的明证。1851年5月26日,共产主义者同盟盟员罗·丹尼尔斯在给马克思的信中说,在宪章派1851年的纲领中"发现了你的影响"。

琼斯早在四八年革命前后就已经开始重视组织问题。出狱后他公开宣布:"两年多以前,我由于说了三个词而入狱,这三个词就是'组织、组织、组织'。而现在,两年多以后,我重新宣布这个代价高昂的口号。我今天重新说:'组织、组织、组织'"。

1853年席卷英国的罢工浪潮为琼斯复兴宪章运动、建立群众性的组织提供了有利条件。琼斯在给马克思的信中谈到他关于联合各种力量,掀起运动新高潮的设想:"利用这种非常有利的时机把零散的宪章运动队伍在社会革命这个不可动摇的原则下联合起来"。他告诉马克思,宪章派除去在工业地区发动群众外,还有代表在农业地区"努力把农业劳动者同其余的劳动大军联合起来"。为了实现这个设想,达到全国统一行动的目的,琼斯提议成立一个包括宪章派、工会和其他工人团体的全国性的组织即"群众运动",并且召开"工人议会"作为领导"群众运动"的机构。工人议会于1854年3月6日开幕。会议第一天,一致通过了邀请马克思作为名誉代表的提案。马克思认为不管工人议会的直接成果如何,召开工人议会这个事实本身就标志着工人阶级历史上的一个新时代。他在给工人议会的贺信中,向英国工人的代表提出了在全国范围内把英国工人阶级组织起来的伟大任务。工人议会通过了一个行动纲领,选举了执行委员会,但是这时工人罢工高潮已经过去,全国运动逐渐低落,工人议会闭幕后便停止了活动。

在新的基础上恢复宪章运动的努力没有产生积极成果,宪章运动从此以后再也没有掀起大规模的斗争,宪章派组织土崩瓦解了。

支持宪章派报刊，宣传科学社会主义

宪章派报刊在宣传宪章派的纲领和教育英国工人阶级方面发挥了巨大的作用。马克思和恩格斯在编辑出版自己的报纸的同时，一直非常重视宪章派报刊，积极支持它们的出版，为它们撰稿，参加它们的编辑工作，帮助它们扩大影响。马克思和恩格斯利用这些报刊发表了一些重要的理论著作和分析欧洲各国状况和革命运动的文章。

宪章派先后出版的报刊种类很多。同马克思和恩格斯关系密切的主要是宪章派的中央机关报《北极星报》和哈尼、琼斯编辑的几种报刊。

恩格斯初到英国不久就对当时报道英国无产阶级运动的唯一报纸《北极星报》产生了深刻的印象。《北极星报》在1843年首次转载了恩格斯的文章《大陆上社会改革运动的进展》。这篇文章针对英国社会主义者对其他国家运动漠不关心的弱点，概括介绍了欧洲大陆各主要国家社会主义运动的进展情况。从1845年起，恩格斯开始为《北极星报》撰稿，成为它的通讯员，直到1848年3月。他遵照《北极星报》编辑哈尼的愿望，为该报写过几篇分析德国状况的文章，署名是"本报通讯员"、"德国通讯员"，后来又以"本报驻法国首都通讯员"的名义发表了一批关于法国状况的文章。

1848年初，恩格斯因在巴黎工人中进行革命活动被驱逐出法国，到了布鲁塞尔。法国革命爆发后，居住在布鲁塞尔的马克思也被比利时政府逐出国境。为了揭露比利时政府迫害马克思的卑鄙行径，恩格斯立即给《北极星报》寄去一篇"万分激愤的文章"，以通信的形式发表在3月份的《北极星报》上。

1848年欧洲革命期间，《北极星报》同马克思和恩格斯创办的《新莱茵报》一起坚持无产阶级国际主义立场,大量报道了关于法国工人斗争的消息。在这段时期,马克思和恩格斯同宪章派的联系主要是通过《北极星报》和《新莱茵报》的互通消息。《北极星报》称赞《新莱茵报》说,"它是我们在反对各种暴政和非正义行为的坚决斗争中的敬爱的、有才干的和英勇的同志"。马克思和恩格斯特别珍视革命的《北极星报》的赞许。同时,他们对于《北极星报》也作了很高的评价,指出"唯有《北极星报》这一英国报纸了解英国各党派的真正状况,只有它在实质上是真正民主的,只有它没有民族的和宗教的偏见,只有它同情全世界的民主主义者和工人"。

随着宪章运动的失败,宪章派左翼同右翼之间的分歧日益加深,《北极星报》的编辑部发生了分裂,哈尼这时已不能继续在报上自由地发表文章。为了捍卫宪章运动的原则,宣传无产阶级革命思想,哈尼在1849年6月创办了《不列颠和外国政治、历史和文学民主评论》。他把办报的计划和方针写信告诉恩格斯,并请求恩格斯撰稿:"我希望这个报纸不仅是宪章派的报纸,我希望它是欧洲民主派的喉舌,希望你每周能寄来一篇通讯"。后来,由于经费问题,《民主评论》不得不改为月刊,哈尼又要求恩格斯为每期《民主评论》撰写主要以欧洲大陆特别是德国的政治为题材的文章,而且请求恩格斯帮助在巴黎物色撰稿人。

恩格斯在《民主评论》上发表了一系列文章,其中有专门为英国读者写的《十小时工作制问题》。在这篇文章中,恩格斯指出,不能把立法上限制劳动日当作工人运动的最终目的,工人应当亲自争取改善自己的地位,为此首先应当夺取政权;他以《革命的两年》为题,详细介绍了马克思的名著《法兰西阶级斗争》的第一章;此外,还根据哈尼的要求,以《法国来信》和《德国来信》的形式,给《民主评论》陆续寄去了十二篇评论法、德两国政治的文章。哈尼十分重视这些通讯,在《北极星报》上多次加以评述,说这些通讯是《民主评论》最重要、最有价值的部分,有助于推进各国人民友爱的光辉事业,每个想了解大陆上人民和暴君的真实情况的人都应该仔细读读这些来信。

从1850年6月起,哈尼又出版了《红色共和党人》周刊。这个刊物的创刊号上阐述了五十年代宪章运动的新思想:"1850年的宪章主义不同于1840年的宪章主义。英国无产阶级的领袖已经证明他们是真正的民主主义者……他们前进了一大步,从单纯的政治改革走向了社会革命的思想"。

《红色共和党人》发表了《共产党宣言》的第一个英译本,使英国工人能够直接阅读科学社会主义的纲领性文件,这是它对英国工人阶级的最重大的贡献。在哈尼写的编者前言中把《宣言》称为德国最先进的革命政党的重要文件,并且第一次指明了《宣言》的作者是马克思和恩格斯。《宣言》发表后不久,恩格斯利用参加曼彻斯特宪章派大会的机会,亲自组织宪章派左翼一起学习和讨论这个文件,帮助他们领会《宣言》的思想。

《红色共和党人》是未交印花税的刊物,因而很快就受到了政府的追究。为了逃避司法追究,哈尼把它改名为《人民之友》继续出版。哈尼又一次请求恩格斯撰稿,并建议恩格斯翻译不久前他在《新莱茵报。政治经济评论》上发表的《德国农民战争》。虽然译文没有刊登,但是看来恩格斯曾经表示同意,因为哈尼在另一封信中告诉恩格斯翻译工作"最好利用空闲时间,不必着急"。

恩格斯对哈尼的错误总是及时给予劝告和帮助。1851年初,哈尼受到流亡伦敦的小资产阶级民主主义者路易·勃朗等人的拉拢,开始支持他们的活动。为了揭露这些小资产阶级流亡者的面目,帮助哈尼回到正确的道路上来,恩格斯曾准备在《人民之友》上发表一组文章。他认为,"有分量的文章对哈尼的帮助总是要比辩论大些"。然而哈尼坚持错误,把路易·勃朗等人吹捧为社会主义救世主,并且积极参加了路易·勃朗、维利希、沙佩尔等人组织的纪念法国二月革命的所谓"平等者宴会"。恩格斯于是决定取消在《人民之友》发表文章的计划,而且收回了已经寄去的三篇文章。

此后,琼斯创办的《寄语人民》就成了代表革命宪章派的重要刊物。马克思和恩格斯尽力支持这个杂志,帮助它约稿,参加它的编辑和出版工作。1852年初,琼斯给恩格斯写信说:"除你以外,没有别人能够帮助我,你是否可以每星期寄来一篇'本报驻国外通讯员来信'或'一个流亡者的来信'等等"。恩格斯当时工作非常繁忙,但是仍然满足了琼斯的要求,每星期按时寄去文章。琼斯对恩格斯的文章《去年十二月法国无产者相对消极的真正原因》评价很高,称赞它是一篇"绝妙、出色"的文章。

马克思非常推崇《寄语人民》,认为在这个杂志上"可以找到英国无产阶级的全部现代史"。他不仅为这个杂志撰稿,而且帮助琼斯做好杂志的编辑工作。马克思告诉恩格斯说:"就经济论文来说,这个杂志在主要问题上是在我的直接领导下,一部分甚至是在我的直接参与下编写的"。由于马克思和恩格斯的关怀和帮助,《寄语人民》蒸蒸日上,而哈尼的《人民之友》却日益落到日暮途穷的地步。

琼斯得到英国工人的支援,从1852年5月起开始出版规模较大的《人民报》。《人民报》得到了马克思的巨大帮助。报纸的经费遇到困难时,马克思尽管自己十分拮据,仍然到处奔走,为《人民报》筹集资金。他帮助琼斯研究克服困难的办法,而且不惜花费许多时间,亲自参加报纸的编辑工作。1856年以前,马克思和恩格斯在这个刊物上发表了许多文章。因此,《人民报》一度成为维护英国工人阶级利益和宣传社会主义思想的特别优秀的宪章派刊物。

《人民报》除发表马克思和恩格斯专门为它撰写的文章外，还转载了他们在《纽约每日论坛报》上发表的一些重要文章。1860年，琼斯在给马克思的信中批驳福格特一伙的诽谤时谈到了马克思对他的刊物的无私援助。琼斯写道："我记得，您多年来曾经毫无报酬地给我的小型杂志《寄语人民》，后来又给《人民报》写过许多文章，这些文章对人民的事业十分重要，对报纸是十分宝贵的"。

马克思和恩格斯对宪章派报刊的支持，是他们对宪章运动支持的一个重要方面。由于他们的帮助，宪章派报刊在英国的民主主义报刊中具有明显的较高的政治水平，它们用无产阶级的革命思想武装宪章派，对于提高英国工人的阶级觉悟和领会科学社会主义理论起了很大的作用。因此，马克思和恩格斯在《中央委员会告共产主义者同盟书》中总结说，宪章派的机关刊物"对我们有帮助"。

宪章运动失败后恩格斯同哈尼的关系

宪章运动经过三次高潮后逐渐低落下去，五十年代恢复宪章运动的努力也没有获得成功。但是恩格斯对于整个宪章运动所取得的伟大成就和深远意义作了充分的肯定。他认为，英国工人阶级多年来激烈地甚至采用暴力为实现人民宪章而进行的斗争"给胜利了的资产阶级留下很深刻的印象，所以从那时起，它就甘愿以不断向工人让步为代价来换取比较长期的休战"（《马恩全集》第19卷第284页）。恩格斯在《一八四五年和一八八五年的英国》一文中总结四十年间英国经济和工人阶级状况的变化时指出："1848年的革命，和它以前的许多次革命一样，有着奇特的命运，正是那些把这次革命镇压下去的人，如卡尔·马克思常说的，变成了它的遗嘱执行人……英国的工厂主们也没有任何更好的办法，只有使人民宪章生效"。人民宪章的大部分要求到十九世纪末已经被纳入了英国的法律。

宪章运动巩固了英国工人的革命传统，为第一国际在英国开展活动奠定了基础。宪章运动的经验和理论并没有随着运动的失败而消失。在科学社会主义理论的形成和发展过程中，马克思和恩格斯不断总结国际共产主义运动，其中包括英国宪章运动的实践经验和理论财富，从中吸取了许多有价值的东西。因此，列宁说，英国的宪章运动在很多方面是马克思主义的"准备"，是马克思主义的"前奏"。

宪章运动失败后，恩格斯同哈尼继续保持着友好的联系。他们从1843年相识起，在长达半个世纪的期间，一直断断续续互相通信，直到1895年恩格斯逝世。虽然目前保存下来的恩格斯给哈尼的信只有一件，但是从已经掌握的哈尼给恩格斯的一百多封信和恩格斯同其他人的通信中，仍然可以看出他们之间的革命友谊。

恩格斯早期对哈尼在政治上评价很高。1846年，他在给哈尼的信中，称赞哈尼是"革命的、有才干的无产者"，"无神论者、共和主义者和共产主义者"，是"唯一真正摆脱了使英国人区别于大陆上的人的一切偏见的英国人"。他甚至希望哈尼能够成为宪章运动的主要领导人。

恩格斯和哈尼在争取工人阶级解放的斗争中经常互相支持，直到1850年共产主义者同盟分裂时，哈尼仍站在马克思和恩格斯一边，同他们一起签署声明，撤销建立"世界革命共产主义者协会"的协议，表示同支持维利希和沙佩尔集团的法国小资产阶级流亡者断绝联系。但是，没有经过多久，哈尼逐渐对独立的工人阶级组织和工人阶级运动失去了信心。他违背自己原来的立场，转而对小资产阶级流亡者推崇备至，同他们混在一起。为此恩格斯停止了给他的报刊撰稿。马克思在给恩格斯的信中分析哈尼错误的性质和产生错误的原因时指出，哈尼同沙佩尔和维利希的关系表明他已经"背弃了我们"，站到"我们的直接的个人的卑鄙无耻的敌人一边"，已经成为"普通的阴谋的工具"。而哈尼所以在民主派的泥坑中陷得很深，"首先是由于崇拜我们早就经常嘲笑的那些官方大人物的感情驱使了他，其次，他喜欢戏剧性的场面……他有两重精神，一是弗里德里希·恩格斯灌输给他的，一是他自己固有的。前者对他来说是一件约束疯人的紧身衣。后者是他的本性"。（《马恩全集》第27卷第215页）恩格斯完全同意马克思的分析，他和马克思交换意见后，写信对哈尼的错误进行了严厉的批评。

哈尼政治倾向的变化，使他终于同琼斯发生了冲突。哈尼拒绝琼斯约请他共同编辑《寄语人民》的建议，坚持重新出版自己的《人民之友》。他不再关心宪章派的改组，而企图在全民族联合的基础上建立一个要普选权不要宪章运动的"统一的民族党"。琼斯气愤地把哈尼的行为写信告诉恩格斯，说沙佩尔、维利希、路易·勃朗等人将支持哈尼来击败我们。然而，哈尼的刊物没有维持多久，《人民之友》重新出版两个多月后就停刊了，建立"统一的民族党"的企图也彻底破产了。1853年，哈尼在他最后一次单独出版的周报《前卫报》的末期中公开表示"未来的希望不在英国政治，而在大陆争取民主的斗争"。他完全脱离了宪章运动，带着失望的情绪离开伦敦，到了泽稷岛，在那里住了七年，以后又到了美国。

哈尼虽然远隔重洋，仍然关怀着欧洲的革命运动。1869年，他从美国给第一国际总委员会写了一封信，表示赞成国际工人协会的纲领和原则，申请加入国际，并且寄去了会费。哈尼在信中非常热情地问候恩格斯，他还要求马克思给他寄去一本《资本论》，准备在美国组织翻译和出版《资本论》英译本。后来，哈尼按照马克思的要求给马克思寄过有关美国公有土地问题的资料。巴黎公社失败后,他把《法兰西内战》在美国的发表情况写信告诉马克思,表示完全支持第一国际的立场。

从1876年起,恩格斯同哈尼的通信没有再中断过,而且越来越频繁。这一时期的通信,内容十分丰富,对于一些国际政治问题,例如爱尔兰问题、德国反社会党人法、英国工联和工党、无政府主义、暗杀法国总统事件等等,他们都交换过看法,甚至展开争论。每当恩格斯发表新的著作,哈尼总是仔细阅读,立即把自己的感想和意见告诉恩格斯。他十分钦佩恩格斯仍然保持着旺盛的革命热情,对革命前途始终充满着乐观主义。哈尼在信中常常回顾宪章运动的往事,怀念旧日的战友,不止一次地流露消沉悲观的情绪。他感慨万分地谈到,对于英国工人阶级,他已经失去信心,尽管为了英国工人的解放,他曾经献出自己最宝贵的时光。

消极的心情和疾病的侵袭,使哈尼晚年精神上和肉体上经受着巨大的痛苦。恩格斯无限深情地关怀着年老多病的哈尼。1886年12月,恩格斯在给劳拉·拉法格的信中对哈尼作了这样的描述:"当宪章运动失败时,他感到茫然失措,而英国自由贸易繁荣的光荣时期的确可以使人变得悲观失望。后来他到了波士顿,但在那里他见到的恰好是他在英国最恨的事物,而且更厉害,并占统治地位。现在,当一个真正的运动在大西洋两岸讲英语的国家中开始兴起的时候,他年纪太大,身体太弱,太脱离实际,又太爱国而跟不上这一运动"。

1888年,哈尼终于离开他所憎恶的美国,回到了自己的祖国。恩格斯这时工作仍然繁重不堪,但是只要得到哈尼患病的消息,他无论如何总要抽出时间前去探望,有时还用马车把哈尼接到自己家中休养。恩格斯对宪章运动老战士的关怀充分体现了无产阶级革命导师对宪章运动的深厚感情。

到了八十年代，关于英国的宪章运动，除了资产者的不正确的评论或恶毒谎言外，没有一部能够反映历史真实情况的著作。宪章运动的资料散失，连一份完整的《北极星报》都无法收集到。恩格斯迫切希望能有一本记载宪章运动历史的优秀著作，尤其希望由老哈尼来完成这件工作。1886年，恩格斯为德国社会民主党人施留特尔校阅《英国宪章运动》一书时，曾向哈尼请教某些有疑问的地方。恩格斯在逝世前两年曾向哈尼提出编写宪章运动史的建议。他表示愿意提供帮助，使哈尼能够集中精力从事写作。但是，哈尼强调由于经济和健康方面的原因，自己不可能完成宪章史的写作，没有接受恩格斯的建议。恩格斯对于哈尼不写宪章运动史感到十分遗憾。他认为，"哈尼如果不写回忆录，第一个工人大党的历史就要永远失传了"。

以上事实说明，恩格斯不仅在青年时代满腔热情地参加了轰轰烈烈的英国宪章运动，努力把宪章运动引上科学社会主义的轨道，到了晚年，他怀着对国际无产阶级革命事业必定胜利的信心仍然期望着宪章运动的经验能够留传后世，宪章运动的光荣传统能够得到继承和发扬。

恩格斯在《北极星报》上的通讯[*]

И. Н. 希卡扬

恩格斯为宪章派报刊《北极星报》撰稿分为三个阶段。

第一个阶段是1843年至1844年11月。在这个时期,恩格斯对欧文主义者的报刊,对远离现实阶级斗争的空想主义思想的宣传更加失望。宪章派报刊在暴露它的全部思想缺陷时,还是群众性工人运动的主要报刊。

在第二阶段(1845年9月13日至1848年3月),恩格斯为《北极星报》撰稿不仅希望唤醒英国工人关心大陆上发生的革命事件,而且希望以共产主义者同盟的战略和策略的精神来影响宪章运动。

在第三阶段(1848—1850年),由于宪章主义的衰落,报刊也逐渐转向改良主义立场,恩格斯减少了为《北极星报》撰稿。

为时不足七年,恩格斯写了三十九篇通讯。通讯的基本题目是向读者报道法国和德国工人阶级斗争的情况,批判研究欧文的空想主义思想,阐述《共产党宣言》的主要原理。他特别注意无产阶级国际主义的宣传,因为英国工人阶级运动处于小资产阶级民族主义的影响之下;由于这个缘故,恩格斯揭露了法国激进派首领(路易·勃朗、赖德律·

---

[*] 本文选自《马列主义研究资料》1985年第2辑。

洛兰）的民族主义倾向。

恩格斯作为《北极星报》的通讯员，在宣传英国革命无产阶级思想的历史中留下了鲜明的足迹，对先进的英国工人的思想发展和宪章派革命左翼的形成产生了极重要的影响。

（原载《苏联社会科学文摘（科学共产主义问题类）》
1984年第5期第13—14页）

（文心 译）

恩格斯与宪章派报纸《北极星报》[*]

〔苏〕И. Н. 施卡尼扬

本文是在研究《马克思恩格斯全集》英文版第六卷[①]过程中产生的,是关于恩格斯同宪章派,特别是同宪章派报纸《北极星报》相互关系问题的研究的一个部分。[②] 分析恩格斯利用过的这家报纸的材料,对于弄清宪章主义对科学共产主义理论的形成,首先是对无产阶级的世界历史性作用学说的形成有多大影响是十分重要的。这是因为:正是革命马克思主义理论的这一部分的产生,过去和现在都遭到资产阶级的"马克思学学者们"的肆无忌惮的歪曲和伪造。他们力图证明,似乎马克思的学说不是对现实的历史进程和阶级斗争进程进行研究得出的成果,而是纯抽象思辨的果实。本文的任务之一,就是以恩格斯利用《北极星报》这家宪章派报纸研究英国群众性无产阶级运动为例来驳斥这种谬论。

---

[*] 本文选自《马列主义研究资料》1984 年第 6 辑。
[①] 《马克思恩格斯全集》1976 年莫斯科进步出版社英文版第 6 卷。
[②] 这一题目的另一个重要方面,即揭示恩格斯作为这家报纸的撰稿人和通讯员所起的作用,本文不作探讨,因为那是另一专门研究的题目。

* * *

1842年11月19日，二十二岁的恩格斯来到伦敦。这是他第二次到英国，① 要到欧门—恩格斯公司曼彻斯特事务所实习经商，他父亲是这个公司的所有者之一。

恩格斯这次在英国逗留了二十一个月，直至1844年8月。在这段期间，他同英国社会主义者即罗·欧文的信徒们来往，同宪章派领袖们和政治流亡者（秘密的工人共产主义团体的成员）建立了密切的联系。他同一些真正的无产者过从甚密，后来曾十分亲切地回忆过他们。② 直接了解英国这个国家、它的经济生活和政治生活以及劳动人民的状况，直接了解英国经济学家和历史学家的著作以及社会主义的文献，对恩格斯的世界观的发展产生极大的影响。他来英国时是个青年黑格尔派唯心主义者和革命的民主主义者，刚刚开始要超越这些信念。他的曼彻斯特生活时期（他在伦敦没有逗留多久）是他成为工人阶级思想家的决定性阶段。他1843年10—11月写成的《政治经济学批判大纲》是他终于转到唯物主义和共产主义立场这一过程的重要里程碑。马克思评价说，在这部著作中，"已经表述了科学社会主义的某些一般原则"。③

早在1842年秋，研究英国群众性无产阶级运动，并在报刊上加以

---

① M.克尼里姆查明：恩格斯第一次逗留英国的时间是1838年7月26日至8月15日左右，参看M.克尼里姆：《青年恩格斯的旅行》，载苏共中央马列主义研究院《马恩室学报》1976年莫斯科版第28期第16—18页。

② 《马克思恩格斯全集》第1版第4卷第319—320页。

③ 《马克思恩格斯全集》第1版第19卷第259页。关于恩格斯的这一著作的写作日期，参看F.A.巴加图里亚：《未来的轮廓。恩格斯论共产主义社会》，1972年莫斯科版第21页。

阐述，已成为恩格斯的政论活动和理论活动的特征。随着他的共产主义观点的形成，他的这些活动越来越具有宣传各国先进无产者和社会主义知识分子的国际团结思想的性质。这些活动的动机，是要使英国和大陆的无产阶级和民主人士的代表互通情况和交流经验，特别是向德国、法国和瑞士的读者介绍英国工人运动和社会主义运动的实际成就和理论成果。

恩格斯在英国逗留期间写的和在离开这个国家以后直至1848年写的有关英国及其工人阶级的文章中，尤其是在《英国工人阶级状况》一书中，不止一次地讲到宪章派报纸《北极星报》①，并大量引用它的材料。

在编辑《马克思恩格斯全集》俄文第二版时所作的研究，用英文出版马克思主义经典作家全集的有关各卷②的工作，使我们能够相当准确地确定恩格斯1842—1848年的上述著作的史料基础，包括他对《北极星报》的材料的利用情况。一些新资料是本文作者在对恩格斯的著作进行版本考证和史料考证过程中，以及在把这些著作同《北极星报》

---

① 《北极星报》是宪章派日报，从1837年至1852年出版，先是在利兹出版（至1844年11月），然后是在伦敦。菲·奥康瑙尔为创办者和主编。1843年乔·朱·哈尼进编辑部后，报纸的革命性质加强了。该报发行量很大，在宪章运动高涨时期（如1848年）达到每周发行一万二千份，可与许多资产阶级报刊相媲美，而仅次于《泰晤士报》。关于这家报纸的详细情况，请参看：D.里德：《报刊和人民（1879—1850）》，1961年伦敦版；E.格莱斯高：《北极星报的创办》，载英国史学会杂志《史学》1954年伦敦版第XXXIX卷第135、136期；埃普斯泰因·菲格斯：《奥康瑙尔和北极星报》，载《社会历史国际评论》1976年阿姆斯特丹版第XXI卷第1辑。

② 《马克思恩格斯全集》1975—1976年莫斯科英文版第2、3、4、6卷。

发表的文章和报道相对照过程中获得的。

　　这一切使我们有可能确定恩格斯使用这家报纸的范围。他从这家报纸中获得阐述工人运动的迫切问题、进行理论概括和得出结论所需的材料。《北极星报》由于登有丰富的和独家的消息，成了恩格斯掌握宪章运动经验的渠道之一。众所周知，宪章运动的经验在马克思主义学说的形成方面起着极其重要的作用。列宁曾称宪章运动"在很多方面是马克思主义的准备，是马克思主义的'前奏'"①。《北极星报》集中了宪章运动最强有力的方面，同时又反映了它的历史所决定的缺点。在恩格斯看来，《北极星报》是英国无产阶级运动准确的指示器，准确地指示着这个运动达到什么水平、它有什么值得其他国家的工人吸取的宝贵东西、有什么需要克服和纠正的东西。

*　　*　　*

　　大家知道，恩格斯结识了1843年6月起任《北极星报》编辑的朱利安·哈尼。他们的会晤是在1843年秋天恩格斯到里子访问该报编辑部的时候，这次会晤奠定了他们长达五十年的友谊的始基。② 他们的结识对于哈尼本人③和其他宪章派领袖的观点的形成具有很大的意义。恩格斯的影响还在该报题材的扩大方面表现出来：该报开始刊登大陆工人

---

　　① 《列宁全集》第1版第30卷第450页。
　　② 关于这一点，请参看哈尼的回忆，载伦敦出版的《社会民主》1897年1月号第7页。哈尼和恩格斯的比较密切的友谊，是在他们1845年夏天在伦敦会晤之后开始的。参看 И. А. 巴赫：《关于马克思和恩格斯1843—1845年在英国的交往》，载《马克思主义的形成和发展史论丛》1959年莫斯科版第110页。
　　③ B. 库尼娜：《乔治·朱利安·哈尼》，载《马克思恩格斯和第一批无产阶级革命家》1961年莫斯科版。

运动和民主运动的材料。该报在1843年11月号上摘登了恩格斯发表在空想社会主义者机关报《新道德世界》的文章《大陆上社会改革运动的进展》。① 从1844年5月起，恩格斯成为《北极星报》正式撰稿人。② 此后直至1848年3月他没有停止过撰稿工作，而从1847年底到1848年2月这段时间内，他的撰稿工作具有定期性质。

恩格斯在《英国状况。英国宪法》一文中，第一次直接提到《北极星报》。该文写于1844年4月，同年9—10月发表于巴黎的《前进报》。他在文章中指出《北极星报》和《新道德世界》维护宪章派和社会主义者的权利。③ 后来他又写文章充实和加深这一评价。他认为《北极星报》的重要特征在于：它是报道无产阶级一切运动的唯一报纸。④ 他不只一次地强调该报的无产阶级性质、它的革命战斗精神和阶级嗅觉，认为它是工人利益的忠实维护者。⑤ 恩格斯在给欧洲社会主义和民主主义的报刊撰稿时，竭力使德国、法国、比利时等国的工人注意这家宪章派报纸。⑥

这一切说明，恩格斯与该报编辑部建立了联系后不久，即1843年

---

① 《北极星报》1843年11月11、25日。
② 《马克思恩格斯全集》第1版第42卷第193页。И. A. 巴赫、Т. B. 叶烈梅也娃和 В. И. 霍洛波娃考证出该报的一系列文章是恩格斯写的，见《历史问题》杂志1970年第11期第3—12页。
③ 《马克思恩格斯全集》第1版第1卷第696页。
④ 《马克思恩格斯全集》第1版第2卷第512页。
⑤ 参看《马克思恩格斯全集》第1版第2卷第668页；第4卷第28、320页；第5卷第136、513页；第19卷第259页。
⑥ 参看 Л. И. 戈尔曼：《1848—1849年马克思恩格斯的政论活动》，载《马克思主义的形成和发展史论丛》1959年莫斯科版第179—233页。

秋天就已经是该报的撰稿人和受欢迎的作者了。但是，我们完全有理由把恩格斯开始利用该报材料的时间提前，提前到他同编辑部建立了个人联系和写文章直接引用该报材料之前。可以设想，恩格斯1842年秋天一到英国，立即对这家宪章派报纸发生兴趣，因为他在1842年11—12月写的头几篇英国通讯中，已经认为宪章运动具有巨大意义。恩格斯当时才刚刚开始理解工人阶级的社会作用，就已经看出宪章派增长着的威力对"英国社会政治成就的整个人工的大厦"的实在的威胁。① 要作出这个结论，不仅要亲自观察，而且要考虑宪章运动参加者们的意见，而《北极星报》是宪章运动的喉舌。

恩格斯写了头一批通讯之后，又写了一组《伦敦来信》，发表于1843年5月和6月的《瑞士共和主义者》上。这组文章已经有利用这家报纸的材料的痕迹，虽然利用是间接的，却是明确无误的。这组文章的头一篇写于1843年5月16日，恩格斯在其中引用了宪章派领袖奥康瑙尔的话（在括号里说明是奥康瑙尔的话，但没有指明出处），说明英国议会下院"自命为代表英国公众的议院"。② 这些话是恩格斯从奥康瑙尔的致议员托马斯·邓科布呼吁书摘来的，这一呼吁书曾在4月10日在伦敦举行的宪章派群众大会上宣读过，并由作者签名发表在《北极星报》上。③

在这篇文章中，恩格斯论述了辉格党和宪章派对1843年春天议会

---

① 《马克思恩格斯全集》第1版第1卷第544—545页。
② 《马克思恩格斯全集》第1版第1卷第560页。
③ 奥康瑙尔：《致托马斯·斯林斯比·邓科夫先生》（1843年4月10日星期一在"伦敦政治和科学学院区"大厅举行群众大会的大都会居民呼吁书），载《北极星报》1843年4月15日第6版第5栏。类似的宪章派文件，官方和自由派的报刊通常是不刊载的。因此，恩格斯从其他出版物读到这一呼吁书是不大可能的。

讨论已故托利党人詹·格莱安提交的工厂童工教育法案所持的态度。①他详细阐述了宪章派的立场，以三次群众大会（斯托克波尔特、索尔福和曼彻斯特这三个地方的群众大会）为例子。在这些大会上，宪章派提出赞成法案的决议案与辉格党提出的否决法案的决议案相对抗，并得到一致的或多数的支持。正如恩格斯所说的，他参加了在索尔福举行的大会，并根据耳闻目睹对大会作了描述。关于斯托克波尔特的大会（4月25日）和曼彻斯特的大会（4月27日），《北极星报》发表了报道。②比较一下恩格斯的文章和《北极星报》的报道，我们可以十分肯定地说，恩格斯描述斯托克波尔特大会时，完全有可能利用了《北极星报》的报道，虽然他的文章没有直接指明出处。至于曼彻斯特的大会，恩格斯的材料比这家宪章派报纸1843年5月6日的报道内容更具有广泛性。这可能是恩格斯从大会参加者的口述中获得补充消息。

恩格斯在撰写这组文章的其他几篇时，也可能依靠了《北极星报》的材料。这些文章的一些结论，例如关于"民主政党在英国"获得进展，关于"工人阶级坚决、完全离开"自由贸易派反谷物法同盟，关于宪章派竟能成功地揭露同盟的自私目的，并用宪章派全国协会的活动与同盟相对抗等等结论，③同当时《北极星报》报道宪章派和资产阶级自由贸易派相互关系的材料是相呼应的。可见，恩格斯早在他成为《北极星报》的撰稿人以前，就开始把这家报纸看作是阐述英国社会政治生活和工人运动发展情况的资料来源了。他在该报寻找和找到的，首先是

---

① 《马克思恩格斯全集》第1版第1卷第562页。
② 《北极星报》1843年4月29日第5版第3栏；5月6日第2版第2—3栏。
③ 《马克思恩格斯全集》第1版第1卷第560、566和565页，试比较一下《北极星报》1843年2月11日第4版第2—5栏；2月第4版第2—4栏；10月7日第4版第2—3栏；10月28日第4版第2—3栏。

那些揭示英国工人阶级中存在着革命倾向和表明英国工人阶级的阶级意识增长的材料。后来恩格斯对这家报纸就更加注意了。

在《英国工人阶级状况》一书中,恩格斯利用《北极星报》的材料就更多了。1843年秋,他终于计划写一部关于英国的著作,打算在其中设一章专门论述工人的状况。① 正是自1843年10月起,恩格斯开始搜集有关英国无产阶级状况及其与资本家斗争的形式的材料。《北极星报》也向他提供了这方面的材料,因为他引过该报从1843年秋季起和在这以后几个月内所发表的材料。这就是说,他从这个时候起对该报特别留心,虽然该书也引用了该报更早一些时候发表过的材料。他引用过英国牧师约·雷·斯提劳斯的讲话,引用过工人诗人爱·米德的诗《蒸汽王》,亲自把这首诗译成德文。②

恩格斯的这本书(不迟于1845年6月初问世)以广泛的资料来源为基础:议会报告、议会各委员会和工厂视察员的材料、统计手册、资产阶级经济学家和历史学家以及政论家的著作、卫生视察员的书籍和小册子以及报刊材料等等。③ 对于利用过的出版物,他在书里有的指明了出处,但远不是对所有上述材料都指明了出处。这部分是因为该书是为广大读者而写的,恩格斯不想列出过多的书目。另一方面,他采取直接引用和在脚注注明出处这一特定做法,是为了配合(如果可以这样表达

---

① 《马克思恩格斯全集》第1版第1卷第625页。
② 《北极星报》1838年9月29日第6版;1843年2月11日第3版。
③ E. A. 科斯明斯基在《恩格斯的〈英国工人阶级状况〉一书的资料》一文中详尽地分析了恩格斯所利用的官方资料和图书杂志。该文1928年作为该书的前言发表,并在《宪章运动》文集(1961年莫斯科版第64—96页)中重载。科斯明斯基肯定:恩格斯在该书中引用的《北极星报》的材料,基本上是1843—1844年发表的。但他只指出其中的若干处(同上书,第86页)。

的话）该书的总意图：用资产阶级，首先是自由派资产阶级提供的资料来指责资产阶级对工人的毫无人性的剥削。恩格斯写道，当他描述产业工人的状况而又缺乏官方文件时，他"总是宁可利用自由党人的证据，以便用自由资产阶级亲口说出的话来打击自由资产阶级"。① 出于这种考虑，恩格斯无疑有意识地减少了其他资料（特别是宪章派的资料）的直接引文和出处。

弄清恩格斯在撰写《英国工人阶级状况》一书时所利用的资料是一项巨大的工作，这项工作是在译校该书最新的几种英文版本之一时进行的②。该书的译者 W. O. 亨德森和 W. H. 查洛纳成功地确定了恩格斯的许多以前不为人所知的资料，包括许多没有直接指明是利用了《北极星报》的材料。但他们没有对所获得的新资料进行概括。

恩格斯的书首先贯串着这样的一个思想："英国工业的威力仅仅是靠野蛮地对待工人、靠破坏工人的健康、靠忽视整代整代的在社会关系、肉体和精神方面的发展的办法来维持的"③。恩格斯在许多文件中，包括发表在《北极星报》的报道中发现了这方面的证据。正是在这家报纸里面，他找到最多的有关工人在工厂里遭受露骨的剥削、沉重的劳动条件、行政部门蛮横的敲诈勒索、严厉的工厂条例和纪律惩罚的例子。其中，恩格斯利用了该报刊登的工厂主逃避现有工人立法、侵吞工

---

① 《马克思恩格斯全集》第 1 版第 2 卷第 280 页。

② 恩格斯：《英国工人阶级状况》，W. O. 亨德森和 W. H. 查洛纳译，1958 年牛津版。两位译者别有用心地解释恩格斯的这一著作，目的完全是要贬低这一著作的科学意义。该书译者和出版者对 1842 年的各个事件的评价，见 A. B. 雷兹尼克夫：《无产阶级的第一次阶级搏斗。英国。1842 年》，1970 年莫斯科版第 118—192 页。

③ 《马克思恩格斯全集》第 1 版第 2 卷第 462 页。

人工资和忽视技术安全措施而造成生产不幸事故的材料。① 他专门查阅了1843年11月—1844年6月的《北极星报》，以便找出证明破坏禁止以商品支付工人劳动（实物工资制）的法律的事实。② 这家报纸是工人可以公开发表意见和维护自身利益的真正讲坛，它揭露工厂主"在维护法律的借口下从事罪恶的勾当"。恩格斯转抄了《北极星报》发表的一份文件——约克郡哈得兹菲尔德的一个工人的一封信，信中谈到这位工人所在工厂的厂主尤其滥用这种支付工资的办法掠夺雇佣无产者。③

列宁认为《英国工人阶级状况》的作者的主要功绩在于，他看到无产阶级不仅仅是最受苦的，而且是反对雇佣劳动的、资产阶级社会最革命的阶级。列宁说道："恩格斯**第一个**说明了无产阶级不只是一个受苦的阶级，而且它所处的那种可耻的经济地位，无可遏止地推动它前进，使它去争取本身的最终解放。而战斗的无产阶级是能够**自己帮助自己**的。"④ 恩格斯看到了，工人阶级最强有力的特点，使工人阶级成为全人类未来命运的代言人的特点，恰恰就在于工人阶级有能力"起来反抗自己的命运，反抗资产阶级"⑤。"工人只有仇恨资产阶级和反抗资产

---

① 《马克思恩格斯全集》第1版第2卷第309页，试比较《北极星报》1844年5月4日第6版第2栏；第484页，试比较《北极星报》1844年2月24日第7版第3栏；第498页，试比较《北极星报》1844年8月31日第6版第2—5栏；第538页，试比较《北极星报》1844年10月12日第5版第6栏；第540页，试比较1843年9月23日；第577—580页，试比较《北极星报》1843年11月25日第7版第3—6栏；12月2日社论；12月9日第6版第4—6栏；12月16日第6版第1—3栏；12月23日第6版第1—3栏。

② 《马克思恩格斯全集》第1版第2卷第467—469页。

③ 《马克思恩格斯全集》第1版第2卷第467—469页。

④ 《列宁全集》第1版第2卷第6页。

⑤ 《马克思恩格斯全集》第1版第2卷第463页。

阶级才能获得自己的人的尊严"①。这一思想恩格斯在自己的著作中不只是说一说而已,而是赋予它鲜明的形式,把它描绘成一幅英国无产阶级解放斗争的图画,把劳资间的社会战争的不同阶段和不同形式表现出来。他在《工人运动》这一章中特别详尽地考察了这场战争的进程,这一章集中了该书的主要思想。恩格斯在这一章里比在所有其他章节里更多地利用了《北极星报》的材料。

根据该报的材料,恩格斯认真地研究了工会(工联)的产生及其活动,用他的话来说,工会的历史"充满了工人的一连串的失败,只是间或才有几次个别的胜利"。② 恩格斯举出《北极星报》报道的几个事例,指出:"工会在很大程度上加强了工人对有产阶级的仇恨和愤怒"。当时的许多工会根本没有后来在工联运动中流行的那种对现存秩序毕恭毕敬和逆来顺受的风气。他又是根据《北极星报》报道的事实指出,阶级仇恨感有时使工会会员铤而走险:纵火焚烧最可恨的厂主的工厂和杀死厂主。③

在这一著作中,恩格斯十分注意争取工厂立法和反抗推行反工人的法律等工人反抗资本家的斗争形式。他还在英国时就密切注视着1843年秋季席卷全英国的争取十小时工作日法案的一次又一次的鼓动浪潮。《北极星报》详细地报道了工人对议会讨论这一法案的情况的反应,刊载了一些报道拥护法案并且通常上书议会的群众大会的消息。④ 无产者

---

① 《马克思恩格斯全集》第1版第2卷第500页。
② 《马克思恩格斯全集》第1版第2卷第505页。
③ 《马克思恩格斯全集》第1版第2卷第507—509页,试比较这些文章:《又一次爆炸》,载《北极星报》1843年10月7日;《设菲尔德的炸管》,载《北极星报》1844年1月20日。
④ 《北极星报》1843年3月11日;4月1、15、22和29日。

坚决的大规模的行动使恩格斯确信，工人能够有效地施加压力，迫使对他们持阶级敌视态度的议会就范，确信"这个法案是会通过的。工人想要什么，他们就能争得什么，而在去年春天（指1843年春——作者）他们就证明他们的确是要求十小时法案的"①。1847年，英国议会通过了限定妇女和童工十小时工作日法。

根据《北极星报》1843年11月—1844年8月发表的材料，恩格斯指出，社会战争也席卷了英国"纯朴宁静的"农业区。② 这一社会战争在这里采取个别雇工或成伙雇工自发行动的形式：纵火烧毁农场主田地上的庄稼、谷仓、畜圈和干草堆，破坏农具和伤害牲畜等等诸如此类的行动。雇工和短工的运动在人民当中获得"斯温"的名称（运动的参加者通常以此名字给地主和农场主写恐吓信，故名）。这一运动爆发于1830—1831年，并一直延续至四十年代。恩格斯指出，工厂工人早就越过了这种社会反抗的第一阶段，即以犯法行为的形式表示的社会反抗阶段。在农村地区，由于特殊的条件（居住分散、农村居民落后等等），农民长期停留在这一阶段。

1843年威尔士的小佃农骚动就具有这种自发性。这一骚动史称"利碧嘉骚动"（利碧嘉也是生造出来的名字，骚动的参加者用这一名字签署函件，故名）。这一骚动同"斯温"运动一样，没有成功的希望，但是恩格斯指出，它会引导农业工人和小农认识到，必须寻找反抗

---

① 《马克思恩格斯全集》第1版第2卷第462页。
② 《马克思恩格斯全集》第1版第2卷第555—557页，试比较《北极星报》1843年11月25日第4版第1栏；第6版第4栏；12月16日第6版第3—6栏；12月30日第6版第1—2栏；1844年1月6日第6版第1栏；1月13日第5版第6栏；1月20日第6版第6栏。

剥削者的更有组织和更有效的手段。①

在这方面,《北极星报》的一篇报道提供的事实在恩格斯看来是有重大意义的征兆;1844年9月26日,《北极星报》发表了自由党土地占有者赖德诺伯爵在自己的领地所在地海华斯召开的会议报道。② 有小农场主、市民和雇工约七百人出席会议。他们没有响应伯爵提出的要求通过反对谷物法的决议案的建议,而是提出了自己的要求,特别是要求以低廉的租金出租小块土地。恩格斯认为这一事实表明,农业无产者开始采用他们早已学会的明确提出本身经济要求的工厂弟兄们采用的斗争形式。他写道:"工人阶级的运动就深入到偏僻、保守、精神上陷入酣睡状态的农业区去了,而且由于这些地方普遍贫困,运动就像在工厂区那样,很快扎下了根,并且活跃起来。"③

恩格斯细心地观察着无产阶级解放斗争发展的各种形式,在自己的书中非常注意罢工运动。他以采矿工人的罢工斗争及其工会的活动为例,明确地指出了罢工在吸引无产阶级群众积极参加反抗资产阶级的活动方面,在培养他们的阶级团结感和互助感方面,在巩固他们的工会组织(这些组织的产生本身,常常与同一生产部门的工人罢工相联系)方面的作用。这个例子之所以重要,因为它表明宪章主义对罢工运动的富有成果的影响。这个例子对于本文论述的题目具有特别的意义,因为

---

① 《马克思恩格斯全集》第1版第2卷第558—559页。我们没有直接的资料能证明恩格斯在描述威尔士佃农骚动时利用了《北极星报》,但我们可以指出,我们认为恩格斯可能从下述两篇报道中取得资料:《利碧嘉骚动的原因》,载《北极星报》1843年7月1日;《威尔士专门委员会》,载《北极星报》1843年11月4日。

② 《马克思恩格斯全集》第1版第2卷第556页,试比较《自由贸易和农业贫困》,载《北极星报》1844年10月26日。

③ 《马克思恩格斯全集》第1版第2卷第556—557页。

在这里,《北极星报》又是恩格斯的主要资料来源。

恩格斯认真细致地研究了《北极星报》1844年1月至7月发表的有关煤矿工人总工会的活动资料。① 1844年3月31日,诺森伯兰和德勒穆煤矿四万煤矿工人爆发总罢工。在总罢工期间,工会的影响尤其增长了。恩格斯根据《北极星报》的报道②,详细地研究了罢工的进程。他认为,罢工的意义主要不在于提出什么要求(他们基本上并没有超出要求较为公平的计件工资和废除罚款制度等范围),而在于罢工的群众性,在于它在其他地区的工人当中引起的声援运动,在于它的参加者表现出来的顽强精神和组织纪律性。尽管矿主要尽阴谋诡计挑拨工人采取暴力行动,煤矿工人"用最大限度的冷静和镇定"把斗争进行了十九个星期,而并没有采取过一次报复行动。恩格斯指出罢工工人表现出来的纪律性和沉着,称颂说这是"工人的觉悟和自制力的最好证明"。③

虽然这一次工人也不得不接受企业主规定的条件,但恩格斯强调说,他们的斗争并不是没有结果的。罢工唤起了煤矿工人中间的反抗精神,促使他们参加工人运动和"至少把他们当中的四分之三的人变成了宪章主义者"④。罢工在长达十九个星期的时间内引起舆论对英国煤矿工人状况的注意。正如恩格斯所指出的,大不列颠煤矿总工会总代理人

---

① 《北极星报》1844年1月6—20日,2月10、24日,4月20日,5月4日,7月20、27日。
② 《北极星报》4月20日,5月4日,7月20、27日,8月31日,10月26日。
③ 《马克思恩格斯全集》第1版第2卷第545—546页。
④ 《马克思恩格斯全集》第1版第2卷第547页。

威·普·罗伯茨①的活动在这方面起了极大的促进作用。他不辞辛苦地大力进行宣传,支持罢工工人,风尘仆仆地跑遍全英国,为罢工工人募集捐款。他的这些活动《北极星报》都作了广泛的报道。罗伯茨又开展英国空前未有的斗争,反对横行霸道的治安法官和实行实物工资制的业主。恩格斯引用了《北极星报》关于罗伯茨不辞辛苦地跑遍全国,使三十九名被非法判罪的煤矿工人获释的报道②。由于罢工和罗伯茨的活动,煤矿工人的劳动保护问题第一次被认真地提出来讨论。

恩格斯的《英国的一次罢工》一文,提供了他根据《北极星报》的材料详细分析英国无产阶级罢工斗争的第二个例子。文章写于1845年年底,当时《英国工人阶级状况》一书已经问世,文章是对该书的补充评述③,载于德国社会主义杂志《威斯特伐里亚汽船》1846年1月号和2月号。

这篇文章的主要材料来源是1844年10月至1845年1月载于《北极星报》的关于曼彻斯特建筑工人罢工的报道。④登有这些报道的几份《北极星报》很可能是恩格斯1845年7月12日至8月20日同马克思一起从布鲁塞尔到英国旅行时找到的。恩格斯在文章中详细叙述了1844年10月在建筑业大承包商波林和亨弗莱的制砖厂爆发的罢工。《北极星

---

① 威廉·普洛廷·罗伯茨(1806—1871)——英国法律家,从1838年起同宪章运动和工联运动有联系,出版《梅纳斯月刊》,详见《国民传记辞典》1921—1922年牛津大学出版社版第16卷第1284页。

② 《马克思恩格斯全集》第1版第2卷547页,试比较《北极星报》1844年1月13、20日,2月10、24日,4月20日。

③ 《马克思恩格斯全集》第1版第2卷第42卷第277—291页。

④ 《北极星报》1844年10月19、26日,11月9、16、23、30日;1845年1月18日。

报》给予罢工者很大的帮助，它"到处宣传了事实的真相，打消了人们去曼彻斯特的任何念头"，从而打乱了工贼招雇工人的行动。①

恩格斯以这一罢工为例，再次证明他在《英国工人阶级状况》一书中所表述的原理的正确性。这个原理是：工人虽然不懂得经济规律，但他们凭直觉就感觉到现代资本主义社会的"生命攸关的神经"——工人彼此间的竞争。他们在实践中认识到，工人们必须把自己的力量团结起来，去同资本家相对抗。②

恩格斯在《英国工人阶级状况》一书和作为该书的补充的这篇文章中所表述的思想，即关于工会和罢工的思想，关于工人阶级的经济斗争是其阶级斗争的极为重要的形式的思想，实实在在地成了国际工人运动理论宝库的财富。必须指出，恩格斯就是根据大部分摘自《北极星报》报道的事实进行了分析，才得出这些思想的。这家报纸帮助他看到并清楚地描述无产阶级的需要和愿望，帮助他揭示出工人不仅是备受剥削的不幸的人们，而且是能够奋起反抗的斗士。恩格斯根据《北极星报》和其他方面的材料得出结论说，大城市和工业区不仅是贫困、苦难和疾病的渊薮，而且是工人运动的策源地。他对这家宪章派报纸的材料的广泛利用，使他的详细描述英国无产阶级各支不同队伍的生活和斗争的论著有了更多的具体事实，使他在书中提出的理论原理更富有历史论据。

宪章运动当时是英国无产阶级解放运动的最高发展阶段。恩格斯指出："宪章主义是工人反抗资产阶级的集中表现"。③ 他认为，在全国范

---

① 《马克思恩格斯全集》第 1 版第 42 卷第 288 页。
② 《马克思恩格斯全集》第 1 版第 2 卷第 505—507 页。
③ 《马克思恩格斯全集》第 1 版第 2 卷第 516 页。

围内（而不是仅仅局限于地方工联和行业工联的框框）把工人阶级的战斗力量团结起来，并且把斗争的重心转移到政治舞台，这是宪章派的巨大功绩。宪章派已接近于能够理解：无产阶级掌握政权是无产阶级社会解放的主要手段。恩格斯在自己的书中描述了宪章主义发展的几个最重要的里程碑：从它的产生及其纲领人民宪章的提出——到四十年代中期。他肯定地指出，宪章主义是沿着不断加强阶级独立性的路线，不断摆脱那些竭力使运动服从资产阶级利益的资产阶级分子，即斯特治一类自由贸易派和激进派等等而发展的。恩格斯指出，工人阶级作为一种独立力量从一般民主群众中分化出来，这是工人运动的总道路。

恩格斯对宪章运动的评述是概括性的。自然，他注意了宪章运动的具体方面。上面已经说过，他根据《北极星报》指出宪章派对罢工斗争的发展产生了有益的影响。他还谈到，宪章派的宣传鼓动引起了诸如1842年8月工人的自发骚动和起义这类重大事件。这些骚动的结果，用他的话来说，是无产阶级和资产阶级的断然决裂①。但是恩格斯并没有根据《北极星报》的材料描述这些骚动的原因和过程，虽然该报当时详细地报道了1842年的事件②。这可能是恩格斯没有该报有关的几号报纸而不得不利用其他材料来源的缘故。我们认为，他利用的其他材料来源之一，是托利党人约翰·威尔逊·克罗克匿名发表在《每季评论》上的《反谷物法的宣传》一文③。但是，恩格斯在撰写《英国工人阶级状况》一书和《英国谷物法史》一文（该文写于1845年秋，也描述了

---

① 《马克思恩格斯全集》第1版第2卷第522页。
② 《北极星报》1842年8月13、20、27日，9月3日。
③ 《反谷物法的宣传》，载《每季评论》1842年12月伦敦版，第IXXI, NCXLI 辑第244—314页，详见上述 A. B. 雷兹尼科夫的著作第188—189页。

1842年8月的工人骚动和起义①）时，虽然采用了克罗克的文章的许多材料，却没有采用克罗克有关这些事件的起因的看法。克罗克认为，这些骚动和起义完全是由自由贸易派反谷物法同盟挑起的，而恩格斯则认为这是自发的骚动，其主要原因在于危机使劳动人民陷于贫困，在于他们不满意议会拒绝宪章派的请愿，不满意反对工人的济贫法等等。

这样看来，在阐述宪章主义的具体历史，特别是包括1842年在内的以前的历史时，恩格斯并不总是利用《北极星报》，但这家宪章派报纸不可能不成为他对宪章运动进行评价所需的材料来源之一。它主要地不是向恩格斯提供再现这一运动过程的材料，而是与其他文件（宪章派纲领、宪章派李奇等人的小册子和其他著作）一起构成了恩格斯对宪章主义及其在英国社会生活中所占地位进行总的评述的基础，构成了恩格斯对宪章主义的前途作出明确估计的基础。《北极星报》作为宪章派的宣传鼓动的一面镜子，使恩格斯能够从中了解宪章主义的弱点。他在《英国工人阶级状况》一书中指出了这些弱点，但没有直接提出批评，而是以今后的希望的方式指出。例如，恩格斯无疑就是根据阅读《北极星报》得出的印象，暗示说宪章派与基本上由欧文的信徒以和平的空想社会主义形式进行的社会主义宣传相脱离。恩格斯也不是毫无缘由地建议克服这种分裂，使宪章主义和社会主义、革命的社会主义汇流。他认为用社会主义思想武装工人，这是巩固宪章派所建立的群众性工人政党的道路，是把这个工人政党变成真正战斗的、能够使劳动人民的斗争获得正确方向和把他们引向胜利的道路。恩格斯写道："只有在实现了这一点以后，工人阶级才会真正成为英国的统治者，那时，政治和社会的发展也将向前推进，这种发展将有利于这个新生的政党，促使宪章主义

---

① 《马克思恩格斯全集》第1版第4卷第563—568页。

的继续发展。"①

*　　　*　　　*

当时，对于马克思和恩格斯来说，利用宪章主义的经验具有特别意义，因为从1845年起，他们一方面制定无产阶级世界观的理论基础，一方面开始开展争取各国先进工人的国际团结，争取建立革命的无产阶级政党的斗争。马克思和恩格斯力图建立这样的一个党，因而希望把那些理解国际主义利益的革命宪章主义代表吸收到这样的一个党的核心中来。他们希望能够通过这些革命分子在思想上对宪章运动发生影响。因此，恩格斯1845年至1848年初写的政论文章经常提到宪章主义，大量采用《北极星报》的材料也就不足为奇了。另一方面，恩格斯在继续为这家报纸撰稿时，竭力向英国无产者广泛介绍大陆各国工人阶级的状况，千方百计唤起他们的团结感，帮助宪章运动参加者克服某种程度的民族闭关自守状况。

1845年夏，在7月12日和8月20日之间，马克思和恩格斯到英国旅行。这次旅行的结果，扩大和加强了同宪章派左翼的联系。他们这次在英国的活动《北极星报》上也有反映。1845年8月23日，该报发表了一篇报道，谈到恩格斯出席了在"天使"酒馆举行的"各国民主主义者集会"，会上恩格斯支持宪章派提出的一项关于召开"伦敦各国民主派大会，讨论建立一个团体，以便定期共同集会，相互介绍各国为了共同的事业而活动的情况"的决议。② 决议获得一致通过，大会定于

---

① 《马克思恩格斯全集》第1版第2卷第527页。
② 《民主运动》，载《北极星报》1845年8月23日，详见上述 И. А. 巴赫的文章第86—113页。

1845年9月1日召开。后来大会延至9月22日召开,那时马克思和恩格斯已回到布鲁塞尔。欧洲差不多所有的国家——法国、意大利、英国、德国、西班牙、波兰和瑞士的一千多工人活动家和民主主义者出席了大会,从而奠定了国际民主主义者团体"民主派兄弟协会"的始基。参加这个协会的,有宪章派左翼的代表、德国工人和手工业者的代表正义者同盟的盟员和其他国家的革命流亡者。

恩格斯竭力指出无产阶级力量和革命民主主义力量的国际团结的意义,因而大概在1845年年底写了一篇文章《在伦敦举行的各族人民庆祝大会》,报道了这一意义重大的事件。他根据《北极星报》1845年9月27日的报道,描述了大会的进程和转引了会上发表的演说。① 文章发表在德国的《莱茵社会改革年鉴》上。他在引言中抨击了资产阶级,尤其是英国自由贸易派的世界主义政治宣传,第一次在报刊上论证了无产阶级国际主义的思想,指出了各国无产阶级利益的共同性。②

马克思和恩格斯同"民主派兄弟协会"保持有经常的接触,竭力从思想上影响协会的无产阶级核心的代表人物,这些代表人物在1847年加入了共产主义者同盟。哈尼给马克思和恩格斯提供"民主派兄弟协会"活动的情况,③ 他在一封信中指出"民主派兄弟协会"取得一定的成功,同时又惋惜地说,"除了《北极星报》以外,没有一家报纸刊登

---

① 《马克思恩格斯全集》第1版第2卷第662—676页,试比较《庆祝法兰西共和国成立》,载《北极星报》1845年9月27日。
② 《马克思恩格斯全集》第1版第2卷第665—666页。
③ 乔·哈尼致弗·恩格斯,1846年3月30日;乔·哈尼致弗·恩格斯和卡·马克思,1846年7月20日。载F.G.布莱克和R.M.布莱克编辑的《哈尼书信集》1969年阿森英文版第244、246页。

协会的文件"。① 可见，只有这家宪章派的报纸才提供篇幅报道这一组织的活动，并且只有这家宪章派报纸（私人信件中的报道不算）是马克思和恩格斯能够注视英国运动和国际运动中发展着的国际主义进步倾向的材料来源。

1847年秋，马克思和恩格斯在报刊上宣传革命思想的可能性扩大了。共产主义者同盟的领导人在《德意志—布鲁塞尔报》这一侨民报纸中取得了牢固的阵地。从1847年10月底起，恩格斯成了法国的一家民主派报纸《改革报》的经常通讯员。这两家报纸，加上恩格斯继续为之经常撰稿的《北极星报》，成了马克思主义创始人系统地宣传国际主义团结思想的论坛。恩格斯利用这种可能性，在法国、比利时和德国的无产阶级读者当中宣传"民主派兄弟协会"的活动，广泛阐述宪章运动。在这方面，《北极星报》的材料成了他主要的、在许多场合完全是唯一的材料来源。

1847年11月和1848年1月，恩格斯在《改革报》上发表了两篇题为《宪章运动》的文章。他竭力向大陆的工人详细介绍"民主派兄弟协会"的坚决有力的行动时，引用了这个组织的载于《北极星报》的决议和告工人书。② 这些文件要求大不列颠和法国的工人同"国内的

---

① F.G.布莱克和R.M.布莱克编辑的《哈尼书信集》1969年阿森英文版第246页。

② 见《马克思恩格斯全集》第1版第4卷403—404页；第42卷第397—399页；试比较：《北极星报》1847年11月20日第5版第6栏；1848年1月8日第1版第5—6栏。这几号报纸看来是哈尼寄给恩格斯的。1849年10月28日哈尼写信给马克思，信中说："昨天的那一号《北极星报》我过一两天就寄出。请为恩格斯保存好我不久前寄给他的以及我下周或过一周寄出的那些报纸，因为我没办法为他弄到另外一份了。"（《哈尼书信集》第255页）哈尼把自己编辑的《北极星报》寄几份给马克思和恩格斯这件事由来已久，大概从1845年秋季之前就开始了，在马克思和恩格斯的伦敦之行以后，他们同哈尼之间建立了特别密切的关系。

敌人"，即同本国的资产阶级进行斗争，并强调在这一斗争中工人应当仅仅依靠本身的力量。恩格斯在1847年11月写的文章中描述了"民主派兄弟协会"的活动，他写道："这个兄弟协会，由于把居住在伦敦的无论英国或外国的最著名的民主主义者都团结在自己的队伍里，也就日益具有更大的意义……'民主派兄弟协会'却公然表示反对一切压迫行为，不管这种行为来自何方。"①

恩格斯的论述"民主派兄弟协会"的文章，是他描述英国工人运动的一组关于英国的通讯的一部分。恩格斯在这里考察了宪章运动发展中的许许多多的新现象。他指出，在"民主派兄弟协会"的活动中，在它的左翼的代表人物的言论中，国际主义的倾向加强了。此外他又指出宪章运动在群众中的影响的增长，宪章派全国协会——第一个群众性工人阶级政党的活跃。

恩格斯在自己的通讯中揭示了宪章运动从1847年秋天起重新高涨起来的社会原因。他指出，1847年的经济危机是宪章运动重新高涨的社会经济基础。这次经济危机就其严重程度来说，超过以往各次经济危机，使大量的人失业，使英国劳动群众的境况变得极其恶劣。恩格斯指出，被解雇和被置于听天由命境地的工人的集会次数迅速增长。在他看来，《北极星报》刊登通知召开这类集会的布告和已举行过的群众大会的报道②，是确定1847年秋英国社会矛盾激烈程度的特殊晴雨表。恩格斯经常在《改革报》上发表英国经济和社会状况的资料，提醒法国读

---

① 《马克思恩格斯全集》第1版第4卷第404页。
② 《马克思恩格斯全集》第1版第4卷第316页；试比较：《北极星报》1847年10月16日第8页第5—6栏。

者注意工业萧条特别严重的郎卡郡的棉纺织工业工人的革命情绪的增长。① 他专门指出了英国工人的战斗精神，转述了《北极星报》刊登的对工人约翰·诺克斯的小册子《贵族对土地的占有权》的书评②，摘录了该小册子下面的话："必须承认人民对财产有绝对的所有权，必须宣布地租是全民的财产并用来满足共同的利益。可能会有人对我说，这是革命的言论。是不是革命的言论，那是无关紧要的；既然人民不能通过合法的手段得到他所需要的东西，那么他们就只好试用非法的手段。"③

由于1847年宪章运动领袖菲·奥康瑙尔被选入议会，宪章派开展了为第三次全民请愿书征集签名的群众运动。恩格斯根据《北极星报》密切注视着运动的进程。他在为《改革报》写的文章中详细地向法国读者介绍了这一运动的进程，解释宪章派提出的要求的意义，解释他们的纲领性文件人民宪章的意义，经常摘引刊登在《北极星报》的宪章派活动家们亲自解释这一纲领的言论。恩格斯在自己的通讯中摘录了宪章派全国协会执行委员会召开的支持全民请愿书群众大会的详细报道。④ 这些报道刊登在《北极星报》的《人民宪章。重要的公众集会》的栏目下。恩格斯在叙述宪章派的文件的内容时，常常有意识地突出最重要的地方，或者使这些地方醒目。例如在1847年11月21日的那篇

---

① 《马克思恩格斯全集》第1版第4卷第317页。《北极星报》1847年10月23日刊登的文章《工业萧条》是恩格斯的材料来源。

② 《评约·诺克斯的〈贵族对土地的占有权〉》，载《北极星报》1847年10月23日。

③ 《马克思恩格斯全集》第1版第4卷第316页。

④ 《马克思恩格斯全集》第1版第4卷第403—404和428—429页；第42卷第406—409页；试比较：《北极星报》1847年11月20日，12月25日；1848年1月15日。

通讯中，在转抄宪章派全国协会执行委员会告不列颠民主派书的内容时，恩格斯表述了关于必须把议会斗争同对议会施加"来自外部"，即来自人民群众的压力结合起来的论点。①

在宪章派鼓动者的演说中，恩格斯始终特别重视宪章派左翼领袖哈尼和琼斯的演说。他特别强调指出，这两个人的演说突出地反映出英国工人阶级先进分子革命的和国际主义的意向。②

恩格斯还向法国读者介绍了宪章派土地共用社的活动，大量利用了发表在《北极星报》的该土地共用社的报告和奥康瑙尔的演说。③ 这个共用社是1845年根据奥康瑙尔的倡议成立的，它的目的是要获得土地，并把这些土地划分为小型农场，按股份配给宪章派工人。奥康瑙尔想用这种让工人回到土地上的办法来解决社会问题，至少是减轻劳动群众的贫困和缓和他们所受的剥削。恩格斯认为，向议会提交请愿书和表示反对贵族对土地的垄断，这是土地共用社活动的肯定方面。④ 他看到，奥康瑙尔的方案的意义根本不在于幻想可以使工人（哪怕是一部分工人）变成佃农和小所有者，而在于上地共用社的宣传客观上为群众领会消灭土地私有制的革命要求准备基础。因此他写道："这一运动要是照目前的规模发展下去，最后终将演变为要求全部土地归人民的全民运动。"⑤正因为这样，恩格斯在1847年并没有公开批评奥康瑙尔方案的空想实

---

① 《马克思恩格斯全集》第1版第4卷第403页。
② 《马克思恩格斯全集》第1版第4卷第380、428—429页。
③ 《马克思恩格斯全集》第1版第4卷第375—377页，试比较：《北极星报》1847年9月4日，10月23、30日。
④ 《马克思恩格斯全集》第1版第4卷第427—429页；试比较：奥康瑙尔《告全国土地共用社社员》，载《北极星报》1847年12月25日。
⑤ 《马克思恩格斯全集》第1版第4卷第375页。

质，并没有预言这一方案必然破产（这在1848年就已经发生了）①。

革命宪章派领袖哈尼和琼斯也认识到，工人阶级没有争得政治权力，奥康瑙尔的土地方案是不现实的。恩格斯在自己的一篇文章中引用琼斯的演说时，特意引用了下面的话："这个共用社拯救了五万户，使之免于破产，但你们要相信，如果你们不争得政治权力，议会就要阻挠你们建立其他这样的共用社！……但愿共用社的成员回想一下自己的祖先即曾经拥有土地的英国**自耕农**的命运。他们是怎样失去土地的？捐税把他们压垮了。"② 这样，恩格斯当时就已经借助于琼斯的演说批评了奥康瑙尔及其拥护者的空想主张，证明他的希望是没有基础的。

奥康瑙尔为发展宪章运动的革命倾向，为使宪章运动脱离资产阶级的同路人，曾做过不少工作，而在这里所说的时期，他在宪章运动中采取一种矛盾的立场。他的观点的演变也反映在《北极星报》的内容上，他曾是这家报纸的所有者。他为《北极星报》写的社论也表现出逐渐转向改良主义，打算采用争取立宪的斗争方式实现人民宪章。恩格斯是这家报纸的细心的读者，显然看到这一点。从哈尼1846年3月30日给恩格斯的回信来看（恩格斯的信没有保存下来，因为哈尼根据约定而把恩格斯的信烧了），恩格斯对奥康瑙尔写的社论持强烈的批判态度。③

但是，就是在这个时候，奥康瑙尔也在群众中享有威望，又是议会

---

① 后来在1850年秋，马克思和恩格斯在《国际述评（三）》中指出，土地共用社的灭亡是不可避免的，因为在资本主义制度的条件下，让工人回到土地上去的办法使工人摆脱剥削的思想是一种空想（见《马克思恩格斯全集》第1版第7卷第520—522页）。

② 《马克思恩格斯全集》第1版第42卷第407页。琼斯的演说恩格斯引自《人民宪章。重要的公众集会》，载《北极星报》1848年1月15日。

③ 《哈尼书信集》第240—241页。

里唯一的一个宪章派议员。由于他是爱尔兰人，他的关于爱尔兰问题的演说充满对爱尔兰人民的解放运动的同情，恩格斯对他寄予很大的希望。他在一篇文章中提到《北极星报》上发表的奥康瑙尔的告爱尔兰人民书时，认为奥康瑙尔有能力同时领导争取取消殖民者强加的、1801年生效的英爱合并的运动和领导争取人民宪章的斗争，从而促成宪章派和爱尔兰民族解放运动参加者的战斗力量的联合。这种联合如能实现，将使英国民主主义者的胜利和爱尔兰的解放增加许多机会，提早很多年。① 所有这一切，促使马克思和恩格斯当时不仅没有表示过反对奥康瑙尔，而且关心维护他的威望。例如，当六家激进派报纸力图败坏奥康瑙尔作为政治活动家的声誉、攻击这位宪章派领袖时，恩格斯在报刊上维护他。他在《北极星报》上读了奥康瑙尔的答复②，说这一答复是"论战艺术杰作"。③ 恩格斯高度评价奥康瑙尔这篇文章，认为它是奥康瑙尔自1837年创办《北极星报》开始进行的与资产阶级激进派报刊的长期斗争最光辉的篇章之一。恩格斯在1847年10月25—26日给马克思的信中，向马克思热烈推荐这篇"有天才的骂人杰作，好多地方超过

---

① 《马克思恩格斯全集》第1版第4卷第441—443页；试比较《北极星报》1848年1月1日第1版第1—5栏。关于奥康瑙尔的观点在英国宪章运动重新高涨时期的演变，可参看 B. З. 库尼娜的《1848年的宪章运动》，载《宪章运动》俄文版第301—302页；又可参看《马克思恩格斯全集》第1版第7卷520页和第9卷第65—66页。

② 奥康瑙尔《致〈诺定昂信使报〉、〈非国教徒〉、〈每周快讯〉、〈地球报〉、〈曼彻斯特观察家〉和〈劳埃德氏新闻周刊〉的编辑》，载《北极星报》1847年10月23日。

③ 《马克思恩格斯全集》第1版第4卷第376页。

科贝特"①。他的这些话在一定程度上也包含对《北极星报》本身的政论水平的评价，十九世纪四十年代，他的学术著作和革命的政论文章，也经常依靠这家报纸的材料。

*　　*　　*

让我们稍为总结一下。《北极星报》由于它的材料是工人自己提供的见证而立即吸引了青年恩格斯的注意，并从1843年春天起成了他了解英国无产阶级状况的极其重要的资料来源。恩格斯阅读《北极星报》时，首先注意那些关于无产阶级生活及其反对资本主义压迫的条件的通讯。社会反抗的任何表现，从工人的充满愤恨的信件到罢工和巨大的阶级搏斗，他都深感兴趣。在撰写自己的著作《英国工人阶级状况》一书和一系列有关英国的文章时，恩格斯广泛利用了这些资料。《北极星报》帮助了他细致地观察宪章派及其领袖的活动，向他提供了进行革命的共产主义的宣传的材料。

《北极星报》成了恩格斯获得实际材料的来源，他对《北极星报》的材料进行概括而得出重要的理论结论。从这家报纸获得的资料帮助他认识了无产阶级伟大的历史使命，认识到无产阶级是负有推翻资本主义和建立共产主义新社会使命的社会力量。这家报纸使他清楚地了解了工人阶级解放斗争的具体形式，清楚地观察了这一斗争的发展从自发地反对剥削者的行动到全国范围的有组织的革命活动和建立宪章派全国协会这样一个群众性无产阶级政党的全过程。

恩格斯又在很大程度上依靠《北极星报》的材料以及类似的材料来源确定了工人运动的发展前景，制定了各国无产阶级队伍的国际团结

---

① 《马克思恩格斯全集》第1版第27卷第115页。

和对无产阶级进行思想教育的任务。这样,《北极星报》是恩格斯制定国际无产阶级运动理论原理的辅助力量之一。

(原载《社会主义运动和社会思想史论文集》1981年莫斯科版第3—23页)

(胡文建 译)

1842—1846年期间马克思同青年黑格尔派的斗争（一）*

〔苏〕М. Я. 科瓦尔宗

研究马克思同青年黑格尔派斗争的历史具有很大的意义，因为这同马克思主义形成的极其重要的阶段之一相联系。马克思认为，青年黑格尔派的观点是特殊的德国资产阶级意识形态的表现，因此，他把反对青年黑格尔派的斗争看作是向德国人民群众灌输新的革命的自我意识的必要前提，看作是德国取得革命胜利的极其重要的条件，这并不是偶然的。

同青年黑格尔派的斗争贯串着马克思从唯心主义转向唯物主义、从革命民主主义转向共产主义的整个时期。这一斗争是在《德意志意识形态》中结束的，在那里青年黑格尔派在思想上彻底被摧毁了。

一

为了理解青年黑格尔派的哲学观点和政治立场，必须从德国社会各阶级在革命前那个时期的发展条件及其相互关系的特点出发。如果说在

---

* 本文选自《马列主义研究资料》1985年第1辑。
作者是苏联哲学博士，莫斯科大学文科各系哲学教研室教授。——译者注

法国，在资产阶级革命前夕，资产阶级是革命阶级，它领导着一切反对封建制度的分子，那么在德国，资产阶级却不是革命阶级。它害怕革命，力图通过同当时的反动的普鲁士国家妥协的办法来解决最重要的革命问题——国家的民族统一的问题。这种意图明显地表现在自由主义反对派的首领汉泽曼就普鲁士国王弗里德里希－威廉四世1840年即位给国王的奏折里①。非常值得注意的是，在这个奏折中丝毫没有革命性的影子，其全部含义就是要力图同政府妥协。在奏折中直接表达了公开的、利己主义的阶级观点：德国第三等级的代表并不主张维护"人民"、"国民"的利益，而只是指出必须确保各有产等级的法律地位和政治地位，这些有产等级也是普鲁士国家在反对民主分子的斗争中的支柱。奏折中说，吸引有产的公民参加国家管理，将割断这些公民同整个反对派阵营的关系，把他们拴到普鲁士政府身上。

德国资产阶级和法国资产阶级的这些差别决定了在这两个国家发生政治变革以前的，按照恩格斯的说法是作为政治变革的前导的思想革命的特点。②

如果说法国唯物主义是对革命的理论上的论证，那么德国唯心主义就是对德国资产阶级力图同封建的普鲁士的贵族国家妥协的意愿在理论上的论证。法国资产阶级的思想家们宣布封建国家和封建制度是不合乎理性的，要求消灭它们并建立理性的王国。而德国资产阶级的意识形态却宣布普鲁士国家是理性的最高体现，要求普遍崇拜这个国家。

青年黑格尔派的意识形态所特有的特点恰好反映了德国资产阶级的特殊的发展条件，首先是反映了小资产阶级在当时的德国发展中的地位

---

① 见G.汉森编的《关于莱茵省历史的莱茵书信和文件》1919年黑森版。
② 见《马克思恩格斯选集》第1版第4卷第210页。

和作用。

四十年代,当官僚和军阀独占统治着柏林,在普鲁士首都政治停滞和精神匮乏的条件下,形成了柏林青年黑格尔派小组,参加这个小组的有年轻的新闻记者、文学家、诗人、学者、非公聘大学教师。后来,布鲁诺·鲍威尔成了柏林青年黑格尔派的最著名的代表。这个小组成了所谓的"博士俱乐部",它决不是类似政党的东西,同群众没有联系,也不力图在群众中扩大自己的影响。

青年黑格尔派作为一定的哲学派别,是从1835年施特劳斯的《耶稣传》一书①出版时开始出现的,那本书从黑格尔哲学的立场出发批判了福音书。在这部著作中,施特劳斯断言,"实体"——"人民的精神实体"是积极的创造性的力量,福音书是各基督教团体的无意识的创作的结果。

施特劳斯的出现标志着青年黑格尔派发展的第一个阶段,而下一个阶段是同布鲁诺·鲍威尔的名字相联系的。

在《约翰福音批判》和《复类福音作者的福音故事批判》这两部著作中,鲍威尔不仅批判了福音书,而且批判了施特劳斯关于基督教的观点。对于鲍威尔来说,批判福音书就是揭穿个别人即福音传说的创作者的有意识的捏造。

鲍威尔对问题的分析和对施特劳斯的批判也是从黑格尔的立场出发的。《现象学》中关于精神、观念表现为实体和自我意识的著名论点,被施特劳斯和鲍威尔割裂开来并绝对化了。关于这一点,恩格斯指出:"两人之间的争论是在'自我意识'对'实体'的斗争这一哲学幌子下进行的。神奇的福音故事是如何发生的,是在宗教团体内部通过不自觉

---

① 见大·弗·施特劳斯《耶稣传》两卷本1907年莫斯科版。

的、传统的神话发生的途径形成的呢,还是福音书作者自己虚构的,——这个问题竟扩展为这样一个问题:在世界历史中起决定作用的力量是'实体'呢,还是'自我意识'"。①

因为施特劳斯和鲍威尔都仍然停留在黑格尔哲学的范围内,所以他们不仅是原地踏步,而且在某种程度上是向后倒退。如果说施特劳斯抛弃了主观因素在历史中的作用,那么对于鲍威尔来说则相反,只有主体,"批判地思维着的个人"才创造历史。

青年黑格尔派反对宗教的斗争,是三十年代末出现的德国资产阶级反政府情绪和激进思想普遍高涨的特殊反映。但是,尽管青年黑格尔派是唯心主义者,对群众性革命运动采取敌对态度,他们却把自己反对宗教的斗争同革命本身等同起来。对他们来说,对神学的批判就等于革命。埃德加尔·鲍威尔写道,基督教的自我意识的产生就是基督教的革命。揭露基督教现在是进行反基督教革命的序幕,而反基督教革命同反封建的革命是一回事。②

埃·鲍威尔的论证过程是这样的③:革命者是根据人的概念来行动的。这一概念的实质表现为自由,而自由的达到是认识的结果。但是,为了认识真理并达到自由,必须进行坚决的批判。而以信仰为依据的宗教妨碍"革命的"、"一往无前的"批判。因此,批判宗教就是革命,由于进行革命的结果,人的意识从信仰中解放出来,转而去认识真理并获得"自由",在获得"自由"以后,当然就必定会安静下来了。可见,青年黑格尔派仍然站在唯心主义立场上,只限于在抽象逻辑上运用

---

① 《马克思恩格斯全集》第1版第21卷第312页。
② 见埃德加尔·鲍威尔:《布鲁诺·鲍威尔及其敌人》1842年柏林版。
③ 见埃德加尔·鲍威尔:《布鲁诺·鲍威尔及其敌人》1842年柏林版。

概念，完全脱离实在的、现实的生活。

但是，在这个时期鲍威尔的著作也具有某种积极的意义。批判福音书，分析基督教产生的条件，证明基督不是历史上的人物，而是虚构的人物，宣布宗教和哲学是彼此不相容的，指出哲学家是无神论者等等——所有这些因素对一定时期来说是进步的。马克思写道："**神学的批判**""在运动之初曾是一个真正进步因素"①。但是，在这里马克思就指出，批判的批判"归根到底不外是旧**哲学**、特别是**黑格尔的超验性**被歪曲为**神学漫画**的顶点和结果"②。

在黑格尔的哲学中，正如恩格斯所指出的，自然界是绝对观念的表现。思维及其产物——观念被说成是第一性的东西，而自然界却被说成是派生的东西，只是由于观念的下降才存在的东西。青年黑格尔派就在这个矛盾中彷徨，尽管程度各不相同。③

费尔巴哈解决了这个矛盾。恩格斯指出："费尔巴哈的发展进程是一个黑格尔主义者（诚然，他从来不是完全正统的黑格尔主义者）走向唯物主义的发展进程"。④ 费尔巴哈本人写道："其实，早在柏林我就抛弃了思辨哲学。"

马克思列宁主义的经典作家们不止一次地强调指出，费尔巴哈的伟大功绩就在于，他勇敢地、毫无保留地宣告了唯物主义的胜利。如果说施特劳斯批判宗教时还停留在神学的范围内，而鲍威尔还停留在唯心主义的思辨哲学的范围内，那么费尔巴哈则从唯物主义立场出发批判了宗

---

① 《马克思恩格斯全集》第 1 版第 42 卷第 48 页。
② 《马克思恩格斯全集》第 1 版第 42 卷第 48 页。
③ 《马克思恩格斯全集》第 1 版第 21 卷第 313 页。
④ 《马克思恩格斯全集》第 1 版第 21 卷第 319 页。

教。他证明了宗教和唯心主义在思想上的亲缘关系，这种亲缘关系就在于思维同存在的脱离、意识同感性的脱离。人借助于抽象从自然界中抽出事物中一般的东西，现象中相同的东西。思辨唯心主义和宗教的实质就在于，这些一般概念脱离了其物质的基础，并且具有了独立的存在。这样一来，关于是否存在上帝的问题，只不过是关于一般概念是否具有独立存在的问题。

施特劳斯、鲍威尔、费尔巴哈都是黑格尔哲学的支脉。其中"唯有费尔巴哈是个杰出的哲学家。但是，哲学，这……科学的科学，对他来说不仅仍然是不可逾越的屏障……而且，他作为一个哲学家，也停留在半路上，他下半截是唯物主义者，上半截是唯心主义者"[①]。

青年黑格尔派反对宗教的斗争，正如恩格斯所指出的，同时间接地也是政治斗争。青年黑格尔派认为，黑格尔学说的精神使他们有义务改变黑格尔的"凡是现实的都是合理的"这个公式，并提出这样的要求：还没有得到实现的合理的东西，应该成为现实。

但是，青年黑格尔派并不指靠广大社会力量的实践活动。他们诉诸普鲁士的专制国家。在三十年代末，青年黑格尔派按卢格的说法怀有"正统普鲁士"的情绪。他们认为普鲁士肩负着世界历史性使命——把宗教改革时代所开创的、由启蒙运动所继承的解放人类精神的事业进行到底。他们把宗教改革看作把理性从传统的枷锁下解放出来的道路上一个最伟大的阶段。他们认为，理性的解放、理论的发展不可避免地会带来实际的结果。崇拜普鲁士国家、不愿意并且害怕进行群众性的实际政治斗争，促使青年黑格尔派在理论活动和实践活动之间划了一条明显的界线，否定实际斗争的必要性，论证只要有理论斗争就足够了。

[①] 《马克思恩格斯全集》第1版第21卷第335页。

这种对人民群众的态度、害怕革命行动的情绪，在青年黑格尔派的最初言论中就立即表现出来了。

1841年，在德国由于放宽了书报检查条例，要求制定宪法和出版自由的自由派出版物发展起来了。柏林、哈雷和莱茵地区的青年黑格尔派也参加了这个运动；他们在自由派报刊上发表文章，并且在柏林创办了自己的杂志《艺文》（《Athenäum》）。在柏林的青年黑格尔派中，参加这一运动最积极的是瑙威尔克、梅因和布尔。

青年黑格尔派在主张出版自由和制定宪法的时候，不是诉诸人民，而是诉诸国家，诉诸普鲁士政府。瑙威尔克指出，实行宪法改革将使德国免遭革命。他说，在所有君主国中最强大的是民主的君主国。① 因此，他写道，普鲁士如果把它已经具有的民主特征完善化，那是做了一件好事。②

特别是布尔竭力要普鲁士政府相信，立宪的国家制度会成为防止革命的办法。他写道，实现立宪君主国将会缓和、平息复辟和革命之间的矛盾。

布尔向新国王弗里德里希-威廉四世证明，要求制定宪法并不意味着号召进行变革，而只是号召发展改革家施泰因和加尔登贝尔格所开创的事业。他写道，他"坚信霍亨索伦家族的血统"，但是，时间把关于宪法的问题提上了日程。如果国王颁布一部宪法，那么他这样做就使普鲁士比较容易把它的各个不同省份团结起来并完成其全德意志的任务。同时，布尔还在一组以《爱国者》为题的文章中对广大读者阐述了这些思想。在这里，他赞扬在普鲁士没有经过革命而取得的秩序，宣扬普鲁士负有"基督教的、德意志的、自由主义的使命"。

---

① 《德国年鉴》1841年8月9日。
② 《德国年鉴》1841年8月9日。

但是，布尔的亲普鲁士言论没有给他帮忙。普鲁士政府查禁了这家出版物，认为其中使用了"进步"以及"基督教"等字眼，表现了革命性，当时使用这些字眼被说成是对一切传统和权威的抗议。

青年黑格尔派的劝说当然不会对弗里德里希-威廉四世产生什么影响，他们很快就从针对他们而采取的一系列措施中看清了这一点。1841年普鲁士禁止出版《哈雷年鉴》；为了同黑格尔主义作斗争，把谢林请到柏林大学任教；在波恩大学，布鲁诺·鲍威尔被解聘，离开了教学工作。对黑格尔主义的迫害和同教会的接近证明，政府走上了浪漫主义反动派的道路，走上了国家同教会合流并确立宗教意识形态的独占统治的道路。

但是甚至在这个时期，青年黑格尔派仍然继续求助于普鲁士国家，求助于霍亨索伦王朝的家族传统。布鲁诺·鲍威尔在阐发青年黑格尔派的观点时声称，国家按其本质必然是合乎理性的，如果说国家有时也发生迷误的话，那么它的迷误不会持续很久。

对普鲁士国家的这种态度特别明显地表现了害怕人民运动的青年黑格尔派的反民主倾向，说明他们属于那个"一开始就蓄意背叛人民"并且只是力图"与旧社会的戴皇冠的代表人物妥协"的阶级。[①]

总之，青年黑格尔派是德国革命前在反政府情绪普遍高涨的基础上出现并形成的。青年黑格尔派在批判宗教和政治的时候，按自己的观点利用了黑格尔的哲学，力图从这种哲学中作出激进的结论。在实际政治斗争的进程中，青年黑格尔派的基本群众仍然停留在黑格尔体系的范围内，即停留在德国资产阶级世界观的范围内，同跟马克思的名字相联系的另一个派别相对立。

---

① 《列宁选集》第 2 版第 2 卷第 604 页。

二

马克思在柏林大学学习时期认识了"博士俱乐部"的成员。

1839年初,马克思着手写他的博士论文,同时跟青年黑格尔派保持着友好的思想上的联系,非常熟悉他们在创作上和政治上的主张。

布·鲍威尔的离职,使马克思看到,想在学术上获得发展机会的希望落空了。完成了博士论文以后,马克思于1841年夏天移居鲍威尔当时居住的波恩。在这里他们决定一起出版一家批判宗教的哲学杂志,并且希望路德维希·费尔巴哈也能参加杂志的工作。①

马克思坚韧不拔地撰写博士论文的岁月,十分令人信服地证明,有人制造一种神话,说什么马克思在其发展过程中没有独立自主的精神,什么他受到黑格尔的影响,后来在青年黑格尔派的影响下"迷上了"辩证法和自我意识的哲学,然后在费尔巴哈的影响下转向了唯物主义等等,这完全是荒诞无稽之谈。撰写博士论文本身已经证明,马克思具有非凡的才能,具有一个为独立地制定新世界观的天才所必需的能力。当然,这并不是说,他是离开科学发展的大道向前走的。马克思在创立无产阶级的科学的、革命唯物主义的世界观的时候,依靠了人类先进思想的成果,其中无疑包括以黑格尔和费尔巴哈为代表的德国古典哲学的成果。

马克思在"博士俱乐部"中的同伴们都比他年长很多,他们很快就感觉到了马克思的才智的巨大力量。在这方面赫斯的一封信是非常有

---

① 见《马克思恩格斯全集》国际版第1部分第1卷上册第152、244—245、261页。

代表性的。赫斯于1841年8月第一次结识马克思,他在写给奥艾尔巴赫的信中说:"……你应该做好准备,你将要会见一位伟大的,也许是现在唯一活着的**真正的哲学家**,他在最近,当他公开露面(在书报上或在讲坛上)的时候,将把整个德国的目光都吸引到自己身上。他无论按其倾向性来说,还是按其哲学的发展(Geistesbildung)来说不仅超过了**施特劳斯**,而且超过了**费尔巴哈**,而后面这一点应该说明许多问题!

……马克思博士(人们这样称呼我所崇拜的人[Abgott])还是一个十分年轻的人(至多不过二十四岁左右)。他将给中世纪的宗教和政治以致命的打击;他把闪光的机智(den schneidensten Witz)同最深刻的哲学的严肃性结合起来。你想象一下,把卢梭、伏尔泰、霍尔巴赫、莱辛、海涅和黑格尔结合成为一个人——我是说**结合**(vereinigt),不是凑合(zusammengeschmissen)——那么结果就是马克思博士。"①

在博士论文中,马克思总的说来"所持的还完全是黑格尔唯心主义的观点"②。但是,在这里已经可以清楚地看出,是什么东西使他不仅同黑格尔,而且同青年黑格尔派分离开来。这篇论文阐述的是古代最伟大的唯物主义者德谟克利特和伊壁鸠鲁,而黑格尔像后母那样对待他们。③ 马克思不像青年黑格尔派那样,满足于达到自我意识,而是相反,强调必须诉诸实践。他写道:"一个本身自由的理论精神会变成实践的力量,并且……转而面向那存在于理论精神之外的世俗的现实,——这是一条心理学的规律。"④

---

① 《马克思恩格斯全集》国际版第1部分第1卷下册第261页。
② 《列宁全集》第1版第21卷第59页。
③ 见列宁《哲学笔记》第271页。
④ 《马克思恩格斯全集》第1版第40卷第258页。

正是后面这一情况使马克思与柏林的青年黑格尔派截然不同,证明他对现实感兴趣,他力图不局限于纯理论的领域——阴影王国,而要把这种理论同实践联系起来,使理论从属于实际斗争和政治斗争的利益。甚至在他"信奉黑格尔主义的时期",马克思也不是绝对的黑格尔主义者。在这个时期,马克思的唯心主义并不在于他像黑格尔那样唯心地评价现实,而是在于他力图从关于这个现实的概念出发去改变现实。

马克思同青年黑格尔派在思想上划清界线并进行斗争的开端是同1842年1月1日开始出版的《莱茵报》①的历史非常紧密地联系着的。在这里,马克思第一次登上了政治斗争的舞台,起初是作为革命的政论家——《莱茵报》的撰稿人,后来是作为该报的编辑。

《莱茵报》是由科伦市大工业资本和银行资本的代表人物创办的,他们委托青年黑格尔派经办这家报纸。这家报纸是在四十年代初德国出现了政治高潮的条件下出版的。这个在莱茵省表现得特别明显的高潮,一方面是由德国资产阶级在经济上的发展,另一方面是由于对1840年弗里德里希-威廉四世即位所抱的希望遭到破灭这两种情况所决定的。

从《莱茵报》最初几号开始,青年黑格尔派——梅因、科本、布尔、布·鲍威尔和埃·鲍威尔兄弟、施蒂纳——就利用该报的篇幅开展了紧张的政论活动。他们的文章涉及当时的迫切问题,鼓吹反对专制制度、宗教、教会,主张出版自由等等。同时他们还非常重视德国统一问题。但是,对所有这些问题的解决办法,青年黑格尔派是从极端抽象的、纯粹逻辑的立场出发,脱离实际生活的紧迫任务而提出来的。例

---

① 《莱茵政治、商业和工业日报》,从1842年1月至1843年3月31日在科伦出版。

如，对于教会同国家分离的要求，他们用抽象唯心主义的观点加以论证，认为"理性国家"以哲学为基础，而教会以宗教为基础。因此，他们批判教会和国家的联合是"哲学"和"宗教"这两个概念的混淆。这种提出问题和解决问题的办法也是他们对待其他问题的态度的特点。

从抽象理论的角度、唯心主义的角度提出所有问题，理论同实践的完全脱离，有时似是而非地卖弄辩证法范畴，同时充满了对现实、对群众运动的蔑视态度——这就是青年黑格尔派在《莱茵报》上发表的文章的特征之一。

在论述对德国非常重要而迫切的关于国家制度和政治制度的问题的一系列文章中，这个特征表现得尤其明显。布·鲍威尔从法国进行了宪法改革的试验，现在德国就要吸取和利用法国的经验这种看法出发，提出了分析和总结法国革命史的经验的任务。他在分析法国七月王朝时期的政治斗争时，把这场斗争的实质归结为立法权和行政权之间的矛盾，并且把这场斗争看作意识及其表现形式之间的矛盾的体现。在布·鲍威尔看来，行政权在国王手里是同人民的"意识"——由人民选出来的代表——不拥有行政权，而只拥有立法权的情况相矛盾的。揭露了这个矛盾以后，布·鲍威尔得出结论，认为立宪君主国只不过是从专制君主国到共和国之间的中间形式，而在共和国中"意识会达到完全合适的表现形式"。他用这个发现反对当时争取立宪君主制的德国激进派的实际行动，指责他们具有局限性，洋洋自得地用"解决这个矛盾"的批判反对他们。

在被布·鲍威尔在意识中"克服了的"矛盾的基础上，埃·鲍威尔利用现成的结论，发表一组题为《论中庸》的文章。这些文章包含了批判南德意志立宪主义者韦尔凯尔和罗泰克用国家的契约理论论证资产阶级想在立宪君主国的范围内掌握政权的意图。

如果说布·鲍威尔在运用"君主国"、"立宪君主国"、"共和国"的概念方面表现了某种独创性的话，那么埃·鲍威尔在像马克思所说的那样"坐上抽象概念的安乐椅"①以后则只是重演他的哲学骗局。

埃·鲍威尔认为，立宪主义者的一切要求只不过是狭隘性的表现和轻视国家的观念，因此他给了立宪主义者一个蔑视性的绰号"中庸"。

青年黑格尔派的这种"超革命性"实际上阻碍了各种社会力量的革命活动的真正开展。

马克思尖锐地批判了青年黑格尔派的言论的这种抽象理论性质，批判了他们对现实的政治斗争任务所抱的轻视态度。他直截了当地指出，青年黑格尔派反对立宪主义思想的言论正在使《莱茵报》本身的存在遭到危险。这是马克思针对青年黑格尔派提出的最初的批评意见，这些意见是在1842年8月25日给奥本海姆的信中提出来的。②

当然，马克思批评青年黑格尔派对立宪主义者的理论所抱的态度，并不是因为在这个时期立宪君主国是他的政治理想。那时，按其信念来说，他已经是热忱的革命民主主义者，他对南德意志立宪主义者的理论的不彻底性和局限性了解得并不比鲍威尔兄弟差。但是，从千方百计地扩大群众性的实际斗争这种利益出发，他清楚地看到了，在存在极端残酷的反动统治的条件下，当社会的各个广泛阶层刚刚提高了政治积极性的时候，当宪法是反对派的基本要求的时候，当难于期望用和平的办法实现这个要求的时候，在一家以团结各反对派分子为己任的政治刊物上批判立宪主义，是不正确的和有害的。和只限于搞纯粹的抽象概念而不考虑实际斗争的现实利益的鲍威尔兄弟不同，马克思在那个时期已经致

---

① 《马克思恩格斯全集》第1版第27卷第433页。
② 《马克思恩格斯全集》第1版第27卷第433页。

力于从事实际的革命活动,因此他是从现实的可能性,从现实条件和由生活本身提出的任务出发的。在那个时期,重要的是把一切能够同封建反动势力作斗争的分子都团结在最广泛的纲领周围。在团结反对派分子的事业中,像《莱茵报》这样的民主刊物应该起主导作用。

马克思怀着特别愤怒的心情反对的青年黑格尔派在《莱茵报》上发表的文章的另一个特征,是他们对人民群众及其实践活动所采取的高傲态度。青年黑格尔派在论证人民群众不必采取广泛的实际行动时,拼命颂扬德国人民的"理论性格",并且把德国人民同其他各国人民,首先是同作为"具有实践精神的人民"的法国人相对比,因此他们认为法国人不如德国人。① 青年黑格尔派强调指出德国人民的理论性格,不是为了提出人民的自我意识的意义,相反,是为了论证不需要群众的实际行动,因为他们只要改变自己的意识就足够了。

以布·鲍威尔为精神领袖的青年黑格尔派力图在理论上论证这种对待人民群众的态度。他们从黑格尔哲学中搬来关于绝对精神表现在意识中的论点,宣称除了"自我意识"以外没有任何精神,因此,只有"批判地思维的个人"是自我意识的承担者,是历史的唯一积极的、创造性的力量。现实的、生活的矛盾的解决从而也被归结为并局限于这些矛盾在"批判地思维的个人"的概念中的解决。②

---

① 1842年2月6、10、27日和6月12日《莱茵报》附刊上发表的文章。
② 古·迈尔谈到青年黑格尔派时写道:"他们认为,在绝对的自我意识(而这种绝对的自我意识归根到底是他们自己的自我意识)中发生观念的无穷尽的斗争,而这种斗争就是精神的解放,因此它代表着历史的唯一应该有的内容。只要他们用自己的批判消灭了的东西,对他们说来就是彻底被消除了,尽管在现实生活中这些东西可能毫无阻碍地繁荣滋长……总之,他们只限于批判,把批判看作创造,把他们自己的话当作行动。"(古·迈尔:《政治激进主义在三月革命前的普鲁士的开端》,载《政治杂志》1913年第6卷第1期第48页。)

对人民群众的高傲的、蔑视的态度，使他们的批判失去了积极的意义，虽然他们的批判中也具有一些在当时的条件下本身是进步的因素，例如，对宗教的批判，同浪漫主义反动派的斗争，等等。他们的批判实际上妨碍了实际的革命斗争，因为这种批判的调子本身不仅没有使它成为人民的旗帜，而且使群众讨厌这种批判。

马克思同青年黑格尔派一道积极参加了《莱茵报》的工作。马克思在《莱茵报》上发表的最初几篇著作是论述关于出版自由的问题（《第六届莱茵省议会的辩论》，第一篇论文《关于出版自由和公布等级会议记录的辩论》），论述反对天主教反动派、争取教会同国家分离的斗争（《第179号〈科伦日报〉社论》）等内容的。总的说来，马克思最初几篇文章的总的方向是由反对封建的浪漫主义反动派、争取民主的斗争所决定的，因此，这些文章没有越出青年黑格尔派这个时期在报纸上提出的问题的范围。从这些文章中还刚刚可以看出马克思在思想上要同青年黑格尔派划清界限，同他们脱离关系的过程。但是，这些文章本身也已经说明，马克思在对问题的提法和态度上，以及在解决问题的总的倾向上是站在与青年黑格尔派根本不同的立场上。

例如，在《关于出版自由和公布等级会议记录的辩论》一文中，马克思为争取出版自由而斗争，但是他并不局限于从逻辑上论证出版自由的必要性。他以批判省议会关于出版自由问题的辩论的形式构思自己的文章。在分析这场辩论的时候，他力图揭露各个等级和整个省议会本身的政治面目，证明它们并不是社会上争取一般自由，特别是争取出版自由的真正战士。虽然在这第一篇长文中马克思和青年黑格尔派一样，常常使用"理性国家"、"真正的法律"等黑格尔的范畴，但是文章已经明显地表现了决定马克思以后发展的倾向——想使抽象理性的原则、哲学观念变成现实的意愿，想克服理论和实践脱节的意愿。从一开始就使马克思不同于青年黑格尔派的这种倾向,不可避免地使马克思要越出黑格尔唯心主义的界限,使他同青年黑格尔派决裂。

另一篇文章《第179号〈科伦日报〉社论》是很有意思的,因为马克思在文章中捍卫了哲学干预政治的合法权利。在这里明显地表现了马克思的总的倾向——让哲学为改造现实的伟大目标服务。

马克思在《莱茵报》上发表的最初几篇文章,对于研究马克思的哲学演变,对于理解后来导致他同青年黑格尔派彻底决裂的矛盾,具有很大的意义。但是,马克思的最初这几篇文章还没有改变《莱茵报》本身的一般性质。

1842年10月,马克思被任命为《莱茵报》编辑。任命马克思为编辑就是承认他非常博学,承认他具有比其他人更深刻地理解当代各种迫切问题、理解报纸在解决这些问题方面的作用和意义的能力。从这个时候起,《莱茵报》就进入了其历史上的一个新时期,以前在该报占统治地位的无政府状态彻底结束了。《莱茵报》成了争取民主的斗争的真正讲坛。

马克思力图使报纸成为能够把一切反对普鲁士专制的分子团结起来的真正的政治性的机关报,他花费了许多时间和精力精心挑选和编辑所有材料。他不让那些使读者的注意力离开德国政治斗争的迫切任务的柏林青年黑格尔派的文章发表。[①] 从这时候起,马克思同青年黑格尔派的冲突开始紧张起来,经过一个很短的时间就导致同他们的彻底决裂。

这个时期在该报上发表的马克思的文章,以其深刻的分析、出色而充分的论据、无情的逻辑和博学多识而与众不同。这些文章充满了对活的现实的强烈兴趣、对被压迫群众的同情和对统治阶级的卑鄙行为的

---

① 参看《马克思恩格斯全集》第1版第27卷第434—435页。

愤怒。

最有意思的是马克思这个时期的下述几篇文章：《共产主义和奥格斯堡〈总汇报〉》、《第六届莱茵省议会的辩论（第三篇论文）。关于林木盗窃法的辩论》和《寄自摩塞尔河畔。摩塞尔记者的辩护》。

《共产主义和奥格斯堡〈总汇报〉》是马克思任编辑后写的第一篇文章。它具有很大的意义，因为马克思在这里第一次谈到他对共产主义的态度。促使马克思对这个问题发表意见的因素之一，是被迫同《总汇报》进行的论战，这家《总汇报》指责《莱茵报》向共产主义卖弄风情，并且敦促警察当局和书报检查机关同这家激进的机关报作斗争。马克思担任编辑以后，认为必须就自己对社会主义的态度发表意见。

在这篇文章中，马克思第一次把社会主义同无产阶级的阶级斗争联系起来。马克思写道，社会主义同工人们的斗争的联系，"是曼彻斯特、巴黎和里昂大街上引人注目的事实"。① 诚然，马克思没有阐述这个思想，没有把这个思想明确地说出来。不仅如此，他还没有摆脱唯心主义的立场，因为他说，"真正危险的并不是共产主义思想的**实际试验**，而是它的**理论论证**；要知道，如果实际试验会成为**普遍性的**，那么……就会得到**大炮**的回答，至于掌握我们的意识，支配着我们的信仰的那种思想（理性把我们的良心牢附在它的身上），则是一种不撕裂自己的心就不能从其中挣脱出来的枷锁；同时也是一种魔鬼，人们只有先服从它才能战胜它。"② 马克思用自己的观点反对那些认为共产主义只是"沙龙问题"的人，指出社会问题首先应该作为科学问题提出来，然后强调指出，他不愿开出现成的验方："我们没有本事用**一句**空话来解决那些正

---

① 《马克思恩格斯全集》第 1 版第 1 卷第 131 页。
② 《马克思恩格斯全集》第 1 版第 1 卷第 134 页。

由**两个**民族在解决的问题。"① 对待解决社会问题的这种科学态度在当时已经使马克思有别于像莫·赫斯那样醉心于法国社会主义理论的其他《莱茵报》撰稿人,使他比他们所有的人都高出一头。

后来,在《政治经济学批判》序言中,马克思谈到这个时期时写了如下一段话:"……在善良的'前进'愿望大大超过实际知识的时候,在《莱茵报》上可以听到法国社会主义和共产主义的带着微弱哲学色彩的回声。我曾表示反对这种肤浅言论,但是同时在和《奥格斯堡总汇报》的一次争论中坦率承认,我以往的研究还不容许我对法兰西思潮的内容本身妄加评判。"②

上述那篇文章表明,马克思在碰到现实的问题以后,开始转而对政治斗争的实质进行分析,开始接近于理解政治斗争的基础——认识物质的阶级利益。

特别值得注意的是他的文章《第六届莱茵省议会的辩论(第三篇论文)。关于林木盗窃法的辩论》,这篇文章于1842年10月25日—11月3日发表在《莱茵报》上。在这篇文章中,马克思从革命民主主义的立场出发,热情捍卫被压迫的劳动群众的利益,同封建的浪漫主义反动派进行斗争。同分析省议会关于出版自由的法律的辩论的第一篇论文一样,马克思揭露了省议会没有能力进行"真正的"立法。他证明,当省议会议员们声称通常在森林里捡拾枯枝的行为是严重的犯罪行为并且根据刑律加以惩处时,指导他们行动的不是公共的利益,而是财产的利益。诚然,马克思的论据还带有法哲学的性质。他证明了人民的习惯权利的"合法性",而反对特权者的权利,因为特权者的权利按其内容

---

① 《马克思恩格斯全集》第 1 版第 1 卷第 132 页。
② 《马克思恩格斯全集》第 1 版第 13 卷第 8 页。

来说是同法律的形式——法律的普遍性和必要性相抵触的。

整篇文章在评价国家、评价唯心主义对法制的理解方面也还保留了唯心主义的烙印。但是，在这里，在评价国家方面，马克思已经同黑格尔的和青年黑格尔派的立场发生分歧了，因为他不颂扬普鲁士国家，不把普鲁士国家奉为理想。在这里，他的唯心主义就在于，他批判现存的国家是从理想国家的概念出发的，在理想国家中，法律对于人说来不是某种外在的东西，在那里，单个的公民服从国家的法律，只是服从自己的人的理性的自然法律。但是，与此同时，马克思也接近于得出对立法和国家的阶级基础的唯物主义理解——把国家理解为阶级统治的工具。马克思写道："把林木占有者的奴仆变为国家权威的代表的这种逻辑，使国家权威变成林木占有者的奴仆……一切国家机关都应成为林木占有者的耳、目、手、足，为林木占有者的利益探听、窥视、估价、守护、逮捕和奔波。"[①]

对被压迫阶级的真挚同情使马克思虽然使用了唯心主义的范畴，但仍然站在现实的立场上，并且怀着深深的愤怒揭露了林木占有者无情地剥削毫无权利的穷人的实际事实。

后来，马克思自己承认，当他要从抽象理性的立场出发"对所谓物质利益发表意见"时，他是遇到了难事。在这里他指出，撰写莱茵省议会关于林木盗窃问题的辩论这篇文章是促使他研究经济问题的因素之一。[②]

马克思在《莱茵报》上撰写的最后一篇著作——1843年1月15—20日发表的文章《摩塞尔记者的辩护》——具有特别的意义。在这篇

---

① 《马克思恩格斯全集》第1版第1卷第160页。
② 《马克思恩格斯全集》第1版第13卷第7页。

文章中，马克思引用了大量的实际材料，说明由于在摩塞尔河地区以特别痛苦的方式发生的资本主义发展所造成的赤贫现象。马克思根据大量文献资料证明，一方面是摩塞尔河农民的惊人的贫困，另一方面是政府拒绝改善他们的状况，用暴力镇压农民的申诉。马克思强调指出官僚等级是敌视人民利益的，并且作出了一个重要的结论，社会问题要撇开国家政权，由人民自己才能解决。

这篇文章非常清楚地证明了马克思的观点在不到一年的时间里发生的进步。马克思在从"理性"和"伦理"的抽象思想的立场出发开始进行斗争以后，在实际斗争和分析现实本身的事实的过程中开始转向唯物主义的立场。正是在实际政治斗争的过程中开始了"马克思从唯心主义向唯物主义，从革命民主主义向共产主义的转变"①。

因此，对《莱茵报》历史的分析令人信服地证明，对政治生活的事件，特别是对人民群众在社会发展中的作用所持的根本不同的态度，必然使马克思在实际政治斗争的过程中要同青年黑格尔派发生思想上的决裂和斗争。

因此，梅林在《马克思传》中用对这家报纸的态度问题的分歧来说明马克思同青年黑格尔派决裂的原因，这种观点是完全错误的。梅林写道："当时马克思还是全心全意地从事于自己的编辑工作的，他把这个工作看得那样重要，以致为了它不惜同所有在柏林的老朋友们决裂。"②

在考察莱茵省时期马克思同青年黑格尔派的斗争时，必须不仅注意到马克思的思想发展，而且注意到青年黑格尔派的观点的"演变"（从"博士俱乐部"变为所谓的"自由人小组"）。

---

① 参见《列宁全集》第 1 版第 21 卷第 59 页。
② 〔德〕弗·梅林：《马克思传》，北京：人民出版社 1965 年版，第 60 页。

马克思和青年黑格尔派之间在这个时期的分歧的实质表现在哪里,他们之间的斗争是按照什么路线进行的呢?毫无疑问,如何理解《莱茵报》的作用和任务这个问题在这个时期所产生的分歧中具有很大的意义。问题在于,是否把这家报纸看作反对派分子的组织中心,因此在实行书报检查制度的条件下,当还有可能保持这家报纸的原则性质的时候是竭力保留这家报纸呢;还是把报纸看作特定小组的理论机关报,而不考虑该报的现实命运。但是,必须看到这种冲突后面的更加深刻的思想政治基础。主要症结在于马克思所体现的新的、正在发展的世界观同正在退化的、具有漫画性质的黑格尔哲学之间的冲突。

作为这场斗争的基础的是深刻的思想政治分歧。青年黑格尔派由于仍然停留在黑格尔唯心主义体系的范围内,只对概念世界及其发展感到兴趣。马克思的特点是力图把观念的东西理解为实在的东西的反映,克服理论和实践相脱离的现象。使青年黑格尔派感兴趣的,只是"自我意识","批判地思维的个人"的意识。他们的全部斗争和批判都归结为争取这种"自我意识"的自由的斗争。人民的利益对他们说来是格格不入的。他们用超革命的空话掩盖自己对真正革命的实际政治活动的不满和恐惧。而马克思却从人民、各被压迫阶层的利益出发,因此,他注意的中心是实际革命活动的任务。他认为主要任务就是团结一切能够投身于斗争的反对派分子。他认为,必须使理论活动本身服从于实际革命活动的任务。

他们对于特别表现在《德国年鉴》和《莱茵报》被查禁上面的浪漫主义反动派在德国的加强的态度表明,马克思和青年黑格尔派之间的思想政治分歧到这个时候已经多么深刻。这一次青年黑格尔派的反应是奴颜婢膝、俯首听命。例如,布·鲍威尔证明,既然国家是精神的最高体现,那么为了理性、精神的自由,必须支持国家并反对以信仰为依据的宗教。青年黑格尔派的另一个重要代表人物布尔写道："谁不企求国家的富强？我们大家都期望看到国家是强大的、伟大的、有力量的、合乎理性的。我们大家只有一个愿望——把自己溶化在国家之中，把自己的全部力量贡献给国家，我们的最高目标就是成为国家的公民，意识到自己是国家公民并且作为国家公民来行动。"可见，青年黑格尔派越是"激烈地"反对宗教，他们就越是表现出对普鲁士国家制度的忠诚。

他们从普鲁士政府的反动政策出发得出结论说，既然在政治中占统治地位的是暴力，而不是理性，那么政治就是不值得理性光顾的领域，因此青年黑格尔派宣布，对于哲学说来，唯一的挽救办法是回到"纯粹的理论"中去，回到"纯粹的批判"中去。从而他们就用在纯粹思想领域中进行斗争的假象作掩护，拒绝同已经抬头的反动派进行真正的斗争。

相反，马克思看到，反动派的抬头只不过证实了他在《莱茵报》斗争过程中得出的结论——国家在其政策中遵循的并不是"普遍理性"，不是什么超阶层的、全人类的、理想的动机，而是反动容克阶级的完全现实的利益。从而马克思就认识到，必须用能够消灭这种国家的、现实的社会力量的斗争去对抗政府的反动势力。

对普鲁士国家及其政策，对广大人民群众的实践活动的这种不同的态度，表现在1843—1844年这个时期马克思和青年黑格尔派的全部社会政治活动和著作活动中，并且决定了他们彼此之间进行的斗争的实质。他们在论战中所提出的反对对方的观点最明显地反映在《文学总汇报》①第八号刊登的鲍威尔的文章《1842年》以及马克思和恩格斯的著作《神圣家族》中。

---

① 《文学总汇报》杂志从1843年12月至1844年10月出版，由布鲁诺·鲍威尔编辑。

三

《神圣家族》是马克思同青年黑格尔派斗争的下一个重要阶段。在他同恩格斯合写的这部著作①中，马克思从唯物主义世界观的立场出发，对青年黑格尔派的反动意识形态，同时也对黑格尔的唯心主义哲学及其根本缺陷进行了毁灭性的批判。

《神圣家族》同《莱茵报》相隔一年半多一点。但是，这一年半是在马克思思想发展中，在他制定革命的唯物主义世界观——无产阶级的世界观中的一个极其重要的阶段，只有从这种世界观的立场出发才能够在思想上彻底摧毁青年黑格尔派。这一方面是马克思向唯物主义和共产主义最终转变的时期，另一方面又是青年黑格尔派进一步堕落成为反动的德国资产阶级的思想家的时期。这个时期也以德国政治生活中的历史事件——德国无产阶级的第一次发动即西里西亚纺织工人起义而著名。

马克思的未完成的手稿《黑格尔法哲学批判》是这个时期在马克思制定新的唯物主义世界观方面的重大里程碑。这一手稿是马克思离开德国以后不久，于1843年夏天至秋天在克罗茨纳赫写的。

早在为《莱茵报》撰稿的时期，马克思就认识到必须批判地审查黑格尔的反动的唯心主义的国家学说，从而弄清现代国家的实质，弄清负有消灭这种国家的历史使命的社会力量。正是在这个时期，他碰到了受尽苦难的劳动群众的贫困状况的各种事实以及他们受普鲁士专制主义国家压迫的情况。马克思认识到，如果不弄清这些问题，不重新审查黑

---

① 我们不专门考察恩格斯同青年黑格尔派决裂的问题，因为这个问题需要作专门的研究。

格尔的国家学说，就不可能对现实进行革命的改造。浪漫主义反动派的抬头再一次使马克思坚信尽快地完成这项任务的重要性。

在批判黑格尔的国家学说方面，以及在马克思从唯心主义向唯物主义的全部转变中，批判黑格尔唯心主义哲学的费尔巴哈的著作无疑产生了一定的影响。在写作《黑格尔法哲学批判》的时候，马克思利用了费尔巴哈的《关于哲学改革的临时纲要》，费尔巴哈的这部著作同他的《基督教的本质》相比是前进了一步。

在《临时纲要》中，费尔巴哈不仅批判了宗教，而且批判了黑格尔的唯心主义体系。他证明，黑格尔的唯心主义体系不外是"思辨的神学"①。费尔巴哈说，批判黑格尔体系的方法应该是批判宗教时使用过的同一种方法。②"黑格尔的逻辑学……是化为**逻辑学**的神学……世界上的一切事物可以在神学的天国里再现，**自然中的一切事物也可以在神圣的逻辑学的天国里再现**。"③费尔巴哈批判黑格尔的方法就是揭露和戳穿黑格尔的神秘化。在《临时纲要》中，费尔巴哈得出结论说，"**黑格尔哲学是神学最后的避难所和最后的理性支柱**"④。

费尔巴哈在《临时纲要》中所提出的批判黑格尔的方法，就是揭露现实在黑格尔哲学中遭到的神秘化，马克思批判黑格尔的法哲学时也

---

① 〔德〕费尔巴哈：《费尔巴哈哲学著作选集》上卷，荣震华等译，北京：生活·读书·新知三联书店1959年版，第101页。

② 〔德〕费尔巴哈：《费尔巴哈哲学著作选集》上卷，荣震华等译，北京：生活·读书·新知三联书店1959年版，第102页。

③ 〔德〕费尔巴哈：《费尔巴哈哲学著作选集》上卷，荣震华等译，北京：生活·读书·新知三联书店1959年版，第103页。

④ 〔德〕费尔巴哈：《费尔巴哈哲学著作选集》上卷，荣震华等译，北京：生活·读书·新知三联书店1959年版，第115页。

利用了这种方法。总的说来，虽然费尔巴哈的《临时纲要》在思想演变方面向前迈进了一步，但是即使在这时马克思对问题的分析也要深刻得多。早在1843年3月13日给卢格的信中，马克思就对费尔巴哈的《临时纲要》作了著名的评价："费尔巴哈的警句只有一点不能使我满意，这就是：他过多地强调自然而过少地强调政治。然而这一联盟是现代哲学能够借以成为真理的唯一联盟。"① 这种不仅对自然界的现象，而且对社会生活、政治的研究采取唯物主义态度的意愿，从一开始就使革命民主主义者马克思不同于直观的唯物主义者费尔巴哈。

马克思对问题的更深刻的考察明显地表现在他写作整个手稿《黑格尔法哲学批判》的过程中。他尖锐地批判了黑格尔的全部唯心主义。马克思认为，黑格尔唯心主义的重大缺点就在于，为了为现存的东西辩护而对现实作了唯心主义的歪曲。他写道，黑格尔的观念的基本缺点就是二元论，因此，"黑格尔不是把普遍物看作一种现实的有限物的现实本质"②。接着他就指出，"因此，神秘的实体成了现实的主体，而实在的主体则成了……神秘的实体的一个环节。"③

马克思揭穿了黑格尔用来证明一切现存的东西都合乎理性的手法是违反自然的：形式上黑格尔是在纯思想的领域中高高地遨游，实质上他却奴隶般地依附于德国的现实。马克思强调指出，为了为许多暂时现象、甚至偶然现象辩护，黑格尔硬说它们是绝对观念的表现。例如，在第294节里，黑格尔从理念中引伸出官吏有获得薪俸的权利④。接着，

---

① 《马克思恩格斯全集》第1版第27卷第442—443页。
② 《马克思恩格斯全集》第1版第1卷第273页。
③ 《马克思恩格斯全集》第1版第1卷第273页。
④ 《马克思恩格斯全集》第1版第1卷第308页。

马克思写道:"黑格尔变了一套戏法。他从绝对理念中引出了天生贵族、世袭领地等等,引出了这种'王位和社会的支柱'。"①

跟费尔巴哈不同,马克思在批判黑格尔的时候,认为自己的任务就是揭穿黑格尔辩证法的神秘化的方面,从而保留其合理的内容。马克思指出,黑格尔不得不把辩证法神秘化,以便为立宪君主制、等级制原则、官僚等等的合理性辩护。黑格尔是要证明,这些"有限的现象"是"绝对观念的表现形式"。

马克思强调指出,"在这里,真实的相互关系弄颠倒了"②,为的是"把最尖锐的矛盾说成同一,把最大的不连贯性当成连贯性"③。这类思辨结构是为黑格尔证明"真正的人民的事务没有人民的协助已经实现了"④ 这个结论服务的。

马克思对唯心主义辩证法作了深刻的批判,因为它掩盖生活中的矛盾,认为现实的矛盾的尖锐性是有害的。⑤ 马克思指出,"黑格尔的主要错误在于他把**现象的矛盾**理解为**本质中的理念中的统一**,而事实上这种矛盾的本质当然是某种更深刻的东西,**即本质的矛盾**。"⑥

这部著作表明,马克思在批判地改造黑格尔辩证法的时候已经开始为新的唯物主义的辩证法奠定基础。这部著作说明,马克思是怎样"成为马克思","成为科学社会主义的创始人,成为……**现代唯物主义的**

---

① 《马克思恩格斯全集》第 1 版第 1 卷第 338 页。
② 《马克思恩格斯全集》第 1 版第 1 卷第 294 页。
③ 《马克思恩格斯全集》第 1 版第 1 卷第 286 页。
④ 《马克思恩格斯全集》第 1 版第 1 卷第 321 页。
⑤ 《马克思恩格斯全集》第 1 版第 1 卷第 356 页。
⑥ 《马克思恩格斯全集》第 1 版第 1 卷第 358 页。

创始人"的。①

在对待黑格尔辩证法的态度上,鲜明地表现了马克思这个时期已经跟费尔巴哈根本不同的第二个特点,因为费尔巴哈把黑格尔的辩证法完全抛弃了。

马克思从对黑格尔辩证法作唯物主义理解的立场出发,揭示并批判了黑格尔哲学的本质本身,黑格尔哲学从理论上论证了在德国为了解决已经成熟的社会任务不需要进行革命。具有臣民见识的德国资产阶级力图证明,用法国人的方式反对"最神圣的东西"——上帝和国王——是同"德意志本性"格格不入的。黑格尔对德国资产阶级想适应封建容克地主的普鲁士国家的意图作了哲学上的论证。在黑格尔看来,结果就是,在德国为了建立理性国家不必进行人民革命,因为普鲁士国家是理性的最高体现。因此,德国的每一个人,不管他属于哪一个阶层,都应该把自己的私人利益服从于国家的利益,因为国家利益中体现了真正普遍的东西。在德国需要的不是同封建国家作斗争,而是同封建国家进行妥协,溶化在封建国家之中。

马克思在其手稿中以及这个时期的书信和其他著作中给了黑格尔对怯懦的德国资产阶级的意图所作的这种哲学论证以决定性的打击。在对黑格尔法哲学作了极为详尽的剖析并揭穿了它的神秘化以后,马克思得出了如下的结论:"要获得理解人类历史发展过程的锁钥,不应当到被黑格尔描绘成'大厦之顶'的国家中去寻找,而应当到黑格尔所那样蔑视的'市民社会'中去寻找。"②

---

① 《列宁全集》第 1 版第 14 卷第 355 页。
② 《马克思恩格斯全集》第 1 版第 16 卷第 409 页。

手稿《黑格尔法哲学批判》表明，马克思独立地走上了制定其世界观的道路，这个时期费尔巴哈对马克思的影响必须在一定的意义上去理解。这种影响表现在，费尔巴哈的唯物主义促进了马克思的唯物主义观点的形成，而马克思的唯物主义观点是在生活和实际政治活动的影响下产生的。

1843年10月，马克思迁居巴黎，当时巴黎是最尖锐的阶级冲突的舞台，是欧洲蓬勃发展的各种政治运动的最好的观察点。法国首都的生活在马克思的思想发展中起了巨大的作用。在这里，马克思在研究法国革命史和批判地改造法国革命的思想家们的唯物主义哲学方面做了大量工作。马克思专门研究了复辟时期的历史学家们的著作，政治经济学家们和空想社会主义者的著作。卢格在1844年5月15日给费尔巴哈的信中写道，马克思大量读书，工作极其紧张，完全埋头于浩瀚无际的书的海洋。①

除了从事深入的科学研究工作以外，马克思怀着巨大的兴趣研究了无产阶级的生活和斗争。到巴黎以后不久，他就同德国工人和手工业者的秘密团体"正义者同盟"的领导人建立了联系。

应该指出，独立的德国工人运动最先就是在巴黎开始结成秘密社团的。恩格斯在其著作《关于共产主义者同盟的历史》中指出，1836年，从德国流亡者1834年在巴黎建立的秘密团体流亡者联盟中分出了最激进的、大部分是无产阶级的分子，组成了"正义者同盟"。恩格斯认为，从这时候起就开始了德国的工人运动。

马克思经常参加"正义者同盟"的会议，同时还和法国的秘密社

---

① 见阿·卢格：《书信和日记》1886年柏林版第1卷第343页。

团保持着密切的联系。卢格以真正庸人的狭隘性来评价马克思这方面的活动。他写道:"马克思埋头于这里的德国共产主义……不可思议的是,他认为这个可怜的运动具有重要的政治意义。"①

大量的科学研究工作和理论工作,同工人阶级的实际斗争和在革命运动高潮基础上出现的政治团体的直接接触,促使马克思最终转向无产阶级的立场。这种转变反映在马克思发表在《德法年鉴》上的那些文章中。列宁指出,正是在《德法年鉴》上最终完成了马克思从唯心主义向唯物主义和从革命民主主义向共产主义的转变。

早在出国以前,马克思就计划在德国以外出版一家革命的杂志,其主要任务就是"对现存的一切进行无情的批判"。在离开德国以前,他同卢格商定在巴黎共同出版一家杂志。但是,马克思和卢格对杂志持有根本不同的立场。马克思把这家新杂志看作是把对反动意识形态的革命的批判"和政治的批判结合起来,和这些人的明确的政治立场结合起来,因而也就是把我们的批判同**实际斗争**结合起来并把批判和实际斗争看作同一件事情"②的手段。相反,卢格却丝毫不想真正改变德国的现实。他的自由主义归根到底仍然是纯粹的庸人习气。因此,后来卢格同德国现实完全妥协并不是偶然的。

马克思和卢格对杂志的根本不同的态度不久引起了他们之间的冲突,随后就发生了彻底的决裂。马克思和卢格总共只出版了一期《德法年鉴》——第一、二期合刊。其中刊登了马克思的两篇文章:《论犹太人问题》和《黑格尔法哲学批判。导言》。

---

① 阿·卢格:《书信和日记》1886年柏林版第1卷第359页。
② 《马克思恩格斯全集》第1版第1卷第417—418页。

马克思的第一篇文章写于 1843 年秋天，这是就犹太人问题同布·鲍威尔的论战。1843 年，布·鲍威尔发表了有关犹太人问题的两部著作：小册子《犹太人问题》和文章《现代犹太人和基督徒获得自由的能力》(载于海尔维格的文集《来自瑞士的二十一印张》)。当时犹太人问题的现实性是由犹太人在德国的政治上的无权地位所决定的。但是，由于青年黑格尔派及其首领布·鲍威尔实际上并不希望而且害怕用革命的方法从政治上改造德国，所以他们企图在保留普鲁士的封建国家的条件下解决犹太人解放的局部问题。

马克思强调指出，鲍威尔在其著作中把关于犹太人解放的"世俗冲突"变成纯粹宗教的问题。他这样做是为了"在批驳这些世俗对立在宗教上的表现的时候"① 仍然闭口不提这些"世俗对立"。从而布·鲍威尔就把他的任务归结为，把犹太人问题当作神学问题提出来。

与此相反，马克思指出，"政治解放同时也是人民所排斥的那种国家制度……所依靠的旧社会的**解体**"②，而旧社会可以用一句话来说明，就是封建制度。

马克思以在法国消灭了封建制度的革命为例，证明"封建社会已经瓦解，只剩下了自己的基础——人，但这是作为它的真正基础的人，即**利己主义的人**。……因此，人并没有从宗教中解放出来，他反而取得了宗教自由。他并没有从财产中解放出来，反而取得了财产自由。他并没有从行业的利己主义中解放出来，反而取得了行业自由。"③

马克思得出结论说："**政治**解放当然是一大进步；尽管它不是一般

---

① 《马克思恩格斯全集》第 1 版第 1 卷第 429 页。
② 《马克思恩格斯全集》第 1 版第 1 卷第 441 页。
③ 《马克思恩格斯全集》第 1 版第 1 卷第 442 页。

人类解放的最后形式……"① 在这里马克思强调指出了资产阶级革命的必然性和进步性，同时又指出，资产阶级革命不是社会改造的最后形式。

但是，在这部著作中，马克思还没有提出人类解放和无产阶级解放的关系问题。这部著作再一次证实，不是马克思同青年黑格尔派的斗争，不是原则的冲突促使马克思制定他的观点。相反，正是由于马克思在制定其新世界观方面有了进步，所以他才进行同青年黑格尔派的斗争。

马克思发表在《德法年鉴》上的另一篇著作是《黑格尔法哲学批判。导言》。这篇文章是马克思思想发展中的极其重要的阶段。在这里，他第一次把关于人类解放的问题同关于无产阶级解放的问题联系起来。这篇文章马克思写得比《论犹太人问题》稍微晚一些。由此可见，由于在当时欧洲最发达的政治中心之一直接研究工人阶级的斗争，马克思在思想上的发展快得惊人。

在这篇文章中，马克思第一次得出结论说，决定革命的实质并为全社会的解放而进行革命的真正革命的阶级是无产阶级。马克思写道，在德国，市民社会的任何一个阶级都没有感到有实现普遍解放的需要和能力，因此在德国资产阶级实现不了任何革命的事业。对德国进行革命改造的可能性的全部希望是同一个特殊阶级——无产阶级的形成相联系的，这个阶级正在随着工业的发展开始产生。

马克思在强调指出对思辨的法哲学和国家哲学的批判只有用一种手段——实践——才能解决的时候，提出了他的关于革命理论的意义的著

---

① 《马克思恩格斯全集》第1版第1卷第429页。

名论点。马克思说:"批判的武器当然不能代替武器的批判,物质的力量只能用物质的力量来摧毁;但是理论一经掌握群众,也会变成物质力量。"① 只有当理论表达了群众本身的需要的时候,它才能掌握群众。

无产阶级就是由于其在社会中的地位而应该成为革命理论的承担者的那个阶级。"哲学把无产阶级当做自己的**物质**武器,同样地,无产阶级也把哲学当做自己的**精神**武器"②。

马克思站到无产阶级的立场上,同青年黑格尔派展开了坚决的斗争。在黑格尔法哲学批判的导言中以及在《论犹太人问题》一文中反映了一场同青年黑格尔派的论战的开始,这场论战后来体现在《神圣家族》中。

1844年6月爆发了西里西亚纺织工人起义——这是德国的第一次无产阶级起义,它标志着无产阶级登上了历史斗争的舞台。马克思非常关心这次起义,把这次起义评价为社会政治生活中极为重大的事件,德国历史上的转变关头。

马克思满怀激情地欢迎西里西亚起义,愤怒地抨击了资产阶级民主派卢格,因为卢格在巴黎一家报纸《前进报》上发表的文章《普鲁士国王和社会改革》中把这次无产阶级起义评价为毫无意义的饥荒性骚乱。

按照卢格的观点,只有无产阶级的社会贫困和资产阶级的政治理智的结合才是"伟大变革的征兆"③。

在《评"普鲁士人"的〈普鲁士国王和社会改革〉一文》这篇文

---

① 《马克思恩格斯全集》第1版第1卷第460页。
② 《马克思恩格斯全集》第1版第1卷第467页。
③ 《前进报》1844年第60号。

章中，马克思尖锐地谴责了化名"普鲁士人"的卢格，说他"**即使在口头上**也不能超出狭隘的政治观点"①。马克思指出，无产阶级只有通过对社会进行革命的改造才能根本改善自己的状况。他强调指出，不通过革命，社会主义是不可能实现的。②无产阶级革命不仅是政治行为，而且是社会行为。西里西亚起义所以有意义，正是因为在这里"无产阶级……一下子就毫不含糊地、尖锐地、直截了当地、威风凛凛地厉声宣布，它反对私有制社会"③。

马克思的这篇文章对革命理论的产生和发展过程所持的态度也是很有意思的。马克思指出，理论不是作为孤独的思想家的书房活动的结果，而是作为对群众本身的经验进行科学研究和概括的结果而产生的。马克思在批判以哲学的高傲态度教训"德国穷人"的卢格时谈到必须向现实的实践运动学习：考虑群众的经验。"一个有思想爱真理的人，在看到西里西亚工人起义爆发的时候，他所应该做的不是在这一事件上为**人之师**，而是研究这一事件的**特殊**性质。"④

可见，从离开《莱茵报》以后，总共只有一年半的时间里，马克思在其思想发展中就向前迈出了一大步。到写作《神圣家族》的时候，他已经坚定地走上了制定无产阶级的科学世界观的道路。马克思得出结论说，只有把哲学和无产阶级——"批判的武器"和"武器的批判"、理论和实践——结合起来，才能保证现实地改造德国的事业的成功。

---

① 《马克思恩格斯全集》第1版第1卷第488页。
② 《马克思恩格斯全集》第1版第1卷第488页。
③ 《马克思恩格斯全集》第1版第1卷第483页。
④ 《马克思恩格斯全集》第1版第1卷第484页。

他的活动证明，为了对当时的德国进行真正的批判，一个思想家应该站到真正革命的阶级——无产阶级的立场上来，这个阶级于十九世纪三十至四十年代在法国和英国，而更晚些是在德国第一次登上历史斗争的舞台。（待续）

(原载《莫斯科大学哲学系学报》1958年第190辑)

（屏羽 译）

1842—1846年期间马克思同青年黑格尔派的斗争（二）*

〔苏〕М.Я.科瓦尔宗

四

在《莱茵报》被查封以后的那个时期中，青年黑格尔派的观点也经历了一定的思想上的演变。

这一演变的主要特点是，青年黑格尔派转到全面论证广大人民群众的政治发动是毫无意义的、甚至是有害的这个立场上去了，转到从理论上论证主体即"批判地思维的个人"是历史的唯一的创造力量这个立场上去了。

青年黑格尔派在评价社会现象方面转向极端的主观主义，这证明德国资产阶级随着阶级矛盾的尖锐化，随着无产阶级在德国本身也登上政治活动的舞台，就越来越滑到对普鲁士等级君主制迁就妥协、卑躬屈膝

---

* 本文选自《马列主义研究资料》1985年第3辑。

原题注：本文的前一部分载本刊1985年第1辑。——编者注

的立场上去了。①

青年黑格尔派的极端主观主义的转变反映在布·鲍威尔新创办的刊物《文学总汇报》上。

《文学总汇报》于1843年12月开始出版。从该杂志的最初几篇文章起，"群众"就被宣布为"精神"的主要敌人。"群众"具有"内心软弱"、"胆小"、"怯懦"等特点，而"群众的英雄最近遭到的"失败就是由于这种原因造成的。他们宣称，"群众"没有能力提高到理解真理的程度。而"群众"能够理解的那些真理，又不值得历史去加以研究。② 漠不关心、表面性和自满——这就是识别"群众"的特点。"批判"拒绝承认人民的政治上的成熟性，因为人民对"个人利益"的追求"排斥国民意识的一切幻想"③。按批判者的说法，人民是"其束手无策状况、懒惰、恐惧和狭隘性的奴隶"。而且群众的这种狭隘性是由其"日常的"工作及其"低级的"需要决定的。

青年黑格尔派断言"群众"在历史上始终只起着否定性的作用，

---

① 有许多研究者还强调指出，鲍威尔之流转而把主体即"批判地思维的个人"作为历史的唯一创造的力量来颂扬，这也是由青年黑格尔派缺乏个人勇气所决定的。例如，古斯达夫·迈尔在《恩格斯传》中说："革命活动很快就使他们落入警察当局之手，革命活动对这些人是完全格格不入的，不仅如此，这批著作家、新闻记者、教师和大学生中多数……不具有个人勇气。"（古·迈尔：《恩格斯传》1934年版第1卷第81页）但是，问题不仅在于青年黑格尔派的个人品质。历史上有不少这样的例子，有一些"在一生中连苍蝇也不曾欺负过的"人却表现了伟大的精神力量，在关键时刻代表了人民、阶级、党的利益。全部问题只在于这些人所代表的阶级、政党确实是革命的、坚决的、无畏的。指责德国资产阶级的思想家们缺乏个人勇气是可笑的，因为他们所代表的阶级——德国资产阶级——就优柔寡断、懦弱无能。

② 《文学总汇报》1843年第1期第1—2页。

③ 《文学总汇报》1844年第6期第14页。

在这里特别表现了资产者的怯懦本质及其对人民群众的全部嫌恶、憎恨。批判的批判声称:"到现在为止,历史上的一切伟大的活动之所以一开始就是不成功的和没有实际成效的,正是因为它们引起了群众的关怀和唤起了群众的热情。"① "群众"对任何一件事情的热情都是反对这一事情的"最糟糕的标志"。群众按其实质来说是"无定形的",他们"完全沉湎于过去","他们憎恨一切破坏他们的宁静的东西",他们"对于观念什么也不想知道","只局限于感性的存在"②,"他们感到自己满怀信心的唯一的范畴是利益、实践、利润"。③ 按照批判的意见,《德国年鉴》的错误就是以为可以使这些群众搞出点什么名堂来,而不了解"群众"应该灭亡,因为直到现在在历史的发展中他们只促进了各种各样的狭隘性的完成,他们"除了以其反对行动使批判变得更加警觉和尖锐以外,没有任何其他的用处"。

某些研究者企图用"群众"对于反动派所实行的"对精神的屠杀"的漠不关心来解释对人民群众的这种态度。而梅林认为可以用青年黑格尔派当时在柏林不可能看到革命的群众运动来解释这一点。④ 但是,青年黑格尔派对一切人民运动,例如对法国革命时期的人民群众的运动采取敌对的态度又该作何解释呢? 在这个意义上,《文学总汇报》上的一篇文章对1789年10月5—6日的事件所作的评价是很有代表性的。梯也尔在讲述这一事件时说,"享有主权的人民"表现为"粗鲁的群众",

---

① 《文学总汇报》1843 年第 1 期第 3 页。
② 《文学总汇报》1844 年第 10 期《类和群众》一文。
③ 《文学总汇报》1844 年第 10 期《类和群众》一文。
④ 见《在马克思主义旗帜下》杂志 1923 年第 2—3 期上发表的梅林的文章。梅林在第 65 页上指出,"哲学从天上降下来,在柏林既找不到它能够学会走路的土地,也找不到它能够依附的重大利益"。

他们"除了把被俘的国王押回巴黎以外不会用任何其他办法来证明人民和王权之间一致的教条"。梯也尔《法国革命史》一书的评论的作者对于梯也尔所持的这种"从容态度"感到愤慨。①

其实,鲍威尔之流对人民群众的憎恨,是由于他们对正在觉醒起来进行积极的政治斗争、坚决地用西里西亚纺织工人起义宣布了自己的权利的无产阶级——人民的基本的和主导的力量——感到恐惧,这种恐惧迫使他们对人民群众肆意进行漫骂诽谤。

青年黑格尔派用对人民的诬蔑来为他们脱离政治、拒绝同反动派作斗争的行为辩护。在《文学总汇报》上举出了一整套理由,来论证"批判"脱离政治并离开"群众"而"变得纯洁"的行为。布鲁诺·鲍威尔在该报第8期发表的题为《1842年》的文章就是对这些卑鄙地攻击"群众"和诬蔑激进运动的言论唱的赞歌。作者在文章中大肆攻击1842年的激进运动及其报刊——《莱茵报》和《德国年鉴》。

"批判的批判"的这位代言人声称,当激进派认为一切权利都在人民一边,一切矛盾都在政府一边的时候,他们是弄错了。激进派对抗政府,认为"人民"是他们的"自由"的基础。鲍威尔断言,激进的批判不应该处于同政府相矛盾的地位,利用"其智慧去分析这个政府的行动并从其范畴——人民、自由、政党——的观点出发去衡量这些行动",② 而应该从承认"国家本身"能够做到一切的观点出发。"人完全依赖于国家制度",③ 因此,当"激进的批判提出要实现其抽象的国家

---

① 《文学总汇报》1844年第8期第52页。
② 《文学总汇报》1844年第8期第6页。
③ 《文学总汇报》1844年第8期第4页。

的要求时……这种批判是在走一条错误的道路"。① 为此,作者说:"这种批判没有问一问,凌驾于人民之上的政府是不是真正人民的政府和人民的代表机构"。② 在鲍威尔看来,批判这种激进的批判的最好方式,就是导致《莱茵报》以及类似的报纸被查禁的政治上的反动。"从而政府就证明,它的实力没有被削弱,首先,它像任何时候一样都受到被治理的人民的支持"。③ 鲍威尔在评价政府的这种暴力政策时竭力证明,在这里,政府是为了"国家—人民"这个政党的利益行事的。由此就得出一个结论:"批判应该拒绝对抗政府,同时拒绝号召人民。批判应该不再成为政治的批判"。④ 最后,鲍威尔攻击了那些"没有原则、不同政府对抗就不能生存","认为社会主义是一种新发明"⑤,并"要求批判想出某种新道道,例如为其钟爱的人民想出某种光辉灿烂的社会主义制度来"⑥ 的人。这种"置人于死地的"讽刺以及鲍威尔这篇文章的其他内容,与其说说明了1842年的激进主义和社会主义者的特点,不如说是说明了这位诬蔑人民的事业、自由的事业的原来的激进派的叛卖行为的特点。

《文学总汇报》的文章充满了这种反对正在发展的社会主义运动的"置人于死地的讽刺性的"恶毒的攻击,"批判的批判"的代表们认为,社会主义运动的思想是对"自我意识"和"个人"自由的最大危险。

---

① 《文学总汇报》1844年第8期第5页。
② 《文学总汇报》1844年第8期第5页。
③ 《文学总汇报》1844年第8期第6页。
④ 《文学总汇报》1844年第8期第6页。
⑤ 《文学总汇报》1844年第8期第7页。
⑥ 《文学总汇报》1844年第8期第6页。

例如，在该报第 10 期上①，"批判"揭露那些"过分赞扬群众"，希望"把群众从其要素中，从群众性即大众的无机形式中抽出来"，"把群众变成崇拜的对象"，以便利用它"作为反对精神的斗争中的手段"②的人。"心明眼亮的"批判家们为自己参加 1842 年的激进运动辩护说，当时他们还没有认识到历史过程的本质，他们"甚至对群众和精神的斗争毫无所知"，而"这种斗争是以前全部历史的目的"。③ 鲍威尔指出，1842 年最伟大的结果恰好是，"批判"认识到了历史过程的这一本质，意识到自己同"群众"的对立，最后，"几千年来第一次摆脱了同群众的联系"。

因此，"精神"和"群众"的矛盾看来是历史过程的基本动力。"黑格尔哲学的各种概念的发展"被宣布为"历史的目的"。④ 由于在黑格尔看来，历史追求发现真理的目的，而"批判"拥有真理，所以结果就成为全部历史归根到底是批判家们一手创造的。"批判的批判"的代表们"放弃现实利益，为原则而斗争，引起了危机，无论他们是胜利还是失败，都会把科学、艺术和国家生活推向前进"。认为自己是伟大的这种意识伴随着"批判家们"。"命运可以随便决定——我们现在知道，命运掌握在我们手里"，甚至"批判"所遇到的反抗，"也是它自己造成的"——布·鲍威尔声称，自我吹嘘同对群众的辱骂一道成为"净化""批判"的事业中的基本手段。"批判家不需要社会的欢乐！而且社会的痛苦对他也是格格不入的。他不知道友谊和爱情，不过诽谤在

---

① 《文学总汇报》1844 年第 10 期《类和群众》一文。
② 《文学总汇报》1844 年第 8 期第 42 页。
③ 《文学总汇报》1844 年第 5 期第 24 页。
④ 《文学总汇报》1844 年第 5 期第 23 页。

他面前也是无能为力的:无论什么东西都不可能使他受凌辱,他是不可能受憎恨、也不可能受羡慕的,生气、愤怒、懊丧对他都是格格不入的……"如此等等。① 这种自我神化说明,马克思对鲍威尔兄弟之流的所谓"神圣家族"的批判为什么充满了辛辣的讽刺。

五

1845年2月,马克思主义经典作家的第一部长篇著作《神圣家族》问世,这是马克思思想发展中的一个重要阶段。这部著作的很大一部分是马克思写的。在《文学总汇报》的文章中所发表的青年黑格尔派的所有荒诞无稽的、极端反动的胡说,在这里都遭到了坚决的、毁灭性的批判。

在《神圣家族》这一著作的序言中马克思和恩格斯就指出,他们反对思辨唯心主义。他们把这部著作全都用来批判《文学总汇报》,因为在该报中鲍威尔的批判以及德国思辨的全部谰言都达到了顶点。"批判的批判……用哲学把现实歪曲得令人捧腹"②。这一著作批判的是《文学总汇报》的八期,在形式上只限于同布鲁诺·鲍威尔及其周围几个可怜的人——孚赫、施里加、埃·鲍威尔等人进行斗争。而实质上,在这部著作中通过批判他们,整个唯心主义的黑格尔哲学也遭到了摧毁性的批判。

在《神圣家族》中还表现出费尔巴哈的影响。普列汉诺夫以此为根据作出了错误的结论。他写道,在《神圣家族》中马克思和恩格斯

---

① 《文学总汇报》1844年第6期第32页。
② 《马克思恩格斯全集》第1版第2卷第7页。

"在进一步**研究**费尔巴哈哲学方面向前迈出了重要的几步"。① 接着他又指出:"……必须承认,马克思的认识论……就是费尔巴哈的认识论,但只是由于马克思对它作了天才的修改才深化了的费尔巴哈的认识论。"②

实际上,马克思在这里所持的立场,同费尔巴哈在1843年于瑞士出版的著作《未来哲学原理》中所提出的论点是不同的。也应该注意到费尔巴哈本人在思想上的演变。《基督教的本质》、《临时纲要》和《未来哲学原理》是这一演变的几个依次相继的阶段。在最后这部著作中,费尔巴哈对思辨哲学作了详细的批判,在《临时纲要》中只是打算作这种批判,但是由于考虑到书报检查未能进行。如果说以前费尔巴哈只是顺便触及了自我意识的哲学,那么现在他却对它进行了坚决的批判。他写道:"从前各种改造哲学的企图,**只是在方式上**或多或少地与旧哲学(黑格尔哲学——引者注)有所不同,**而不是在种类上**与旧哲学有所不同。"③ "近代哲学寻找**直接的不依他物为媒介的精确事物**。因此它抛弃了经院哲学的**无根据、无基础的**思维,将哲学建立在**自我意识之上**……然而近代哲学的自我意识本身,只是一个被思想的、凭借抽象为媒介的实体,因而是一个可以怀疑的实体。"④

毫无疑问,对自我意识哲学的这种批判被马克思很高兴地加以支持,因为马克思自己这时也认识到必须对这种哲学进行坚决的批判。

---

① 《普列汉诺夫全集》1925年版第18卷第184页。
② 《普列汉诺夫全集》1925年版第18卷第190—191页。
③ 〔德〕费尔巴哈:《费尔巴哈哲学著作选集》上卷,荣震华等译,北京:生活·读书·新知三联书店1959年版,第186页。
④ 〔德〕费尔巴哈:《费尔巴哈哲学著作选集》上卷,荣震华等译,北京:生活·读书·新知三联书店1959年版,第169—170页。

但是，除了对思辨唯心主义的批判以外，除了"宣布唯物主义"以外，费尔巴哈的《未来哲学原理》对于解决使马克思感兴趣的关于社会现象的本质、关于人和社会的相互关系等等问题，并不包含任何肯定的东西。在社会关系方面，费尔巴哈提出了一种唯一的、包医百病的药方——爱。"**新哲学建立在爱的真理上，感觉的真理上……没有爱，也就没有真理。**"①

费尔巴哈的《原理》所提出的全部东西，不仅非常少，而且对马克思说来是完全不能接受的。这个时期还有费尔巴哈的某种影响，是由于马克思还没有完成彻底制定其新观点的工作。

可见，第一，只是在马克思认为《神圣家族》的主要任务是同用自我意识来取代"现实的"人的思辨哲学作斗争这个限度内，只是在这个限度内，马克思是费尔巴哈的信徒和追随者；第二，在马克思的"现实的人道主义"后面，隐藏着另一种唯物主义的、比费尔巴哈更深刻的内容。恩格斯说，《神圣家族》在发展费尔巴哈的观点的同时，也超越了费尔巴哈的范围。

不过，《神圣家族》的中心篇幅是用来揭露批判的批判对人民群众所作的诬蔑。在分析《文学总汇报》上的论述历史的文章时，马克思和恩格斯指出，"批判"不愿承认现实的历史，因为这意味着承认人民群众的历史作用。现实的"群众的"历史根本不同于《文学总汇报》所描绘的历史。马克思和恩格斯以这些批判家们对英国史的叙述为例，证明了他们的不学无术，他们完全忽视现实的事实。

---

① 〔德〕费尔巴哈：《费尔巴哈哲学著作选集》上卷，荣震华等译，北京：生活·读书·新知三联书店1959年版，第168—169页。

这些批判家鄙视人民群众及其在历史发展中的作用，这引起了马克思和恩格斯的愤怒的讽刺。埃·鲍威尔硬说什么工人什么都没有创造，因为为此"需要某种比工人的意识更强有力的意识"①，马克思称这种论点为"疯话"。马克思指出，"批判家们"不承认一切现实的、活生生的、物质的东西的意义，对他们说来，"一切"都是"观念的、虚幻的创造"。相反，马克思指出，批判的创造是"无"，工人才创造一切，"甚至就以他们的精神创造来说，也会使得整个批判感到羞愧"②。

马克思在这里发表了历史唯物主义的基本论点之一：现实的历史是人民群众创造的历史，历史的真正创造者不是"批判地思维的个人"，不是"英雄"。在这里，马克思提出了他的一个著名的论点："历史活动是群众的事业，随着历史活动的深入，必将是群众队伍的扩大。"③

在《神圣家族》中已经表述了差不多形成了的对由无产阶级在社会中的地位所决定的无产阶级的历史使命的观点。在这部著作中指出，因为在无产阶级的生活条件中现代社会的一切生活条件达到了违反人性的顶点，所以无产阶级能够而且必须自己解放自己。但是，如果它不消灭它本身的生活条件，它就不能解放自己。如果它不消灭集中表现在它本身处境中的现代社会的一切违反人性的生活条件，它就不能消灭它本身的生活条件。④

这种主张具有特殊的意义，因为在这里，马克思把无产阶级的政治斗争同它的经济状况联系起来了。不过，马克思还没有像全面分析资本

---

① 《文学总汇报》1844年第5期第18页。
② 《马克思恩格斯全集》第1版第2卷22页。
③ 《马克思恩格斯全集》第1版第2卷第104页。
④ 《马克思恩格斯全集》第1版第2卷第45页。

主义生产的矛盾那样来论证无产阶级的具有全世界历史意义的作用。因此，列宁在给马克思和恩格斯的著作《神圣家族》做摘要时，就这一主张写道：在这里可以看出"马克思的几乎已经形成了的对于无产阶级革命作用的观点"①。

对布·鲍威尔的批判，在马克思和恩格斯的这部著作中占了相当大的篇幅，因为布·鲍威尔表现为宣布自己同群众的矛盾是具有全世界历史意义的矛盾的"绝对的批判"的化身。在第六章第一节的《精神和群众》这一小节中，马克思狠狠地嘲笑了鲍威尔关于"群众"和"精神"、"群众"和"批判地思维的个人"的对立的描写。马克思强调指出，思想只有代表"群众"的利益——群众性的利益，才能在历史上起作用。"思想"一旦离开"利益"，就一定会使自己出丑。②

青年黑格尔派的哲学的极端有害的性质就在于，"**绝对的批判**从黑格尔的《现象学》中……学会了一种技艺，这就是把**现实的、客观的、在我身外**存在着的链条变成**只是观念的、只是主观的、只是在我身内**存在着的链条，因而也就把一切**外部的**感性的斗争都变成纯粹观念的斗争"③。马克思指出，鲍威尔之流的这些"理论"的危险性就在于，他们会使"群众"丧失其最重要的武器——即他们的解放首先和主要地要求有实践活动的意识。"但是，要想站起来，仅仅**在思想中**站起来，而**现实的、感性的**、用任何观念都不能解脱的那种枷锁依然套在**现实的、感性的**头上，那是不行的。"④

---

① 列宁：《哲学笔记》，北京：人民出版社1956年版，第6页。
② 《马克思恩格斯全集》第1版第2卷第103页。
③ 《马克思恩格斯全集》第1版第2卷第105页。
④ 《马克思恩格斯全集》第1版第2卷第105页。

在这一节的最后，马克思总结他对鲍威尔的批判时指出，"布鲁诺**先生**所发现的'精神'和'群众'的关系，事实上不过是**黑格尔历史观的批判的、漫画式的完成**，而黑格尔的历史观又不过是关于精神和**物质、上帝和世界**相对立的**基督教德意志教条的思辨**表现。"①

正像在基督教中上帝在混沌中创造世界，使世界具有一定的形式、性质、合目的性一样，在黑格尔哲学中，只有精神、观念才使物质运动，具有生命力、目的、规律。在人类历史中，精神的这种作用表现在，"代表**积极**精神的少数杰出人物与代表**精神空虚**的群众、代表**物质**的人类其余部分相对立"②。在这里马克思强调指出，黑格尔的过错在于双重的不彻底性：第一，他宣布哲学是绝对精神的定在，同时又不肯宣布现实的哲学家就是绝对精神；第二，绝对精神只是在表面上，只是在意识中创造历史。布·鲍威尔消除了这种不彻底性。他宣布绝对精神体现在"批判"中。如果说黑格尔的精神只是在意识中创造历史，那么"批判家"则是"有意识地在扮演世界精神的角色"。"一方面是群众，他们是消极的、精神空虚的、非历史的、**物质的**历史因素；另一方面是**精神、批判**、布鲁诺先生及其伙伴，他们的积极的因素，一切**历史**行动都是由这种因素产生的。改造社会的事业被归结为批判的批判的**大脑活动**。"③

青年黑格尔派的历史哲学的漫画色彩就在于，对他们说来，在"批判地思维的个人"的意识中的概念的变化就构成现实的历史的全部内容。"精神"和"群众"的对立与"批判"和"群众"的对立等同起

---

① 《马克思恩格斯全集》第 1 版第 2 卷第 108 页
② 《马克思恩格斯全集》第 1 版第 2 卷第 108 页
③ 《马克思恩格斯全集》第 1 版第 2 卷第 109 页。

来。"批判"通过布·鲍威尔宣布自己是"绝对的"、"无限的"精神,相反,群众被宣布为"有限的、粗野的、卤莽的、僵死的和无机的",在这里,"批判"宣称它对群众的态度是"具有全世界历史意义的"。马克思揭露了鲍威尔所代表的"批判的批判"的这种演变,他用充满了讥讽的感叹的口气结束了自己的分析:"单就人类和**鲍威尔先生**的关系来看,历史的财富是多么无穷尽啊!"①

在马克思对青年黑格尔派的批判中,马克思对他们的民族主义和沙文主义的揭露占有特殊的地位。资产阶级思想家们惯于在分析社会现象时持个人主义的态度。资产阶级社会学在理解社会生活时,是从单个的个人、个体、他的愿望、意愿和利益出发的。正如马克思所指出的②,十八世纪关于鲁滨逊故事的枯燥乏味的虚构——想从促使单个的孤立的猎人和渔夫进行活动的动机出发来研究经济规律性的企图,就是根源于此的。

因为德国资产阶级意识形态和一切资产阶级意识形态一样,具有个人主义的特点,所以重要的是揭示德国资产阶级个人主义的特点。青年黑格尔派也是从个性、个人出发的,但是他们认为,只有"批判地思维的个人"才能起创造性的作用,而由于他们认为只有德国人才具有进行理论思维、进行"批判"的能力,所以由此就得出了德国人比其他民族优越的结论。如果说一个民族可能获得超过其他民族的优越性,那么在《文学总汇报》看来,这决不是由于"实践的统治",而只是在"精神的优越性"方面,并且只有是那种"能批判自己和其他民族"的

---

① 《马克思恩格斯全集》第1版第2卷第120页。
② 《马克思恩格斯全集》第1版第12卷第733页。

民族。①

鲍威尔断言"德意志民族"具有优越性,他宣布理论活动是历史过程的主要的、决定性的力量。他大声喝道:"请给我说一说看,哪一个历史时代不是由威严的'笔'预先规定了的,不是应当由笔来解决其存在问题的!"②

马克思揭露了"批判"。这一批判怀着"无限的自我意识",把自己摆在各民族之上,并期待着各民族"匍匐于自己脚下乞求指点迷径",同时侈谈什么"批判的过程"提供了"精神的优越性"等等,实质上"依然深深地陷在**德国民族性**的泥坑里"。③

可见,在《神圣家族》中,青年黑格尔派的反动的意识形态受到了批判,因而他们的唯心主义哲学的根本缺陷也受到了深刻而全面的批判。同时,这部著作是在马克思主义哲学形成过程中的一个重要阶段。

在总结1843—1844年期间马克思同青年黑格尔派的斗争时,必须指出如下几点:

一、马克思在《莱茵报》上开始了向共产主义和唯物主义的转变,在巴黎时政治上彻底站到了无产阶级的立场上,理论上彻底站到了唯物主义一边。这时德国国内无产阶级发动了西里西亚起义,标志着它登上了历史活动的舞台。

二、以布鲁诺·鲍威尔为首的青年黑格尔派,依靠黑格尔的唯心主义体系,歪曲现实,为反动的普鲁士国家的政策歌功颂德并进行辩护。这个普鲁士国家企图摧毁1842年的资产阶级激进运动,为此,青年黑

---

① 《文学总汇报》1844年第6期第34页。
② 《马克思恩格斯全集》第1版第2卷第128页。
③ 《马克思恩格斯全集》第1版第2卷195页。

格尔派宣扬拒绝参加政治斗争，证明政治斗争是不合法、不合理的，论证要拒绝向群众呼吁。对西里西亚起义的态度表明，青年黑格尔派对无产阶级抱有不可调和的敌视态度。

三、马克思和青年黑格尔派对普鲁士国家的反动政策和西里西亚起义所采取的不同态度，是在他们之间所展开的那场斗争的基础，这场斗争反映了无产阶级立场和资产阶级立场的根本矛盾。

四、在《神圣家族》中，马克思和恩格斯对思辨唯心主义作了辩证唯物主义的批判。他们在揭露青年黑格尔派的思辨的同时，也指出了黑格尔辩证法的极端有害的性质，这种辩证法由于具有神秘化的形式而提供了颂扬现存状况的可能性，在德国成了时髦。在《神圣家族》中还表现出费尔巴哈的影响，主要是术语方面的影响。《神圣家族》是马克思思想发展中的特定阶段，是他在1843—1844年期间同青年黑格尔派进行斗争的最高点。

六

马克思主义的两位创始人合写的第二部著作《德意志意识形态》是马克思同青年黑格尔派进行斗争的最后一个阶段，结束性的阶段。

马克思和恩格斯的著作《德意志意识形态》写于他们的著作《神圣家族》发表以后不久。1844年11月，《神圣家族》的手稿就寄给了出版人，而在1845年9月，马克思和恩格斯读了布鲁诺·鲍威尔和施蒂纳的论战性著作以后，就着手以《莱比锡宗教会议》为题撰写反对青年黑格尔派的长篇著作，这一著作后来发展成为《德意志意识形态》。

《德意志意识形态》是马克思主义创始人的一部新的卓越的著作。

它反映了由马克思在巴黎和后来在布鲁塞尔进行的大量科学研究活动和实际政治活动所准备好了的马克思思想发展中的下一个重要阶段。①

马克思在他的著作《福格特先生》中写道:"我第一次逗留巴黎期间,经常同那里的同盟领导人以及法国大多数工人秘密团体的领导人保持私人交往,但并没有加入其中任何一个团体。"② 在这里重要的是要强调指出,正是在这个时期,马克思直接参加了工人运动并在其中起了领导作用。他写道:"在布鲁塞尔(是基佐把我放逐到那里去的),我曾同恩格斯、威·沃尔弗等人成立了……工人教育协会。"③

在《德意志意识形态》中,大致上对作为无产阶级世界观的理论基础的唯物主义历史观作了天才的叙述。唯物主义历史观的发现,标志着在对社会现象的全部总和的说明方面发生了一次根本变革、一场真正的革命,它把共产主义由空想变成了科学。④

这一发现对于正在开展的无产阶级运动具有巨大的实践意义。恩格斯写道:"这个在历史学方面引起变革的发现,这个正如我们所看到的主要是马克思作出……的发现,对于当时的工人运动却有了直接的意义……共产主义现在已不再意味着凭空设想一种尽可能完善的社会理

---

① 见 Е.Л.康捷尔:《马克思和恩格斯是共产主义者同盟的组织者》1953年莫斯科版第89—104页。

② 《马克思恩格斯全集》第1版第14卷第464页。

③ 《马克思恩格斯全集》第1版第14卷第464页。

④ 应该指出,在《德意志意识形态》中,同青年黑格尔派的斗争是根据唯物主义历史观展开的,而马克思在开始写作这一著作以前就基本上表述了唯物主义历史观。马克思早在1845年3月就写成了《关于费尔巴哈的提纲》。当恩格斯于同年4月在布鲁塞尔会见马克思时,马克思已经能够用几乎像恩格斯1883年在《共产党宣言》的序言中叙述时所用的那样明晰的语句向他阐述自己的发现了。

想,而是意味着深刻理解无产阶级所进行的斗争的性质、条件以及由此产生的一般目的。"① 从此共产主义就成为在同资产阶级进行的不可调和的阶级斗争中无产阶级立场的理论表现和无产阶级解放的条件的理论概括②。马克思的共产主义本身第一次不可分割地并且在实质上把理论活动和实践活动作为统一的无产阶级的阶级斗争的不同形式结合起来了。正因为如此,马克思和恩格斯才同青年黑格尔派——德国资产阶级的思想家们进行这种不可调和的思想斗争。

马克思和恩格斯在创作《德意志意识形态》以前,在政治经济学领域进行了大量的工作。例如,他们合作撰写《德意志意识形态》以前,恩格斯完成了卓越的著作《英国工人阶级状况》,他在这部著作中总结英国工人阶级斗争经验的同时,论证了关于无产阶级具有全世界历史性的作用的思想。马克思在研究市民社会的解剖学——市民社会的经济关系和对资产阶级政治经济学的批判——方面作了大量的工作。马克思认为,政治经济学的研究具有巨大的意义,是说明当代一切极其重要的迫切问题的钥匙。正如恩格斯所指出的,无产阶级政党的全部理论内容就是从研究政治经济学中产生的。

由于研究法国革命,部分地是受恩格斯的著作《政治经济学批判大纲》的影响,马克思开始系统地、深入地研究政治经济学。当时他还打算写一部批判资产阶级政治经济学的长篇著作。马克思在研究资产阶级政治经济学家——亚当·斯密、大卫·李嘉图等人——的著作方面,下了很大的功夫。

---

① 《马克思恩格斯全集》第 1 版第 21 卷第 248 页。
② 《马克思恩格斯全集》第 1 版第 4 卷第 312 页。

在《1844年经济学哲学手稿》中，马克思就着手对资产阶级社会灭亡的必然性、不可避免性进行科学的理论论证，而在多卷本的《资本论》中他天才地完成了这一论证。

在这部手稿中，马克思把主要的注意力放在分析构成资本主义社会的各个阶级上面，并且得出结论说，现在一般说来，只有两个阶级——工人阶级和资本家阶级是具有决定意义的阶级①。工人阶级在这个社会中的状况是由"工人本身成为商品、资本"②，而且"工人创造的商品越多，他就越变成廉价的商品"③ 这一点决定的。工人是资本家阶级的奴隶，私有制是这一奴隶制的基础。

马克思着手进行经济研究以后，碰到了必须对黑格尔的辩证方法进一步作批判改造的问题。他在自己的政治经济学著作中，继续制定新的唯物主义辩证法。

马克思指出，无论是青年黑格尔派还是费尔巴哈都没有制服黑格尔的辩证法，费尔巴哈干脆把黑格尔辩证法抛弃了。马克思认为制定辩证方法具有巨大的意义，他写道："黑格尔的《现象学》及其最后成果——作为推动原则和创造原则的否定性的辩证法——的伟大之处首先在于，黑格尔把人的自我产生看作一个过程……他抓住了劳动的本质，把对象性的人、现实的因而是真正的人理解为他自己的劳动的结果。"④但是，黑格尔只知道抽象的、精神的劳动。而且他只看到劳动的积极的方面，而没有看到它的消极的方面，⑤就是说，看不到，或者不想看到

---

① 《马克思恩格斯全集》第1版第42卷第83页。
② 《马克思恩格斯全集》第1版第42卷第111页。
③ 《马克思恩格斯全集》第1版第42卷第90页。
④ 《马克思恩格斯全集》第1版第42卷第163页。
⑤ 《马克思恩格斯全集》第1版第42卷第163页。

资本主义的矛盾。甚至当黑格尔"在思辨的叙述中作出把握住事物本身的、真实的叙述"的时候，这也只起这样的作用，即"这种思辨发展之中的现实的发展会使读者把思辨的发展当做现实的发展，而把现实的发展当做思辨的发展"。① 马克思指出，黑格尔表面上身居唯心主义思辨的九霄云外，而实际上却站在"资产阶级政治经济学"的观点上。

在批判地改造黑格尔唯心主义辩证法的过程中，马克思成功地把唯物主义辩证法这种新方法运用于经济研究。根据对社会的阶级结构的分析，马克思证明，资产阶级社会各基本阶级的不可避免的斗争是时代的主导矛盾，是这个社会的主要动力。从而，马克思在这里就光辉地运用了唯物主义辩证法的方法。这种方法揭示了客观物质世界的内在矛盾性，认为这种矛盾性是一切运动和发展的根源。

跟《德法年鉴》上发表的文章和《神圣家族》这部著作不同，在后来根据经济研究写成的《德意志意识形态》中，马克思彻底摆脱了费尔巴哈的术语，并且对作为德国资产阶级意识形态的代表人物之一的费尔巴哈作了全面的批判。这再一次证明，马克思并不是在费尔巴哈的影响之下达到了唯物主义，相反，只是在马克思还没有完成对社会的经济结构的研究的时候，并且由于这个原因，才保留了费尔巴哈的影响。诚然，即使是在使用费尔巴哈的术语的时候，马克思也给这些术语加进了不同的内容。

在《德意志意识形态》中第一次对新的唯物主义历史观作了完整的叙述。这部著作同马克思主义创始人合写的第一部著作《神圣家族》一样，都是以论战的形式，以批判当时德国资产阶级哲学的几个最大代表人物——费尔巴哈、鲍威尔、施蒂纳——的形式写成的。

---

① 《马克思恩格斯全集》第 1 版第 2 卷第 76 页。

这里产生一个问题，为什么马克思认为必须用正好是批判德意志意识形态的形式来叙述新的世界观呢？这不仅是因为必须以作为资产阶级哲学思想的典型表现的德国哲学为例子来揭露资产阶级哲学思想的狭隘性。主要的问题在于，德国处于资产阶级民主革命的前夜，无产阶级已经作为独立的政治力量出现，正是在德国，无产阶级政党的形成要求对无产阶级利益、观点、理论同资产阶级利益和世界观对立这种情况有特别明确的认识。在这种条件下，马克思和恩格斯看到他们的基本任务就是给无产阶级运动提供一种跟资产阶级意识形态在性质上不同的并且与之敌对的新的意识形态，因为无产阶级如果不在思想上同资产阶级划清界线，就不可能作为独立的政治力量出现。

《德意志意识形态》的中心部分是第一章——《费尔巴哈》，其中对历史唯物主义的基础作了正面的叙述。因为费尔巴哈是唯一的一个人，"只有他才多少向前迈进了几步，只有他的著作才可以认真地加以分析"，① 所以马克思和恩格斯就以费尔巴哈为例子，强调指出了新的世界观同德国资产阶级意识形态的根本对立。诚然，这一章还是未完成的手稿，其中没有对费尔巴哈进行全面的批判。

马克思和恩格斯对人类社会的起源和发展作了唯物主义的解释，正如列宁指出的，他们消除了以前的全部社会学的两个主要缺点。第一，以前的社会学只考察人们的历史活动的思想动机，没有揭示出这些人们活动的物质基础；第二，以前的社会学恰好不包括人民群众的行动。历史唯物主义提供了研究"群众生活的社会条件以及这些条件的变更"②的可能性。

---

① 《马克思恩格斯全集》第1版第3卷第20页。
② 《列宁全集》第1版第21卷第38页。

历史唯物主义的发现,对于全面批判青年黑格尔派的唯心主义历史观和反民主情绪具有决定性的意义。

既然生产是一切社会生活的基础,那么劳动群众就是历史的创造者。从这个观点出发,也就可能制定关于个人在历史上的作用的新的科学的观点。青年黑格尔派把个人看作超历史的范畴,看作对一切社会形态和历史时代都不变的生物学本质或精神本质。同青年黑格尔派相反,马克思和恩格斯在人的历史发展中,联系人在一定社会形态的范围内生活的那些条件来考察人。在这部著作中,联系生产、阶级斗争和革命的发展规律,即联系群众和各个阶级的活动,揭示了个人在历史上的作用。马克思和恩格斯用他们的历史观反对唯心主义的历史观,他们得出结论说:意识的一切形式及其产物用思想的批判是不能消灭的,只有通过实际推翻现实的社会关系才能消灭,"历史的动力……是革命,而不是批判"①。同时,在这部著作中发展了关于革命、革命的物质前提——生产力的相应的发展以及对革命群众的教育——的学说。马克思和恩格斯明确地解决了关于确立在组织无产阶级的事业中具有决定作用的群众的新的革命的自我意识的问题。

这部著作从这种立场出发分析了青年黑格尔派的各种理论。像在《神圣家族》中一样,马克思和恩格斯证明,所有青年黑格尔派一致赞同的对历史过程的观点,完全是由黑格尔的哲学决定的。他们这些人全都离开了由某一个生产发展阶段所决定的具体历史时代去考察"占统治地位的思想"。

在第一章中,对各个阶级的出现及其由于由生产力的发展所决定的分工的发展而发展的情况作了概述:"一定的生产方式或一定的工业阶

---

① 《马克思恩格斯全集》第1版第3卷第43页。

段始终是与一定的共同活动方式或一定的社会阶段联系着的"①。

历史就是阶级斗争的历史。但是在社会生产的每一个一定的历史阶段上，发生的是各个具体的、一定的历史阶级的斗争。"……到现在为止，社会一直是在对立的范围内发展的，在古代是自由民和奴隶之间的对立，在中世纪是贵族和农奴之间的对立，近代是资产阶级和无产阶级之间的对立。"②

社会分裂为阶级是生产力发展的必然结果。随着生产力的发展，当生产力具有了社会性质的时候，就为消灭阶级创造了条件。阶级产生了，阶级也将要消失。

青年黑格尔派把历史说成是思想的历史的反动图谋是一种歪曲。意识始终只不过是人们对他们的存在的认识，而人们的存在是人们生活的现实过程。

政治、法、意识形态的各种不同形式，是阶级斗争的反映和表现。国家不是"世俗的神的存在物"，而是阶级斗争不可调和的产物和表现。国家是阶级统治的工具。国家的存在和发展是由经济的需要决定的，它来源于社会生活的物质条件。"国家是属于统治阶级的各个个人借以实现其共同利益的形式，是该时代的整个市民社会获得集中表现的形式"③。

马克思和恩格斯证明，"由于资产阶级已经不再是一个等级，而是一个阶级了，因此它必须在全国范围内而不是在一个地区内组织起来，

---

① 《马克思恩格斯全集》第1版第3卷第33页。
② 《马克思恩格斯全集》第1版第3卷第507页。
③ 《马克思恩格斯全集》第1版第3卷第70页。

并且必然使自己通常的利益具有一种普遍的形式。"① 实际上国家"不外是资产者为了在国内外相互保障自己的财产和利益所必然要采取的一种组织形式"②。

他们指出,国家内部的一切斗争——民主政体、贵族政体和君主政体之间的斗争,争取选举权的斗争等等——不过是"一些虚幻的形式,在这些形式下进行着各个不同阶级间的真正的斗争"③。

对于无产阶级说来,资产阶级国家的形式并不是无所谓的。施蒂纳认为,"公民权对无产者是无所谓的"。马克思和恩格斯批判施蒂纳时指出,"公民权即**积极的**公民权对于工人是如此的重要,凡是在工人**享有**公民权的地方……他们都从中'取得利益',而凡是在工人没有公民权的地方,他们都力求取得公民权。"④

马克思和恩格斯深刻地论证了国家的起源和本质,他们强调指出,必须既反对资产阶级国家,又反对把国家加以神化并宣扬同国家妥协的反动思想。

在这一章中也阐述了关于无产阶级革命的学说。这里谈到,要进行无产阶级革命,必须有成熟的客观前提和主观前提。只有在大工业的条件下,才有可能消灭私有制。但是,为此也必须有作为革命主体的无产阶级的一定的成熟性。

在这部著作中,强调指出了革命对于改造无产阶级自己,对于使无产阶级摆脱一切陈旧的、从阶级社会遗留下来的肮脏东西的重要性。

---

① 《马克思恩格斯全集》第 1 版第 3 卷第 70 页。
② 《马克思恩格斯全集》第 1 版第 3 卷第 70 页。
③ 《马克思恩格斯全集》第 1 版第 3 卷第 38 页。
④ 《马克思恩格斯全集》第 1 版第 3 卷第 238 页。

"革命之所以必需，不仅是因为没有任何其他的办法能推翻统治阶级，而且还因为推翻统治阶级的那个阶级，只有在革命中才能抛掉自己身上的一切陈旧的肮脏东西，才能建立社会的新基础。"①

这里还有一些关于费尔巴哈唯物主义的意见。马克思和恩格斯强调指出：当费尔巴哈是一个唯物主义者的时候，历史在他的视野之外；当他考察历史的时候，他决不是一个唯物主义者。

马克思和恩格斯讥笑费尔巴哈想把"共产主义者"这个概念变成一个空洞的范畴。他们坚决地强调指出，共产主义者是"一定革命政党的拥护者"。

马克思的共产主义理论强调指出作为在改造社会的事业中基本的、主要的和具有决定意义的东西的实践革命活动的意义。"对实践的唯物主义者，即共产主义者说来，全部问题都在于使现存世界革命化，实际地反对和改变事物的现状。"②

马克思和恩格斯用了比较不长的篇幅批判鲍威尔，因为在《神圣家族》中已经对他的哲学做了详尽无遗的分析。如果说他们再次认为需要详细谈一谈鲍威尔，这是因为鲍威尔在维干德的杂志上③"骑着他的老年黑格尔派的战马"，竟然想要"为他自己的漫画创作一幅漫画"。如果说自我意识的哲学是对黑格尔的拙劣的模仿，那么现在在维干德那里，鲍威尔就用个性替换自我意识，把个性偷运进来。

不仅历史被看作是个性意识的产物，而且个性本身也是意识的创造物，"自己的制品"。马克思和恩格斯说，鲍威尔的"个性"的本质就

---

① 《马克思恩格斯全集》第1版第3卷第78页。
② 《马克思恩格斯全集》第1版第3卷第48页。
③ 《维干德季刊》1845年莱比锡版第3卷第86—146页。

是概念的概念，抽象的抽象，从而是自我意识哲学的一幅漫画。他们指出，同《文学总汇报》上的原来那些言论相比，鲍威尔不能提出任何新的东西。他出来讲话是为了让别人不忘记他，而且许多东西是从施蒂纳那里抄袭来的。《德意志意识形态》有很大一部分也是批判施蒂纳的哲学的。施蒂纳的主要著作《唯一者及其所有物》于1845年出版，马克思和恩格斯在此以前还不可能批判他的哲学。

虽然施蒂纳像恩格斯所说的是个"普通的怪物"，他的全部哲学学说都是荒谬的，但是在当时他还罩着革命家的灵光；甚至费尔巴哈也认为他是革命家。因此，揭穿施蒂纳哲学的真正本质就更加重要。

施蒂纳把鲍威尔关于宗教是自我意识的异化的学说绝对化。如果说鲍威尔使人"摆脱了"宗教，证明宗教是意识的产物，意识把作为"圣物"的实在性赋予这一产物，而施蒂纳则运用同一个原理，宣布一切社会设施都是"圣物"。根据这一点，他断言，只要不再相信国家、财产等等，国家、财产等等就会丧失自己对人的支配权。施蒂纳继承了鲍威尔把"批判"同"群众"对立起来的做法，把这种做法发展到否定任何社会联系，发展到为利己主义提供论据。

施蒂纳是无政府主义的鼻祖之一，根据列宁的定义，无政府主义是"翻转过来的资产阶级个人主义"。施蒂纳在他的著作中宣扬个人崇拜，宣扬对摆脱了一切意识形态的外衣、只是遵循利己主义者自己的愿望行事的"自我"、"唯一者"的崇拜。每一个利己主义者都是法和道德的唯一的本源。"即使某种东西对整个世界说来是不公正的，而对我说来是公正的，就是说，我想要这种东西，那么我就会不考虑世界。"①

对利己主义、个人主义的宣扬在施蒂纳那里是同对强有力的个人的

---

① 麦·施蒂纳：《唯一者及其所有物》1918年莫斯科版第142页。

崇拜的论证结合在一起的。利己主义者说：你需要什么，就拿去吧。这样就宣布了一切人反对一切人的战争。"……谁需要许多东西而又知道怎样得到这些东西，他总是能把这些东西弄到手正像拿破仑获得欧洲大陆，法国人获得阿尔及利亚一样。"① 施蒂纳心目中的利己主义者，是享有特权、违反平等思想、掌握权力的"英雄"。他把英雄同大众、群众对立起来。施蒂纳的主要思想是使强有力的个人摆脱对其他人、对社会的一切义务。这不是对作为公民的人的崇拜，而是对强大的统治者的崇拜。强者获胜，弱者屈服，这是公正的。对强权统治的这种卑鄙的宣扬，后来得到施蒂纳的思想上的继承人——尼采的拥护。

施蒂纳的个人主义，他对强有力的个人的崇拜，也决定了他对人民和民主的仇视态度。他直截了当地反对人民的自由。他说，"人民的自由不是我的自由"。因为在他的心目中只有靠牺牲个人，人民才能成为自由的。"放荡无羁的平民的蛮横无礼的叫喊"——要求自由和平等——使他感到愤怒。人们为富人对穷人过去和现在所干的"千百年来的不公正行为"而发出的"令人震耳欲聋的喧嚣"使得他怒不可遏。但是，穷人所以穷，难道是富人的过错吗？他们之间的差别就在于"一些人能干，另一些人不能干"。施蒂纳对无产阶级就持这种态度。他认为，无产阶级不过是些"骗子手、妓女、小偷、强盗和杀人犯"等等，即"流氓坏蛋"。他攻击共产主义，因为据说共产主义轻视个人。这一切都说明，施蒂纳是一个"发了疯的小资产者"。

实质上，在这种宣扬肆无忌惮的个人主义的统治的手法背后，隐藏着对不受任何东西限制的竞争的原则的颂扬。马克思和恩格斯正是用他们的批判揭露了施蒂纳哲学的这种彻头彻尾的资产阶级实质。

---

① 麦·施蒂纳：《唯一者及其所有物》1918 年莫斯科版第 193 页。

马克思和恩格斯对施蒂纳的哲学作了极其详细的批判分析，同时复活并且光辉地利用了塞万提斯所创作的那些不朽形象和拉伯雷的十分犀利的讽喻。

马克思所作的批判的实质可以归结为如下论点。第一，施蒂纳所持的完全是黑格尔主义的观点——他硬要现实世界去符合他所设想出来的概念世界，而他在概念中又使这个概念世界遭到毁灭；第二，施蒂纳是反映德国现实的小资产阶级贫乏性的地方性现象、德国所特有的现象。"既是神圣的又是德国的见解……"①

施蒂纳的全部"极端的"思想可以归结为极其陈腐庸俗的自我掩饰，德国的小资产者利用这种自我掩饰在其无能为力的境况中安慰自己。当施蒂纳宣称"我将世界作为我的所有物来把握"时，马克思和恩格斯像分析他的"遭到思辨的歪曲的"结构一样证明，实质上他把握的不是世界，而是他关于世界的"热病时的胡想"。历史在施蒂纳心目中"便成为单纯的先入之见的历史，成为关于精神和怪影的神话，而构成这些神话的基础的真实的经验的历史，却仅仅被用来赋予这些怪影以……必要的名称来把这些怪影装点得仿佛真有实在性似的"②。

马克思和恩格斯通过一系列的例子，"详尽无遗地、全面地"证明，"乡下佬雅各"（他们这样称呼施蒂纳——引者注）——"这位无知的教书匠"如何把事实头脚倒置，让观念的历史来产生物质的历史。③

马克思和恩格斯证明，施蒂纳把人类历史的各个不同阶段看作个人

---

① 《马克思恩格斯全集》第 1 版第 3 卷第 216 页。
② 《马克思恩格斯全集》第 1 版第 3 卷第 132 页。
③ 参看《马克思恩格斯全集》第 1 版第 3 卷第 149、142 页。

发展的几个阶段，把这些阶段归结为意识的一定状态。全部历史被归结为人类年龄的更替：儿童、青年、成人。个人所发生的、引起意识变化的社会变化，对施蒂纳说来是不存在的。他撇开历史时代、民族、阶级不管，把他周围环境中对他最亲近的那个阶级的占统治地位的意识当作"人类生活"的正常意识。马克思和恩格斯指出，施蒂纳"总是盲目地相信他从黑格尔那里取来的、在他看来已经成为传统的世界观，把它看作**现实世界**"①，他是"抄袭黑格尔"，这样，马克思和恩格斯就用物质条件，用"柏林气氛"说明了施蒂纳本人。施蒂纳的全部哲学被认为是纯粹民族的、地方的事业。当他谈论世界史的时候，引用的只是德意志民族的事实，这些事实是狭隘地、用德意志民族的方式来进行考察的。

施蒂纳的历史结构是"按照黑格尔的方法"②建立起来的结构。马克思主义的创始人指出："施蒂纳把柏林跟世界和世界历史混为一谈了。"③"黑格尔哲学把一切变为思想、**圣物**、幽灵、精神、精灵、怪影。'施蒂纳'将和它们搏斗，在想象中战胜它们并在它们的尸体上建立他'自己的''唯一的''有形体的'世界王国"④。

马克思和恩格斯通过批判施蒂纳对无产阶级的理解，证实了施蒂纳的这种特点："我们的圣者对无产阶级的看法，同……'忠诚的官吏'对无产阶级的看法完全一样。"⑤从而马克思和恩格斯就证明，尽管施蒂纳有他自己的似乎纯粹观念的、逻辑的结构，他的两只脚却站在现实

---

① 《马克思恩格斯全集》第1版第3卷第187页。
② 《马克思恩格斯全集》第1版第3卷第300页。
③ 《马克思恩格斯全集》第1版第3卷第201页。
④ 《马克思恩格斯全集》第1版第3卷第201页。
⑤ 《马克思恩格斯全集》第1版第3卷第219页。

的土地上。但是，全部问题在于，这是小资产阶级的、德国官吏的、柏林的现实。

施蒂纳是"作为真正的'国家狂信者'"① 出现的，而"国家"则是"施蒂纳关于普鲁士国家的幻想，他把普鲁士国家看作一般国家"②。

马克思和恩格斯揭穿了施蒂纳的个人主义本身的阶级基础和民族基础。"……大民族无论在实践中或理论中、竞争中或科学中经常彼此进行比较。而害怕比较和竞争的德国人，都是些小店主和小市民，他们躲到哲学标签的制造商为他们准备好的无比性这个挡箭牌后面去。"③

这样一来，马克思和恩格斯就用自己的批判证明，施蒂纳并没有越出当时德国的落后社会关系的范围。实质上，他是被资本主义竞争弄得破了产的并且企图保留其小所有制的小资产阶级的思想家。马克思和恩格斯揭穿了施蒂纳及其"唯一者"的小资产阶级实质，证明个人的真正解放是同改变社会关系相联系的，"和按共产主义原则组织社会的任务是一致的"④。

在创作《德意志意识形态》的过程中，在同青年黑格尔派和"真正的社会主义者"的斗争过程中，马克思和恩格斯继续在各个不同方面发展了唯物主义历史观。结果，在《德意志意识形态》一书中，他们已经不仅对历史问题，而且对认识论、逻辑、艺术、语文学等问题作了唯物主义的阐述，从而也证实了他们所运用的原理是有力量的和富有成效的。

---

① 《马克思恩格斯全集》第 1 版第 3 卷第 467 页。
② 《马克思恩格斯全集》第 1 版第 3 卷第 470 页。
③ 《马克思恩格斯全集》第 1 版第 3 卷第 518 页。
④ 《马克思恩格斯全集》第 1 版第 3 卷第 515 页。

七

对马克思同青年黑格尔派的斗争的研究表明,马克思在反对青年黑格尔派这整个唯心主义学派的斗争中从一开始就不得不捍卫他自己的观点。这一斗争包括1842—1846年这个时期,可分为三个主要阶段:

一、在思想上同青年黑格尔派划清界线的时期,这个时期是同马克思于1842—1843年间起初作为《莱茵报》的撰稿人,而后来作为该报编辑登上实际政治活动的舞台相联系的。这时,马克思是从革命民主主义的立场出发进行斗争的。

二、从1843年到1844年这个时期,这个时期是同马克思向无产阶级立场的转变和青年黑格尔派公开反对群众性革命运动相联系的。马克思和恩格斯反对青年黑格尔派的斗争的最重要的文献是他们合写的第一部著作《神圣家族》。

三、马克思和恩格斯的新世界观形成过程完成的时期(1845—1846年),他们的新世界观第一次在《德意志意识形态》这一著作中得到了阐述。

青年黑格尔派的活动是由革命前的德国的历史发展的特点所决定的。1848—1851年革命过程中的群众的革命行动驳倒了青年黑格尔派的思辨唯心主义的学说,暴露了他们的学说是站不住脚的。事变的全部进程表明,无论革命的成功还是革命的失败都是由群众参加的程度及其积极性的高低所决定的。由于1848年革命"毫不客气地把任何哲学(恩格斯这里指的是黑格尔派的哲学争论)都撇在一旁"[①],马克思和恩

---

① 《马克思恩格斯选集》第1版第4卷第219页。

格斯就把他们的批判的锋芒指向其他论敌了。因此，对马克思和恩格斯反对青年黑格尔派的斗争的考察，通过对《德意志意识形态》的分析就可以告结束了。

（原载《莫斯科大学哲学系学报》1958年第190辑）

（屏羽 译）

关于马克思和恩格斯1845—1846年在布鲁塞尔期间同莫泽斯·赫斯的关系（一）*

〔苏〕雅·罗基扬斯基

马克思和恩格斯同19世纪40年代德国社会主义运动最著名的代表人物之一、德国的或"真正的"社会主义创始人莫泽斯·赫斯的关系长期以来就引起历史学家和赫斯传记作者的兴趣。因此，在史学文献中有许多文章论述了赫斯1845—1846年在布鲁塞尔逗留期间同马克思恩格斯关系的性质和事实。本文根据《马克思恩格斯全集》（原文版）第三部分第一、二卷中发表的文献以及其他材料力图不仅对迄今为止的关于马克思和恩格斯同赫斯关系的看法加以补充，而且在某些方面予以更正。从而使人们更好地了解马克思和恩格斯在他们生平事业的那个重要时期，即完成唯物主义历史观和科学共产主义制定过程的时期，所进行的理论活动和实践活动。

---

* 本文选自《马列主义研究资料》1988年第3辑。
　作者是历史系副博士，苏共中央马列主义研究院工作人员。——译者注

一

看来，首先准确地确定一下赫斯在布鲁塞尔的时间是很有意义的。赫斯传记作者断定他是1845年8、9月抵达布鲁塞尔和1846年2、3月离开那里的。我们认为，根据赫斯的通信可以设想他是1845年9月初到达布鲁塞尔的，而另一方面从燕妮·马克思1846年3月24日给马克思的信中可以看出，赫斯是在那年的3月20日左右决定再次离开布鲁塞尔的。1846年3月30日当布鲁塞尔共产主义通讯委员会召开那次著名的会议时，赫斯已不在布鲁塞尔了。他肯定是在1846年3月20日后30日前再次离开那里的。因此，赫斯从1845年9月初至1846年3月底在布鲁塞尔总共待了近七个月。

赫斯传记作者还列举了一些他在布鲁塞尔逗留的原因。一些人认为，赫斯是为躲避普鲁士警察局的跟踪才离开德国的，普鲁士警察局注意到了他在巴门—爱北斐特作为《社会明镜》月刊的发行人和编辑所进行的政论活动。其他人则猜测，他去布鲁塞尔是为了能在德国国境外同西比拉·佩什成婚。

赫斯很可能出于上述种种原因去了布鲁塞尔。我们不赞同施·纳阿曼的意见。他认为，赫斯迁居布鲁塞尔是为了在那里同马克思和恩格斯一起为"国内外共产主义运动的加强"而工作，而且这一工作是按照从一开始就制定的"共同计划"进行的并以"共同的根本立场"为出发点。纳阿曼在他撰写的关于赫斯生平事业的书中不仅持有这种观点（顺便说一下，该书几乎没有把对经过独立研究的原始资料作为基础，没有倾向性特点并且是站在坚决反马克思主义的立场上撰写的），他还明显地过高估计了赫斯活动的意义及其观点在理论上的成熟程度。

事实上赫斯并不可能为自己提出这样一项任务。在科学基础上加强共产主义运动这一思想是马克思和恩格斯40年代中期在"大致完成了……唯物主义历史理论的工作"①之后第一次提出来的。此外，我们注意到，几乎与此同时马克思和恩格斯的思想和个性开始对赫斯产生越来越强烈的影响，因此，赫斯打算同他们进行理论和政论方面的合作必然被视为他在布鲁塞尔逗留的重要原因。他和西比拉·佩什一起在他们的附近住了下来。赫斯在此期间甚至可能接受过马克思和恩格斯不止一次的直接邀请。他们显然相信（尽管事实上他们在理论方面已远远超过了他）赫斯能够成为他们新政论计划的忠实合作者。

赫斯是三月革命前德国空想社会主义和空想共产主义思想的第一批宣传者之一。他在30年代后半期和40年代前半期撰写了一些文章和小册子。在这些文章和小册子里他利用从法国文献中获得的社会主义和共产主义理论分析了德国哲学思想的各种流派。虽然这些文章和小册子在德国传播社会主义和共产主义思想方面起了积极作用，但里面所阐明的观点总的看来在理论上并没有独到之处，因而没有给人留下良好的印象。正如沃·门克令人信服地证实的那样，这些观点没有辩证地扬弃，而只是折中地统一了三月革命前的这两大思想来源。在《莱茵报》被查封后，赫斯努力发展的"哲学"共产主义同样是以这种方式把德国古典哲学和现代哲学要素，首先是费尔巴哈的以人类学为基础的空想人道主义社会伦理学同法国空想社会主义和空想共产主义论点结合起来。②赫斯把实现社会主义和共产主义理解为实现"真正的"，也就是费尔巴哈所认为的人的博爱本质。他最多不过是把这种实现同产生于贫

---

① 《马克思恩格斯全集》第1版第21卷第247页。
② 《马克思恩格斯全集》第1版第3卷第536、580—581页。

富对立的、对社会经济方面只有肤浅理解的无产阶级革命加以比较。他认为，社会主义和共产主义主要应通过靠教育逐渐改变人的意识的方法来实现。赫斯在1844年左右（马克思和恩格斯思想的唯物主义历史观轮廓在这时已经形成）写道："每个人都必须**从理论上渗透人的[真正的]本质**[……]。总之，这关系到人类完美的教育。"因此，进行社会主义和共产主义改造，"向自由社会生活过渡"的主要推动力应是受过教育的社会阶层。赫斯的诸如此类的从人的非历史的和形而上学的本质规定中获得的"哲学"共产主义观点，成了1844年以后数年在德国得到广泛传播的小资产阶级"真正的"社会主义的理论基础。

马克思和恩格斯在奠定唯物主义历史观和科学共产主义基础的过程中对"真正的"社会主义进行过多次尖锐的批判。他们毫不留情地揭露了它的折中主义的和最终反动的本质。他们指出，"真正的"社会主义使德国工人脱离阶级斗争，无视革命斗争的资产阶级民主阶段的必要性，从而实际上为德国反动政府镇压三月革命前的民主运动帮了忙。①

马克思和恩格斯在1845年秋和1846年春究竟为什么还要同赫斯合作呢？尤其是为什么在恩格斯1844年11月证明了他对旧的唯心主义的"忠心"②之后还这样做呢？为澄清这个问题必须注意一些情况。一方面，马克思和恩格斯从40年代初就已同赫斯保持友好关系并与他在《莱茵报》、《德法年鉴》和巴黎《前进报》合作过。另一方面，赫斯对

---

① 《马克思恩格斯全集》第1版第3卷第535—538页、《马克思恩格斯全集》第1版第4卷第46—65、495—498、503—504页。

② 《马克思恩格斯全集》第1版第27卷第13页。

恩格斯迅速转向共产主义起过一定的作用。① 他的一些著作也曾得到马克思的肯定。② 茨维·罗森曾断言赫斯三、四十年代的思想和论点"对马克思的学说产生过重要的、有时甚至是决定性的影响",这显然是错误的。罗森在他撰写的那本关于赫斯和马克思的书中不仅对马克思主义史,而且也对赫斯传记作了倾向性解释。他试图纯粹从形式上对这两位彼此向相反方向发展的思想家靠各自的研究得出的见解作一比较,以便证实上述论断。然而他却忽视了科学共产主义是马克思具体发展起来的和在1845—1846年以前赫斯在理论方面对马克思而言就已经不是赋予者,而是索取者这一事实。

最后,下述情况完全能够说明马克思和恩格斯同赫斯的合作,这就是看来赫斯在他们的影响下重新摆脱了"哲学"共产主义的某些原理的影响并日益承认无产阶级在以革命的方式对社会进行社会主义和共产主义改造方面所起的领导作用。因此,马克思和恩格斯完全有理由期望赫斯支持他们的辩证唯物主义历史论并参加科学共产主义思想的传播工作。

翻阅一下赫斯传记作者撰写的著作,人们必然会承认,当1845—1846年赫斯逗留布鲁塞尔时,马克思和恩格斯同赫斯之间没有发生过严重的意见分歧和争论。相反谈到的是他们之间友好的、密切的和纯真的关系和赫斯坚决拥护马克思和恩格斯的思想以及他参加《德意志意识形态》的撰写工作。

我们马上回过头来谈谈前面提到的赫斯在撰写《德意志意识形态》时所起的作用。赫斯传记作者主要根据这一事实才确信,1845—1846

---

① 《马克思恩格斯全集》第1版第1卷第590—591页。
② 《马克思恩格斯全集》第1版第42卷第46—47页。

年赫斯在布鲁塞尔期间努力接近马克思和恩格斯的哲学观点和社会观点。事实上，马克思、恩格斯同赫斯果真能够共同创作同一部理论著作吗？何况他们在这方面世界观的立场是完全不同的。不应当忘记，赫斯去布鲁塞尔时是唯心主义者，是那些按"真正的"社会主义思想撰写的文章和小册子的作者。他怎么可能参加一部不仅制定和维护完全不同的历史哲学原理的辩证唯物主义体系，而且还对"真正的"、社会主义进行猛烈批判的著作的创作呢？①

爱·西尔伯纳尔说赫斯参加《德意志意识形态》的准备工作是"命运的嘲弄"。沃·门克写道："赫斯参加一部对他进行尖锐批判的著作的撰写工作，岂非咄咄怪事。"就连茨·罗森也只能断定："赫斯参加这个对'真正的社会主义'进行控诉、宣判并说明判决理由的文件《德意志意识形态》的创作是自相矛盾的。"

我们认为，这些说法都符合事实真相或者可以说没有回避事实真相。在马克思和恩格斯数十年的理论工作过程中根本找不出一个例子来证明他们同那些世界观完全不同的人哪怕是合写过一部著作。我们认为，只有加·戈洛温娜的观点能够彻底澄清事实真相。她在详细分析保存下来的马克思和恩格斯1845—1846年的全部通信、《德意志意识形态》手稿及其他材料的基础上得出结论说，关于马克思和恩格斯《德意志意识形态》创作情况的传统看法与事实不符。戈洛温娜认为，1932年以《德意志意识形态》为题第一次用原文全文发表在《马克思恩格斯全集》（原文版）第一版上的手稿最初是《季刊》头两卷的一部分。据说马克思担任该杂志的编辑。马克思、恩格斯和志同道合的共产主义者评论费尔巴哈、麦·施蒂纳、阿·卢格、布·鲍威尔、卡·格律恩以

---

① 《马克思恩格斯全集》第1版第3卷535—538、579—582页。

及其他各种青年黑格尔派和"真正的"社会主义者的批判性纲要也都发表在这个《季刊》上。假如根据关于《德意志意识形态》创作情况的传统看法以及马克思1847年4月发表的《驳卡尔·格律恩》①一文得出结论,马克思和恩格斯一开始就把《德意志意识形态》计划写成并已写成一部两卷本的、统一的和独立的合著,那么现在必须考虑下列事实,即在《驳卡尔·格律恩》中谈到的题为《德意志意识形态》的著作很可能指的是手稿,是马克思和恩格斯起初打算为《季刊》写的,在该计划落空后(这些情况可从恩格斯1846年下半年的书信中得知)②这些手稿才作为单行本出版。

戈洛温娜的观点使我们有可能弄清楚赫斯在《德意志意识形态》的写作准备中究竟起过什么作用。她证实了马克思和恩格斯1845—1846年在布鲁塞尔期间并没有计划同赫斯共同创作一部著作,而只是准备让赫斯参加《季刊》头两卷的出版工作。当然,在这本杂志范围内马克思和恩格斯也可能同赫斯合作过。

马克思显然争取赫斯参加了《季刊》的出版工作。这大概不仅因为赫斯具有出色的新闻工作能力以及看来正在努力掌握马克思和恩格斯的辩证唯物主义和科学共产主义观点,而且也可能因为他在德国新闻工作者和出版者中间享有一定的声誉并同一些富裕的德国企业主有联系,这些企业主能够为计划创办的《季刊》筹集资金。事实上,赫斯1845年11月下半月也曾在德国逗留。他受马克思的委托,在那里同威斯特伐里亚企业主鲁道夫·雷姆佩尔和尤利乌斯·迈耶尔就《季刊》和著名的法国和英国空想社会主义者和空想共产主义者著作的德译文汇编的

---

① 《马克思恩格斯全集》第1版第4卷43—44页。
② 《马克思恩格斯全集》第1版第27卷第67、82、83、87—89页。

出版事宜进行过交谈。赫斯在1845年11月24日左右回到布鲁塞尔后，向马克思谈了他成功地执行这次使命的成果，但不久就证明了这与事实完全不符。

赫斯从德国回来后，《季刊》的撰写工作便全面开展起来了。赫斯本人写了评论神秘论者格奥尔格·库尔曼的《新世界或人间的精神王国。通告》的小册子和评论激进资产阶级民主主义者阿尔诺德·卢格《巴黎二载，文稿和回忆录》一书的文章。有关这两篇文章的写作情况在门克的《关于莫泽斯·赫斯参加〈德意志意识形态〉撰写工作的情况》一文中详细地作了叙述。因此，我们在此只着重谈几个要点。

赫斯在1845年秋就已经针对"救世主"库尔曼和他的"信徒"贝克尔以及诸如此类的一些假社会主义和假共产主义先知撰写了一篇题为《共产主义先知的阴谋活动》的尖锐有力的文章并于同年12月发表在《社会明镜》月刊上。赫斯在1845年底至1846年初为马克思和恩格斯计划创办的《季刊》撰写的抨击库尔曼的小册子《新世界》的文章中再次利用了上述文章。当然他这篇文章的最后定稿约有五分之四是对库尔曼小册子所作的新的批判性评论，其中也对小册子所代表的观点的实质进行了详细的理论分析。①

有些研究者认为，赫斯抨击库尔曼的文章是经马克思和恩格斯修改的。② 我们赞同这种看法。在赫斯文章的开头和结尾的理论章节中，首先可看出修改过的痕迹。在这些章节中揭露了库尔曼《通告》的唯心主义实质。其中这样写道："一切唯心主义者，不论是哲学上的还是宗教上的，不论是旧的还是新的，都相信灵感、启示、救世主、奇迹创造

---

① 《马克思恩格斯全集》第1版第3卷第629—640页。
② 《马克思恩格斯全集》第1版第1卷第575—593页。

者，至于这种信仰是采取粗野的、宗教的形式还是文明的哲学的形式，这仅仅取决于他们的教育程度，就像他们消极地还是积极地对待对奇迹的信仰，也就是说，他们是创造奇迹的牧师还是这些牧师的信徒，以及他们所追求的是理论的目的还是实践的目的，都仅仅取决于他们的毅力、性格和社会地位等等一样。"① 关于这些"唯心主义者"和"思想家"的特征是这样写的："在思想家看来，整个历史发展都归结为历史发展进程在'当代所有的哲学家和理论家'的'头脑'中形成的理论抽象"②。"对唯心主义者来说，**现实**不过是现实事件的**理论抽象**，不过是这些事件的观念象征，而**现实事件**只不过是'旧世界走向灭亡的**象征**'。"③

这种针对库尔曼观点的实质进行的唯物主义分析几乎不可能出自赫斯本人之手。尽管他真心实意地试图转向马克思和恩格斯的立场，但他在很大程度上仍是唯心主义者。他的那篇1845年12月发表在《社会明镜》上的揭露库尔曼的阴谋诡计和在瑞士的其他"先知"的文章表明，他本人没有能力把这种批判提高到分析被批判观点的哲学实质的程度。他为《季刊》撰写的批驳库尔曼的"真正的"社会主义"预言"的文章作了大量重要的理论性概括，这些概括同马克思和恩格斯关于"真正的"社会主义的观点，特别是同他们在《德意志意识形态》第二卷手稿序言中所阐明的观点非常接近。④ 所有这一切表明，马克思和恩格斯从理论上大大深化了赫斯的文章，从而使他不仅明确地反对库尔曼，而

---

① 《马克思恩格斯全集》第1版第3卷第630页。
② 《马克思恩格斯全集》第1版第3卷第631页。
③ 《马克思恩格斯全集》第1版第3卷第639页。
④ 《马克思恩格斯全集》第1版第3卷第535—538页。

且也反对一般"德意志意识形态"的唯心主义和特殊"真正的"社会主义的唯心主义。这一事实也反映在经恩格斯修改过的文章标题上。恩格斯把原先含糊不清的讽刺性标题《圣格奥尔格·库尔曼的著作〈新世界或人间的精神王国。通告〉》改为《"霍尔施坦的格奥尔格·库尔曼博士"或"真正的社会主义"的预言。〈新世界或人间的精神王国。通告〉》①。

甚至在由约·魏德迈誊清后（当然是根据修改稿）的赫斯评论库尔曼《新世界》一文的手稿中，还有恩格斯修改过的痕迹。例如，恩格斯在誊清稿的第8页上删掉了几句话并用修改标题时用过的墨水另加了一行。十分清楚，马克思和恩格斯对赫斯为《季刊》撰写的文章最后一稿的影响并不仅仅限于这些有目共睹的修改，他们很可能在魏德迈誊清之前就已对文章的内容施加了影响。

西尔伯纳尔在他写的赫斯的传记中得出结论说，这部残稿同赫斯评论库尔曼《新世界》的文章有着直接的关系，从一定程度上来讲是它的续篇，但未被收入马克思和恩格斯计划创办的《季刊》或者说《德意志意识形态》。我们也认为，如果对这部残稿的原文作更进一步的研究，上述结论是可以成立的。遗憾的是，西尔伯纳尔对这个令人感兴趣的文献没有予以必要的重视。其他的赫斯传记作者，如纳阿曼最后又把它完全搁置在一边。

赫斯把主要注意力放在分析贝克尔1845年4月至9月在洛桑出版的《宗教运动和社会运动的喜讯》杂志上。赫斯写道："我们面前放着几期《宗教运动和社会运动的喜讯》月刊。我们从中看到了从前的人民作家贝克尔在他结识唯灵论的江湖骗子霍尔施坦的格奥尔格·库尔曼

---

① 《马克思恩格斯全集》第1版第3卷第629页。

博士期间的决定性倒退——一种不仅是形式上而且也是内容上的倒退。"赫斯首先对贝克尔反对共产主义原则感到气愤。"'公有的'原则即共产主义的原则,要求劳动和财产的公有,不分'**不动产**'和'**动产**'。贝克尔把这种排除雇佣劳动的共产主义原则称作'片面的',因为他说这不能把个人的自由同公有原则结合起来。"赫斯尖锐地批判了贝克尔关于借助于德国政府实现社会主义思想的想法并证实,贝克尔所建议的尤其是通过建立一个拥有工厂、手工工场、学校和教养院的"模范国家"实行公有化的措施只会恢复不平等和剥削。"这是该'体系'的**经济**方面。通过这种新理论应使《新世界》中的'个人自由'得到拯救",赫斯用这句话结束了对贝克尔的批判。

在评论贝克尔的这部残稿中还有不少主要出自赫斯本人之手的对原文的修改。当然,在第十五页上有一处无疑是恩格斯修改的。此外,恩格斯还可能删掉了其他一些句子。总之,在残稿的许多基本思想中完全可以看到恩格斯思想的影响。赫斯现在还赞赏地提到贝克尔过去"反对带有自由主义色彩或保守色彩的政治和宗教骗子"以及"反对共产主义的形形色色的敌人的活动"。赫斯对贝克尔的这些评价同恩格斯的评价一致,并非偶然。恩格斯在1845年称贝克尔是"一位最有天赋的瑞士共产主义者"[①]、"有才华的德国共产主义作家"[②],并把他的小册子《共产主义者要求什么?》列为"我们所知道的这类著作中最优秀、最有力的著作"[③]。

从表面看来,赫斯残稿中关于贝克尔的第二部分同关于库尔曼的第

---

① 《马克思恩格斯全集》第1版第2卷第601页。
② 《马克思恩格斯全集》第1版第42卷第299页。
③ 《马克思恩格斯全集》第1版第2卷第601页。

一部分一样都是准备誊清的。例如，在第十六页上赫斯两次直接请求抄写者把附上的贝克尔的小册子《共产主义者要求什么?》的引文加进去。但是，关于贝克尔的那部分手稿最后很可能没有为《季刊》再重抄一遍。马克思和恩格斯大概把手稿的这一部分退还给了赫斯，因此保留在他的遗著中，而由魏德迈誊清的评论库尔曼的那部分手稿连同其他为《季刊》或者也可以说为《德意志意识形态》撰写的手稿一起保留在马克思的文件中。显然，马克思和恩格斯决定，不允许赫斯手稿的第二部分在《季刊》上发表。

在阿姆斯特丹国际社会史研究所保存的赫斯评论贝克尔的这部分残稿，加深了我们关于赫斯参加计划创办的《季刊》工作以及关于马克思和恩格斯撰写《德意志意识形态》的工作的看法。这部残稿使我们对马克思和恩格斯如何选择赫斯所提供的材料，以及对当时很少为人知道的本来是为《季刊》拟定的《德意志意识形态》手稿的最初阶段的加工处理工作有了新的认识。它同样有助于我们确定马克思主义创始人对他们周围的人从理论上产生过影响的看法。首先第一次使我们了解到，现在众所周知的作为《德意志意识形态》第二卷第五章的关于库尔曼的手稿是怎样产生的和它的最初形式是什么。评论贝克尔的这部分残稿无可辩驳地证实了，评论库尔曼的手稿（起初这两份手稿是一个统一的整体）是赫斯写的，因此，由魏德迈在誊清稿最后一行下面署上"莫·赫斯"的名字，这一事实表明，赫斯的确是该文的作者。《季刊》其他作者的手稿上也有署名，如丹尼尔斯的手稿。

赫斯为马克思和恩格斯计划创办的《季刊》撰写的第二篇评论卢格《巴黎二载》一书的文章写于1846年的头几个月，题为《格拉齐安诺博士，德国哲学界的小丑》。由于威斯特伐里亚企业主尤利乌斯·迈耶尔和鲁道夫·雷姆佩尔的反悔使《季刊》的出版计划失败后，马克思让人把"评卢格的那一部分"① 手稿退还给赫斯。这是马克思根据赫斯的急切要求作出的答复。赫斯想要尽快地反驳卢格在卡·海因岑的文集《反对派》中发表的对他的卑鄙无耻的人身攻击。赫斯打算在经过适当的修改和补充后把他的这篇文章作为单行本出版。该计划也落空后,这篇文章分成两部分发表在1847年8月5日和7日的《德意志—布鲁塞尔报》第62号和第63号上。

卢格在他的《巴黎二载》一书中尖锐地批判了社会主义和共产主义思想,同时还对马克思和其他共产主义者1843—1844年在巴黎的活动进行了一系列恶毒的诽谤和歪曲。在这方面赫斯对卢格的批判也被认为是有价值的。他撰写的针对卢格那本著作的文章从理论上来讲当然没有什么值得注意的东西,但里面却有一些关于马克思在巴黎逗留期间的和关于马克思在与卢格共同出版《德法年鉴》时同他的关系以及马克思在巴黎《前进报》上同卢格论战的一些有趣报道。马克思完全有可能首先参加了赫斯为《季刊》撰写的这篇文章的准备和校订工作,因为马克思同文章中谈到的事件和问题有着最直接的关系并且有可能把有关的大量事实告诉给赫斯。在这种情况下人们不禁要问,把赫斯的这篇文章及其评论贝克尔的残稿作为经过马克思和恩格斯校订的材料编入《马克思恩格斯全集》(原文版)有关卷次的附录难道不应当吗?

在马克思和恩格斯看来,赫斯通过上述两篇文章为计划创办的《季刊》的准备工作作出非常重要的贡献。因此,马克思在1846年8月1日也写信给德国出版商卡·弗·尤·列斯凯(列斯凯催促马克思最后交出准备出版的《政治经济学批判》手稿),说由于"我、恩格斯和赫斯

---

① 《马克思恩格斯全集》第1版第27卷第471页。

的一些著作的出版"① 的事被"耽搁"而无法给他"肯定的答复"。马克思在这里主要指耽搁出版《季刊》头两卷的事。② 当然，不能因为赫斯积极参加了马克思和恩格斯计划创办的《季刊》头两卷的撰写工作这一事实就贸然得出 1845—1846 年在布鲁塞尔期间他们在理论上是一致的，他们的关系是真正密切的结论。据说，威·魏特林最后也参加了《季刊》的撰稿工作。毫无疑问，在 40 年代中期，他的空想共产主义观点在许多方面不同于马克思主义创始人的观点并成为 1846 年春激烈争论的起因。只有在深入研究当时所有可利用的资料基础上才能确定 1845—1846 年马克思和恩格斯同莫·赫斯在布鲁塞尔的关系的真正性质。

（待续）

（原载《马恩年鉴》1986 年柏林狄茨出版社版第 9 卷，第 223—267 页）

（张田英、朱霞 译　籍维立 校）

---

① 《马克思恩格斯全集》第 1 版第 27 卷第 473 页。
② 《马克思恩格斯全集》第 1 版第 27 卷第 474 页。

关于马克思和恩格斯1845—1846年在布鲁塞尔期间同莫泽斯·赫斯的关系（二）*

〔苏〕雅·罗基扬斯基

赫斯传记作者为证明1845—1846年马克思和恩格斯在布鲁塞尔同赫斯的友好的、密切纯真的关系，通常都要引用西·赫斯在1875年春给马克思夫妇的一封信中的话："四十年代我们在布鲁塞尔彼此为邻时，多么幸福啊！我还常常情不自禁地回忆起那些难忘的日子。那时我有幸同您，马克思夫人，进行交往。"我们认为，这些关于30年前的往事的谈论几乎不能被当成严肃的论据。反之，如果说赫斯在布鲁塞尔逗留期间同马克思和恩格斯之间仅仅充满了争论和持续不断的冲突，那也是错的。如上所述，马克思和恩格斯在40年代初起就同赫斯保持友好的关系。在他迁居布鲁塞尔的头几个月还看不出关系有什么恶化的迹象。

然而，在他们的关系中有另一种倾向开始时似乎还是隐蔽地发展起来。恩格斯在1888年10月25日给倍倍尔的信中说，要研究"真正的"社会主义史"不能避而不谈某些内幕，其中包括赫斯同我们之间疏远的情况，而这些要简单地、用三言两语是讲不清楚的"。①

---

* 本文选自《马列主义研究资料》1988年第4辑。
① 《马克思恩格斯全集》第1版第27卷第110页。

"赫斯同我们之间疏远"倾向发展的一个重要前提,是马克思和恩格斯为共同创办的《季刊》的撰稿工作。马克思和恩格斯当时站在唯物主义历史观和科学共产主义立场上越来越清楚地看到了各种哲学理论和社会理论的缺点和矛盾。他们对"真正的"社会主义的看法也是如此。他们在为《季刊》或者也可以说为《德意志意识形态》撰写的手稿中把主要注意力放在批判"真正的"社会主义上。马克思和恩格斯在这里对赫斯本人所持观点的实质和特点第一次作了揭露。虽然他们针对布·鲍威尔和麦·施蒂纳的攻击还曾为赫斯辩护过①,但他们却明确地同他划清了界限。在评论布·鲍威尔的手稿中马克思和恩格斯坚决强调,他们对赫斯的著作"完全不负任何责任"②并在第二卷的手稿中多次指出,正是赫斯的著作为"真正的"社会主义的产生,特别是为卡·格律恩本人奠定了理论基础。③所以,在这些手稿中对赫斯40年代中期的著作及其毫无独到之处的和折中主义的实质进行了严肃的评论。④

尽管赫斯对"真正的"社会主义还有一定的保留,但马克思和恩格斯在《德意志意识形态》手稿中对它进行的强有力的批判还是不太适合赫斯的口味。虽然开始时他既不公开表示赞成,也不予以拒绝,但他完全清楚地知道,"他不能再用迄今为止的方式从事写作了"。因此,他试图不真正放弃自己以前的哲学观点和社会观点而真诚地转向马克思和恩格斯的立场。这种尝试必然会失败,就像"赫斯同我们之间疏远"

---

① 《马克思恩格斯全集》第1版第3卷第89、90、112—114、116、293—294、486页。
② 《马克思恩格斯全集》第1版第3卷第113页。
③ 《马克思恩格斯全集》第1版第3卷第550—551、576—577、579—582、607—608页。
④ 《马克思恩格斯全集》第1版第3卷第580—581页。

的倾向必然会加强一样。

　　赫斯的行为无疑同前面已多次提到的他的思想实质是一致的。马克思在一封没有保存下来的大概于1846年2月底写给丹尼尔斯的信中把赫斯称作"海绵",说他为了不使自己干瘪而不得不像吸水一样吸进外来的常常是完全互相矛盾的思想。丹尼尔斯在1846年3月7日的回信中对此谈到:"关于赫斯你写得不多。你很形象地称他为'海绵'。我非常喜欢这个词。"为了证明马克思恰如其分地刻画了赫斯的特征,丹尼尔斯引用了赫斯从布鲁塞尔寄给科伦共产主义者的一封信中的话。他在这封信里以他特有的责任感重复了马克思关于在理论上和实践上必须同三月革命前的各种社会主义和共产主义非科学流派划清界限的思想,在这方面他不仅马上站到了马克思一边,而且还或多或少地把自己与马克思相提并论。同往常一样,赫斯在这里提出的要求与他的能力也是不相称的。他甚至在马克思身边都没有成为以马克思的名字命名的共产主义派别的代表者,而只是以尽人皆知的手法把唯物主义历史观和科学共产主义的片言只语同"真正的"社会主义思想折中地混合在一起。因此,马克思在数年后称他虽然是好人,但头脑不清,不能领导规模稍大一点的运动,是言之有理的。①

　　促使马克思和恩格斯同赫斯之间已经出现并迅速加深的"疏远的"裂痕进一步发展并最终暴露的另一个重要事件是,1846年初威廉·魏特林的抵达布鲁塞尔和不久以后他同马克思主义创始人之间发生的争论。争论的内容涉及共产主义运动理论和实践方面的问题。遗憾的是,关于1846年春在布鲁塞尔的德国共产主义者中间进行重要讨论的文件只有少数保存下来。

---

① 《马克思恩格斯全集》第1版第31卷第423页。

根据保存下来的文件我们可以得出结论，魏特林是1846年1月从伦敦到达布鲁塞尔的。他希望能够在马克思及其拥护者的帮助下出版他的那些较新的系统性的和其他的著作。使争论迅速尖锐化的主要原因在于，魏特林公开主张主要借助于他本人的著作在三月革命前的德国积极宣传空想共产主义思想，号召工人为立即实现这些思想而进行革命斗争，在斗争中求助于工人的感情，尤其是求助于传播最广、根深蒂固的宗教感情。

马克思和恩格斯为共产主义运动指出的方向则完全不同。魏特林企图通过把共产主义归结为作为当务之急的原始基督教的办法实现共产主义，[①] 与此相反马克思和恩格斯详细分析了德国社会经济发展和政治发展的程度和性质并得出结论，德国首先面临的是资产阶级民主革命阶段。因此，在他们看来命令式地号召实现共产主义思想是不合时宜的并且有害的。马克思谴责在德国不向工人传播严格的科学思想和积极的学说、不为他们的革命活动奠定牢固的、深思熟虑的基础的做法是一种毫无意义的、随心所欲的说教儿戏，这只会给德国政府提供镇压共产主义运动适当的借口并导致运动本身的毁灭。马克思和恩格斯认为，奠定共产主义运动的理论基础和为此创造实际的前提、争取欧洲的，首先是德国的无产阶级，是共产主义者最近的历史任务。[②]

马克思和恩格斯在1844—1845年公开承认魏特林在发展和宣传共产主义思想方面的功绩。[③] 魏特林到布鲁塞尔后，马克思和恩格斯竭力

---

① 《马克思恩格斯全集》第1版第21卷第250页。
② 见《马克思恩格斯全集》第1版第21卷第248页。
③ 《马克思恩格斯全集》第1版第42卷第46页，第1卷第483—484、586页，第2卷第594—595、656—657页。

使他相信,把共产主义建立在科学基础上、克服他的半宗教的论证和放弃空想目标是必要的。当然,魏特林是不可能接受共产主义历史发展的客观要求的。他无法理解奠定科学共产主义基础的必要性,因而反对马克思和恩格斯指明的方向。同时,魏特林在这个时候已是一个"由于自己卓越而受忌妒者追逐的大人物,到处都觉得有竞争者、隐蔽的敌人和陷阱;这个从一个国家被赶到另一国家的预言家,口袋里装有一个能在地上建成天堂的现成药方,并且觉得每个人都在打算窃取他的这副药方。"①

在这种情况下,马克思和恩格斯不可避免地同魏特林发生了原则上的争论,这种争论终于在1846年5月导致了同他的彻底决裂。②

必须说明一下,赫斯到那时为止并没有以积极的态度对待魏特林的空想共产主义思想。与马克思和恩格斯相反,他同其他"真正的"社会主义者一样,过低估计魏特林的理论功绩,过分强调其不足的一面并且对德国空想工人共产主义的观点和代表人物表现得有些自高自大。但是,1846年2、3月当马克思同魏特林开始发生理论上的争论时,人们发现,赫斯同魏特林的某些观点,主要是关于在德国进行共产主义宣传的途径和方法的观点完全一致。赫斯同魏特林一样,认为在宣传共产主义思想时利用半宗教的和温情的言词是合情合理的,他对"真正的"社会主义者克利盖在美国进行宣传活动的评价也说明了这一点。赫斯在《社会明镜》1846年4月号上发表了一篇评论由克利盖编辑的、在纽约出版的周报《人民论坛报》前五期的文章。在文章中他把出版的《人民论坛报》称作"一种新的共产主义机关报",并高度评价了克利盖在

---

① 《马克思恩格斯全集》第1版第21卷第249—250页。
② 《马克思恩格斯全集》第1版第37卷第110页。

美国的活动。这个估价实际上和魏特林的估价完全一致。魏特林在他的致1846年5月11日布鲁塞尔共产主义通讯委员会会议的声明中把克利盖的周报称作"完全符合美国国情的共产主义机关报"。因此，赫斯和魏特林的立场同马克思和恩格斯在《反克利盖的通告》中对这个机关报进行的严厉的批判性评论有着原则上的区别。①

此外，赫斯同魏特林一样，不能正确理解德国社会经济发展和政治发展的特点，从而不能正确理解当时革命事件的性质。他把每次发生的这样的事件都看作普遍社会变革的开始。例如，亨·毕尔格尔斯和罗·丹尼尔斯在1846年8月11日给马克思的信中描述了赫斯对在科伦发生的仅仅具有地方性的骚乱作出的反应："顺便谈谈赫斯。这里发生的一切都吸引着赫斯。用他自己的话来说，他对这里的'革命'简直欣喜若狂。他极为可笑地沉浸在可能发生革命的幻想之中，谈论市民们用暴力占领科伦、莱茵省起义、社会前景等等。真可笑，他竟把这些胡言乱语当成非常严肃认真的事。"

1846年2月底的克拉科夫起义就已激起了赫斯类似极端革命的情绪。使他产生这种情绪的基础在于他本身的唯心主义，在于"真正的"社会主义对社会进程的复杂性的缺乏理解这一特点和因而对德国首先面临的资产阶级民主革命阶段的忽视。因此，赫斯对魏特林关于在三月革命前的德国积极宣传空想共产主义思想的计划持赞成态度，也就不足为奇了。赫斯借助于布鲁塞尔共产主义通讯委员会支持魏特林新作的出版，他不太理解马克思对魏特林的批判。

赫斯在马克思和恩格斯同魏特林的争论中所采取的态度必然会使马克思和恩格斯作出迅速反应。赫斯采取的态度使通讯委员会的出版计

---

① 见《马克思恩格斯全集》第1版第4卷第3—20页。

划，其中包括《季刊》的出版计划，无法实现，必然会使委员会发生分裂，威信下降，因为马克思和恩格斯在魏特林的著作靠通讯委员会的帮助得以出版的情况下，不得不立即对这些著作进行批判和斗争。① 赫斯对魏特林的态度清楚地表明了其观点的唯心主义实质和他没有能力从原则上评价魏特林的非科学的和空想的共产主义观点。因此，马克思和恩格斯越来越相信，尽管赫斯作出一切真心实意的努力，但他在很大程度上仍然是一个"真正的"社会主义者。这一情况必然越来越影响马克思和恩格斯对他采取的态度。这一点在马克思评卡·格律恩的《法兰西和比利时的社会运动。书信和研究》一书时对赫斯的新作所作的评价中就已反映出来了。马克思在这篇评论中写道："赫斯的东西虽然已经带有非常模糊的和神秘主义的性质，但是最初——在'二十一印张'上——得到了一定程度的承认，它只是由于有人在它已经陈旧了的时候还在《德国公民手册》、《新轶文集》和《莱茵年鉴》上不断地加以重复，因而才变成了枯燥的和反动的东西，而在格律恩先生那里则变成了十足的无稽之谈。"②

看来，这里所暗示的马克思和恩格斯同赫斯之间的意见分歧在1846年2月就已经暴露出来。马克思在一封未保存下来的大概写于同年2月底的寄给科伦丹尼尔斯的信中也谈到了这一点。根据毕尔格尔斯和丹尼尔斯的回信来判断，马克思主要批判了赫斯观点的唯心主义实质和他的理论上的无原则性。毕尔格尔斯在阐明马克思的信的基础上，对赫斯作了如下评论："他始终只看到他的头脑预先使他看到的那些东西。每当事实可怕地威胁到他的种种幻想时，他就成了瞎子。[……]像施

---

① 见《马克思恩格斯全集》第1版第37卷第110页。
② 《马克思恩格斯全集》第1版第3卷第580页。

蒂纳把哲学家的一切夸夸其谈看作纯粹的真理那样,赫斯也根据人们的言论来判断每个人,而不管他们的实际生活状况如何。因此,他最近突然重新想起了那种手忙脚乱地投入**口头**宣传的理论实践。谁不相信新的口号,谁就会被清除出去。[……]我相信,假如这些新救世主库尔曼不去德国北部,而去布鲁塞尔的话,那么赫斯很快就会同他言归于好并把他作为自己的'朋友',因为后者也非常注重实际。他旅行是为了作宣传,建立联合会,创立'新世界'。"

1846年3月,马克思同赫斯之间的意见分歧愈加尖锐。燕妮·马克思1846年3月24日给马克思的信尤其证明了这一点。这封信是对马克思同年3月23日前的一封信的答复,马克思的这封信也已经散失。马克思在信中显然十分详尽地向他的妻子讲述了同赫斯和魏特林的争论,从燕妮·马克思的复信中首先可以清楚地看出,赫斯和魏特林在克拉科夫起义以及开始在德国传播的社会主义和共产主义思想的影响下,提出了极端革命的观点和计划。

赫斯传记作者纳阿曼歪曲了1846年春天布鲁塞尔事件的本质,他把马克思同赫斯之间的争论归咎于恩格斯。他认为,恩格斯"坚决""不能容忍赫斯的地位与其同等,不允许任何'三位一体'的幻想"。更确切地说,恩格斯出于"自我维护的本能",企图巩固"与马克思日益密切的关系",为了达到这个目的,恩格斯要使赫斯在马克思眼中名誉扫地。这个观点反映了存在于资产阶级历史学家中的一种普遍倾向,即把恩格斯描绘得如同马克思的"恶魔"一般。然而,正如《德意志意识形态》手稿所证明的,恰恰是在布鲁塞尔时期,马克思与恩格斯的创造性合作尤为密切,并结出了累累硕果。恩格斯在资产阶级历史学家和经济学家格·阿德勒所著《德国早期社会政治工人运动史》一书的批注中说明了赫斯离开布鲁塞尔的主要原因。阿德勒的这部书不仅充斥着反马克思主义的观点,而且还有许多失实和歪曲之处。他在第134页写道,赫斯是受活动于布鲁塞尔的"党员同志"的委托前往佛尔维耶的。恩格斯在这页的批注中对阿德勒的这种说法进行了纠正:"被马克思恩格斯流放到佛尔维耶以避免公开决裂。"这个注释表明,赫斯离开布鲁塞尔与他和马克思主义创始人之间意见分歧的深化直接有关,是他们之间所存在的隔阂的一定表现方式。

为什么马克思和恩格斯在1846年3月力图避免与赫斯彻底决裂呢?大概赫斯对布鲁塞尔共产主义者的一系列出版计划所作的积极努力在这里起了决定性作用。彻底的公开的决裂无疑会对这些工作产生消极影响。

弄清赫斯离开布鲁塞尔的真正原因,可以使我们对马克思和恩格斯与赫斯关系的继续发展作出实事求是的解释,并更好地理解那个时期的大量文献。1846年3月31日魏特林在给赫斯的众所周知的那封信中讲述了前一天晚上在布鲁塞尔共产主义通讯委员会大会上与马克思的冲突。从这封信来看,估计他是在赫斯从布鲁塞尔"被流放"的几天后就写了此信。魏特林自然知道赫斯离开布鲁塞尔的真正原因,因此,这时他像求助于一个同病相怜的伙伴一样求助于赫斯,期望从他那里得到理解和道义上的支持。为了使马克思与赫斯之间更加"疏远",魏特林还在信中特别列举了马克思在布鲁塞尔共产主义者会议上的发言中的一些思想,这些思想必然会使"被流放"的赫斯意识到是针对自己的,如:赫斯自己不久前还传播过的马克思关于迫切需要通过批判和最终摆脱那些阻碍其继续前进的力量的途径"清理"共产党;马克思关于迫切需要进行反对"哲学共产主义"和"手工业者共产主义"的斗争的思想;马克思关于迫切需要反对不合时宜地在德国半宗教式的伤感的基础上进行空想共产主义思想宣传的思想;马克思关于迫切需要承认德国直接面临的下一个历史发展阶段不是共产主义,而是资产阶级的统治的思想。尽管魏特林对这些思想百般嘲讽,也不能使它们有丝毫改变。实际上,马克思的这些观点在一定程度上正是1846年春天发生在布鲁塞尔的理论争论的核心,这次争论不仅导致了与魏特林的公开决裂,还导致了赫斯的"流放"。

现在,我们可以重新看待1846年5月至6月赫斯写给马克思的信了。赫斯传记的作者们忽视了布鲁塞尔争论,因此,他们从这些信中才看出他们之间出现了分歧。以上所述清楚地表明,实际上,这个分歧早在1846年的最初几个月便已在布鲁塞尔发生了。在这方面,赫斯1846年5月6日的信,即他离开布鲁塞尔后的第一封信从心理学的角度来看是十分有趣的。赫斯这个性格十分软弱的人竟需要近一个半月的时间才敢于把这封信作为克服他与马克思主义创始人之间的"疏远"的第一步。尽管如此,他们之间的关系暂时仍未得到改善。1846年5月16日魏特林告诉克利盖:"我〔……〕仅仅同赫斯站在一起,然而,赫斯也同我一样遭到排斥。"赫斯1846年5月20日、29日和6月5日给马克思的信表明,马克思和恩格斯同赫斯之间仍然存在着严重的意见分歧,主要是在对待魏特林的态度上,而实际上,这些分歧只是布鲁塞尔争论的继续。

马克思和恩格斯同赫斯关系的紧张状态直到1846年7月才有所缓和。奥·海·艾韦贝克1846年7月27日告诉马克思:"赫斯给我写信了,他希望经常与你通信。"一天之后,赫斯自己就迈出了具有决定意义的一步,他向马克思彻底承认,反对各种非科学的、空想共产主义流派在理论上的代表的这种态度是正确的。1846年7月28日他在给马克思的信中写道:"我完全同意你最近告知丹尼尔斯的关于共产主义写作的观点。开始时,共产主义的追求以德意志意识形态为出发点是非常必要的,现在,在历史的和经济的前提下加以论证则是非常必要的,否则既无法与形形色色的'社会主义者',也无法与形形色色的反对派断绝关系。"

然而,在布鲁塞尔与赫斯的争论并不仅仅是个插曲。他"被流放"到佛尔维耶以及后来承认马克思和恩格斯的观点是正确的,这一切自然使紧张状态暂时有所缓和。然而,恩格斯1846年8月至1848年1月之间的信证明了马克思主义创始人与赫斯之间在布鲁塞尔出现的"疏远"这时仍未消失。1846年8月,当恩格斯为了那些住在巴黎的有可能受"真正"社会主义和蒲鲁东主义影响的德国共产主义者做工作来到巴黎时,曾明确警告当时正义者同盟人民议事会的领导人艾韦贝克提防赫斯。①

当然,在恩格斯1848年1月14日给马克思的信中表现出了进一步的"疏远"。恩格斯就赫斯对他和玛丽·白恩士的人身诽谤写道:"如果莫泽斯事件会使你在《布鲁塞尔报》上攻击他,我将非常高兴。真不明白怎么这个人到现在还留在布鲁塞尔。这又是一个把他赶到佛尔维耶去的理由。"②

1848年1月他们仍未断绝所有私人联系。据魏特林的忠实朋友、丹麦工人尼·洛·彼得逊证明,赫斯于1847年9月回到布鲁塞尔,1848年2月他还同马克思和恩格斯一起出席了德国共产主义者和比利时民主主义者为制定巴黎二月革命爆发后的革命策略而召开的几乎是"接连不断的"会议。

---

① 见《马克思恩格斯全集》第1版第27卷第36页。
② 《马克思恩格斯全集》第1版第27卷第129页。

然而，在此期间，重要的理论界限已经形成。《共产党宣言》第三部分明显地与赫斯有关："这种曾经郑重其事地看待自己那一套拙劣的小学生作业并且大言不惭地加以吹嘘的德国社会主义，现在渐渐失去了它的自炫博学的天真。"

马克思和恩格斯对德国的或"真正的"，社会主义的有历史意义的毫不留情的批判使他们与赫斯真正划清了界限。1848年4月初赫斯在科伦试图与弗·安内克一起重新出版《莱茵报》，马克思和恩格斯实际上已无法与赫斯继续合作。恩格斯后来回忆道："当我们到达科伦的时候，那里已经由民主党人，部分地也由共产党人在筹备创办大型报纸。他们想把报纸办成纯地方性的，即科伦的报纸，而把我们赶到柏林去。可是，我们（主要是由于有马克思）在24小时内就把阵地夺了过来；报纸成了我们的了，不过我们做了让步，把**亨利希·毕尔格尔斯**列入了编辑部。"① 马克思和恩格斯于1848年4月11日到达科伦，仅数天之后，赫斯便离开了这个莱茵河畔的城市，前往巴黎。

1846年2月至3月的布鲁塞尔争论（以赫斯"被流放"到佛尔维耶为顶峰）和1848年4月在科伦出现的新的对立（这导致了他被"赶"到巴黎）后来被马克思称为与赫斯关系中的重大事件。他在1865年1月30日给恩格斯的信中写道："莫泽斯是反对我们的，他无论在'被逐出布鲁塞尔'，还是在'被赶出科伦'的问题上都没有忘记我们"。②

---

① 《马克思恩格斯全集》第1版第4卷第179页。
② 《马克思恩格斯全集》第1版第31卷第50页。

三

下面，我们来研究一个相当特殊的原始资料，它同样可以说明1845—1846年马克思和恩格斯同赫斯的关系的实质。这就是《费尔巴哈。唯物主义观点和唯心主义观点的对立》手稿第15页和第16页上的两幅画。在《德意志意识形态》中这章未完成的手稿有着极重要的理论价值，马克思和恩格斯在这一章中第一次详尽地阐述了唯物主义历史观和科学共产主义的基本原理。

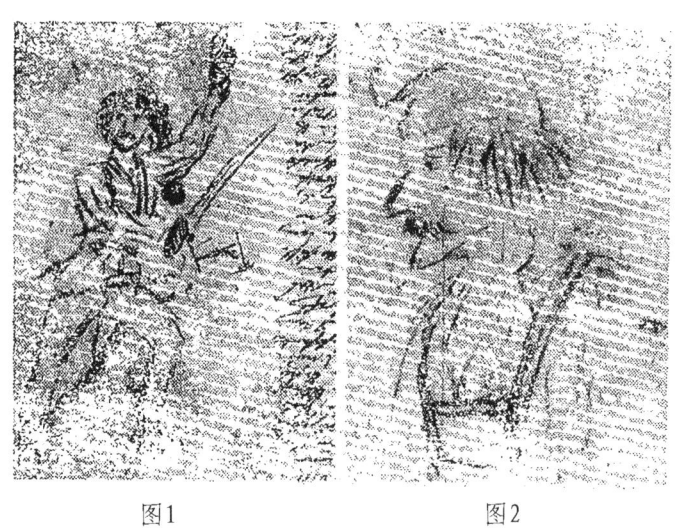

图1　　　　　　　　　图2

在《德意志意识形态》中论费尔巴哈部分的手稿第15页、第16页上使我们特别感兴趣的那两幅画无疑是恩格斯画的。但是，由于它们与手稿内容无直接联系，因此，要解释这两幅画有一定的困难。手稿第15页上的第一幅画用红棕色铅笔画着一个穿长裤汉服装的男子的全身像（图1），他高举的左手拿着一顶弗利基亚帽，前伸的右手握着一把马刀。在稿纸的下面一页上用同样铅笔画的第二幅画也是一个穿着长裤汉服装的人的速写,但这一次是侧面像,只画到背带下端。(图2)把两幅画作一比较便可得出这样的结论:他们显然是同一个人;相同之处不仅仅是服装,而且还有髭须、发式、面部特征和眉毛的形状。我们认为这里画的是赫斯,他在马克思和恩格斯写作《德意志意识形态》中论费尔巴哈的这部分手稿期间曾在布鲁塞尔逗留过。这种看法是以一系列原始资料和研究成果为依据的。

图3　　　　　　　图4

我们从最简单的说起。赫斯于1845—1846年在布鲁塞尔逗留时为三十五六岁。恩格斯画的长裤汉大致也是这个年纪。表现所画人物的突出特征是恩格斯绘画的特点,考虑到这一点,便为我们鉴别恩格斯所画的男子的形象提供了各种可能性。例如,我们可以利用正规的犯罪学的研究方法,把恩格斯的画与赫斯的肖像(图3和图4)进行比较,其结果基本上证实了我们的猜测:恩格斯的两幅画画的是同一个人,即被画成长裤汉的莫·赫斯。

另一种鉴别的可能是把恩格斯的画与同一时期关于赫斯的描述加以比较。对我们来说尤其重要的是恩格斯本人对赫斯的描述。1847年初恩格斯在巴黎再次见到赫斯之后，把他的外貌向马克思作了一番形容："这个人大大变样了。青年人的卷发盖满他的头，一撮漂亮的小胡子给他的尖下巴增添了某些文雅，两颊是少女般的绯红，但是从他那漂亮的双眼中流露出威严已经丧失，所以他表现出一种惊人的谦虚。……一度震撼世界的、举世无双的赫斯的衰败的神情，几乎使我解除了武装。但是，'真正的社会主义者'、他的门徒的英雄行为……和他自己的没有改变的内心世界又重新给了我勇气。总之，我对他如此冷淡和讥讽，使他已没有兴趣再来这里了。"①

尽管赫斯的举止发生了恩格斯所觉察到的这样一种变化（或者可以说，正是通过这种变化），仍可肯定这段描写与在布鲁塞尔画的两幅画基本上是一致的。这种明显的一致从下述观点出发并不难解释：实际上，恩格斯两次勾画的为同一个人（尽管采用了不同的方式），因此，画和文字描述都同样充满冷嘲热讽的意味也并非偶然。在这个意义上值得一提的是，赫斯传记作者纳阿曼把恩格斯对赫斯的描述称作"文学讽刺画"。

《德意志意识形态》中论费尔巴哈部分的手稿上的恩格斯的画大约画于1846年，这就是说，画于马克思和恩格斯已完成1845年11月至12月开始动笔的手稿的主要部分之后。恩格斯把赫斯画成长裤汉，无疑是为了对赫斯在布鲁塞尔几年中的典型思维方式和行为方式作一讽刺性评注。因此，也只有在对赫斯的思维方式和行为方式以及马克思和恩格斯对此的态度（我们在前面的章节中已试图对二者作出说明）加以考察的情况

---

① 《马克思恩格斯全集》第1版第27卷第87页。

下，才能真正理解恩格斯这两幅画的讽刺性含义以及画在论费尔巴哈手稿上的原因。我们认为，恩格斯的画以冷嘲的方式来表现赫斯已经十分明确的倾向，即"借助于"费尔巴哈哲学，把法国空想社会主义和共产主义的社会批判的思想变成极端革命的空洞词句和幻想。赫斯的这种倾向尽管早已存在，但是，如我们所证明的，这种倾向在1846年春天表现得尤为明显，并越来越遭到马克思和恩格斯以科学为根据的批判。赫斯热衷于法国大革命的激进思想和方式以及以格·巴贝夫为代表的空想共产主义"平等密谋"，同时还借助三月革命前的"德国意识形态"对其进行了"变形"① 和"阉割"②。把赫斯画成"英雄式的"平民革命的长裤汉（一手拿着出鞘的马刀，一手高举"无政府主义的"③ 弗利基亚帽），显然是恩格斯对此的嘲讽性暗示。在这个意义上值得一提的是：在所提到的论《德意志意识形态》中论费尔巴哈部分的手稿第16页上恩格斯用画赫斯时用的那种红棕色铅笔，又画了另外一个人的侧面头像（图5）。这里大概画的是费尔巴哈（参看图6）。

这样解释恩格斯画在《德意志意识形态》中论费尔巴哈部分的手稿上的画的讽刺性含义不仅与马克思和恩格斯在通信中对赫斯的谈论一致，而且也与马克思写在恩格斯第一幅画面上的字句相吻合（图1）。对这一字句有两种辨认结果，因而有两种解释。《马克思恩格斯全集》（原文版）第5卷的编者辨认的结果为"［**宗教**］具有这样的**意识形态的德国人**"。他们认为马克思所写的字句与旁边论费尔巴哈的手稿的内容直接有关，是对其内容的注释。

---

① 《马克思恩格斯全集》第1版第3卷第537页。
② 《马克思恩格斯全集》第1版第4卷第496页。
③ 《马克思恩格斯全集》第1版第8卷第147页。

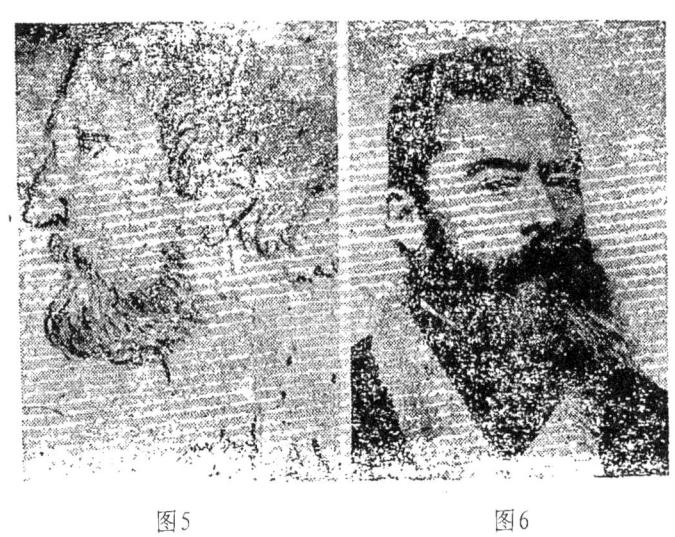

图5　　　　　　　　　图6

　　刊登《德意志意识形态》中论费尔巴哈部分的手稿的《马克思恩格斯全集》(新原文版)的编者则持另一种看法。经过对阿姆斯特丹国际社会历史研究所所保存的原件进行深入细致的研究,他们对马克思所写的字句的辨认结果为:"**宗教**"和"具有这样的**意识形态**的德国人"。他们进一步解释说,"宗教"的字样是写在马克思画在长裤汉手中的一面小旗子上的。《马克思恩格斯全集》(新原文版)的编者认为,马克思在恩格斯第一幅画上所写的字——如同画本身——与旁边论费尔巴哈的手稿的内容并无直接联系,更恰当地说,它是对恩格斯漫画的注释和补充。

　　实际上,马克思显然是要以"具有这样的**意识形态**的德国人"这些字句进一步强调恩格斯的画所象征的赫斯思想的唯心主义、折中主义本质,尤其是赫斯作为"真正的"社会主义的创始人把法国空想社会主义和共产主义的社会批判思想与"德国哲学前提"① 相混合的典型作法。这种非历史、非批判的"混合"是三月革命前马克思恩格斯同"真正的"社会主义争论的核心问题。他们在《德意志意识形态》手稿中揭露了这种"混合"的机械主义性质及其结果。其中这样写道:"本来这些共产主义体系以及批判性和论战性的共产主义著作不过是现实运动的表现,而他们却把这些体系和著作同现实运动分裂开来,然后,又非常任意地把它们同德国哲学联系起来。他们把一定的、受历史条件制约的各生活领域的意识同这些领域本身割裂开来,并且用真正的、绝对的意识即德国哲学的意识的尺度来衡量这个意识……因而他们就离开实在的历史基础而转到思想基础上去,同时又由于他们不知道现实的联系,所以他们也就很容易用'绝对的'或者另外的思想方法虚构出幻想的联系。这样把法国人的思想翻译成德国思想家的语言,这样任意捏造共产主义和德意志意识形态之间的联系,也就形成了所谓'真正的社会主义'"②。马克思恩格斯指出之后,赫斯仍一味地把"法国社会主义的发展和德国哲学的发展综合在一起"③。德国的"哲学家、半哲学家和才子们"④ 把从法国社会主义共产主义文献中获得的思想非历史地、不加批判地搬到三月革命前的德国环境中,他们的全部工作就是要把这些思想"同他们的旧的哲学信仰调和起来,或者毋宁说,就是从他们的哲学观点出发去掌握法国的思想",这就是说"在法国的原著下而写上自己的哲学胡说"⑤,这一切也是《共产党宣言》彻底批判德国的或

---

① 《马克思恩格斯全集》第 1 版第 3 卷第 535 页。
② 《马克思恩格斯全集》第 1 版第 3 卷第 536 页。
③ 《马克思恩格斯全集》第 1 版第 3 卷第 580 页。
④ 参看《马克思恩格斯全集》第 1 版第 1 卷第 277 页。
⑤ 《马克思恩格斯全集》第 1 版第 1 卷第 277、278 页。

"真正的"社会主义的核心。

马克思所写的字句"具有这样的意识形态的德国人"显然与被画成拿着马刀和弗利基亚帽的长裤汉的赫斯直接有关,是对德国的或"真正的"社会主义歪曲和阉割法国空想社会主义和共产主义的讽刺。马克思写在恩格斯画上的字句的前一半"宗教"也可以作这样的解释:尽管已转到费尔巴哈哲学立场上来的前青年黑格尔派赫斯一般说来自然被看作无神论者,然而,如前所述,他仍然认为用宗教来点缀空想社会主义和共产主义的宣传是合理的。马克思把"真正的"社会主义者称为预言家并不是偶然的①,显然,1846年3月也把赫斯列入其中。不仅马克思这样做,丹尼尔斯和毕尔格尔斯在给马克思和布鲁塞尔通讯委员会的信中也把赫斯称为最高祭司、预言家和大主教。"这也是他的职业——扮演预言家和最高祭司的角色",1846年3月,燕妮·马克思对赫斯也作出了这样的评价。马克思在恩格斯的画上添上写着"宗教"这个词的旗子显然是要说明赫斯态度中的半宗教式的预言因素。它也许是对赫斯支持魏特林的直接批判。我们已经谈到,魏特林主张在宣传空想共产主义思想时充分利用人们的宗教感情。这一批判是与1846年春发生在布鲁塞尔并导致马克思和恩格斯同赫斯日益"疏远"的理论争论完全相呼应的。

1845—1846年马克思和恩格斯站在唯物主义历史观和科学共产主义立场上与最新德国哲学的代表及德国的或"真正的"社会主义的形形色色的预言家们进行了理论上的争论。恩格斯画在《德意志意识形态》中论费尔巴哈部分的手稿上的画及马克思写在上面的字句充分表现了他们在这场争论中所抱的轻蔑嘲讽的态度。在过了几乎40年之

---

① 见《马克思恩格斯全集》第1版第4卷第43页。

后恩格斯证明，这次争论的影响仍未消失。恩格斯在整理马克思的手稿时，无意中发现了《德意志意识形态》的手稿，他在1883年6月2日给劳拉·拉法格的信中这样写道："你来到这里以后，我要读其中一篇稿子给你听，你会笑破肚皮的。这篇稿子我已读给尼姆和杜西听过了。尼姆说：现在我才知道，为什么你们两个人那时候在布鲁塞尔天天晚上这样哈哈大笑，使得家里任何一个人都不能入睡。我们那时都是大胆的小伙子，海涅的诗篇同我们的散文相比，不过是天真的儿戏而已。"①

以上所引用的文献资料表明，1845—1846年马克思和恩格斯在布鲁塞尔同赫斯的关系并不像一些历史学家和赫斯传记作者所认为的那么轻松愉快。更确切地说，严肃的理论争论和思想分歧越来越成为他们之间关系的特征。这些理论争论和意见分歧构成马克思主义创始人同"真正的"社会主义斗争的一个重要篇章。

(原载民主德国《马克思恩格斯年鉴》1956年第9卷第237—267页)

(张田英、朱霞 译　籍维立 校)

---

① 《马克思恩格斯全集》第1版第36卷第33页。

共产主义者同盟——马克思和恩格斯为无产阶级政党而斗争的一个阶段[*]

〔俄〕索菲娅·列维奥娃

马克思和恩格斯关于无产阶级政党的学说和他们在创建这样一个政党中所取得的经验，在马克思主义史和国际工人运动史上占有重要的地位。对这一问题的研究，特别有助于弄清下列方法论问题，例如，工人运动中的自发性与自觉性的相互关系，无产阶级政党在资产阶级民主革命、在工人阶级夺取政权和建设共产主义中的领导作用。

在这方面，共产主义者同盟的历史，它在工人运动早期历史上的作用以及马克思和恩格斯在19世纪40年代为创建无产阶级政党而作的斗争，尤为重要。

马克思和恩格斯在40年代中期就得出结论认为，共产主义思想只有当它与工人运动相结合的时候，才能对社会发展产生变革的作用。恩格斯在他的著作《英国工人阶级状况》中谈到宪章运动即当时工人运动的有组织的形式时表述了这一想法[①]。此后，马克思和恩格斯把他们的全部活动不只是集中在他们的革命理论的基本路线的发展上，而且还考虑到在先进的工人中宣传这些思想。在差不多半个世纪以后，恩格斯

---

[*] 本文选自《马克思恩格斯列宁斯大林研究》1998年第1辑。

[①] 参看《马克思恩格斯全集》第1版第2卷第586页。

在他的著作《德国的社会主义》中准确、深刻地阐明了科学共产主义发展的特殊性。他注意到，德国的社会主义"在1848年以前很久就产生了"。它的特征是有两个起初是彼此独立存在的倾向产生并发展起来，一个是自发的工人运动，它的代表是正义者同盟；另一个是"理论运动"。在这一倾向中"马克思的名字从一开始就占有统治地位"。① 直到共产主义者同盟成立后，这两股潮流才汇合在一起。

当马克思和恩格斯认识到在科学共产主义的基础上建立无产阶级政党的必要性时，他们根据德国和国际工人运动的发展水平来确定为在德国建立这样一个政党而斗争的方法。

30年代末，一批因各种原因逗留在国外的德国手工业者结成一个秘密的正义者同盟。当马克思和恩格斯首次宣布他们的革命学说的原理时，正义者同盟已经是一个完善的、具有章程的组织，这些章程是根据秘密团体的传统制定的（从这一点来看，它近似于布朗基的四季社）。马克思和恩格斯指出，在40年代，不仅同盟的纲领，而且它的思想的基本原则，都经历了一次复杂的演变，这一演变反映了德国、法国和英国的哲学思想与社会主义思想的发展的变化。② 魏特林的巴贝夫主义和空想共产主义的平均主义思想、欧文主义和费尔巴哈对宗教的批判以及在法国小资产阶级的社会主义的基础上产生的德国"真正的"社会主

---

① 《马克思恩格斯全集》第1版第22卷第288页。
② 《马克思恩格斯全集》第1版第22卷第288页，参看《马克思恩格斯全集》第1版第14卷第464页和第21卷第242页。

义对正义者同盟的影响，一直持续到40年代中期。① 这一同盟在德国工人运动中起了重要的作用。它产生时是30年代的众多秘密社团之一，后来渐渐地超出它最初的目标和组织形式。随着时间的推移，宣传革命思想和社会主义思想以及从政治上教育工人，成为其活动的主要内容。在这一方面尤为重要的是，在有同盟的秘密追随者的地方创立了公开的德意志工人教育协会。这类协会中最大的组织是伦敦德意志工人教育协会：它在40年代实际上已成为整个正义者同盟的中心。②

马克思和恩格斯同正义者同盟的领袖们的关系在这些年中比较复杂。卡尔·沙佩尔、约瑟夫·莫尔、亨利希·鲍威尔等人是如何走向科学共产主义的，这对工人运动的开始阶段和他们对革命理论的长期而艰难的探求来说，都具有代表性。40年代中期，他们仍囿于宗派主义的政治斗争观念，囿于空想社会主义的理论和没有区别的平均思想，囿于能够在资产阶级社会这一范围内实现"博爱"和"平等"的幻想。

---

① 有关详细情况，参看Е.Л.康捷尔《马克思和恩格斯——共产主义者同盟的组织者。无产阶级革命政党斗争简史》1953年莫斯科版第106—119页；黑尔维希·弗尔德《革命前夜的马克思和恩格斯。为德国共产党人制订政治方针（1846—1848年）》1960年柏林版第23—26页；40年代中期正义者同盟中思想斗争的证据是伦敦工人共产主义教育协会1845年2月18日—1846年1月14日的各次讨论。载《共产主义者同盟。文件和资料》中国人民大学出版社1989年版第1卷第136—166页（下面凡提到本书时，均为这个版本）。

② 这种组织活动形式——同盟的秘密组织和建立公开的工人教育协会相结合——后来被共产主义者同盟采纳。在革命期间，德国各地区在秘密支部的基础上建立了公开的工人组织，例如，布鲁塞尔德意志工人协会（1847年）、巴黎德国工人俱乐部（1848年3月）、科隆工人联合会和美因兹工人教育协会（1848年4月）等，还有许多其他的协会。

在这一点上，恩格斯于1848年1月即革命前夜在巴黎对德国手工业者所作的评价特别重要，他写信给马克思说："魏特林主义和蒲鲁东主义确实是"这些人的生活条件和它们的小资产阶级本质的"最完整的反映"。① 但是，这只适用于进步的德国工人，适用于正义者同盟盟员。恩格斯在给马克思的信中称他们为"施特劳宾人"——在德国，人们如此称呼流动的手工业帮工——以便强调指出，他们在很大程度上仍按陈旧的行会观点和偏见行事。直到40年代，德国的无产阶级才逐渐形成（它大部分由手工业者和手工业帮工组成），但它要成为一个"自为的阶级"，还差得很远。

然而，无论是在最初还是在后来，这些弱点对德国工人运动的进步发展并没有产生很大的影响。无产阶级的意识自发地冲破一堆杂乱的陈旧观点和偏见，为自己开辟出一条道路。最优秀的工人代表本能地感觉到需要一种能够为无产阶级指引通向解放的真正道路的革命理论。德国工人运动的先驱的功绩就在于此。因此，恩格斯在指出"同盟的成员……几乎都是地道的手工业者"，他们"还有许多流传下来的行会观念"之后，作出重要的评价："这些手工业者的最大光荣是：虽然他们本身还不是真正的无产者，而只不过是刚刚向现代无产阶级转变的、附属于小资产阶级的一部分人，还没有同资产阶级即大资本处于直接对立地位，但他们已经能够本能地预料到自己未来的发展，并且能够组成为（虽然还不是充分自觉地）一个无产阶级政党了。"② 恩格斯就是这样说明了：正义者同盟在德国工人运动史上的意义、这一组织的特殊性和它从一个秘密的手工业者协会向无产阶级政党（这一政党的口号是：为工

---

① 《马克思恩格斯全集》第1版第27卷第127页。
② 《马克思恩格斯全集》第1版第21卷第246—247页。

人阶级的解放而斗争）的过渡。在正义者同盟中，马克思主义开始在工人运动中传播，从而导致共产主义者同盟的形成。

马克思和恩格斯的出发点是，这样的政党，只有通过宣传科学共产主义的思想，消除小资产阶级社会主义和空想社会主义对进步的工人和民主主义的知识分子的影响，才能创立。因此，从1846年初起，他们作出最大努力来建立各个社会主义小组之间的联系，并使它们的活动互相配合。各共产主义通讯委员会就是为完成这一任务而成立的。它们具有国际性：除了国内外的德国共产主义者之外，它们还联合了其他国家的革命者。这样，在布鲁塞尔的委员会中，领导小组的成员除了马克思、恩格斯和威廉·沃尔弗之外，还有比利时人菲力浦·日果，宪章派革命一翼的领袖乔治·哈尼，也参与了伦敦通讯委员会的工作；为了把法国的共产主义者和社会主义者吸引过来，还进行了协商。① 虽然通讯委员会的活动没有扩展到它们的创始人最初所力求达到的那样大的范围，但仍起了重要的作用。它们促使工人和进步的知识分子去熟悉科学共产主义思想，同时，也促使正义者同盟的领导和成员去掌握这些革命观点。

1846年至1848年几乎成为马克思和恩格斯及其支持者建立一个无产阶级政党而作的斗争中的一个重要阶段。在《德意志—布鲁塞尔报》上宣传新的革命学说，进行反对小资产阶级观念的斗争；马克思和恩格斯及其朋友威廉·沃尔弗、日果、卡尔·瓦劳等人在他们参与建立的组

---

① 参看乔治·朱利安·哈尼1846年3月30日给恩格斯的信，载《共产主义者同盟。文件和资料》第1卷第218—223页；马克思恩格斯和菲利浦·日果1846年5月5日给皮埃尔·约瑟夫·蒲鲁东的信，载《马克思恩格斯全集》第1版第27卷第464—466页；乔治·朱利安·哈尼1846年7月20日给布鲁塞尔共产主义通讯委员会的信，载《共产主义者同盟。文件和资料》第1卷第287页。

织如德国工人联合会和布鲁塞尔民主协会中进行活动，——这一切对志同道合者即共产主义者的联合起了重要的作用。同时，布鲁塞尔的共产主义者与伦敦正义者同盟的领导人和宪章派左翼领导人的联系增强了。在消除小资产阶级社会主义的影响和争取正义者同盟盟员赞同科学共产主义的过程中，恩格斯于1846—1847年在同盟的巴黎各支部中所进行的活动具有重要的意义。正如列宁所写的那样，恩格斯在巴黎奠定了德国社会民主工人党的基础。① 恩格斯坚定而耐心地向生活在巴黎的德国手工业者——木工、制革工人、裁缝等等——解释共产主义者的目的和意图。② 同时，他必须消除他的听众由于魏特林、特别是蒲鲁东的观点的影响而产生的落后的、混乱的和不成熟的看法。这两个人的观点是由"真正的"社会主义者卡尔·格律恩及其追随者传播的。③

  正义者同盟在19世纪30年代和40年代经历了一次重要的思想演变，这次演变反映了德国无产阶级发展的特殊性。在共产主义者同盟成立之前的十年中，同盟领导人的观点、他们的原则及其活动的内容经历了惊人的变化。在快到这一时期末的时候，正义者同盟明确地转变为一个无产阶级组织，它的领导人逐渐相信无产阶级进行政治斗争和建立独立的阶级组织的必要性。1847年初，同盟领导认识到必须在新的思想原则和组织原则的基础上进行一次全面的改造，只有这样，马克思和恩格斯加入正义者同盟的事，才有了可能。特别是正义者同盟1846年底至1847年初的文件——1846年11月人民议事会公告；1847年1月20日正义者同盟领导签发给约瑟夫·莫尔的与马克思和恩格斯谈判的全权

---

① 参看《列宁全集》第2版第24卷第280页。
② 参看《马克思恩格斯全集》第1版第27卷第71页。
③ 参看《马克思恩格斯全集》第1版第27卷第76—77页。

委托书；1847年2月人民议事会公告——证实了这一点。①

马克思和恩格斯在制订无产阶级政党的纲领的过程中所起的重要作用从下列三个文献中可以看出：《共产主义信条草案》、《共产主义原理》和《共产党宣言》。②

《共产主义信条草案》是恩格斯经共产主义者同盟第一次代表大会的讨论后写成的，这是阐述科学共产主义原理的首次尝试。它表述了马克思主义与工人运动相结合的最初过程。

当然，如果认为正义者同盟的改组——正义者同盟在1847年夏第一次代表大会后称为共产主义者同盟——是一蹴而就和毫无障碍地进行的，那就错了。要克服这一组织中许多成员的过去的观点，就要求马克思和恩格斯及其拥护者们作出很大的努力。在第二次代表大会前制订纲领性文件的过程中所进行的顽强斗争就证实了这一点。此外，在共产主

---

① 《正义者同盟人民议事会1846年11月告同盟书》，载《共产主义者同盟。文件和资料》第1卷第323—329页；伦敦共产主义通讯委员会1847年1月20日给布鲁塞尔通讯委员会的信，载《共产主义者同盟。文件和资料》第1卷第337页；《正义者同盟人民议事会1847年2月告同盟书》，载《共产主义者同盟。文件和资料》第1卷第338—345页；Е.Л.康捷尔《马克思和恩格斯——共产主义者同盟的组织者》俄文版第167—172页；黑尔维希·弗尔德和马丁·洪特《恩格斯〈共产主义原理〉一文的来历。1847年6月〈共产主义信条草案〉》，载德国《工人运动史论丛》1970年第1期第66—67页；马丁·洪特《〈宣言〉是如何创作的》1973年柏林版第91—95页。

② 参看《马克思恩格斯全集》第1版第42卷第373—380页，第4卷第357—374页；《马克思恩格斯选集》第2版第1卷第271—307页；马丁·洪特《〈宣言〉是如何创作的》第91页；Е.Л.康捷尔《弗·恩格斯和共产主义者同盟第一次代表大会》，载《近代和现代史》(莫斯科) 1970年第6期第27—28页；《从各种新出版物看〈共产党宣言〉的创作》，载《近代和现代史》1973年第2期第152—153页。

义者同盟巴黎区部,恩格斯起草了自己的纲领性提纲《共产主义原理》,以之反对"真正的社会主义者"赫斯的《共产主义信条》草案和"绝妙的教义问答修正稿"。①

第一个无产阶级组织的创建史中的最重要的里程碑是:共产主义者同盟的第一次代表大会(1847年6月),它通过了新章程草案;第二次代表大会(1847年11月至12月初),它确定了经过广泛讨论后作了很大修改的章程;紧接着是同盟的纲领性文件《共产党宣言》的写成和发表(1848年1—2月)。

在《共产党宣言》中十分明确地强调了无产阶级政党的领导作用,并宣告了共产主义者的目的:"使无产阶级形成为阶级,推翻资产阶级的统治,由无产阶级夺取政权。"② 对无产阶级政党任务的明确表述在许多年后仍是所有国家中的无产阶级革命先锋队的战斗纲领。《宣言》表现了共产主义者同盟——第一个国际无产阶级组织——的国际主义性质,《宣言》中宣告的口号:"全世界无产者,联合起来"已成为国际工人运动的斗争口号。

随着资产阶级革命(它在1848年春前后席卷了欧洲大陆的大多数国家)的开始,共产主义者同盟的活动有了新的条件。法国二月革命之后,在巴黎重新组建了中央委员会。当时那里有被比利时当局驱逐出布鲁塞尔的马克思和威廉·沃尔弗,前伦敦中央委员会的成员沙佩尔、莫尔和鲍威尔。稍后从布鲁塞尔来的恩格斯也是中央委员会的成员之一。③

---

① 《马克思恩格斯全集》第1版第27卷第114、123—124页。
② 《马克思恩格斯选集》第2版第1卷第285页。
③ 参看《马克思恩格斯全集》第1版第27卷第135页。

马克思和他的战友们利用法国革命争得的民主自由，在巴黎建立了一个公开的德国流亡者协会，即德国工人俱乐部，它的章程由马克思起草。① 这一工人协会是根据共产主义者同盟的传统建立的，它应该成为共产主义者同盟巴黎支部的合法基地，并在德国工人中扩大共产主义者的影响。这一组织的一个重要任务是击退小资产阶级在工人中的宣传。这一工人俱乐部中为首的是共产主义者同盟中央委员会的成员。在公开的声明中，马克思及其拥护者们强调指出要把工人俱乐部和国际无产阶级组织——共产主义者同盟——结合在一起。②

1848年3月，有影响的德国小资产阶级流亡者力图向德国派出一个武装军团，目的是要建立共和体制。③ 海尔韦格和伯恩施太德领导下的巴黎德意志民主协会的这些计划不仅得到了小资产阶级民主主义者的支持，而且也得到了共产主义者同盟的一些盟员的支持，这些人想尽快地回到祖国，参加在德国刚开始的革命。

马克思坚决反对建立军团。④ 尽管有引起他的一些同志和巴黎的大多数德国工人的不满的危险，他仍顽强地同一些人的幻想和毫无根据的希望作斗争，这些人如醉如痴地听信小资产阶级领导人的冒险计划和煽动性的喋喋空谈；他们把德国革命的未来想像成"自由、平等和博爱"口号鼓舞下取得节节胜利的远征。在德国工人俱乐部组织的公开的会议

---

① 参看《马克思恩格斯全集》第1版第4卷第589页。
② 参看《马克思恩格斯全集》第1版第5卷第6页。
③ 参看J. G. 罗基特扬斯基《共产主义者同盟领导反对在巴黎建立一支德国军团的斗争》，载德国《工人运动史论丛》1975年第3期第469—488页。
④ 参看《1836—1849年的共产主义者同盟》1977年莫斯科版第253—254页；卡尔·马克思《国家检察官"黑克尔"和〈新莱茵报〉》，载《马克思恩格斯全集》第1版第5卷第525页。

和集会上，马克思使工人确信，决不能使用暴力把革命从外部带给德国，它只能是内部的社会过程和政治过程的合乎规律的结果。

马克思采取了措施，以便正式与德意志民主协会的领导划清界限。1848年3月中旬，这一协会的领导人之一伯恩施太德被开除出共产主义者同盟。①

因为德意志民主协会的领导人明确地把自己称为巴黎所有德国流亡者（包括共产主义者）的代表，所以，同共产主义者同盟内的冒险策略的拥护者们划清界限，还必须发表公开的声明作为补充。其他国家的同盟盟员可能不了解情况，因此，燕妮·马克思根据马克思的委托请马克思的朋友和战友约瑟夫·魏德迈在《威斯特伐里亚汽船》杂志上发表一项关于在巴黎成立的德国工人俱乐部与德意志民主协会毫无共同之处的声明，并请他"设法尽可能广泛地在德国报纸上报道"② 这一声明。让这一声明通过列举工人俱乐部的领导成员——这些成员除了波尔恩之外又都是共产主义同盟中央委员会的成员——和提一提恩格斯（他当时虽不在巴黎，但那里正等着他）——的办法，来保持同盟领导的正式措施的性质。然而，就目前所知，马克思所希望的声明并没有在德国的报刊上发表。

由于想发表一个正式声明的初次尝试毫无结果，马克思和大约在3月21日到达巴黎的恩格斯以及他们的朋友在这一方面采取了其他的步骤。3月24日，一篇关于共产主义者同盟与德意志民主协会之间的意见分歧的文章寄给《特利尔日报》，这家报纸在3月29日把它作为来自巴黎的通讯发表了。正如亚科夫·罗基特扬斯基所确凿证明的，这一文

---

① 参看《马克思恩格斯全集》第1版第27卷第137页。
② 参看《马克思恩格斯全集》第1版第27卷第625页。

章出自与马克思接近的人,而且是受马克思之托而写的。①

同时,一个由共产主义者同盟中央委员会的所有成员署名的声明寄给法国空想共产主义流派之一的领导人和巴黎《人民报》编辑埃蒂耶纳·卡贝。寄给卡贝的这封信——正如作者所强调的——是不让公开的,其中所谈的是"为了共产党"即共产主义者同盟(它在信中和声明中被称为"德国工人联合会")"的利益而发表意见,发表声明"。这一组织具有国际性,它"由共产主义者组成,并公开宣布自己是共产主义的组织"。这里显然是指共产主义者同盟第二次代表大会的决议和《共产党宣言》。同样重要的是,马克思和恩格斯在他们的信中强调指出,他们同海尔韦格及其拥护者的观点分歧不仅涉及策略,而且也涉及纲领性的问题。他们断定,德意志民主协会不是共产主义的,"因为它声明自己不承认无产阶级和资产阶级之间的对抗和斗争"。他们声明,共产党即共产主义者同盟和与它有联系的德国工人俱乐部不愿对小资产阶级民主派的行为方式承担任何责任。附在给卡贝的信中的声明有共产主义者同盟中央委员会成员签署的名字——马克思、沙佩尔、鲍威尔、恩格斯、莫尔和威·沃尔弗。(此外,中央委员会成员还按这个次序在当时制定的同盟的纲领性文件《共产党在德国的要求》上签了名。)这一声明是向"德国工人联合会在欧洲各国的各个支部发出的"。② 也就是说,是向共产主义者同盟的区部和支部发出的。

马克思及其战友们反对预谋组织军团的艰苦斗争取得了成果。他们成功地向德国工人证实了海尔韦格的计划是不会成功和有害的。此外,

---

① J. G. 罗基特扬斯基《共产主义者同盟领导反对在巴黎建立一支德国军团的斗争》,载德国《工人运动史论丛》1975 年第 3 期第 484—485 页。
② 《马克思恩格斯全集》第 1 版第 5 卷第 6—7 页。

共产主义者同盟的领导们赞助进步的德国工人返回德国，后来这些人成为他们家乡的工人联合会的组织者，并积极参与革命的群众运动。

德国三月革命后，为工人阶级及其先锋队制订一个行动纲领，已经成为无产阶级政党的领袖们的一个迫切的任务。马克思和恩格斯在1848年3月25日起草的《共产党在德国的要求》就是这样一个文献。①《要求》的主要特点是把无产阶级的利益同人民的利益不可分割地联系在一起。《要求》包括一个全面的民主变革的纲领。在制订《要求》的过程中，马克思和恩格斯的出发点是1848—1849年德国革命的中心任务：把德国的统一确立为民主共和国，使国内的整个社会制度和政治制度充分民主化。无产阶级应该同劳动的农民和城市小资产阶级结成联盟，以便实现这一无往不胜的反封建革命。尤为重要的是《要求》结束处提到的观点：德国资产阶级民主革命取得胜利的出发点和根本变革的纲领的实现都是人民的革命统治的前提。

《要求》具体说明了《共产党宣言》的纲领性论点，使之与德国资产阶级民主革命的任务相一致。它反映了马克思和恩格斯的不断革命的理论，根据这一理论，资产阶级革命只是革命过程的第一个阶段。与此相应，《要求》中全面的行动纲领，不只是为了资产阶级民主革命的胜利，而且也是为了向社会主义革命过渡创造前提。

这一纲领涉及德国人民群众的真正利益，因而在革命时代引起了强烈的反响。《要求》多次作为传单散发，并被共产主义者和与他们接近

---

① 对这一文献及其创作与传播史的分析，参看 C. 3. 列维奥娃《马克思和恩格斯为1848—1849年德国革命中无产阶级制定的纲领〈共产党在德国的要求〉》，载《马克思主义和国际工人运动简史》1964年莫斯科版第468—503页；马丁·洪特《1848年3月"共产党在德国的17个要求"》，载德国《工人运动史论丛》1968年第2期第203—236页。

的工人运动代表们在工人联合会和民主代表大会上进行了宣传。①

1848年春,为建立一个工人阶级政党而进行的斗争开始了一个新的阶段。马克思和恩格斯及其共产主义者同盟中的战友们在4月即在他们回到德国不久就同时在两个方面采取措施,以便把无产阶级的革命力量团结在一起。首先提出使共产主义者同盟即德国无产阶级最有觉悟的力量强大起来的任务。其次,同盟盟员首先应该通过他们对当时正在各地出现的工人联合会的影响来支持工人的政治教育和阶级联合;由同盟中央委员会派遣特使到德国各地,创建新的支部或者活跃和安排早在进行的支部活动。不过,那时也已考虑到为整个德国建立一个无产阶级组织——各地的工人联合会在独立的政治基础上的联合。这样一个广泛的工人组织应该与资产阶级相对立,捍卫无产阶级的阶级利益和要求。1848年4月初,这一计划发表在由共产主义者同盟盟员在美因兹起草的号召书《告全体德国工人书》中。② 正如瓦尔特·施密特所说的,这

---

① 参看格尔哈德·贝克尔《1848年第2次民主派代表大会上的"社会问题"》;《"委员会关于社会问题的意见"的形式和特点》,载德国《历史科学杂志》1967年第2期第260—280页。

② [《美因兹工人教育协会关于成立工人联合会和准备工人代表大会告全体德国工人书》],载《马克思恩格斯全集》第1版第5卷第575页;关于美因兹号召书的意义的详细情况,参看瓦尔特·施密特的《共产主义者同盟和1848年4月和5月集中各德国工人联合会的尝试》,载德国《历史科学杂志》1961年第3期第577—614页;这一号召书无疑是在共产主义者同盟领导知道并同意的情况下发出的;号召书的作者之一瓦劳当时是同盟中央委员会委员之一。马克思和恩格斯1848年4月初在赴科隆途中来到美因兹,并同那里的共产党人讨论今后的行动计划。还可参看B. H. 波斯佩洛娃《阿道夫·克鲁斯——卡·马克思和弗·恩格斯的战友(1848年德国革命前夜和德国革命期间的活动)》,载苏联《马克思主义和国际工人运动简史》1977年版第295—305页;韦尔塔·波斯佩洛娃《阿道夫·克路斯——共产主义者同盟的成员和马克思与恩格斯的战友》,载《马克思恩格斯年鉴》1980年柏林狄茨出版社版第3卷第85—120页。

一计划中规定，把各工人联合会联合起来，以宪章派为范例，建立一个全国规模的无产阶级的群众性政党。① 这一计划定能削弱小资产阶级民主派的领导人对工人运动的影响，阻止工人联合会转变为民主党的一个附属物。

关于建立一个全德的工人联合会组织的计划具有重要的历史意义：这是马克思和恩格斯在德国资产阶级民主革命开始时第一次做的这类尝试。② 当关于共产主义者同盟的历史的文献③还仍未被大家所知时，各种历史著作通常都认为，马克思和恩格斯直到1849年4月德国革命进入结束阶段时，才提出在德国建立一个无产阶级的群众性政党的任务。现在已经澄清了，这在一年前就已计划好，然而，由于德国工人的落后，这一计划失败了。美因兹号召书只得到一些工人联合会——主要是在德国西南部——的赞同，大约在4月底，有一点已经很清楚，即共产主义者同盟采取的团结工人阶级的措施是注定不会成功的。

对德国状况和工人运动的发展水平的分析，在确定革命初期无产阶级先锋队的策略路线上起着重要的作用。共产主义者同盟的特使在

---

① 参看瓦·施密特《1848—1849年革命初期的威廉·沃尔弗》，载《德国史年鉴》1973年莫斯科版第50页；瓦尔特·施密特："如此顽固的家伙……我们还从未碰到过。"见《威廉·沃尔弗》，载德国《工人运动史论丛》1975年第3期第509—510页。

② 值得注意的是，当马克思和恩格斯期待即将爆发的革命时，他们在1850年提出的关于通过工人联合会的联合和集中在德国建立一个无产阶级政党的计划，在1850年3月共产主义者同盟中央委员会的致词中再次被采纳。参看《马克思恩格斯全集》历史考证版第1部分第10卷第261页。

③ 指发表在《马克思恩格斯全集》俄文第2版和德文版中的材料以及《共产主义者同盟——第一国际的先驱》文献卷1964年莫斯科版；《共产主义者同盟。文件和资料》第1卷；《1836—1849年的共产主义者同盟》1977年莫斯科版。

1848年春写给中央委员会的报告中关于德国工人的情绪及其政治观点的描写是很有启发的：甚至在德国经济与政治最先进的地区莱茵省，工人仍充满幻想和偏见，以致不仅共产主义思想，甚至共和主义思想都得不到他们的理解。因此，工人们支持由共产主义者同盟科隆支部的成员哥特沙克、安内克和维利希于1848年3月3日在科隆召开的群众大会上提出的一个纲领——《人民的要求》。它只是非常温和地要求资产阶级自由，甚至没有要求建立一个共和政体。①

恩格斯在1848年春写的信包含了对德国工人的情绪和工人运动的发展水平所作的重要考察。他在给马克思的信中说："工人们正开始有些动；还很不成熟。但已经是群众性的。他们立即组成了团体。但是这恰好对我们有妨碍。"② 这样，恩格斯指出了德国工人落后的阶级意识和他们在德国革命第一阶段中的斗争的经济特点，因此把他们吸引到为普遍民主的要求而进行的斗争中就变得格外困难了。

恩格斯和其他特使在1848年4—5月分析了德国状况，这对马克思和恩格斯在1848年春夏制订策略产生了重要的影响。正如恩格斯在过了好些年后所写的，正是在那个时候，他们深信，直接宣传共产主义的纲领并不受工人欢迎。③ 马克思和恩格斯得出结论说，在既定条件下，唯一正确的做法是，首先担任起民主运动中起推动作用的、实际上是无产阶级的、极左翼的角色。这样，就可要求小资产阶级民主运动的领袖采取重要得多的行动，工人们就可逐渐意识到他们的阶级使命，接受科学共产主义的思想。后来，恩格斯多次强调指出，这一策略是从对德国工人运动水平的真实评价中得出的，而且它在这一运动的范围内有可能

---

① 《共产主义者同盟。文件和资料》中文版第1卷第479页。
② 《马克思恩格斯全集》第1版第27卷第143页。
③ 参看《马克思恩格斯全集》第1版第21卷第19页。

对广大工人群众产生影响。他在1887年写道:"我认为,我们的全部实践已经证明,可以在工人阶级普遍性的运动的各个阶段上同它进行合作,而无需放弃或隐瞒我们自己的明确立场甚至组织。"① 马克思和恩格斯作出的关于共产主义者参加民主运动的决定,并不像一些资产阶级作者声称的那样,② 是他们的策略的突然改变,也不是把共产主义者的真正目的掩盖起来的手段,资产阶级的历史学家不理解无产阶级政党在资产阶级革命中的两项主要任务——为民主而斗争以及为无产阶级的阶级团结和政治独立而斗争——的辩证关系。他们把这两项任务彼此对立起来,指责马克思轻视工人运动的当前任务和工人的利益,或者指责他过早宣传社会主义的目的,从而导致革命的失败。

早在革命之前很久,马克思和恩格斯及其战友们就已积极参加欧洲各国的民主运动。自从1845年国际民主派兄弟协会在伦敦建立以来,他们与协会的领导人保持着密切的联系。1847年,马克思和恩格斯是布鲁塞尔民主协会的组织者和领导成员。这一协会的成员除了无产阶级革命家之外,还有资产阶级和小资产阶级民主主义者。一方面,马克思和恩格斯把他们在40年代在民主组织中的活动看作是宣传科学共产主义思想的机会,看作是对属于这些组织的无产阶级分子施加影响,另一

---

① 恩格斯1887年1月27日给弗洛伦斯·凯利-威士涅威茨基夫人的信,载《马克思恩格斯全集》第1版第36卷第585页。恩格斯的这些话仍然具有现实意义。甚至在今天,资产阶级历史学家们仍断言,马克思参加民主运动,导致同资产阶级激进派结盟,从而损害了工人阶级的利益,这就是美国作者诺伊斯说的(P.H.诺伊斯《组织和革命。1848—1849年德国革命中工人阶级的联合》1966年普林斯顿-新泽西版第100—101、281页)。

② 例如,参看乌尔里希·索夫希尔德的《马克思和恩格斯那里的政党和阶级》,哲学博士论文,1965年美茵河畔法兰克福版第48页;O.J.哈麦尔《红色的1848年革命运动参加者卡尔·马克思和弗里德里希·恩格斯》1969年纽约版第211、241页。

方面,他们想借此与民主运动的进步代表建立密切的联系,并把这些代表看作是无产阶级革命斗争中的同盟者。

革命期间共产主义者同盟在总的策略性计划中应该起哪些作用?当马克思和恩格斯回到德国后,他们仍希望能把共产主义者同盟用作创建工人阶级政党的杠杆。1848年4月,他们的组织计划也由此产生。然而,同盟的成立与革命的爆发之间的历史时期太短暂了。在这一时期未能在德国建立一个其纲领和口号都得到工人的理解和支持的巩固的共产主义者同盟组织。

这里有一些客观和主观上的原因。首先,德国无产阶级只有不明显的与资产阶级在利益上对立的感觉,它在政治上几乎仍完全受小资产阶级民主主义者的影响。它是在德国三月革命前的封建专制的条件下形成的,当时政治分裂,经济落后,因此,它没有任何独立的政治斗争经验,它作为群众几乎还没有感觉到这种斗争的必要性。

此外,共产主义者同盟及其秘密组织完全不适宜在从三月革命的街垒战中获得的政治自由的环境中进行活动。地方的同盟支部之间缺少固定和正常的联系以及德国不同地区政治状况和力量对比各不相同,这些情况导致一部分满脑子改良主义和小资产阶级思想的同盟盟员朝着分裂主义的方向发展。

所有这些条件使马克思和恩格斯及其战友们得出这样一个结论:共产主义者同盟不能完成共产主义者在德国革命中的任务,也就是说,它不能领导无产阶级和广大的人民群众为争取资产阶级民主革命的胜利而进行的斗争。正如恩格斯后来写的,"在正在高涨的人民群众的运动面前,同盟是个极其软弱的工具。"① 在革命时期,同盟的到目前为止的秘密组织形式失去了意义。这时,共产主义者的全部力量都必须集中于

---

① 《马克思恩格斯全集》第1版第21卷第254—255页。

领导工人和民主力量的群众运动。这意味着要广泛地利用革命的成果——言论自由、新闻出版自由和集会自由——把工人吸收到当时在整个德国出现的联合会、协会和组织中；积极参与它们的活动，孜孜不倦地向工人解释他们的阶级利益和革命任务；揭露反革命的手段。这要求向新的任务和组织形式过渡。这时不再是在一个严格地进行秘密活动的秘密组织成员的小圈子中进行宣传，而是在工人群众中进行鼓动。马克思和恩格斯把共产主义者参与民主运动看作是在思想和政治上影响工人以及克服小资产阶级思想影响的最有效的手段。

  在德国革命的过程中，必须采取新的更有效的形式，才能领导无产阶级先锋队的行动和宣传工人阶级的新的策略任务。一家大的政治日报就是最合适的形式。由马克思编辑的自1848年6月初起在科隆出版的《新莱茵报》，使许多工人、农民和小资产者聚集在它的革命的民主纲领周围。它不仅在莱茵省，而且还在整个德国对当日事件有明显的影响。恩格斯和共产主义者同盟的其他领导成员都是编辑部的成员。为了向人民阐明共产主义者的口号与要求，他们利用了广泛宣传的手段。这家报纸通过对当日事件的分析，帮助读者在政治斗争与阶级斗争中采取一种正确的立场。编辑们坚持不懈地为共产主义者在民主协会和工人联合会中产生更大的影响而努力。他们同围绕在编辑部周围的民主运动和工人运动的头面人物一起组织了大的群众集会和宴会。由他们发起，成立了一些能够在革命的紧要关头带领人民群众进行斗争的战斗组织，例如，1848年9月在科隆成立的安全委员会。报纸的内容证明它充当的是集体的宣传员、鼓动员和组织者的角色。①

---

  ① 有关这方面的详细情况，可参看 C. 3. 列维奥娃《马克思在1848—1849年德国革命中》1970年莫斯科版。

《新莱茵报》在革命过程中成为无产阶级政党的指挥棒,并且实际上执行着共产主义者同盟中央委员会的职能。与人民群众的革命斗争联系在一起的编辑部,沟通并领导着同盟盟员的活动,盟员们把报纸的出版看作是党的重要事业,他们在报纸的发行和传播方面起着重要的作用。无产阶级先锋队所拥有的最优秀的、有才智的力量,都集中在编辑部或直接与它保持联系。①

马克思和恩格斯及其最亲密的战友们撰写或编审的发表在《新莱茵报》上的文章,阐明了无产阶级在德国革命中的任务,指出了实现这些任务的道路。在德国不同地区或在国外活动的共产主义者同盟盟员都与马克思和恩格斯保持着面对面的或笔头的直接联系。这些朋友和志同道合者不仅是革命事件的目击者,而且是参与者。他们的信件和报告成为马克思和恩格斯编辑报纸时的第一等的政治信息的来源。

《新莱茵报》编辑部的往来信件大部分首次发表在《马克思恩格斯全集》历史考证版第 2 部分第 2 卷和第 3 卷中,这些信件直观地介绍了编辑部的活动以及它每天与进步力量、与工人运动和民主运动,与德国极广泛的社会阶层的代表的联系。根据这些信件可以看出这家报纸的通俗性,它不仅在莱茵省,而且在整个德国都受到欢迎,并得到支持。

马克思和他的战友们把吸收工人参加政治斗争和向工人阐明无产阶级的阶级目的看作是他们的最重要的任务。当马克思和恩格斯确定战略和策略任务,判断当日事件或制定革命斗争的口号时,总是从无产阶级革命者的立场出发。正因为如此,恩格斯把共产主义者在革命年代中领导的、其机关报为《新莱茵报》的民主左翼的策略看作是民主派的策

---

① 参看 S. Z. 维瓦《〈新莱茵报〉的编辑工作》,载《历史年鉴》第 8 卷;《德国 1848—1849 年资产阶级民主革命,对它的历史和作用的研究》1973 年柏林版第 2 卷第 49—90 页。

略,"这个民主派到处,在各个具体场合,都强调了自己的特殊的无产阶级性质,**这种性质是它还不能一下子就写在自己旗帜上的**"① (黑体字是本文作者加的)。

恩格斯的这些话极为重要,是理解德国社会政治状况(这种状况决定革命期间德国共产主义者的策略)的最重要的特殊性的钥匙。由于广大的工人阶级仍深受小资产阶级幻想的影响,他们还不准备接受共产主义思想。为了使工人能够消除这些偏见,还需要耐心地做大量的解释工作。因此,用革命的民主精神教育工人是《新莱茵报》编辑部的必要任务之一。马克思和其他编辑力求使工人们相信,在德国完成资产阶级革命和保卫民主的三月革命的成果符合他们的阶级利益。因此,起初在报纸上一般政治问题所占的篇幅大于有关工人的经济状况和他们为改善自己的劳动条件与生活条件进行斗争所作的报道。

当然,《新莱茵报》编辑部在为民主而斗争的过程中从未忘记工人的直接利益。从创办的那天起,有关德国无产阶级各阶层的处境和为无产阶级的权利而斗争的论题占了很大的篇幅。② 这家报纸登载了有关罢工运动以及工人和手工业帮工为改善自己的劳动条件进行斗争的报道。

马克思负责编辑出版的报纸对德国无产阶级斗争的发展发挥作用的一个重要形式,是报纸的编辑们直接参与莱茵省的工人运动,特别是他们在科隆工人联合会的活动。这一工人联合会是《新莱茵报》编辑部与无产阶级群众之间的联系者。共产主义者在这一组织中的活动有助于用共产主义思想的精神团结进步工人并对他们进行革命教育和阐明共产主

---

① 《马克思恩格斯全集》第1版第21卷第19页。
② 参看 C. 3. 列维奥娃《〈新莱茵报〉和1848—1849年革命时期马克思为团结德国无产阶级而斗争》,载《马克思和19世纪国际工人运动某些问题》1970年莫斯科版第43—76页。

义者同盟的策略。作为工人联合会的领导成员,马克思和他的朋友——主要是沙佩尔和莫尔——为把协会转变成一个以革命原则为基础的群众组织而斗争,这一组织可以作为在德国其他地区建立无产阶级组织的榜样。这一活动是为巩固工人阶级的组织而进行的斗争中的一个重要阶段。

与所有由文献证实了的关于马克思和恩格斯在1848—1849年的工人运动中的作用的事实相违背,社会民主主义和资产阶级的历史著作继续维护那重复得令人生厌的观点,即马克思在革命中不是作为工人阶级的领袖,而是作为民主主义者出现的。在西德的历史学家韦尔纳·孔策的论文中,极其明确地散布着这样的论点:在1848年革命中,马克思主义与工人运动毫无关系。马克思主义的创始人对工人运动漠不关心,而且不理解工人运动的各种需要。在他看来,马克思主义直到19世纪60年代才渗入工人运动。① 这样就否定了共产主义者同盟在早期德国工人运动史上的意义。

持相同观点的还有沃尔夫冈·席德尔,他指责马克思主义的历史著作"进行传奇式的教育",因为这些著作指出,马克思和恩格斯参加了

---

① 参看韦尔纳·孔策《德国工人运动的开始》,载《历史和现代意识。历史的考察》1963年哥廷根版;《从"暴民"到"无产阶级"。德国社会主义的社会史前提》,载《社会史和经济史季刊》(威斯巴登)1954年版第41卷;D.格罗《国民运动中的工人运动。帝国建立前、建立期间和建立后的德国社会民主》1966年斯图加特版。有关这方面的详细情况,参看瓦尔特·施密特《论海德堡的〈现代社会史写作〉的历史政治构想。对早期德国工人运动重要阶段的历史再次歪曲》,载德国《工人运动史论丛》1967年第4期第626—635页;瓦·施密特《西德资产阶级史料中对德国工人运动的歪曲》,载《苏共历史问题》(莫斯科)1969年第1期第57—68页;Е.Л.康捷尔《对一个资产阶级传说的仿效。谈谈1848—1849年马克思和恩格斯在共产主义者同盟中的策略问题》,载《近代和现代史》(莫斯科)1968年第5期第120—132页;С.З.列维奥娃《资产阶级和社会民主派论马克思和恩格斯在1848—1849年革命中的作用》,载苏联《马克思主义和国际工人运动史》1973年版第349—354页。

工人运动,并为在革命中建立无产阶级政党而斗争。①

在科隆工人联合会中,马克思和他的战友们必须同在1848年7月前一直领导着联合会的安德烈亚斯·哥特沙克的影响和策略作斗争。哥特沙克是共产主义者同盟科隆支部的成员,他的观点和立场是德国工人运动的典型表现。② 他的世界观是在"真正的"社会主义思想的影响下形成的,他深受赫斯的影响。"真正的"社会主义和赫斯对改造占统治地位的政治制度与社会制度的方法抱有非常混乱的想法。哥特沙克具有折中主义的、矛盾的观点;他把政治冒险主义与社会煽动结合在一起,而对巩固共产主义者同盟的地方组织极不重视。共产主义者同盟中央委员会成员威廉·沃尔弗作为中央委员会的特使,在周游德国期间,于1848年4月访问科隆时,注意到了这一点。他在4月18日的报告中指出:"我从哥特沙克的谈话中了解到,同盟仍在混日子,一切联系都已中断。哥特沙克已答应把这项工作积极地抓起来。"③ 马克思和恩格斯来到共产主义者同盟中央委员会所在地科隆不久,马克思与哥特沙克在思想和组织上决裂了。马克思和他的战友们非常严厉地批评了哥特沙克的工作。科隆工人联合会——它是1848年4月在哥特沙克领导下成立

---

① 沃尔夫冈·席德尔《19世纪德国工人运动史》,载《新政治著述》(菲林根)1964年版第5册第322—338栏;《在走向一个新的马克思传说的道路上》,载《新政治著述》(菲林根)1964年版第3册第259—270栏。

② 参看E. A. 斯捷潘诺娃《马克思和恩格斯在1848—1849年革命的最初几个月》,载《纪念1848年革命百周年》1949年莫斯科版第27—29页;М. И. 米哈伊洛夫《共产主义者同盟史》1968年莫斯科版第224—230页。М. А. 科切特科娃《马克思在1848—1849年德国工人运动中反对哥特沙克的宗派倾向的斗争》,载《马克思和19世纪国际工人运动中的某些问题》第77—103页。

③《共产主义者同盟。文件和资料》中文版第1卷第521页。

的——的成员人数已迅速达到了一个对当时来说相当可观的数目，并在莱茵省的其他工人协会中赢得了影响。①

对此可以作如下解释，同盟的活动符合工人们力图组织起来保护其直接利益的基本意向。可见，哥特沙克和在职业团体基础上组织起来的联合会的其他领导人，却试图把联合会的活动限制在经济问题上，并阻止它参与政治斗争。哥特沙克扶植工人对政治漠不关心的态度。因此，他在1848年4—5月号召工人抵制国民议会的选举。马克思反对这种宗派主义的路线，因为它迎合工人的落后观点，妨碍工人的阶级觉悟和政治觉悟的提高。我们还不知道其他的有关当时共产主义者同盟中争论的细节。从同盟成员彼得·勒泽尔的供述②中可以推断出，哥特沙克作为工人联合会的领导人，在科隆共产主义者同盟盟员的评议会上，"因为……工人联合会的组织问题"，遭到"严厉的谴责"。③

---

① 有关科隆工人联合会历史的详细情况，参看格尔哈德·贝克尔的有丰富文献资料的专题论著《卡尔·马克思和弗里德里希·恩格斯1848—1849年在科隆。科隆工人联合会史》1963年柏林版。

② 在革命期间勒泽尔是共产主义者同盟的成员和科隆工人联合会的领导人之一，革命失败后，他从科隆与马克思通信；1850年同盟分裂后，他身居科隆中央委员会领袖。然而，勒泽尔仍因1852年的科隆共产党人案件和此后的长期监禁而心情沉重。他未能经受住这一严峻的考验，而像列斯纳和丹尼尔斯等经过考验的革命战士则从考验中获得了荣誉。他轻信普鲁士法官的对他减刑的蛊惑人心的许诺。他从1853年12月至1854年2月在监禁他的摩亚必特监狱中不仅对他自己的活动，而且对共产主义者同盟作了详细的供述。由于勒泽尔的供述，普鲁士政府获得大量有关这一秘密组织的材料。在勒泽尔的供述中，对事实的说明存在着许多错误，这些错误直到《共产主义者同盟——第一国际的先驱》文献卷（第218—224、308—320和390—349页）和《共产主义者同盟。文件和资料》第1卷第683—689页上发表这些事实时才得以揭发。

③ 《共产主义者同盟。文件和资料》中文版第1卷第685页。

不久，哥特沙克声明退出共产主义者同盟。正如保存下来的1848年5月11日科隆支部的会议记录所表明——马克思作为中央委员会主席参加会议——哥特沙克首先反对党的原则[①]，因为按照章程，每个盟员都必须服从领导的决定。然而，促使他与共产主义者同盟决裂的主要原因在于，当时他与同盟领导之间出现了思想和策略上的意见分歧。

哥特沙克始终无法理解马克思的学说，不久就在科隆工人联合会的机关报上直接攻击《新莱茵报》。不过，马克思对这一诽谤性的攻击置之不理。直到1849年春，《新莱茵报》编辑部才放弃与哥特沙克及其拥护者们进行任何论战，因为必须考虑到哥特沙克在科隆的工人中享有的盛名和影响。应该让工人们逐渐地相信他的观点是站不住脚和有危害的，应该帮助他们了解自己的阶级利益，懂得如何实现这些利益。

同宗派主义分子的最后决裂约在1849年4月底，当时，科隆工人联合会在同盟盟员的领导下呈现出无产阶级群众组织的特征。在工人联合会的一个分会的决议中，哥特沙克的工作受到了严厉的谴责。[②] 这一决议在1849年4月24日得到科隆工人联合会委员会的批准。

马克思和恩格斯在革命时期所采取的策略的一个重要方面是他们同斯蒂凡·波尔恩和他在德国工人运动中领导的派别的关系。

波尔恩是正义者同盟的盟员，后来成为共产主义者同盟的盟员，他1847—1848年在布鲁塞尔和巴黎逗留时，与马克思和恩格斯有着密切的联系。科学共产主义的思想对他的世界观的形成起了重要的作用。三月革命后，他立刻奔赴柏林，积极参与工人运动。起初，他与马克思有通信关系，愿意接受担任《新莱茵报》驻柏林通讯员这一建议。在5—

[①] 参看《马克思恩格斯全集》第1版第5卷第577页。
[②] 参看《马克思恩格斯全集》第1版第6卷第699—701页。

6月,《新莱茵报》上发表了波尔恩的文章。①

然而,波尔恩在1848年夏就与共产主义者同盟及其策略路线有了距离,他与同盟领导之间的联系逐渐变得越来越少了。他表明要努力遵循他自己的路线。同时,他根本不考虑由共产主义者同盟领导在马克思的主持下制订的总策略。这一点威廉·沃尔弗1848年4月在柏林逗留时就已经注意到了。他在他的报告中指出,柏林支部非常混乱,没有保持与中央委员会的联系。波尔恩本人也不否认他从未打算重新抓起柏林支部的工作。他写信给马克思说:"关于同盟本身,也就是它在这里的情况,我现在无可奉告。谁也没有时间按照从前的方式去建立一个巩固的组织。它瓦解了——它在各地,并且没有一个地方不是如此。"②

作为柏林工人运动的领导人之一,波尔恩的活动是矛盾的。他领导的组织——1848年4月成立了工人中央委员会,同年9月,在此基础上又成立了工人兄弟会——与工人谋求联合的基本目标相符合。因此,在德国工人运动的发展中起了积极的作用。共产主义者同盟的一些文献——《共产党宣言》和《共产党在德国的要求》——对波尔恩有一定的影响。1848年5月底,在由波尔恩出版的报纸《人民报》上发表了一篇纲领性文章,其中强调指出,工人阶级只有经过社会生活条件的深刻变革才能在社会上和政治上得到解放,在现有的情况下,德国无产阶级必须与资产阶级一起共同反对王权和封建贵族。③

不过,波尔恩的纲领包含着改良主义的论点,这些论点是他从小资

---

① 参看格尔哈德·贝克尔《作为〈新莱茵报〉通讯员的斯蒂凡·波尔恩。谈谈他在1848年8月之前在柏林的政治活动》,载德国《历史科学杂志》1973年第5期第548—583页。
② 《共产主义者同盟。文件和资料》中文版第1卷第548—549页。
③ 参看《共产主义者同盟。文件和资料》中文版第1卷第554—557页。

产阶级的社会主义的各个流派的代表那里接受来的,为了解决社会问题,他建议设立所谓的劳动组织,他所理解的劳动组织,和路易·勃朗一样,是在国家的扶助下建立生产的联合体。他的出发点是,工人状况的根本改善在现有的社会制度和政治制度的范围内是可能的。因此,他在革命第一阶段就把工人的注意力从政治斗争,从参加广泛的民主运动引开,把他领导的组织首先引向满足工人的经济要求。①

波尔恩的观点是科学共产主义创始人的思想与小资产阶级社会主义的观念的混合。② 正如列宁所强调的那样,波尔恩在1848—1849年所代表的观点近似于上世纪末至本世纪初俄国工人运动中的经济主义。③

马克思和恩格斯与波尔恩和他领导的工人组织的关系是由不同的方面决定的。波尔恩得到工人阶层和手工业者阶层的支持,这些阶层还没有意识到用革命手段维护自己的阶级利益的必要性。当时共产主义者同盟的许多盟员(毕林、布伦、甘洛夫、克吕格尔、斯泰翰等等)都积极参加工人兄弟会的活动。波尔恩与哥特沙克不同,他对马克思和恩格斯毕竟没有敌意。他声明愿意与《新莱茵报》编辑部合作。他的报纸《人民报》和后来的《博爱报》基本上是受《新莱茵报》影响的,并且经常转载它的文章。由于这些原因,马克思和恩格斯认为,直接反对波尔恩的观点并不合适。他们认为,波尔恩和那些与他志同道合的工人将

---

① 威廉·沃尔弗在1848年4月18日给共产主义者同盟中央委员会的前面提到过的报告中就指出了波尔恩的活动有改良主义的性质,德朗克也指出了这一点。德朗克在1848年4月29日写信给马克思说:"我觉得斯蒂凡在柏林扮演了颇为可疑的角色。"(《共产主义者同盟。文件和资料》第1卷第542页。)

② 恩格斯在他的《共产主义者同盟的历史》一文中肯定了这一点,参看《马克思恩格斯选集》第2版第4卷第204页。

③ 参看《列宁全集》第2版第11卷第123—124页。

会在革命的进程中认识到自己的错误策略。同时,《新莱茵报》编辑部明确指出它自己的行动纲领与波尔恩的纲领有本质区别。①

在1848—1849年冬德国工人运动中出现的明显的新趋势,对波尔恩的立场产生了影响。阶级关系的变化、反革命转向进攻、工人参加政治斗争的兴趣不断提高,这些情况促使他自己的立场有所改变。他在工人集会和工人协会代表大会的讲话和发表在工人兄弟会的机关报《博爱报》的文章中,明确地致力于越过狭隘的经济斗争的界限,并坚决地转向政治问题。波尔恩开始认识到,无产阶级的任务必须用革命的手段来完成。② 显然,由于马克思及其战友们为团结莱茵省工人并对他们进行政治教育而作的不懈努力,波尔恩本人和他领导的工人兄弟会深受感化。1848—1849年冬波尔恩与马克思和恩格斯在科隆的会面对此可能起了重要的作用。③

这一切都影响了《新莱茵报》对波尔恩的态度。从1849年起,报纸上以赞同的态度报道了他的讲话。④ 1849年春在波尔恩和工人兄弟会的其他领导人的观点中明显地出现的左的倾向,使马克思和恩格斯得出

---

① 参看《马克思恩格斯全集》第1版第5卷第299—300页。

② 西德历史学家迪特尔·多韦也承认1848年底至1849年初波尔恩的左的导向,因为他在评价共产主义者同盟在1848—1849年的活动时采取了进步的立场。波尔恩批判了弗罗林德·巴尔泽的立场,因为他无视1848—1849年冬德国工人运动中的新趋势。(参看迪特尔·多韦《德国工人运动、社会主义运动和共产主义运动从开始到1863年为止的历史的书目》,载《社会史档案》附册5,1976年波恩—巴特和戈德斯贝格版第56页。)

③ 参看斯蒂凡·波尔恩《一个1848年革命运动参加者的回忆》1898年莱比锡第198—199页。

④ 参看1849年2月4日、3月7日和4月13日的《新莱茵报》(第2版)。

这样的结论：对工人兄弟会产生影响并促使它转变成一个革命的、无产阶级的群众组织的现实可能性是存在的。

波尔恩的观点的复杂性和矛盾性在资产阶级和社会民主主义的历史著作中，被作了带有倾向性的解释和直接的歪曲。这种解释是有它的传统的。在20年代，麦克斯·克瓦尔克把他誉为德国第一个无产阶级组织的创立者。克瓦尔克试图把波尔恩同马克思和恩格斯对立起来，他称波尔恩是一个实际政治家和德国工人利益的真正代表。① 当前的资产阶级历史著作基本上重复了这些观点，只作了细小的修改。孔策硬说波尔恩想使工人阶级成为资产阶级社会的组成部分。② 孔策的女弟子弗罗林德·巴尔泽和以色列历史学家施罗莫·纳阿曼把他说成是德国工人运动的鼻祖，并把他同马克思和恩格斯对立起来。③ 恩斯特·施莱普勒完全同意这一观点，他把实际政治家波尔恩高高置于马克思之上。④ 席德尔

---

① 参看马克斯·克瓦尔克《最初的德国工人运动。1848—1849年工人兄弟会的历史。一篇关于马克思主义理论与实践的文章》1924年莱比锡版。

② 参看韦尔纳·孔策《德国工人运动的开始》第337页。

③ 参看弗罗林德·巴尔泽《1848和1849—1863年的社会民主派》1962年斯图加特版；施罗莫·纳阿曼《德国共产主义者同盟存在的第二阶段的历史》，载《社会史档案》，由弗里德里希—艾伯特基金会出版，1965年汉诺威版第5卷第5—82页（以下简称施罗莫·纳阿曼《共产主义者同盟史》）。

④ 恩斯特·施莱普勒《1830—1853年的手工业联盟和工人联合会。从威廉·魏特林到马克思等德国社会主义者的政治活动》1972年西柏林—纽约版第302、305和307—308页；还可参看瓦尔特·施密特和马丁·洪特对这一著作的评论，载《德国文学报》（柏林）1972年版第10—11册第900—902栏；德国《工人运动史论丛》1973年第6期第1059—1060页；С.З.列维奥娃《现代西德资产阶级历史著作中对早期德国工人运动的某些问题的阐述》，载《科学情报资料汇编》第24期第90—91页；Е.П.康捷尔《现代西德社会民主党的历史著作中对马克思和恩格斯40—50年代建党斗争史的阐述》，载《苏共历史问题》1976年第10期第74—76页。

把工人兄弟会描述成一个实现了政治民主与社会民主原则的组织和德国工人政治组织的第一次尝试。①

苏联的马克思研究者和民主德国的历史学家近几年做了大量的工作,分析波尔恩的活动,研究他创立的工人兄弟会在德国工人运动史上的作用。②

《新莱茵报》编辑部在革命年代成为所有共产主义者的中心,并通过无数渠道与德国人民群众的革命斗争相联系,它决不像西方的马克思学家所说的那样,要求解散现存的共产主义者同盟组织。当时,早期的孟什维克鲍里斯·尼古拉耶夫斯基就持这一观点,因而遭到了苏联历史学家的应有的批判。③

---

① 沃尔夫冈·席德尔《德国工人在1848—1849年革命中的作用》,载《1848年德国革命的思想和组织》1974年美茵河畔法兰克福版第52、55—56页。

② 参看《卡尔·马克思传》1977年柏林版第113、211—215和264—265页;Е. Л. 康捷尔《对一个资产阶级传说的仿效》第130—132页。Е. Л. 康捷尔《1953—1970年民主德国历史学家对共产主义者同盟史的问题的论述》,载《马克思主义和国际工人运动史》1977年版第415—416页;М. И. 米哈伊洛夫《共产主义者同盟史》第237—240页;格尔哈德·贝克尔《卡尔·马克思和弗里德里希·恩格斯1848—1849年在科隆》1963年柏林版第103—105、239—245页;《作为〈新莱茵报〉通讯员的斯蒂凡·波尔恩》,载《历史科学杂志》1973年第5期第548—564页。

③ Б. 尼古拉耶夫斯基和 O. 曼兴-黑尔芬《人与斗士》1936年伦敦版第163—164页;Б. 尼古拉耶夫斯基《1847—1852年共产主义者同盟史》,载《社会史国际评论》1976年阿姆斯特丹版第1卷第237页;《谁歪曲历史?》,载《美国哲学协会会议记录》(费拉德尔菲亚)1967年版第105册第210—229页;还可参看 Е. Л. 康捷尔《某些右派社会党人著作中对马克思和恩格斯为建立无产阶级政党而斗争的历史的歪曲》,载《历史问题》1958年第5期第120—130页;Е. Л. 康捷尔《不是由于生活好……(因Б. 尼古拉耶夫斯基的《谁歪曲历史?》一文而作)》,载《苏共历史问题》1962年第3期第180—189页;Е. Л. 康捷尔《马克思和共产主义者同盟史的问题》,载《马克思——历史学家》1968年莫斯科版第482—487页。

尼古拉耶夫斯基引用了勒泽尔的供述。然而，把这些供述分析一下，把它们同共产主义者同盟的正式文件、同同盟盟员的往来信件和回忆以及1852年科隆案件的材料作对比，就可揭示出这些供述中附带说明的事实有许多矛盾、不详尽之处和错误。供述的方式也根本不能说明它们具有历史的可靠性。其中的事件是根据记忆供述的，有不少是根据第三者的说明供述的，而且在供述时往往带有明显的目的，即掩盖对事实的精确阐述和它们的时间顺序。

尼古拉耶夫斯基强调说，马克思在1848年夏利用他的全权解散了共产主义者同盟。纳阿曼的论断不是很坚决的，他不能无视那些证实共产主义者同盟组织和1848年夏和秋它在科隆的领导集团的存在的文件。因此，他不得不去作混乱的和矛盾的构想。为了消除勒泽尔的供述与伦敦区部1848年6月18日①给科隆的共产主义者同盟中央委员会的报告之间的矛盾，纳阿曼断言，勒泽尔所叙述的协商是更晚一些时候即6月底在《新莱茵报》编辑部举行的，尽管勒泽尔本人已表明，这次协商是在报纸出版后不久（第1号于6月1日出版）举行的。另一个重要文件——艾韦贝克1848年11月1日写给赫斯的信②——不可辩驳地表明，共产主义者同盟的组织和中央委员会在1848年秋还继续存在着。面对这一文件的证明，纳阿曼最后不得不乞灵于一系列诡辩性的论述。③ 与尼古拉耶夫斯基的推测相比，他的解释的"新颖之处"在于，他断言，马克思没有解散整个共产主义者同盟，而只是解散了它在科隆的组织。

---

① 《共产主义者同盟。文件和资料》中文版第1卷第561—565页。
② 《共产主义者同盟。文件和资料》中文版第1卷第609—611页。
③ 参看施罗莫·纳阿曼《共产主义者同盟史》第27页；席德尔也有此说法（沃尔夫冈·席德尔《德国工人在1849—1849年革命中的作用》第54页）。

但是，如果说部分地解散同盟，那么，对那些经常与马克思联系的同盟盟员，例如，巴黎的艾韦贝克或柏林的卡尔·德斯特尔，是完全不可能不知道的。在这里，纳阿曼实际上追求的是与尼古拉耶夫斯基相同的目的：把马克思描述成完全藐视一切民主决定的独裁者，硬说他在革命年代没有考虑建立无产阶级政党。

1848年冬进行了有关共产主义者同盟的组织和斗争目标的问题的讨论。当莫尔在1848年10月从科隆到伦敦后，那里采取了改组共产主义者同盟的步骤。在伦敦又成立了一个新的中央委员会，莫尔、鲍威尔和埃卡留斯都是中央委员会的成员。① 莫尔和他的朋友们（其中有沙佩尔，他在科隆与伦敦保持着密切的联系）都不同意马克思的策略，按照这一策略，同盟在革命中的主要任务应该是在进步的工人中公开地、合法地宣传共产主义者的纲领和策略。莫尔的拥护者始终认为，秘密的共产主义者同盟是无产阶级革命家活动的最合适的形式，他们把恢复地下的同盟组织看作是迫切的任务。

伦敦中央委员会抱着这一目的，于1848年11月底至12月初派遣莫尔去德国。② 责成他去恢复同地方支部的联系，为同盟争取新的盟

---

① 《中央委员会1850年3月告同盟书》证实了这一点（《马克思恩格斯全集》历史考证版第1部分第10卷第255页）；还可参看马丁·洪特《一个早期革命的无产者亨利希·鲍威尔》，载德国《工人运动史论丛》1972年第4期第646页。

② 根据同盟盟员布伦1848年12月2日给约翰·菲力浦·贝克尔的信中提到的伦敦特使的到来，可以确定莫尔旅行的日期（《共产主义者同盟。文件和资料》第1卷第621—622页）。同盟盟员黑策尔在1852年科隆案件中作了供述，其中也有类似的说明（瓦尔特·屈恩《年轻的海尔曼·贝克尔。莱茵省普鲁士的工人运动史原始资料汇编》1934年多特蒙德版第234页）。《中央委员会1850年3月告同盟书》的提示也证实了这一日期，参看《马克思恩格斯全集》历史考证版第1部分第10卷第255页。

员，并使伦敦中央委员会起草的新章程得到认可。这些所谓的革命政党的同盟章程同1847年的章程相比落后了一步。① 章程头几节和第二次代表大会的章程一样，并没有声明要推翻资产阶级，实行无产阶级统治，而是声明同盟的目的是建立一个社会共和国。所作的变动（例如，有一条是对泄密将处以死刑）实际上意味着回到了正义者同盟过去的秘密的密谋组织。马克思提出的异议经过共产主义者在《新莱茵报》编辑部中的商讨得到恩格斯和威廉·沃尔弗的支持，这些异议既反对提前改组共产主义者同盟，也反对新的章程草案②。1848年冬，③ 尽管封建君主主义的反动派日益猖獗，但保卫革命成果的所有可能性仍未消失。因此，《新莱茵报》编辑部认为有必要在即将开始的普鲁士下议院的选举中，在人民群众面前不仅要揭露柏林反革命阴谋集团镇压革命的计划，而且也要揭露资产阶级自由派为庇护这一政策所采取的手段。把处于这种形势下的共产主义者导向恢复同盟的搞密谋的秘密组织，这意味着把他们的注意力从他们的主要任务——即参与无产阶级的政治斗争和群众的政治运动——引开。经过讨论，伦敦人的计划被以多数票否决。

---

① 《1848年11月底—12月初前后的共产主义者同盟章程》，载《共产主义者同盟。文件和资料》德文版第876—880页。1847年的章程可参看《马克思恩格斯全集》第1版第4卷第572—577页。

② 参看《彼得·格尔哈德·勒泽尔1853—1854年关于1848—1849年革命期间共产主义者同盟的供述》，载《共产主义者同盟。文件和资料》第1卷第685—688页；关于莫尔的旅行和共产主义者同盟中的意见分歧，参看N.U.贝洛索瓦《约瑟夫·莫尔》，载《马克思、恩格斯和早期无产阶级革命家》1965年柏林版第71—73页。

③ 这一讨论很有可能是在1848年12日进行的，参看N.贝洛索瓦《约瑟夫·莫尔》，载《马克思、恩格斯和早期的无产阶级革命家》第71页。

在资产阶级社会民主主义的历史著作中，对1848—1849年冬共产主义者同盟领导内部的意见分歧作了非常有倾向性的解释。在20年代初，社会民主主义的历史学家威廉·费林在他的《沙佩尔传》[①]中就把马克思和恩格斯与莫尔和沙佩尔之间的意见分歧，说成是正义者同盟早期领导人的"手工业者的共产主义"与他称之为"政治和经济学上的激进主义"的马克思和恩格斯的学说之间深刻的思想矛盾。费林认为，从这些分歧的意见中，可以找到同盟内部后来出现的于1850年导致同盟分裂的矛盾的原因。尼古拉耶夫斯基支持这一构想，他认为在"理论家"马克思和恩格斯与"实践家"莫尔和沙佩尔之间发生了冲突。[②] 纳阿曼也支持这一构想，他经常重复这样一个论点：沙佩尔、莫尔和鲍威尔即"伦敦人"与他称之为"《新莱茵报》派"的马克思和恩格斯及其拥护者之间有矛盾。席德尔走得更远。他完全承认共产主义者在革命中对工人运动的巨大影响，但同时他又指出，共产主义者1848—1849年在德国工人组织中的活动是在马克思不知道甚至是在违背他的意愿的情况下进行的。他毫无证据地断言，1848年春关于联合德国各工人协会的美因兹计划是由克路斯和瓦劳制定的，马克思并不知道；而沙佩尔和莫尔则在科隆工人联合会中自行其是。

他硬说，在共产主义者同盟内部有所谓的不可解决的冲突这一情况定能提供证据，证明马克思的观点和他的策略没有得到同盟领导人的同意，以及这一组织是形形色色的分子组成的不很稳定的联合体。这样一

---

① 奥古斯特·威廉·费林《卡尔·沙佩尔和1848年革命前工人运动的开始》，哲学博士论文，1922年曼斯托克版。

② 参看B.尼古拉耶夫斯基和O.曼兴－黑尔芬的《卡尔·马克思传》1963年汉诺威版第193页。

来，马克思作为共产主义者同盟领导人的作用被否定了，一个臭名昭著的论点被提了出来：马克思主义没有与工人运动相结合，没有对工人产生任何影响。

事实完全是另一种情况。从革命的头几个月起，沙佩尔和莫尔就与马克思和恩格斯密切合作。无论是在巴黎还是在科隆，这些居于领导地位的德国工人运动的代表总是支持马克思的政治路线。沙佩尔和莫尔在科隆工人联合会、在莱茵省的民主运动和工人运动中的所有活动，都是在与《新莱茵报》的行动纲领完全一致的情况下进行的。沙佩尔和马克思是民主主义者莱茵区域委员会的成员，他们共同签署这一组织的文件。这一组织在革命的重要关头领导了莱茵省的民主运动，例如，1848年11月的抗税运动。① 沙佩尔作为校对员和撰稿人参与了《新莱茵报》的出版。在1848年7月4日民主派兄弟协会与伦敦德意志工人教育协会共同召开的大会上——来自科隆的沙佩尔也参加了这次大会——人们都为"卡尔·马克思和弗里德里希·恩格斯，为《新莱茵报》的成就"祝酒。

至于谈到莫尔，他和恩格斯以及其他许多同盟盟员参加了1849年德国西南部的五月起义；他在一次战斗中阵亡，一直到死都是马克思和恩格斯的朋友。恩格斯在他的《德国维护帝国宪法的运动》一文中写下了令人感动的回忆。②

马克思和恩格斯与沙佩尔和莫尔之间的意见分歧主要涉及共产主义者在革命中的活动的组织形式。马克思和恩格斯把《新莱茵报》看作是政治鼓动的主要武器，把它理解为无产阶级政党的起组织作用的中

---

① 参看《马克思恩格斯全集》第1版第6卷第39、44页。
② 参看《马克思恩格斯全集》第1版第7卷第218—219页。

心,这个中心应该用政治路线和斗争口号武装德国不同地区的共产主义者;而沙佩尔和莫尔则坚持回到同盟以往的活动形式和组织形式上。马克思和恩格斯那时力求在德国建立一个无产阶级的群众性的政治组织,它可以以无产阶级革命者的核心为靠山;而沙佩尔和莫尔则把共产主义者导向这样的一种秘密的密谋组织,这个组织在三月革命前的专制制度的条件下曾经是一个非常必要的活动形式。① 沙佩尔和莫尔如此坚持旧的组织形式,这在很大程度上是出自正义者同盟的传统。不过,这些分歧意见绝对没有导致共产主义者同盟领导中的严重冲突。同志般的讨论既没有使相互关系尖锐化,也没造成分裂为几派的结果。

《1850年3月中央委员会告同盟书》已经对1848年底的伦敦中央委员会的工作作了评价。这一由马克思和恩格斯撰写的文件,反映了当时在伦敦改组的共产主义者同盟中央委员会的集体立场。属于这一中央委员会的主要有1848年的伦敦中央委员会的成员,例如,亨利希·鲍威尔和格奥尔格·埃卡留斯。《三月告同盟书》的作者们在其对同盟在革命时期的状况的评价中,一方面强调指出个别区部和支部出现了一些削弱它们与同盟领导的联系的趋势;另一方面,他们着重指出:"大部分直接参加过革命运动的成员,都认为秘密结社的时代已经过去,现在单单进行公开活动就够了"。② 从这里可以看到,对马克思和恩格斯试图改组的观点作了间接的批评(或自我批评)。

马克思和恩格斯从革命的经验和成果出发,从无产阶级政党在革命失败后面临的主要任务——即必须使工人摆脱小资产阶级民主派的思想和组织方面的影响和无产阶级独自登上舞台——出发,认为伦敦的同盟

---

① 参看《马克思恩格斯全集》第1版第21卷第250—261页。
② 《马克思恩格斯全集》第1版第7卷第288页。

中央委员会1848年秋的尝试——莫尔的使命——是合乎时宜的，同时，指出了中央委员会失误的客观原因——工人的政治觉悟尚未达到成熟的水平。①

1849年秋，德国工人运动中出现了一些社会政治的变化，这些变化是革命客观发展、《新莱茵报》的革命宣传和分散在全德的共产主义者同盟盟员（他们作为积极分子在工人协会和民主组织中为工人的阶级觉悟的提高而工作着）的活动的结果。

德国革命开始后的政治斗争经验有助于工人摆脱许多幻想和错误观点。大多数人开始认识到，同资产阶级和国家当权者合作是不可能的。团结各种力量的愿望超出了各地区工人协会的范围。这种新趋势也表现在1848—1849年冬和1849年春在德国不同地区举行的一系列地方性的工人代表大会上。《新莱茵报》就这些代表大会作了全面的报道，因为该报记者往往也是这些代表大会的积极参加者。② 这些代表大会明确地反映了工人协会联合与集中的趋势，同时，也证明了工人的政治觉悟有了一定的变化。

马克思和他的战友们对思想和政治的宣传教育和在组织上团结科隆和莱茵省的工人也作出了很大贡献。同时，科隆工人联合会也起了重要的作用，1849年初，共产主义者在这一联合会中获得了巩固的地位。1849年2月，科隆工人联合会在民主原则的基础上进行改组，并发展成为一个战斗性的政治组织。

---

① 《马克思恩格斯全集》第1版第7卷第289页。
② 例如，马克思的朋友和战友约瑟夫·魏德迈参加了1849年1月底在海德堡召开的德国西南部地区工人协会代表大会。他的通讯稿发表在1849年2月4日的报纸上。

《新莱茵报》于1849年4月上半月发表的马克思的《雇佣劳动与资本》，有着非常重要的意义。其中以通俗的形式描述了资本主义剥削的本质。这一著作使工人意识到他们的阶级利益与资产阶级的利益之间有着不可调和的矛盾。在序言中，马克思解释了他为什么恰恰在这个时候发表他早在1847年在布鲁塞尔德意志工人协会讲课的材料。马克思在论证时叙述了1849年春共产主义者改变策略的原因。编辑部在报纸出版初期把研究阶级斗争和政治冲突的发展过程看作是它的首要任务。只有在向读者阐明了日常政治斗争的本质后，也就是说，在他们获得相应的政治教育后，才能"更切近地考察一下资产阶级的生存及其阶级统治和工人的奴役地位所依为基础的经济关系本身。"①

总而言之，上述所有因素为建立一个独立的无产阶级的群众性政党——首先是在德国工业最发达的地区莱茵省和威斯特伐利亚，然后在全国——创造了有利的客观条件。为了实现这一计划，马克思和他的战友们在1849年4月宣布退出莱茵省各民主团体区域委员会。同时，科隆工人联合会决定退出德国民主协会总会，"加入其中央委员会设在莱比锡的德国工人联合会总会"。它发布了即将召开莱茵—威斯特伐利亚地区的代表大会和参加由工人兄弟会召开的全德工人联合会代表大会的消息。②

从组织上脱离小资产阶级民主派以及在《新莱茵报》上就政治与思想问题同他们进行激烈的论战，这并不意味着不联合起来去反对共同的敌人。的确，同民主派分子共同行动的形式发生了变化。这些形式符合于独立的无产阶级运动的新发展阶段。所有涉及建立新组织的

---

① 《马克思恩格斯选集》第2版第1卷第332页。
② 参看《马克思恩格斯全集》第1版第6卷第509、697、703—704页。

文件不仅强调它的无产阶级的阶级性，而且也强调它的纲领的社会主义方向。

马克思关于在1849年春建立一个独立的德国无产阶级组织的计划与共产主义者同盟领导打算在1848年4月把所有的德国工人联合会联合起来的尝试有何区别？在整整一年期间分别进行了这样两种建立独立的无产阶级政治组织的尝试。在这一时期，德国工人运动和德国无产阶级的政治觉悟和组织性发生了重大转变。在革命斗争初期联合各德国工人联合会的计划，旨在促使全国自发形成的组织统一行动。由于还缺少一个能使工人联合会聚集在它的周围的统一的中心，这一尝试没有取得成功。1849年春，情况完全变了。这时，莱茵省和威斯特伐利亚的各个无产阶级组织有了以科隆工人联合会为中心联合起来的真正可能性。马克思和他的拥护者们加入工人兄弟会也并不是偶然的，这是因为这一组织在德国中部和东北部地区有着重要的影响。他们认为，为了利用工人兄弟会在整个德国的广泛的联系并对它的活动产生革命影响，莱茵—威斯特伐利亚工人联合会加入工人兄弟会是合适的。按照马克思和恩格斯的打算，在整个德国，他们力求创建的无产阶级组织应该在共产主义者的影响下转变成一个无产阶级的群众性政党。

马克思的新策略路线是科学共产主义的创始人为建立无产阶级政党而斗争的一个重要阶段。资产阶级和社会民主主义的"马克思学家"歪曲了这些成果，并称之为"迟到的"和"不现实的"。[①] 席德尔试图

[①] 参看乌尔里希·豪夫席尔德《马克思和恩格斯的政党与阶级》第51和第53页。美国历史学家P. H. 诺伊斯也持相同立场（P. H. 诺伊斯《组织和革命》第266—267、289页）；还可参看瓦尔特·施密特《卡尔·马克思和1848—1849年革命中的德国工人运动》，载德国《工人运动史论丛》1968年第2期第195—202页。

全面否定马克思1849年春的计划。① 他把德国各工人联合会正在开始的联合只看作是科隆工人联合会加入工人兄弟会，并毫无理由地断言，沙佩尔在马克思之前就采取了这些步骤。民主德国的历史学家的研究则令人信服地证明，共产主义者同盟的领袖及其盟员对工人兄弟会的活动和纲领产生了影响。② 席德尔无视《新莱茵报》作为革命无产阶级的机关报的意义，并断言马克思和恩格斯在革命中根本没有力求建立一个独立的无产阶级组织。③ 西德的历史学家汉斯·蒙森同意这一说法，并声称马克思和恩格斯并没有重视如何具体地组织无产阶级运动，也没有参与无产阶级政党的建立。④ 诚然，马克思和恩格斯在1849年春制订的关于建立无产阶级政党的计划未能得到实现。这一计划把希望寄托于德国革命的发展和欧洲其他国家取得胜利的革命所给予的支持，但是，1849年5月爆发的最后斗争以人民的失败和反动派的骚乱而告终。

1848—1849年革命失败后，在新的形势下改组共产主义者同盟成为一个迫切的任务。对一直存在到1852年的同盟的历史的最后阶段，

---

① 沃尔夫冈·席德尔《在走向一个新的马克思传说的道路上》，载《新政治著述》第3册第244栏。
② 赫尔曼·冯·贝格《来自伦敦的一个未被人知的1849年的共产主义文献》，载德国《工人运动史论丛》1969年第3期第451—460页。
③ 参看沃尔夫冈·席德尔《共产主义者同盟》，载《苏维埃制度和民主社会》1966年弗赖堡—巴塞尔—维也纳版第1卷第900—909栏。
④ 汉斯·蒙森《工人运动》，载《苏维埃制度和民主社会》第1卷第303栏。

本文就不作论述了。①

马克思和恩格斯把共产主义者同盟看作是无产阶级组织的最初形式，看作是应该在比较有利的历史条件下建立的无产阶级政党的核心。1852年，恩格斯在同盟解体后马上写道，同盟盟员"竭力把以它们为核心的党团结在周围，训练党去进行最后的决战"②。这一想法在恩格斯后来发表的言论中又予以重复："我们所称的德国'共产党'仅仅是一个人数不多的核心，即作为秘密宣传团体而组成的共产主义者同盟。"③

马克思和恩格斯关于无产阶级政党的学说遭到资产阶级思想家的极其猛烈的攻击。这主要是指对他们的革命思想的歪曲。资产阶级的"马克思学家"马克西米利安·鲁贝尔声称，马克思在工人运动中起了分裂的作用。他认为，马克思关于政党在资产阶级社会范围内的性质的观点以及在其斗争的最终目的即解放工人阶级这一问题上，是矛盾的。同时，鲁贝尔人为地把政党与工人和共产主义者对立起来。他把共产主义

---

① 苏联和民主德国的马克思学家的许多著作中都考察了马克思和恩格斯关于无产阶级政党的学说的发展，参看 Е. Л. 康捷尔《马克思和共产主义者同盟史的问题》，载《马克思——历史学家》第491—497页；Е. Л. 康捷尔《马克思和恩格斯论政党和现代资产阶级与修正主义的历史著作》，载《苏共历史问题》1968年第3期第34—46页；瓦尔特·施密特和罗尔夫·德鲁贝克《德国工人阶级的马克思主义政党的形式。早期德国工人运动史主要阶段的纲领性问题》，载《历史科学杂志》1966年第8期第1282—1333页；霍斯特·巴尔特和瓦尔特·施密特《论马克思和恩格斯关于无产阶级政党的观点的发展》，载《马克思主义和德国工人运动。对19世纪最后30多年中的社会主义运动的研究》1970年柏林版第7—101页。

② 《马克思恩格斯全集》第1版第8卷第450页。

③ 《马克思恩格斯全集》第1版第21卷第17页。

者描绘成处于工人运动之外并强迫它接受任何教条的知识精英。① 他把工人阶级的党只看作是一个宗派，它处于群众的革命斗争之外，处于政治运动之外，并专横地强迫无产阶级接受它的观点。鲁贝尔人为地把无产阶级政党活动的下述两方面对立起来：领导无产阶级群众运动和制订革命理论。因此，他实际上否定了共产党的领导作用和马克思主义与工人运动在无产阶级政党的范围内相结合的过程。事实上，纳阿曼也声明同意这一看法。他断言，马克思从革命一开始就与共产主义者同盟相对立，竭尽全力巩固他自己的党即"《新莱茵报》派"，以便壮大他个人的力量，加强他的影响。② 根据这一"马克思学家"的观点，共产主义者同盟的整个历史是当时马克思及其拥护者们与正义者同盟的领袖的斗争史。

席德尔不得不承认，共产主义者同盟是"工人政党的早期形式"，因此，必须把它看作是德国工人运动的组成部分。③ 然而，他始终否认马克思和恩格斯作为工人阶级的革命领袖的作用，并继续声称，他们在革命年代根本不关心独立的无产阶级政党的建立。

所有这些论断与实际情况根本不符。它们是资产阶级论述共产主义者同盟的历史著作的普遍倾向的典型表现，它们把马克思主义的无产阶级政党的观点庸俗化，否认共产主义者在工人运动史上的作用。此外，

---

① 马克西米利安·鲁贝尔《马克思无产阶级政党观点评述》，载《法兰西社会学评论》（巴黎）1961年版第3期第166、168、174—176页；英国的马克思主义学者蒙蒂·约翰斯顿令人信服地批判了鲁贝尔的歪曲的、违背历史的论断，参看蒙蒂·约翰斯顿《马克思和恩格斯与党的观念》，载《社会主义者人名录》1967年伦敦版第192页。

② 施罗莫·纳阿曼《共产主义者同盟史》第19—20页。

③ 沃尔夫冈·席德尔《共产主义者同盟》，第900—909页；还可参看他对诺伊斯的著作的评论［《历史杂志》（慕尼黑）］第205卷第407—409页。

还传播这样一种观点,即马克思处于工人运动之外,并力图把自己的意志强加于工人运动。

社会主义国家特别是苏联和民主德国的历史著作彻底地研究了德国工人运动早期史上的问题,这使资本主义国家的进步历史学家在最近修正了资产阶级历史著作关于马克思主义在工人运动中的作用的传统观点。例如,西德学者迪特尔·多韦承认了马克思及其拥护者在共产主义者同盟中的活动对工人运动的发展和工人的政治觉悟与阶级觉悟的形成具有历史意义。① 他以东德历史学家的著作为出发点,批判了巴尔泽·蒙森和席德尔的著作中对这一问题的带有倾向性的论述。② 另一位西德作家安德烈亚斯·多帕伦认为,民主德国学者的功绩在于揭露了西方"马克思学家"关于马克思和恩格斯在1848—1849年处于工人运动之外的论断是毫无根据的。③ 英国学者蒙蒂·约翰斯顿研究了马克思和恩格斯关于无产阶级政党的观点的发展,并反对尼古拉耶夫斯基、鲁贝尔和西方其他"马克思学家"的歪曲。④

什么是共产主义者同盟的历史特殊性?它是在科学共产主义的思想基础上形成的,并声明无产阶级革命和建立一个无阶级的社会是它的目的。因此,工人阶级的革命先锋队具有无产阶级政党的基本特征。同时,由于德国工人运动初期的特殊情况,共产主义者同盟还不是工人阶

---

① 参看迪特尔·多韦《行动和组织。1820—1852年普鲁士莱茵省的工人运动、社会主义运动和共产主义运动》1970年汉诺威版第144和291页。

② 迪特尔·多韦《德国工人运动史书目》,第29—30、47、57页(序言)。

③ 安德烈亚斯·多帕伦《民主德国历史著作中的1848年革命》,载《历史杂志》第210卷第345—349页。

④ 蒙蒂·约翰斯顿《马克思和恩格斯与党的观念》,载《社会主义者人名录》第142—147、148页。

级的群众性政党——而且也不可能是。它同后期形成的无产阶级的、马克思主义政党的主要区别就在于此。在当时的情况下，共产主义者同盟不得不秘密活动。它在其存在的很长一段时间内始终是一个秘密组织。马克思在称同盟是一个"秘密地进行组织无产阶级政党的团体"① 时指出了它的这一历史特殊性。

马克思和恩格斯经常把同盟的组织形式与它的策略性任务和它的活动的历史条件紧密联系起来进行考察。在1848—1849年革命中，当共产主义者有了实际可能利用民主自由、参加工人和民主力量的群众运动并在革命的报刊上从事公开的鼓动时，他们恰恰就是这样做的。革命失败后，正如在三月革命前的时期那样，在反革命的压迫下，秘密的同盟支部又作为主要的组织形式重新出现了。此外，共产主义者力求把秘密组织的活动同工人教育协会、体操歌咏协会的合法可能性结合起来。马克思在其著作《福格特先生》中简短地叙述共产主义者同盟的历史时指出了秘密活动与公开活动的这种结合。②

同盟活动的主要内容是在工人中宣传科学共产主义的思想，主要任务是克服小资产阶级对无产阶级的思想影响。③

尽管共产主义者同盟的盟员人数较少，并且存在着历史造成的困难，但同盟对工人运动仍产生了巨大的革命影响。这一点在1848—1849年革命中尤为清楚，按照梅林的说法，当时，分布在整个德国的同盟盟员都成为"革命运动的一个非常有效的酵母"④；他们是最进步

---

① 《马克思恩格斯全集》第1版第8卷第522页。
② 参看《马克思恩格斯全集》第1版第14卷第463—464页。
③ 参看《马克思恩格斯全集》第1版第8卷第44页。
④ 弗兰茨·梅林《三月革命和共产主义者同盟》，载《新时代》（斯图加特）1901—1902年版第1卷第738页。

的民主战士。共产主义者到处——在工人协会和民主团体中，在他们的代表大会和群众集会上，在民主报刊的编辑部和革命的权力机关中，也就是说在安全委员会和临时政府中，在群众起义的街垒和同联合起来的反革命的军队的斗争中——都是群众运动的先锋队。共产主义者始终是人民利益和希望的真正代表。

受共产主义者影响并与他们共同战斗的革命的民主主义者也和共产主义者联合在一起。因此，在革命期间，共产主义者同盟盟员站在德国所有进步力量的前列。

共产主义者同盟是一所出类拔萃的革命行动的学校，在这所学校里，无数的无产阶级革命者受到教育。我们对单个同盟盟员的活动仍知之甚少，然而，苏联和民主德国的学者们的研究成果可以使人们得出这样的结论：共产主义者在德国各地都是民主运动和工人运动的积极的参与者。① 梅林

---

① 参看《马克思、恩格斯和早期的无产阶级革命家》；B. A. 斯米尔诺娃《威廉·沃尔弗，马克思以〈资本论〉相奉献的人》1963年莫斯科版；B. H. 波斯佩洛娃《阿道夫·克路斯——卡·马克思和弗·恩格斯的战友》第299—307页；韦尔塔·波斯佩洛娃《阿道夫·克路斯——共产主义者同盟的成员和马克思与恩格斯的战友》，载《马克思恩格斯年鉴》1980年柏林狄茨出版社版第3卷第85—120页；《1848年革命中的男子汉们》1970年柏林版；瓦尔特·施密特《威廉·沃尔弗。他于1809—1847年成为共产主义者的道路》1963年柏林版；《1848—1849年〈新莱茵报〉的编辑威廉·沃尔弗》，载《历史科学杂志》1964年第4期第603—628页；《一个共产主义者在法兰克福国民议会上。威廉·沃尔弗出现在法兰克福和斯图加特的残缺议会上（1849年5—6月）》，载《工人运动史论丛》1973年第2期第229—237页；马丁·洪特《一个早期的革命无产者。亨利希·鲍威尔》，载《工人运动史论丛》1972年第4期第638—650页；《路易斯·库格曼。卡尔·马克思和弗里德里希·恩格斯的医生和朋友的传记》1973年柏林版；卡尔·奥伯曼《卡尔·德斯特尔——医生和革命家。他在1842—1849年的活动》，载《早期德国工人运动史》1964年柏林版第102—200页。

曾有理由地说过,在运动不管多么迅猛高涨的地方,同盟盟员总是运动的动力。

共产主义者同盟当时是第一个国际的无产阶级组织,它无疑对欧洲一些国家(英国、法国、比利时、波兰、瑞典和瑞士)的工人运动的发展产生了影响。它的国际性不仅表现在它把不同国家的无产阶级革命者联合起来,而且也表现在国际无产阶级团结一致的精神上。这一精神贯穿了它的全部活动。共产主义者同盟从一开始存在时起就在它的旗帜上写了"全世界无产者联合起来!"的口号。它是国际工人协会的真正先驱,是无产阶级政党的第一种形式,它建立在科学共产主义的基础上,并宣告了社会主义与工人运动相结合的开始。

(原载《马克思恩格斯年鉴》1980年柏林狄茨出版社版第3卷)

(裘挹红 译)

马克思在十九世纪四十至五十年代亲自宣传自己的经济学理论的观点[*]

〔苏〕Л.P.米西克维奇

马克思的经济学理论的制定和宣传是同时进行的；在马克思主义形成的初期，理论的制定和宣传是紧密交织在一起的。理论发展的必要性直接来自工人运动的实践。在先进工人、朋友和同志面前就经济学理论问题发表看法，促使马克思更明确地表达自己的观点。早在1844年，警察报告中就记载了马克思在巴黎积极做宣传工作的情况。他在布鲁塞尔还继续做这种工作。马克思在演讲中强调指出，如果共产主义和社会主义的理论不是以关于资本主义现实关系的知识为依据，那就只会流于空想。颇能说明问题的是，马克思的许多朋友早在四十年代末就期待他写出政治经济学方面的奠基性的著作。马克思着手写《资本论》时，一直积极从事宣传工作。五十年代末和六十年代初，他曾讲授政治经济学。应该指出，马克思给工人讲课是无报酬的。我们看到的有马克思讲解分工和地租的两份政治经济学手抄讲稿片断。马克思曾围绕《政治经济学批判》这一著作举行讲座，上述两份讲稿片断无疑是和那一时期有

---

[*] 本文选自《马列主义研究资料》1985年第3辑。

原题注：此文原载《马克思的〈资本论〉史文集》1983年莫斯科版第311—341页。——译者注

关。这两个片断清楚地表明了讲稿的性质和内容以及马克思仔细备课的情况。为了给为数不多的二三十个听众讲课,马克思预先就准备了讲稿,标出了打算详细论述的基本问题。讲课草稿使人能一目了然判断马克思讲演的某些特点。马克思一开始先复述上一次讲授的基本结论,然后提出新的问题,列举具体的例子。"由于必须给修养不足的听众更加清楚地讲解理论课题,马克思不得不寻找更准确的表达方法,把注意力放到一些尚未研究透彻的课题上。"(第340页)马克思亲自宣传自己的经济学理论,对于在德国和英国工人运动活动家中间传播科学观点起了相当大的作用。

(原载苏联《社会科学文摘(科学共产主义问题类)》1984年第4期第18—19页)

(晓非 译)

关于马克思、恩格斯和他们的战友们在 1848—1849 革命期间的活动的新材料*

〔苏〕C. 3. 列维奥娃

苏联的马克思学是在坚实的史料学基础上发展起来的。我们的学者所进行的研究的科学价值,就在于他们把涉及面很广的文献资料,即各个时期的手稿、书信和报刊等等,作为深入研究、分析和概括的基础。苏联的马克思主义者竭力详细查阅了苏联的全部档案资料(首先对马列主义研究院党务档案馆的极丰富的卷宗作了详细的查阅)。通过这些研究,发掘了大量重要的和有意义的文献,进一步加深了我们对科学共产主义创始人生平活动的了解。然而,挖掘查找的工作远没有就此结束,还应到国外的档案馆中继续查找。

阿姆斯特丹国际社会史研究所的资料,对从事马克思学的研究人员来说,具有很大的吸引力。那里藏有马克思、恩格斯和他们的战友们、朋友们的相当可观的文献遗产、以及有关马克思主义和国际工人运动的史料。

为了编辑《马克思恩格斯全集》原文版第 3 部分(马克思和恩格斯的通信),不久前,本文作者有机会到阿姆斯特丹国际社会史研究所档案馆进行工作。这次工作的主要目的,是研究马克思和恩格斯的书

---

* 本文选自《马克思恩格斯研究》1991 年总第 5 辑。

信、第三者写给他们的书信以及他们在1849—1859年期间的生平活动资料。在查阅阿姆斯特丹国际社会史研究所收藏的资料中，发现了许多涉及马克思和恩格斯的历史文献资料。

在这些资料中有一些是属于19世纪40—50年代的同马克思和恩格斯有关的文献。它们分散在阿姆斯特丹国际社会史研究所的各种卷宗里，而且至今未曾有人查阅过。

在维利希全宗里发现了一些关于1848—1849年德国革命后期，即1849年6—7月的文献，这个时期恩格斯作为志愿部队中的一员在德国西南部参加起义。

这次起义是在小资产阶级民主主义者的领导下进行的，它的口号是维护具有妥协性质的帝国宪法，这个口号表明了1848—1849年德国革命的性质。实现德国的民族统一，是这次革命的基本任务，而只有民众的革命斗争获得胜利、反动的君主制度被彻底消灭才能完成这个任务。为此，马克思和恩格斯作了各种尝试，力图去影响运动的进程，结果未能成功。小资产阶级的领袖们拒绝采纳马克思和恩格斯的建议：使整个德国西南部举行起义，动员一切民众并采取坚决措施来反对反动派。① 起义领导者的这种立场已经决定了这次起义的结局。

普法尔茨临时政府曾邀请恩格斯担任各种民事或军事的职务，显然都遭到了恩格斯的拒绝。恩格斯在《德国维护帝国宪法的运动》一文中提到此事时强调指出：如果在无产阶级的运动中，他会毫不犹豫地接受这样的职位。②

---

① 参看《马克思恩格斯全集》第1版第7卷第167页。
② 参看《马克思恩格斯全集》第1版第7卷第178页。

然而，这个自发地表达了德国人民渴望民族统一意愿的维护帝国宪法运动获得巨大的规模。当德国西南部的起义发展为群众性起义时，恩格斯不能再袖手旁观了。

他加入了共产主义者同盟盟员、前普鲁士军官维利希所指挥的一支志愿部队，参加了全部的战斗。这支七八百人的部队由三个连队组成，一个叫作工人连，他们过去（1848年4月）在维利希的指挥下参加过巴登共和派起义，起义失败后曾被扣留在法国南部的贝桑松（因此又称贝桑松连）；另外两个志愿军连队的人员是莱茵普鲁士（卜留姆和爱北斐特）起义的参加者，恩格斯就是其中之一。①

这支用大镰刀武装起来的部队战士，基本上是工人和农民。② 维利希的部队里同时还有一个大学生连和一些其他志愿人员。关于贝桑松连的社会成份的情况，在阿姆斯特丹国际社会史研究所维利希的全宗里有一份1848年10月6日编制的贝桑松连的花名册。③ 这份计有262人的名单，不仅有名有姓，而且还有职业类别。从对这份名单的分析可以看出，这是一支具有非常坚强的无产阶级成份的队伍，这个连的绝大多数志愿军战士（221人）是工人和手工业者。

可见，维利希的部队里集结了一批最坚强的无产阶级分子，这就成了起义队伍中一支最富有战斗力和最坚强的部队。正如恩格斯所指出的，维利希部队的战士是"全普法尔茨最可靠的士兵"，而且指挥成员都具有一定的作战经验。④

---

① 《马克思恩格斯全集》第1版第7卷第152、204页。
② 《马克思恩格斯全集》第1版第7卷第152、183页。
③ 阿娜斯特丹国际社会史研究所维利希遗著。
④ 《马克思恩格斯全集》第1版第7卷第183—184页。

作为副官的恩格斯担负着部队的武器和装备供给工作，以及与其他起义团队的通信联络工作。例如，1849年7月6日体操运动员分队的指挥员埃梅尔曼致维利希的信封正面写着："志愿军部队指挥员维利希上校收。如指挥员不在，兹委托副官恩格斯凭收条办理。"① 在这封信中（此信将首次发表在《马克思恩格斯全集》原文版第3部分第3卷的"附录"中）埃梅尔曼对恩格斯关于部队装备问题的一封信作了答复，而恩格斯的信没有保存下来。

恩格斯也参加了作战计划的制订工作。在战斗中，他总是处在最危险的战线上，曾率领过志愿军的某些队伍，如贝桑松连等。②

我们至今所掌握的有关恩格斯参加巴登—普法尔茨起义的文献微乎其微。苏共中央马列主义研究院党务档案馆里只存有一份恩格斯用铅笔写的有关维利希部队中个别起义小分队装备配置清单的手迹。③

在阿姆斯特丹国际社会史研究所里还发现恩格斯的另一份手迹。它写在1849年6月29日拉科夫给维利希的信的背面。④ 这是一份起义者，包括贝桑松连的装备配置清单，同时还有1849年7月5日使用的暗语和口令："海得尔堡"、"亨利"、"笑声"和"咳嗽"。这些暗语是普法尔茨军队总司令济格尔1849年7月5日写信通知维利希的，⑤ 由此可以确定，恩格斯的这个手迹也写于1849年的7月5日。恩格斯的手迹充

---

① 阿姆斯特丹国际社会史研究所维利希遗著。
② 《马克思恩格斯全集》第1版第7卷第199—200、206—207、220、223页。关于恩格斯的参战情况，参看《恩格斯文献传记》，湖南人民出版社1986年版，第228—243页。
③ 苏共中央马列主义研究院中央党务档案。
④ 阿姆斯特丹国际社会史研究所维利希遗著。
⑤ 阿姆斯特丹国际社会史研究所维利希遗著。

实了我们所掌握的关于他参加1849年巴登·普法尔茨起义的资料。

在阿姆斯特丹国际社会史研究所马克思和恩格斯全宗内"第三者手稿"分宗里存有一份19世纪50年代的文献。这是一份不知何人所写的关于陶森瑙和豪格的几则札记。① 根据第4页上写的"第恩街28号卡·马克思公民收"来判断,它是寄给马克思的,地址就是1850—1856年马克思在伦敦的住处。这些札记是在马克思和恩格斯撰写抨击性文章《流亡中的大人物》时期(1852年5—6月)写的。

在最后一页(第4页)上,札记的标题是"豪格将军"。把这个札记同抨击性文章《流亡中的大人物》一文对照一下就可以看到,马克思在该文论述豪格的第11章中曾使用过这个札记中的资料。这个自命为"将军"的豪格,在伦敦流亡者中冒充自己是参加过匈牙利革命战斗而被奥地利人于1849年处死的那位奥地利军官豪克。② 在这份札记手稿的下方,马克思写了如下一段话:

"无论在匈牙利还是在维也纳,没有人听说过豪格将军,1848年革命结束后,此人却以意大利将军的身份出现在汉堡,在伦敦长时期地被认为就是被绞死的豪克。现在似乎已经确定,他并不是已故的豪克。"

这段话的结尾是这样的:"在流亡者中间,这个忧郁的人以倒霉鬼(das arme tier)这一绰号而闻名。或者,用法国人的较客气的说法来表达,就是'可怜虫'(le pauvre diable)。"

在抨击性文章《流亡中的大人物》由恩格斯执笔的相应段落上,插入一句由马克思增补的话:"无论在匈牙利还是在维也纳,没有人听说过我们的这位豪格。1848年革命结束后,此人却以革命将军的身份

---

① 阿姆斯特丹国际社会史研究所马克思恩格斯遗著。
② 参看《马克思恩格斯全集》第1版第8卷第347页。

出现在汉堡。"① 接着该文写道：

"我们的豪格在伦敦长时期地被认为就是在匈牙利战役中闻名的、被绞死的军官豪克。现在，似乎已经确定，他并不是已故的豪克……在流亡者中间，这个忧郁的人以愚蠢的小牲畜或者如法国人所说的 la bonne beete 这个外号闻名。"②

可见，新发现的马克思的这一小段手稿同《流亡中的大人物》一文有关，而在这篇文章中，正如我们从书信中所了解的，马克思和恩格斯不仅使用了大量的出版文献，而且还使用了他们从朋友们和各界流亡人士中得到的不少手写的资料。关于陶森瑙和豪格的札记就是这种史料之一，这两个人都是流亡伦敦的小资产阶级活动家，马克思和恩格斯在抨击性的文章中对他们进行了无情的嘲笑。

阿姆斯特丹国际社会史研究所马克思和恩格斯全宗里有一个专门收藏关于马克思和恩格斯文献遗产的分宗，其中有一份爱德华·伯恩施坦亲笔题名为"将军登记录"的文献。③

这是一份记录着马克思和恩格斯文献遗产手迹以及恩格斯本人收藏的其他资料的清单。从文词上可以看出，这份清单是伯恩施坦在恩格斯去世前不久，在病重的恩格斯的口授下编制的。

这份清单如下：

马克思的《法哲学批判》的片断；

《德意志意识形态》手稿（"施蒂纳，1845—1846 年，摩尔和我"，"费尔巴哈和鲍威尔。1846—1847 年，摩尔和我"，"1847 年的真正的

---

① 苏共中央马列主义研究院中央党务档案。
② 《马克思恩格斯全集》第 1 版第 8 卷第 347 页。
③ 阿姆斯特丹国际社会史研究所马克思恩格斯遗著。

社会主义，摩尔和我"）；

《经济学哲学手稿》；

（片断：政治经济学批判，布鲁塞尔，1846—1847 年。摩尔的手稿：《资本论》的第一份异文）；

《流亡中的大人物》；

（1850 年手稿，流亡——摩尔和我）；

马克思的经济学手稿，包括 1857 年经济学手稿，《资本论》第 2、3 卷手稿；

马克思的数学手稿；

关于巴黎公社的札记和摘录；

马克思的提纲和摘录；

第一国际总委员会记录（3 卷集）；

国际巴塞尔代表大会大会记录；

威廉·沃尔弗（鲁普斯）的手稿和文件；

1850—1851 年关于美国的资料（克路斯的书信和文件）；

1854 年全年的《纽约改革报》。

这份文件是恩格斯的一份特殊的遗嘱，在文件的末尾指明，马克思的这些手稿和摘录应全都转交给他的小女儿爱琳娜（杜西）。

在阿姆斯特丹国际社会史研究所的这同一份卷宗里，还保存着奥古斯特·倍倍尔对马克思和恩格斯 40 至 50 年代的一些书信和别人寄给他们的信所做的札记和摘录。① 可以断定，倍倍尔的这份手稿是在他准备出版马克思和恩格斯的书信集时写的。从倍倍尔的札记中看出，他对马克思和恩格斯的书信的研究是多么仔细。一方面他注意历史材料，另一

---

① 阿姆斯特丹国际社会史研究所马克思恩格斯遗著。

方面注意工人运动史，特别是共产主义者同盟史的一些问题在书信中的反映。

分析一下倍倍尔的札记，并同我们掌握的马克思和恩格斯的书信对照一下，可以看出，除了我们所熟知的文献以外，倍倍尔还提到并记述了两封没有保存下来的信的内容，这两封信是19世纪40年代他人写给马克思的。

第一封是科本于1841年9月23日写给马克思的信。倍倍尔指出："科本在信中邀请马克思到他那里作客，从收信的地址判断，马克思此时是住在柏林贝尔符大街13号。"

马克思和他的朋友黑格尔左派分子卡尔·弗里德里希·科本之间的来往书信几乎没有保存下来。马克思写给科本的信，我们一封也没有，我们掌握的只有科本于1841年6月3日写给马克思的一封信。①

倍倍尔提到的另一封我们没有掌握的信是卢格于1843年5月31日写给马克思的。这封信是卢格写给马克思的有关《德法年鉴》出版准备事宜的一系列著名信件之一。这封信谈到卢格同出版商就杂志出版事宜商谈情况。按照倍倍尔的说法，卢格告知马克思："苏黎世的弗吕贝尔已经答应出版。因此，计划让维干德在莱比锡出版就没有意义了；维干德缺乏在当时的困难局面下承担这一冒险事业的勇气。不过，弗吕贝尔要求一大笔经费。"

看来，倍倍尔在札记中提及的这两封信，在转交给德国社会民主党档案馆时丢失了。

阿姆斯特丹国际社会史研究所马克思和恩格斯全宗里还收藏着有关马克思和恩格斯的各种剪报，这是具有传记价值的资料。

---

① 《马克思恩格斯全集》原文版第3部分第1卷第360—363页。

其中包括法国资产阶级报纸《立宪主义者报》和《国民报》的剪报，上面有恩格斯1848年1月底被驱逐出巴黎的消息。

迄今为止，关于法国当局这次采取镇压措施的情况和原因，我们掌握的情况有限。巴黎警察局对恩格斯在法国首都的革命活动，对他在秘密的正义者同盟成员——巴黎的德国手工业工人中间的宣传活动早有耳闻。还在1846年12月，警察局长德累赛尔就接到内务大臣杜沙特尔关于把恩格斯和一位正义者同盟领袖艾韦贝克驱逐出法国的命令。① 然而，事隔一年后才找到采取这一措施的合适借口。

1847年12月31日，恩格斯出席了德国革命流亡者在巴黎举行的新年宴会，并在宴会上作了演说。② 在七月王朝面临尖锐政治局势的形势下，警察当局利用此事对德国流亡者进行镇压。1848年1月29日，恩格斯接到要他离开法国的书面命令。当天夜里，他的寓所遭到搜查。警察的这些行为激起了法国舆论界的强烈不满。1848年2月6日，资产阶级奥尔良派机关报《立宪主义者报》作了如下报道：

"巴黎2月3日讯。

巴黎的年轻德国流亡者恩格斯先生一部论述英国赤贫现象的著作③的作者，不知由于什么原因收到了警察局限他24小时内离开巴黎并在3日内离开法国的命令，否则法国宪兵将要把他引渡给普鲁士警察当局。"④

---

① 《马克思恩格斯全集》第1版第27卷第79页。
② 《马克思恩格斯全集》第1版第4卷第641页；《恩格斯传》，北京：生活·读书·新知三联书店1975年版，第145页。
③ 这里指恩格斯《英国工人阶级状况》，见《马克思恩格斯全集》第1版第2卷第269—587页。
④ 1848年2月6日的《立宪主义者报》。

资产阶级自由派报纸《国民报》① 第二天就转载了这条消息,一个星期后,恩格斯的一位朋友的父亲,共产主义者同盟成员雅科布·沙贝利茨在巴塞尔创办的《瑞士国民日报》上也登出了这条消息。②

1848年2月8日,《立宪主义者报》和《国民报》都援引巴黎《祖国报》的报道发表了如下消息:

"不久前才来到巴黎的恩格斯先生,深夜在自己的住所被捕,种种迹象使人相信,此举缺乏任何合乎情理的理由。同时被捕的还有几名被无故指控犯了共产主义罪行的巴黎工人,并被投入孔谢尔热里监狱。"

2月9日《国民报》又一次援引《祖国报》的报道,就此刊登了一篇简讯:

"关于上星期已报道的有关恩格斯先生同一大批德国人被逐一事,《祖国报》再次报道详情如下:

除夕,大约数百名住在巴黎的德国人,其中大部分是工人,在饭店聚会。

事先决定不进行任何政治辩论。(事实证明,这次聚会充满和睦的气氛,确切些说带有某种家庭聚会的性质)。

在宴会最后吃甜点心时,来宾中的恩格斯先生按照德国人的习惯向自己的同胞讲了几句话,如果想找的话,在这段话中也许句以找到某些政治性的隐喻;可是人们向他指出了这一点,他就不再说下去,于是宴会就在非常和睦的气氛中结束。

这本是一件区区小事,却成了六个星期后这些外国人中的一些人遭到非法逮捕的原因,他们从此不再享有他们在法兰西土地上曾一直享有

---

① 1848年2月7日的《国民报》。
② 1848年2月14日的《国民报》第38期。

的好客对待。

政府对外国人所采取的这种强制手段，难道不意味着它也会用同样手段来镇压期望行使集会权的本国人吗？"①

法国报纸的上述报道很有价值，因为这些报道把恩格斯遭受的迫害同巴黎的一些德国工人流亡者，即共产主义运动的参加者遭受的迫害联系在一起，并把恩格斯在新年宴会上的讲话说成他被逐出法国的直接原因。

强调指出这一点是十分重要的，因为法国官方报纸，特别是《通报》对恩格斯被驱逐的原因散布了一些无中生有的说法。1848年2月20日，恩格斯在马克思主持的布鲁塞尔民主协会会议上抨击了这些谣言。《德意志—布鲁塞尔报》就此言简意赅地报道说：恩格斯"简短地叙述了他被驱逐的情况"。②

在阿姆斯特丹国际社会史研究所的档案里，有不少关于德国工人运动活动家如约瑟夫·魏德迈和威廉·沃尔弗等人的个人卷宗。查阅一下这些卷宗，并同苏共中央马列主义研究院中央党务档案馆的有关卷宗比较一下，可以发现一些迄今为止人们还不了解的有关马克思和恩格斯的战友们在19世纪40年代至50年代的革命活动的文献。

在魏德迈的厚厚的全宗里，有一些涉及他在1848—1849年的革命

---

① 1848年2月9日的《国民报》（阿姆斯特丹国际社会史研究所马克思恩格斯遗著）。

② 《马克思恩格斯全集》第1版第4卷第531页；附和这个诽谤的后来还有斯蒂凡·波尔恩。在他的一部回忆录里，多处对恩格斯进行恶毒的攻击，因为他对恩格斯对他在1848年革命中的行为的批评耿耿于怀。波尔恩竭力想使人们相信，恩格斯是因干了不光彩的事被驱逐出巴黎的。（斯蒂凡·波尔恩《一个四十八岁的人的回忆》1898年莱比锡第70页。）

活动的文献。革命初期，魏德迈在威斯特伐里亚地区的工业城市哈姆。他是这里的工人联合会的组织者之一，在革命的日子里，他积极参加了威斯特伐里亚的民主运动和工人运动。① 然而，关于魏德迈在这个时期的活动情况，我们所掌握资料甚少。因此，阿姆斯特丹国际社会史研究所现存的工人联合会的两份文件具有很大的意义。

一份是《哈姆工人联合会的要求》，② 上面未注明日期，很可能写于1848年春。这份文件共有9项，其中有4项具有泛民主主义的性质。例如，第1项建议废除现行的税收制度，实行累进所得税；第2项要求废除常备军，实行全民武装和指挥官选举制；第5项要求对贫穷儿童实行免费教育；第9项要求迁移自由和实行统一的德国国籍。

《哈姆工人联合会的要求》的另外5项属于社会和经济方面的条款，多半反映了工人的经济要求。例如，第4项要求通过国家承担社会劳动费用的办法来实现劳动保障；第3项要求成立由工人代表和雇主代表组成的劳动部；第6项要求调整工作日和工资。第8项也很有趣，它建议建立垦殖区，"开初设在国有土地上"。

尽管这些要求有种种局限性，其中相当大一部分反映了工人的阶级觉悟的不成熟，但是这些政治的、泛民主主义的要求的提出值得人们注意，因为它们同马克思和恩格斯所制定的纲领性文献——《共产党在德国的要求》是相呼应的。这表明，魏德迈大概参与了《哈姆工人联合会的要求》的起草工作，他考虑到工人的阶级觉悟的水平以及他们日常斗争的条件，努力使他们了解德国泛民主主义改革的任务，吸引他们参

---

① 卡尔·欧伯夏：《约瑟夫·魏德迈传》，人民出版社1980年版，第98—99页。

② 阿姆斯特丹国际社会史研究所魏德迈遗著。

加政治斗争。

关于这种努力的结果，以及魏德迈在哈姆工人联合会中的影响，可以根据下述情况来判断：该联合会出席了1848年6月中旬在美因河畔法兰克福举行的德国民主主义者同盟和工人联合会第一届代表大会。魏德迈代表哈姆工人联合会出席了这次代表大会。① 阿姆斯特丹国际社会史研究所至今还保存着哈姆工人联合会管委会于1848年6月4日发给他的代表证。②

在阿姆斯特丹国际社会史研究所卷宗中发现的另一份文献，是我们了解魏德迈1848—1849年革命时期的活动的一份补充材料。这看来是美因河畔法兰克福"国防委员会"写给爱北斐特安全委员会的一封介绍信。它是由国防委员会成员、著名的小资产阶级民主主义者领袖尤利乌斯·弗吕贝尔、路德维希·西蒙和威廉·阿道夫·特留茨会列尔3人签署的。信中写道："兹向爱北斐特安全委员会介绍持信人约瑟夫·阿尔诺德·魏德迈先生，他是前普鲁士炮兵军官"。③

这封信上没有注明日期，可能写于1849年5月上旬，即爱北斐特起义期间，可以设想，魏德迈是想前往爱北斐特，以便参加起义，并运用自己的军事经验服务于革命的人民。大家知道，恩格斯此时也在爱北斐特，在起义的军事组织方面起了重要的作用。遗憾的是，我们不掌握魏德迈抵达爱北斐特的资料。也许仔细研究一下《新德意志报》的内容，就可以对这个问题作出回答，因为魏德迈曾是这家报纸的编辑之一。该报对爱北斐特发生的事件非常关注。在5月20日发布的一篇社

---

① С. З. 列维奥娃《1848—1849年德国革命中的马克思》莫斯科版第155页。
② 阿姆斯特丹国际社会史研究所魏德迈遗著。
③ 阿姆斯特丹国际社会史研究所魏德迈遗著。

论中,痛斥了爱北斐特安全委员会中资产阶级头目的所作所为,因为他们把恩格斯排除于起义领导之外,迫使他离开爱北斐特。①

在阿姆斯特丹国际社会史研究所有关威廉·沃尔弗的厚厚的全宗里,收藏有涉及马克思和恩格斯的这位朋友和战友的生平和革命活动的一些文献,这些文献至今尚不为人所知。

威廉·沃尔弗积极参加了德国的民主运动和工人运动。1848年春,他曾逗留在西里西亚,是布雷斯芬工人联合会会员,②1848年5月发给他的编号为669的会员证证实了这一点。③

到科隆后,沃尔弗同马克思、恩格斯和《新莱茵报》的其他编辑一道成了科隆民主协会的积极会员,经常发表政治评述。在他的编号为1384的会员证上,有1848年7、8、9三个月交纳会费的记录。④

我们知道,威·沃尔弗是1848年8月在科隆召开的莱茵民主协会和工人联合会第一次代表大会的代表,这次代表大会在团结莱茵省的革命力量方面起了重要的作用。现有文件证实,他还出席了1848年9月24日在科隆召开的第二届莱茵民主主义者代表大会。在沃尔弗的代表证上盖有大会组织者民主主义者莱茵区委员会的印章(马克思是该委员会成员之一),证上填写的姓名是:"科隆代表沃尔弗"。⑤ 这次大会是在科隆的群众运动蓬勃发展和安全委员会宣告成立的气氛下召开的,马克思、恩格斯和沃尔弗以及民主主义组织的其他一些领导人出席了这次

---

① 卡尔·欧伯夏:《约瑟夫·魏德迈传》,人民出版社1980年版,第126页。
② B.施米特《1848—1849年革命初期的威廉·沃尔弗》(《新莱茵报》创刊之前):《1972年德国历史年鉴》1973年莫斯科版第54—56页。
③ 阿姆斯特丹国际社会史研究所威廉·沃尔弗遗著。
④ 阿姆斯特丹国际社会史研究所威廉·沃尔弗遗著。
⑤ 阿姆斯特丹国际社会史研究所威廉·沃尔弗遗著。

会议。会议的宗旨是促使莱茵省各革命力量的团结。但是在会议接近尾声时，局势发生了急剧变化。当局已做好准备对民众运动采取行动。由于政治局势极度紧张，会议不得不提前结束。翌日，9月25日，科隆宣布戒严，《新莱茵报》和其他民主派报纸被勒令停刊，并向威廉·沃尔弗等民主协会和工人联合会的领导人发出了通缉令。但是，沃尔弗只是短暂离开科隆。他很快又回来并转入地下，继续为复刊后的《新莱茵报》撰稿。后来科隆解除戒严，当局不得不暂时放弃对革命报纸的编辑们的迫害。这时，为了争取免于起诉，沃尔弗决定自动到有关当局申明。1849年2月28日，他收到法院侦查员签署的文件，声明撤回对他的逮捕令。①

《新莱茵报》停刊以后，1849年5月下旬，沃尔弗来到美因河畔法兰克福，以代表身份参加了全德国民议会最后阶段的活动。他在1849年5月26日和30日的会议上所作的两次坚定的发言，② 是人们都熟悉的。

1849年5月30日，国民议会就会议改在斯图加特举行一事进行投票。沃尔弗对此投了赞成票。在他的一份现存的声明手稿中，他是这样解释投票理由的：

"我之所以投'赞成'票，是想看一看，国民议会今后是否还会像以往那样背叛人民的利益，由于无能和缺少决心而蒙羞受辱。"③

---

① 阿姆斯特丹国际社会史研究所威廉·沃尔弗遗著；又见《马克思恩格斯全集》第1版第19卷第73页。
② 《马克思恩格斯全集》第1版第1卷第101—103页；瓦特尔·施米特《法兰克福国民议会里的一个共产党员：威廉·沃尔弗在法兰克福和斯图加特议会上的争吵》，载于1973年《工人运动史》第3期第229—237页。
③ 阿姆斯特丹国际社会史研究所威廉·沃尔弗遗著。

德国革命失败后，沃尔弗流亡到瑞士，在那里滞留了将近两年。在这段时间，沃尔弗因与朋友们隔绝而感到苦恼。由于常常受到瑞士当局的迫害，他不能再继续留在苏黎世。1851年夏，他凑足了路费准备去英国，马克思和恩格斯曾坚持要他这样做。1851年6月3日，威·沃尔弗抵达法国沿海城市第厄普，在那里接到警方允许他西渡英国的通知。① 两天后，即6月5日，他在伦敦港注册入境。② 在布勒斯劳出版的《新奥得报》于6月15日向读者报道说："几天前，曾接替前议员施腾策尔的沃尔弗，从施特里高取道法国到达伦敦。"③ 从此开始了沃尔弗的英国流亡时期，他起初住在伦敦，后来搬到曼彻斯特。④

在阿姆斯特丹国际社会史研究所卷宗里发现的上述资料，对研究马克思主义和工人运动史无疑有重要意义的。这些新文献资料涉及以下内容：马克思和恩格斯在19世纪40年代和50年代的活动；马克思和恩格斯著作的创作史；无产阶级革命家的光荣大军，即马克思和恩格斯的朋友和战友们的生平斗争事迹。

（原载苏共中央马列主义研究院《纪念卡尔·马克思诞辰160周年论文集》1978年莫斯科版）
（王孝勇 译）

---

① 阿姆斯特丹国际社会史研究所威廉·沃尔弗遗著。
② 阿姆斯特丹国际社会史研究所威廉·沃尔弗遗著。
③ 1851年6月15日的《新奥得报》第273期第3页。
④ 瓦尔特·施米特《马克思和恩格斯在曼彻斯特的战友威廉·沃尔弗》[1976年《科学史杂志》（东德）第6期第6期642—661页]。

图书在版编目（CIP）数据

马克思恩格斯列宁生平与事业研究 I／李义天
主编.—北京：中央编译出版社，2015.12
（马克思主义研究资料／杨金海主编；31）

ISBN 978-7-5117-2839-5

Ⅰ.①马…　Ⅱ.①李…　Ⅲ.①马克思，K.(1818~1883)
-生平事迹　②恩格斯，F.(1820~1895)-生平事迹
③列宁，V.I.(1870~1924)-生平事迹　④马克思列宁
主义-研究　Ⅳ.①A7　②A8

中国版本图书馆 CIP 数据核字（2015）第 274531 号

马克思恩格斯列宁生平与事业研究 I

出 版 人：	刘明清
责任编辑：	苗永姝
责任印制：	尹　珺
装帧设计：	田晗工作室
排版制作：	北京吉浪世纪制版科技有限公司
出版发行：	中央编译出版社
地　　址：	北京西城区车公庄大街乙 5 号鸿儒大厦 B 座（100044）
电　　话：	（010）52612345（总编室）　（010）52612335（编辑室）
	（010）52612316（发行部）　（010）52612317（网络销售）
	（010）52612346（馆配部）　（010）55626985（读者服务部）
传　　真：	（010）66515838
经　　销：	全国新华书店
印　　刷：	山东鸿君杰文化发展有限公司
开　　本：	787 毫米×1092 毫米　1/16
字　　数：	378 千字
印　　张：	30.5
版　　次：	2015 年 12 月第 1 版第 1 次印刷
定　　价：	95.00 元

网　　址：	www.cctphome.com	邮　箱：	cctp@cctphome.com
新浪微博：	@中央编译出版社	微　信：	中央编译出版社（ID：cctphome）
淘宝店铺：	中央编译出版社直销店（http://shop108367160.taobao.com）　（010）52612349

本社常年法律顾问：北京嘉润律师事务所律师　李敬伟　问小牛
凡有印装质量问题，本社负责调换。电话：（010）55626985